日本語は漢字からつくられている

自然物象名の語源

江副水城 著

鳥影社

序　言

私たちが日常暮らしている周囲に存在するさまざまの自然界の物象名についての語源を、**「自然物象名の語源」**という書名の本にしましたが、本書では、純粋な日本語、真正な日本語、そもそもの日本語、或いは、和語や大和言葉《やまとことば》などと称される日本語はすべて漢字からつくられている仮名言葉と考えているので、その語源は漢字に求めています。日本語には漢字言葉と仮名言葉とがありますが、一般的なことをいうと、漢字言葉は漢語から導入して日本語としたものであり音読と訓読とがあります。音読は漢字を漢語漢字に準じて読むことであり、訓読は漢字を仮名言葉、つまり、日本語で読むことをいいます。

上述したように、本書では、仮名言葉、つまり、日本語は「漢字からつくられている」と思っており、このことが日本の国語界で語源を示して正式に主張されるのは本書がはじめてのようですが、間違いないことと思われます。したがって、本書の副題は**「日本語は漢字からつくられている」**にしています。

日本語にはいろいろな特徴がありますが、世界に類を見ない唯一ともいえる**最大特徴は「すべての言葉について語源と意味が明らかにできる」**ことです。なぜならば、「日本語は漢語漢字を素材としてその音声と意味を利用してつくられている」からです。

したがって、本書でもほぼすべての言葉についてその語源を叙述できないことはありませんが、膨大になるため、日本語は漢字からつくられていることの証拠を示すためだけの目的で少しづつ各品詞語についての語源を挙げています。

付録として、日本語として古くから存在する大切な言葉にもかかわらず、必ずしも語源が明らかにされていない一〇〇語程度の言葉についてその語源を示しています。これらについても漢字からつくられており、本文についてと同じくその全部が本書で初めて示される語源説と思いますが、興味をもって読んで頂ければ大変に有難く存じます。

二〇二三（令和五）年八月十日

著者　（E・M）

目次

三　付　録

＊＊＊＊＊＊＊＊＊＊＊＊＊＊＊＊＊＊＊＊

末　言

日本語は漢字からつくられている

自然物象名の語源

一　日本語は漢字からつくられている

㈠　名詞語について

最初に、一音節語の名詞語について考えてみます。

絵という字は、一音節読みでホェイと読みますが、日本語の大和言葉ではエと訓読します。これは一音節読みでイェンと読み「美しい」という意味の**艶**《イェン》、**妍**《イェン》、**嫣**《イェン》などの多少の訛り読みを転用してあるのです。つまり、絵《え》は**「美しい（もの）」**という意味なのです。

蚊という字は、一音節読みでウェンと読みますが、日本語の大和言葉ではカと訓読します。これは一音節読みでカともコとも聴きなせるように読み「刺す」という意味もある**嗑**《コ》の読みを転用してあるのです。つまり、蚊《か》は**「刺す（虫）」**という意味なのです。

毛という字は、一音節読みでマァオと読みますが、日本語の大和言葉ではケと訓読します。これは一音節読みでケンと読み「伸びる」という意味の亘《ケン》の多少の訛り読みを転用してあるのです。つまり、毛《け》は**「伸びる（もの）」**という意味なのです。髪の毛はどんどん伸びるし、男性の場合、頬髯《ほほひげ》や顎髭《あごひげ》は毎日剃っても翌日は延びていて、また剃らなくてはなりません。

血という字は、一音節読みでシュエと読みますが、日本語の大和言葉ではチと訓読します。これは一音節読みでチと読み「赤い」の意味の**赤**《チ》の読みを転用してあるのです。つまり、血《ち》は**「赤い（もの）」**という意味なのです。高等動物の血は赤色をしています。

火という字は、一音節読みでフォと読みますが、日本語の大和言葉ではヒと訓読します。これは一音節読みでヒと読み「赤い」という意味の**緋**《ヒ》の読みを転用してあるのです。つまり、火は**「赤い（もの）」**という意味なのです。

穂という字は、一音節読みでスゥイと読みますが、日本語の大和言葉ではホと訓読します。これは一音節読みでフォンと読み「中実《なかみ》が入って膨らんでいる」という意味の**豊**《フォン》の多少の訛り読みを転用してあるのです。つまり、穂《ほ》は直訳すると**「中実が入って膨らんでいる（もの）」**の意味なのです。

輪という字は、一音節読みでルンと読みますが、日本語の大和言葉ではワと訓読します。これは一音節読みでワンと読み「丸い」という意味の**丸**《ワン》の読みを転用してあるのです。つまり、輪《わ》は**「丸い（もの）」**という意味なのです。

一音節の言葉だけでも他に、胃（い）、木（き）、句（く）、子（こ）、巣（す）、瀬（せ）、多（た）、津（つ）、手（て）、戸（と）、菜（な）、荷（に）、根（ね）、野（の）、葉（は）、日（ひ）、屁（へ）、実（み）、目（め）、藻（も）、矢（や）、湯（ゆ）、夜（よ）、和（わ）、尾（を）などがありますが、これらの語源を提示することはそれほど難しいことではありません。

二音節語以上の名詞語については、本書の本文である「自然物象名の語源」欄をご参照ください。

㈡　動詞語について

次に、動詞語を挙げます。

射という字は、一音節読みではシェと読みますが、日本語では活用語尾も含めて**イル**と訓読します。これは、一音節読みでイと読み**「射る」**の意味のある**弋**《イ》の読みを転用してあるのです。児はルと読み特には意味のない活用語尾字として使われます。つまり、イルの語源は**弋児**になります。

行という字は、一音節読みではシンと読みますが、日本語では活用語尾も含めて**イク**や**ユク**と訓読します。一音節読みで**詣**はイ、**于**はユと読み共に**「行く」**という意味があります。したがって、**詣**《イ》の読みを転用してイク、**于**《ユ》の読みを転用してユクと読むのです。クは活用語尾です。

知という字は、一音節読みではチと読みますが、日本語では活用語尾も含めて**シル**と訓読します。これは一音節読みでシと読み**「知る」**の意味の**悉**《シ》の読みを転用してあるのです。ルは活用語尾です。

飛という字は、一音節読みではフェイと読みますが、日本語では活用語尾も含めて**トブ**と訓読します。これは一音節読みでトンと読み**「上に揚がる」**の意味の**騰**《トン》の読みを転用してあるのです。ブは活用語尾です。

這という字は、一音節読みではツェと読みますが、日本語では活用語尾も含めて**ハウ**と訓読します。これは一音節読みでパと読み**「這《は》う」**の意味の**爬**《パ》の清音読みを転用してあるのです。ウは活用語尾です。ヘビやワニなどの腹這いで行動する動物を爬虫《はちゅう》類といいます。

歩という字は、一音節読みではブと読みますが、日本語では活用語尾も含めて**アルク**と訓読します。一音節読みで安はアンと読み副詞では「ゆっくり」の意味があります。逯はルと読み「思うままに歩く」の意味があります。つまり、アルクは**「安逯《アンル》く」**のことであり、直訳すると**「ゆっくりと思うままに歩く」**の意味になり、これがこの言葉の語源と思われます。「ゆっくり」というのは「走る」という言葉と対比してつくられているようであり、歩くのはゆっくりとした思うままに動ける動作であることから、語源としてはこのようなものになっているものと思われます。クは活用語尾です。

走という字は、一音節読みではソウと読みますが、日本語では活用語尾も含めて**ハシル**と訓読します。一音節読みで**颿**はファンと読み「馬が速く歩く」、つまり、「馬が走る」の意味があります。行はシンと読み「行く」の意味です。つまり、ハシルは**「颿行《ファンシン》る」**の多少の訛り読みであり、直訳すると**「馬のように速く歩いて行く」**、少し意訳すると「走る」の意味になり、これがこの言葉の語源と思われます。

急という字は、一音節読みではチと読みますが、日本語では活用語尾も含めて**イソグ**と訓読します。一音節読みで引はインと読み、動詞語の前や後に付けて特には意味のない補助動詞として使われます。怱はソンと読み「急《いそ》ぐ」の意味です。つまり、急を「イソグ」と読むのは、**引怱**の多少の訛り読みに活用語尾のグを加えた言葉で**「急ぐ」**の意味になり、これがこの言葉の語源です。なお、セク「急《せ》く」とも読むのは怱《ソン》の多少の訛り読みの「セ」の転用と思われます。

(三) 形容詞語について

次に、形容詞語を挙げます。

「オオキイ」という言葉は、漢字入りでは「大きい」と書きます。一音節読みで峨はオと読み「高い」、龜はキと読み「高く突き出ている」という意味です。矣はイと読み語尾助詞として使われます。つまり、オオキイは**峨峨龜矣**であり直訳すると**「高く突き出ている」**の意味であり、これがこの言葉の語源と思われます。そもそもは、オオキイとは「高い」ことを意味したのかも知れません。例えば、「背の高い人」を「大きい人」といいます。タカイ（高い）という言葉には別途に語源があります。

「チイサイ」という言葉は、漢字入りでは「小さい」と書きます。一音節読みで尺はチ、蟻はイ、細はシと読み形容詞ではいづれも「小さい」の意味があります。漢和辞典によれば、細は呉音でサイと読むとされています。矣については上述しました。つまり、チイサイは**尺蟻細矣**の多少の訛り読みであり直訳すると**「小さい」**の意味になり、これがこの言葉の語源と思われます。

「キレイ」という言葉は、漢字では「綺麗」と書き一音節読みではチリと読みます。一音節読みで瑰はキ、稔はレンと読み、共に「美しい」という意味です。矣については上述しました。つまり、キレイは、**瑰稔矣**の多少の訛り読みであり**「美しい」**という意味です。その読みを転用して、日本語では、綺麗をキレイと読むものと思われます。

「キタナイ」という言葉は、漢字入りでは、「汚い」と書きます。一音節読みで鬼はキと読み形容詞では「悪い、不良の」、黕はタンと読み「汚い」という意味です。乃はナイと読み「～である」の意味です。つまり、キタナイは**鬼黕乃**であり直訳すると**「不良で汚い」**の意味になり、これがこの言葉の語源と思われます。

「タカイ」という言葉は、漢字入りでは「高い」と書きます。一音節読みで大はタと読み「大いに」の意味、嵁はカンと読み「高い」の意味があります。矣については上述しました。つまり、タカイは**大嵁矣**であり直訳すると**「おおいに高い」**の意味になり、これがこの言葉の語源と思われます。

「ヒクイ」という言葉は、漢字入りでは「低い」と書きます。一音節読みで非はフェイ、日本語では少し訛ってヒと読み「～でない」の意味があります。高はカオと読み「高い」の意味です。矣については上述しました。つまり、ヒクイは**非高矣**の多少の訛り読みあり直訳すると**「高くない」**の意味なので表現を変えると「低い」の意味になり、これがこの言葉の語源と思われます。

「ヒロイ」という言葉は、漢字入りでは「広い」と書きます。一音節読みで恢はフイと読み「広い」の意味があります。樓はロウと読み「高大な」の意味です。矣については上述しました。つまり、ヒロイは**恢樓矣**の多少の訛り読みあり直訳すると**「広くて高大である」**の意味になり、これがこの言葉の語源と思われます。**樓**の字は複音節語とするために添えられたに過ぎないものと見做すべきものです。

「セマイ」という言葉は、漢字入りでは「狭い」と書きます。一音節読みで狭はシィアと読み「狭い」の意味です。莽はマンと読み名詞では「大きさ、広さ、深さ、遠さ」などの意味があります。矣については上述しました。つまり、セマイは**狭莽矣**の多少の訛り読みであり直訳すると「狭い広さ」の意味、つまり、逆にしていうと**「広さが狭い」**の意味になり、これがこの言葉の語源と思われます。莽の字は複音節語とするために添えられたに過ぎないものと見做すべきものです。

「ヨイ」という言葉は、漢字入りでは「良い、好い、宜い、佳い、可い、吉い、善い」などといろいろに書きます。一音節読みで優はヨウと読み「優良な、優れている、良い」などの意味があります。矣については上述しました。つまり、ヨイは**優矣**の多少の訛り読みであり直訳すると**「優れている、優良である、良い」**などの意味になり、これがこの言葉の語源です。この読みを上記のすべての漢字の読みに転用してあるのです。

「ワルイ」という言葉は、漢字入りでは「悪い」と書きます。一音節読みで枉はワンと読み「悪い、不正の、よこしまな」などの意味、閏はルンと読み「正」に対する語で形容詞では「悪い」の意味、英語でいうところのvicious（ヴィシアス）の意味があります。矣については上述しました。つまり、ワルイは**枉閏矣**であり直訳すると**「悪い」**の意味になり、これがこの言葉の語源です。

漢語では、閏位は「正統でない帝位」のこと、閏統は「帝位を簒奪《さんだつ》した天子の皇統」のことを指します。

「わる」という言葉は平安時代から存在し、枕草子の「頭の中将の、すずろなるそら言を」（岩波文庫では八二段）の条に「せうとのためにもわるかるべしと思ひしに、…中略…、わるしといはれては、なかなかねたかるべし」とあります。

空気の温度などによる体感に関する形容詞語である「アツイ。アタタカイ。スズシイ。サムイ。ヌルイ。ツメタイ。」などの六語の語源は、本書付録の「㈠体感語の語源」に記述しているので、その欄をご参照ください。

㈣　副詞語について

次に、副詞語を挙げます。簡単な語には次のようなものがあります。

「カッ」という言葉があり、怒ったときなどに「かっとなる」のように使われます。一音節読みで**慷**はカンと読み、漢語辞典では「情緒激昂」の意味と書いてあります。つまり、カッは**慷**からきたもので、「激昂する」つまり、**「怒る」**という意味です。慷慨《こうがい》（＝怒って嘆く）という熟語で使われています。

「サッ」という言葉があり、迅速に処理するときに「さっと片付ける」のように使われます。一音節読みで**颯**はサと読み**「速く、迅速に」**の意味があります。つまり、サッは颯からきたものです。

「ザッ」という言葉があり、簡単に見るときなどに「ざっと目を通す」のように使われます。一音節読みで**雑**はザと読み**「粗雑に、乱雑に」**の意味があります。つまり、ザッは雑からきたものです。

「ジッ」という言葉があり、動かないで静かにしているときなどに「じっとしている」のように使われます。一音節読みで**静**はジンと読み「静かに」の意味があります。つまり、ジッは静からきたもので、「じっとしている」とは**「静かにしている」**ことです。

「ゾッ」という言葉があり、恐ろしい光景を目にしたときなどに「ぞっとする」のように使われます。一音節読みで**悚**はソンと読み、漢語辞典では「恐惧」の意とあり、漢和辞典では**「おそれる、おそれてす**

くむ」の意味と書いてあります。つまり、ゾッは悚の濁音読みからきたものです。日本語では、強調するときは濁音読みすることがしばしばあります。

「ヌッ」という言葉があり、「ぬっと顔をだす」のように使われます。一音節読みで**努**はヌと読み**「外に向かって突然にでてくること」**をいいます。つまり、ヌッは努からきたものです。

「ホッ」という言葉があり、「無事終わってほっとした」のように使われます。一音節読みで**和**はホと読み**「和やかな、平和な、平穏な」**などの意味があり「ほっとした」とは直訳すると「和やかになった」ということです。つまり、ホッは和からきたものです。

似たような言葉に、次のようなものがあり、その語源を提示することはさして困難なことではありません。（太字は既述）。

アッ（という）。ウッ（となる）。**カッ**。キッ（となる）。**サッ**。**ザッ**。シッ（と追い払う）。**ジッ**。スッ（と身をかわす）。ソッ（と立ち去る）。**ゾッ**。ツッ（と立ち上がる）。ニッ（と笑う）。**ヌッ**。ハッ（と気づく）。フッ（と思い出す）。**ホッ**。メッ（と怒る）。モッ（と欲しい）。ヤッ（と終わる）。ワッ（と泣き出す）。

また、促音便染みた副詞語もあります。ツクリ（都酷哩）の付いた言葉には、コックリ、シックリ、ソックリ、ユックリなどがあります。

コックリ

一音節読みで、**瞌**はコと読み「居眠りする」の意味があります。**都**はツ、**酷**はクと読み共に程度が甚だしいことを表現するときの「すべて、まったく、すっかり、完全に」などの意味や、「とても、非常に、著しく、ひどく」などの意味があります。**哩**はリと読み単なる語気助詞です。つまり、ツクリは都酷哩の読みであり、状況によって上記のいずれかの表現を使うことになります。

したがって、コックリは**瞌都酷哩**の促音便読みであり、直訳すると**「すっかり居眠りする」**の意味になります。

シックリ

一音節読みで、**適**はシと読み「適合する」の意味があります。つまり、シックリは**適都酷哩**の促音便読みであり、下字から直訳すると**「とても適合する」**の意味になります。

ソックリ

一音節読みで、**総**はソンと読み「すべてがそうである」の意味があります。つまり、ソックリは**総都酷哩**の促音便読みであり、直訳すると**「すべてがまったくそうである」**の意味になります。

ユックリ

一音節読みで、**裕**はユと読み「余裕がある」の意味があります。ユックリは**裕都酷哩**の促音便読みであり、下字から直訳すると**「とても余裕がある」**の意味になります。

ニッコリ

一音節読みで、**昵**はニと読み「親しい」の意味です。昵を使った熟語には、昵友＝親友、昵交＝親交、昵称＝愛称、のようなものがあります。**悾**はコンと読み、懇と同じ意味で「懇《ねんご》ろな、親しい、親密な、親愛なる」などの意味であり、特に、相手に対して心底から親愛の情をもつときに使われます。**篤**はツと読み悾と同じ意味があります。**哩**はリと読み単なる語気助詞です。

つまり、ニッコリは**昵篤悾哩**であり直訳すると**「親しくする」**の意味になります。したがって、「にっこり笑う」は、直訳では「親しく笑う」の意味です。

或いは、ニッコリに「笑う」の意味があるとすれば、次のようなことではないかと思われます。一音節読みで**莞**はクァンとも聴きなせるように読み「微笑する、にっこり笑う、にこにこ笑う」などの意味があります。つまり、ニッコリは**昵篤莞哩**の多少の訛り読みであり直訳すると**「親しくにっこり笑う」**の意味になり、これがこの言葉の語源ということになります。

他にも、似たような言葉があります。（太字は既述）。アッサリ。ウッカリ。ウットリ。オットリ。キッチリ。クッキリ。グッスリ。グッタリ。ゲッソリ。**コックリ**。コッソリ。コッテリ。サッパリ。シッカリ。**シックリ**。スッカリ。スッキリ。**ソックリ**。タップリ。テッキリ。ドッキリ。ドッサリ。**ニッコリ**。ノッソリ。ハッキリ。ビックリ。ヒッソリ。プッツリ。ホッソリ。ミッチリ。ムッチリ。ムッツリ。メッキリ。ヤッパリ。**ユックリ**。

また、撥音便染みた副詞語もあります。

ウンザリ

この言葉は、例えば「挨拶が長過ぎてうんざりだ」「雨続きでうんざりだ」のようにいい、非常によく使われる言葉です。一音節読みで沃はユと読みますが、日本語の音読ではウと読みます。同様な例には雨、宇、羽などがあります。沃は、肥沃という熟語にも使われている字で「飽く、充分である」の意味があります。漢語では、沃食は「食べ過ぎる」、沃聞は「聞き飽きる」、沃看は「見飽きる」のように使われます。雑はザと読み「おびただしい、極めて多い」の意味があります。哩はリと読み語尾につける単なる語気助詞です。

つまり、ウンザリは、**沃雑哩**の撥音便もどきの読みであり直訳すると「飽きが、おびただしい」、つまり、「大変に飽きる」の意味ですが、表現を変えると**「すっかり飽きる」**の意味になり、これがこの言葉の語源です。殆んどの大辞典には「飽きていや・・になるさま」などと書いたものもありますが、語源自体には「いやになる」の意味はないようです。

シンミリ

シンミリについて、広辞林（第六版）では「落着いて静かなさま」、広辞苑（第七版）では「落着いて心静かなさま」と説明してあります。

一音節読みで惺はシンと読み「静かな」の意味があります。謐はミと読み同じく「静かな、静かに」などの意味があり、日本語では慣用音でヒツと読み静謐《せいひつ》という熟語で使われています。哩はリと読み語尾につける単なる語気助詞です。

　つまり、シンミリは、**惺謐哩**であり直訳すると**「静かな、静かに」**などの意味になり、これがこの言葉の語源です。したがって、亡き母のことを「しんみりと話し合う」とは「静かに話し合う」ということです。

タンマリ

　大言海には、「**たんまりと**(副)タクサン。ドッサリ。多ク。『たんまりと金ヲ貰ッタ』」のように説明してあります。

　一音節読みで大はタと読み「多い」の意味です。多はトゥオと読むのですがタと読むのは大の読みを転用してあるのです。満はマンと読み「満ちる、いっぱい、たくさん」などの意味があります。哩はリと読み語尾につける単なる語気助詞です。つまり、タンマリは、**大満哩**の多少の訛り読みであり直訳すると**「たくさん満ちるほど」**の意味になり、これがこの言葉の語源です。

チンマリ

　大言海には、「**ちんまり**（副）程良ク小サク。マトマリテ小サク。」と書いてあります。

　一音節読みで尺はチと読み形容詞では「小さい」の意味があります。満はマンと読み「満ちている、充分である」などの意味があります。哩はリと読み語尾につける単なる語気助詞です。つまり、チンマリは、**尺満哩**の多少の発音便じみた訛り読みであり、直訳すると**「小さく満ちている」**の意味、表現を変えると「小さくまとまっている」の意味に解釈できることになり、これがこの言葉の語源と思われます。最近では、接頭語をつけて「こぢんまりした部屋」などと使われます。

ノンビリ

　大言海には、「**のんびり**（副）のびのびスル状ニ云フ語。」と書いてあります。

　一音節読みで弄はノンと読み「欲しいままにする、思うままにする」などの意味、平はピンと読み「平和に、平穏に、穏やかに」などの意味があります。哩はリと読み語尾につける単なる語気助詞です。つまり、ノンビリは、**弄平哩**の濁音訛り読みであり、下字から直訳すると**「穏やかに思うままにする」**の意味になりますが、そのことが「のんびりする」ことに繋がり、これがこの言葉の語源と思われます。

ボンヤリ

いくつかの大辞典で、「ぼんやり」の欄を見るとどの辞典でも次のように共通して説明されています。

①事物がはっきりせずぼやけているさま。

②活気がなく気力がないさま。

③気がきかず間が抜けているさま。

しかしながら、①〜③は、お互いに、そもそもは似通った意味のようなので、語源ということになると、似たようなものになることが考えられます。

先ず、①についての熟語としては模糊と曖昧があり、その意味の字としては、一音節読みでホンと読む昏があります。昏は、光が少なくて暗いために「模糊としている、はっきりしない」の意味です。様はヤンと読み「〜のようである」、哩はリと読み語尾につける単なる語気助詞です。

つまり、ボンヤリは、**昏様哩**の濁音訛り読みであり、直訳すると**「模糊としている」**、同じ意味ですが表現を変えると**「はっきりしない」**の意味になり、これがこの言葉の語源です。

大辞典には、②の意味での使用例として「毎日ぼんやりと暮らす」や「景色をぼんやりと見ている」などが挙げられていますが「活気がない」とか「気力がない」というよりも「頭の中や心の内が模糊としている」ので、つまり、「気持ちがぼんやりしている」ので、結果として活気がないや気力がないという結果が生じているものと思われます。したがって、この場合の語源も①と同じ語源の**昏様哩**でよいと思われます。

③の意味での使用例として「ぼんやりするな」、「ぼんやりした男」、「ぼんやりして手伝わない」などが挙げられていますが、この場合についても、①の語源の**昏様哩**でよいと思われます。

強いていえば、一音節読みで渾や混はホンと読み糊塗の意味がありますが、糊塗は「頭の中がはっきしない、頭脳が曖昧である」という点で「愚かである」の意味です。漢語での渾蛋《ホンタン》や混蛋《ホンタン》は、日本語では馬鹿《ばか》や阿呆《あほ》や間抜《まぬ》けなどの意味で、程度が甚だしいという意味のアンと読む盎を接頭語につけた**「アンポンタン（盎渾蛋・盎混蛋）」**という言葉もあります。したがって、この場合、ボンヤリは**渾様哩**の濁音訛り読みであり直訳すると**「愚かにしている」**の意味になるのですが、馬鹿や阿呆のことを「間抜け」ともいいますので「気がきかず間が抜けているさま」の意味にまで敷衍して解釈できるのかも知れません。

その他の似たような副詞語に、次のようなものがあります。（太字は既述）。

アングリ。アンマリ。**ウンザリ**。ゲンナリ。コンガリ。コンモリ。**シンミリ**。スンナリ。**タンマリ**。**チンマリ**。ニンマリ。**ノンビリ**。ヒンヤリ。フンワリ。ホンノリ。**ボンヤリ**。マンジリ。モンドリ。ヤンワリ。

学者の著書にある副詞語について挙げてみます。「日本語の起源」（大野晋著・岩波新書・第二十四刷）の一六六頁には、次のように書いてあります。

「オロッコ語の研究者によれば、擬音語・擬態語にも、次のような形がある。中略。つまり、甲の母音aと乙の母音eとの対立をくっきり浮き上がらせて、印象を表現するとでもいうべき造語法である。これはハンガリー語にも見出されるものであるが、こうした例は、フィンランド語にもあるものであるが、われわれにとって、興味をひくのは、日本語にも、こうした造語法が、決して少なくないということである。現代語では、バタバタ・ポトポト・カラカラ・コロコロ・タラタラ・トロトロなど、数多くの擬音語・擬態語があるが、それは古代のa—öの対立による造語法の名残である」。

同書の一九一頁には、次のように書いてあります。

「朝鮮語の一つの特色といってさしつかえない、ソルソル・ソクンソクンなどの数多くの擬態語と、同じ構成法による擬態語は、南方のタイ語などに、数多く行われているが、それらの造語法は、稲作文化の人々によって朝鮮に持ち込まれたのではなかろうか。その影響は、ハラハラ・ホロホロ・タワワ・トヲヲなどと日本語にも及んでいるわけである」。

ここに、書いてあることがほんとうなのかどうかは分かりませんが、これらの二字畳語の語源は、次のようになると思われます。

バタバタ

「バタバタと倒れる」のように使われ、人や物がたくさん倒れることをいいます。七顚八倒《しちてんばっとう》という四字熟語があり「多くのものが倒れる」の意味です。そもそもは、広辞苑（第七版）にあるような「ころげまわって苦しみもだえる」などの意味はまったくありません。なぜならば、顚と倒とは、共に「倒れる」という意味の字だからです。この熟語言葉は、現在では本来の意味とまったく異なったものになっています。このような熟語は、漢語では七八《チーパー》熟語といわれるものです。

一音節読みで八はバと読み「多い」の意味がありますから、バタバタは畳語の**八倒八倒**の多少の訛り読みであり直訳すると**「多くのものが倒れる」**の意味になり、これがこの言葉の語源です。

これとは別に、跋はバと読み「倒れる」の意味なので、跋倒はバタと読め「倒れる」の意味になり、バタバタは跋倒の畳語の跋倒跋倒で「倒れる」の意味と考えることもできます。

ポトポト

「蛇口からポトポトと水が垂れ落ちている」のように使われ、水滴などの液体が続いて落ちる様子などを表現します。

一音節読みで泙はポンと読み、「水などの液体によって生じる音」のことを指します。堕はタオと読み「落ちる、落下する」の意味があり、堕落という熟語で使われています。

つまり、ポトは**泙堕**の多少の訛り読みであり、ポトポトはその畳語の**泙堕泙堕**で直訳すると**「ぽとぽとと音をたてて落ちる」**の意味になり、液体の場合にはこれがこの言葉の語源と思われます。

カラカラ

「喉がカラカラに渇いた」のように使われます。一音節読みで、干はカンと読み「干上がる、渇く」の意味、了はラと読み単なる語気助詞です。つまり、カラカラは、干了の畳語である**干了干了**のことで直訳すると**「干上がる」**の意味になり、これがこの言葉の語源です。ただし、「カラカラと音がする」のような場合は擬音語です。

コロコロ

「ドングリころころ」のように使われます。「廻る」ことを「骨碌」といい、一音節読みでクルともコロとも聞きなせるように読みます。通常は畳語の四字語にして使われ、コロコロは**骨碌骨碌**であり**「廻る」**の意味になり、これがこの言葉の語源です。

タラタラ

「タラタラと汗が流れる」のように使われます。一音節読みで、大はタと読み漢和辞典や漢語辞典をみて頂くと「大量に」の意味があると書いてあります。

耷はタと読み、「垂れる、下に垂れる」の意味があります。タラにおけるタは大と耷の掛詞です。落はラとも読み「落ちる」の意味があります。つまり、タラは、意味上は**大耷落**であり、タラタラは、その畳語で直訳すると**「大量に垂れ落ちる」**の意味になり、これがこの言葉の語源です。

トロトロ

「トロトロと歩く」のように使われます。一音節読みで、鈍はトン、濡はルともロとも聴きなせるように読み形容詞や副詞では共に「鈍い、遅い、ゆっくり」などの意味があります。つまり、トロは鈍濡であり、トロトロはその畳語の**鈍濡鈍濡**のことで直訳すると**「ゆっくり」**の意味になり、これがこの言葉の語源です。

また、「トロトロとした舌触り」のようにも使われます。都はトと読み、副詞で使うときは「とても、非常に、著しく、すっかり」など程度が甚だしいことを表現するときに使われます。溶はロンと読み「溶ける、とろける」の意味です。つまり、この場合のトロは都溶の多少の訛り読みであり、トロトロは**都溶都溶**で直訳では**「すっかりとろける」**の意味になっています。したがって、「トロトロとした舌触り」は直訳すると「すっかりとろけるような舌触り」の意味になります。

ただし、**マグロ**の**トロ**とは**肚肉**《トロウ》のことで**「腹肉」**の意味です。肚はトと読み腹のこと、肉はロウと読み肉のことです。(拙著魚名源参照)。

ハラハラ

「負けないかとハラハラした」のように使います。一音節読みで、寒はハンと読み「心配する、恐れる」の意味があります。英語でいうところの**「I am afraid.」**の意味です。了はラと読み単なる語気助詞です。つまり、ハラハラは、寒了の畳語である**寒了寒了**のことで直訳すると**「心配する」**の意味になり、これがこの言葉の語源です。

ホロホロ

枕草子の「九月つごもり、十月のころ」の段に「十月のころ、空うち曇りて風のいとさわがしく吹きて、黄なる葉どものほろほろとこぼれ落つる、いとあはれなり」という記述があります。一音節読みで、風はフォンと読み、動詞で使うときは「風で~する」の意味で使われます。落はルオと読み「落ちる」の意味です。つまり、ホロとは、風落の多少の訛り読みであり、その畳語のホロホロは**風落風落**になり**「風で落ちる」**の意味になり、これがこの場合のこの言葉の語源です。

壁などが「ぽろぽろ落ちる」といいますが、剝はポと読み「剝がれる、離れる」などの意味があります。したがって、ポロポロは**剝落剝落**であり**「剝がれ落ちる」**の意味になります。

鳥の場合は「ほろほろと鳴く」といっても、ウグイスやカッコーなどの小鳥のときと、ウミネコやホロホロチョウなどの中・大形鳥のときとでは意味が異なっています。つまり、流行歌の歌詞にある「ホロホロ鳥《どり》」というのは**和呺和呺鳥**であり**「快い声で鳴く鳥」**の意味です。一音節読みで、和はホと読み「快い」、呺はロと読み「鳴く、囀る」の意味です。

なお、アフリカから輸入した騒がしい鳴声のホロホロチョウにおけるホロホロについては**「かん高い声で鳴く騒がしい（鳥）」**の意味であり、同音異義語になっています。その語源は拙著の「鳥名源」をご参照ください。

このような**擬態語としての**二字畳語は、日本語には少なくとも**五〇〇語**程度はあると思われます。その全部の語源を示すことはできますが、紙面の都合もあり本書では割愛します。肝心なことは、**擬音語**は**「音声をそのまま文字化したもの」**に過ぎないのに対して、**擬態語**は**「意味のある言葉としてつくられたもの」**ということです。

動物が口などからだすものを**擬声語**、その他のものからでるものを**擬音語**といいますが、音には広義では声の意味もあるので纏《まと》めて擬音語といいます。

英語では、擬音語はオノマトピア(onomatopoeia)、擬態語はミメティクワード（mimetic word）又はミミィクワード（mimic word）といいます。日本の国語界でオノマトピア（onomatopoeia）を「擬音語・擬態語」と翻訳してあるのは完全な誤りです。そもそも、**「言葉というのはその殆んどが擬態語」**なのです。

次の二語は二字畳語ではありませんが、上述の「日本語の起源」にでてきたので、ついでにその語源を記述しておきます。

タワワ

平安時代の古今集で、次のような歌が詠まれています。

折りてみば　おちぞしぬべき秋萩の枝も
たわわ（とをを）における白露　（古今・秋歌上）

この原歌では「たわわ」を「とをを」とも二重に書いてあります。つまり、両者は同じ意味と書いてあるようです。

また、鎌倉時代の徒然草（吉田兼好著）という随筆書でも「大きなる柑子《かうじ》の木の、枝もたわわになりたる（徒然十一段）」のように使われています。一音節読みで、大は夕と読みます、彎はワンと読み「曲がる、撓《たわ》む」の意味です。つまり、タワワとは大彎の多少の訛り読みであり、直訳すると **「大いに曲がる」** の意味になり、これがこの言葉の語源です。

トヲヲ

奈良時代の万葉集で、次のような歌が詠まれています。

足引きの山道《やまぢ》も知らず白橿《しらかし》の枝もとををに
雪の落つるは（或いは云う、枝も多和ゝゝ）
（万葉２３１５）

この歌におけるトヲヲはタワワと同義とされています。一音節読みで、痛はトンと読み程度が甚だしいことを表現するときに「とても、非常に、著しく、ひどく」などの意味で使われます。阿はオと読み「曲がる、曲がっている、撓《たわ》む、撓んでいる」の意味です。つまり、トオオは**痛阿阿**のことであり、直訳すると **「ひどく曲がる」** の意味になり、タワワとほぼ同じ意味になっています。

以上から、日本語は漢字からつくられていること、或いは、つくられているらしいことが推測できると思います。

（完）

二　自然物象名の語源

1　アケボノ（曙）

この言葉は、枕草子の第一段にでてきます。

「春はあけぼの。やうやうしろくなり行く、山ぎはすこしあかりて、むらさきだちたる雲のほそくたなびきたる」。

これは、夜が明けていくときに、山際が少し明るくなって、紫色を帯びた雲がたなびいている美しい情景を描写しているものです。紫色は、赤色の混じった青色のこととされています。この雲は薄い色彩雲である霞のことではないかと思われます。

アケボノは夜明けのことで、枕草子に「山ぎはすこしあかりて」とあることから判断して、「だんだん明るくはなっているが、まだ日は射していない時刻」のことを指すようです。本書ではそのように理解しています。なぜならば、太陽光線は強烈なので、少しでも射したら「すこしあかりて」どころではないからです。

大言海によれば、平安時代の名義抄に「未明、アケボノ」、「曙、アサボラケ」、「暁、アカツキ。曙、アカツキ」と書いてあります。名義抄では、アケボノとアサボラケとアカツキとは同じことと書いてあるようでもあります。

大言海には「あけぼの」について、「夜ノ、明ケムトシテ、日ノ光サス時」と説明してあり、日が山際などから顔を出して射しているのか、出さないで射しているのかは明確にしてありませんが、顔を出して射しているという意味とされているようです。

万葉集に、次のような歌が詠まれており、原歌での「旦開」を解説書では「朝開《あさびら》き」と書替えて振仮名して読んであります。

世間《よのなか》を何に譬《たと》へむ朝開き漕ぎ去《い》にし
船の跡なきがごと　（万葉351）

大言海によれば、この歌は第三番目の勅撰和歌集である拾遺集（一〇〇六年頃）にも編撰されており、そこでは「朝開き」は「朝ぼらけ」に変更して詠われているとされています。

さて、語源を考えてみると、一音節読みで暗はアンと読み名詞では「暗闇」、形容詞では「暗い」の意味があります。墾はケンと読み、本来は荒地や荒野を「開墾する」の意味です。この二字をくっ付けた暗墾はアンケンと読め「暗闇を開墾する」、つまり、「暗闇を開く」になるのですが、「暗闇を開く」→「夜が明ける」→**「夜明け」**の意味にまで敷衍《ふえん》できるのではないかと思われます。上述した万葉集と拾遺集の歌で「旦開（朝開き）」という言葉があることから考えても、暗墾の多少の訛り読みを転用して「明け」をアケと読むのではないかと思われるのです。波はボと読み動詞では「広がる」の意味、穠はノンと読み「華麗である、優美である、美しい」などの意味があります。

そうしますと、**アケボノ**は**暗墾波穠**の多少の訛り読みであり、直訳すると**「夜明けの、広がる、優美な（時）」**の意味になり、これがこの言葉の語源と思われます。

大言海には、アケボノとアサボラケとの関係について、「**あさぼらけ**（名）朝朗　アケボノ。夜ノシラシラアケ。シノノメ。」とあり、アケボノはアサボラケと同じ意味と書いてあるようです。つまり、上述した万葉集と拾遺集の歌のことから判断しても、アケボノの「暗墾」とアサボラケの「朝開」は相通しているように思われます。

「朝ぼらけ」の語源についていいますと、上述したように、ボは波で「広がる」、ラは孌《ラン》で「美しい」、ケは墾《ケン》で「明ける」の意味なので、**アサボラケ**は**朝波孌墾**になり直訳すると、**「朝の広がる、美しく、明るくなる（時）」**の意味になり、これがこの言葉の語源と思われます。

岩波文庫の日本書紀における仁徳即位前紀、推古紀十九年五月、天武紀元年六月、および天武紀七年十二月の条に「会明《あけぼの》」と振仮名して読んであります。会には「時」の意味があるので、会明は後字から直訳すると「明るくなる時」の意味になります。天武紀七年十二月の条の注釈には「会明は夜明け。アケボノはアカツキの後、明るくなってからをいう。アカツキはまだ暗いうち。」と説明してあります。

しかしながら、本書では、この説明は逆ではないかと思います。この説明が国語界に信じられ浸透していますが、語源上からも、この説明は誤解であることは間違いないと思われます。

なぜならば、一つには、上述した名義抄の「未明（未《イマ》ダ明《ア》ケズ）、アケボノ」という記述に反するからです。二つには、アケボノについては枕草子における「山ぎはすこしあかりて」程度では辺りは未だ暗い時刻と思われるからです。三つには、アカツキについては「成功した暁《あかつき》には…」のような文言は「成功がはっきりと明らかになってから」の意味であり、暁は同じ朝でも「明るくなった朝」のことと思われるのです。このことは、漢語辞典には、暁示（＝明らかに示す）、暁通（＝明らかに通ずる）、暁悟（明らかに悟る）、その他の熟語があることかも推測されます。四つには、アカツキの語源の意味からです。その語源を考えてみると、暗については上述しました。一音節読みで剛はカンと読み副詞では「いままさに、今しがた」など、英語でいうところの「just now」の意味です。玼はツと読み「明るい」、瑰はキと読み「美しい」の意味があります。つまり、**アカツキは暗剛玼瑰**であり直訳すると**「暗闇から、今しがた、明るく、美しくなった（時）」**の意味になり、これがこの言葉の語源と思われます。

そうしますと、直訳では、アケボノは「夜明けの広がる優美な（時）」、アケボラケは「朝の広がる美しく明るくなる（時）」、アカツキは「暗闇から今しがた明るく美しくなった（時）」の意味になり、語源上は必ずしも明確ではありませんが、微妙に意味が異なっているように思われます。

本書では、言葉の意味上の微妙な違いから推測して、**「アケボノ（曙）→アサボラケ（朝朗）→アカツキ（暁）」**の順番だと思っています。アケボノとアサボラケは同じ時刻かも知れません。特に、現在の国語界の通説とは異なりますが、アカツキが一番遅い時刻であることは間違いないと思われます。

2　アサ（朝）

万葉集に次のような歌が詠まれています。

・朝ごとに吾《わ》が見る屋戸《やど》の瞿麦《なでしこ》の花にも
　君はありこせぬかも　（万葉1616）

日本古典文學大系「萬葉集二」（岩波書店）では、その歌意を次のように説明してあります。「毎朝私の見る庭先のなでしこの花で、あなたがあったらいいのに」。

さて、アサの語源についていいますと、一音節読みで、盎はアンと読み「とても、非常に、著しく」などの意味で使われます。早はツァオと読み「早い」の意味です。つまり、アサは、**盎早**の多少の訛り読みであり直訳すると**「とても早い（時刻）」**の意味になり、これがこの言葉の語源です。

余談をしますと、現在の漢語では、朝の一字だけでは日本語のアサという意味ではあまり使われず、早晨（ツァオチェン）や早上（ツァオシャン）といいます。早晨はアサの早い時刻をいい、早上は広くアサのことをいうとされます。

漢語では、挨拶の「おはよう」は「早上好（ツァオシャン・ハオ）」といいます。

日本語では「お早《はよ》う」といいますが、早は「早《はや》い」と読むので、**「御早優《おはやよう》」**の多少の訛り読みのことで、直訳すると**「早くて良いですね」**、つまり、漢語の「早上好」と同じ意味になっています。一音節読みで優はヨウと読み、「優良な、良好な、良い、好《よ》い」などの意味があります。したがって、本来は「おはよう」だけで十分事足りるのです。

しかしながら、「おはよう」に「ございます」が付いた「おはようございます」と使われるのは、日本語では語源が明らかにされないために、「おはよう」は「お早う」の意味だけに理解されてしまい、「早い」の意味だけではぶっきらぼうな言葉になると思われたことから、「よい」の意味をいささかでも出すために「ございます」を付けた丁寧言葉として使われるようになっています。

漢語から導入した漢字の読みには、ご承知のように、音読と訓読とがあります。漢語では、朝はチョウ、昼はチュウと読むので、その音読を借用して、日本語では朝食《ちょうしょく》、昼食《ちゅうしょく》のようにいい、夕は漢語の一音節読みではシと読むのですが、ユウと読むのは「暗い」の意味のある幽の読みを転用した訓読というもので夕食《ゆうしょく》のようにいいます。

日本語では、朝、昼、晩は、訓読で順にアサ、ヒル、バンと読むので、朝飯《あさめし》、昼飯《ひるめし》、晩飯《ばんめし》のようにいいます。夕と晩はほぼ同じ意味なので、同じ意味で使われます。

ヒル（昼）とバン（晩）の語源については、それぞれその欄をご参照ください。

3　アナ（穴）

大言海によれば、平安時代の和名抄（身体類）に「覈、穴也、阿奈」と書いてあります。漢和辞典には、穴は穴居《けっきょ》生活の住居を表わす象形文字で「土の中の住居」のことと書いてあり、穴蔵という言葉もあります。漢語辞典には、穴は動詞では「穴居する」の意味とされています。

ということは、そもそものアナ（穴）は貫通したものではなくて、一方が塞がったもの、例えば、覆いをすれば住居になり得る地面にある縦穴や崖地などにある横穴などの袋状のものを対象としてつくられた言葉と思われます。

したがって、アナは**暗嚢**《アンナン》の多少の訛り読みであり、一音節読みで暗はアンと読み「暗い」の意味、嚢はナンと読み「袋、袋状物」の意味なので**「暗い袋状（の所）」**の意味になり、これがこの言葉の語源と思われます。

4　アマ（天）

古事記には、冒頭の条で「天地初発之時、於高天原成神名、天之御中主神。訓㆓高下天㆒云㆓阿麻㆒。下效㆑此。」と書いてあります。

しかしながら、なぜだか分かりませんが、岩波文庫の古事記（倉野憲二校注）では「天地《あめつち》初めて発《ひら》けし時、高天《たかま》の原に成れる神の名は、天《あめ》之御中主神」と振仮名して読んであります。つまり、天をアメと読んであります。また、以下の条では、天《あま》つ神、天《あま》降り、天《あめ》の浮橋、天《あめ》の御柱、のように区別して振仮名して読んであります。アマとアメはどのように異なるのでしょうか。

一音節読みで、盎はアンと読み、程度が甚だしいことを表現するときに「とても、非常に、著しく」などの意味で使われます。曼はマンと読み「美しい」の意味があります。

つまり、天の読みの**アマ**は**盎曼**であり**「とても美しい（所）」**の意味になり、これがこの言葉の語源と思われます。また、天をアメと読むときは、美はメイと読み「美しい」の意味なので、**アメ**は**盎美**になり盎曼と同じ意味になります。このような意味なので、誰もが死後は天国に行きたがるのです。

万葉集に持統天皇が詠んだとされる、次のような歌があります。

春過ぎて夏来《きた》るらし白妙《しろたえ》の
衣乾《ほ》したり天《あま》の香具山　（万葉28）

5　アメ（雨）

雨の字はアメ、アマ、ウ、ユなどと読み、例えば、雨風《あめかぜ》、海水《あまみず》、雨季《うき》、梅雨《つゆ》などの読みがあります。

古代人が、雨にアメの読みを付けたときに、たぶん、なぜ、天空から降ってくるのだろうかと考えた筈です。そのときに、天空に水桶か水溜り、或いは、池か湖があって、そこから溢れてできたものが雨であると推測したであろうことは充分に想像されます。

一音節読みで、盎はアンと読み、程度が甚だしいことを表現するときに「とても、非常に、著しく」などの意味で使われます。沔はミィエンと読み「水が溢《あふ》れでる」の意味です、

つまり、**アメ**とは、**盎沔**の多少の訛り読みであり、直訳すると「著しく水が溢れでた（もの）」、少し表現を変えると**「大量の溢れでた水」**の意味になり、

これがアメの語源と思われます。

また、雨はアマとも読みますが、漫はマンと読み、三水偏《さんずいへん》（氵）の含まれた字であることから分かるように**「水が溢れでる」**の意味があります。つまり、アマとは、**盎漫**であり、アメ（盎沔）とまったく同じ意味になっています。

上述したように、雨はウとも読みますが、一音節読みで**滃**はウォンと読み**「大水が押し寄せる」**の意味であり、その多少の訛り読みが、雨をウと読むときのウではないかと思われます。水が押し寄せてくるから、雨が降ってくると考えられたのかも知れません。

また、雨をユと読むのは、そもそもは古代漢人が付けた読み方なのですが、一音節読みで**余**はユと読み**「剰余、余りもの」**の意味があり、上述したように水桶か水溜りや池か湖で「余ったもの」の意味になり、これが雨をユと読むときのユではないかと思われます。

つまり、滃（ウ）と余（ユ）には、直接には「溢れでる」の意味はありませんが、大水となり押し寄せてきて満ち過ぎて余って溢れでてきたものとの認識があるのではないでしょうか。以上のことから、雨はアメ、アマ、ウ、ユなどと読むと思われます。雨の字は、単独で使うときはアメ、他字と合わせて使うときはアマと読む場合が多く、漢語からの由来と思われる熟語ではウ、ユなどと読むようです。

万葉集には雨の歌がたくさん詠まれており、早い歌番のものでは次のような長歌があります。

間なくそ　雨は零《ふ》りける　その雪の
時なきが如《ごと》　その雨の　間なきが如《ごと》　・・・
（万葉２５）

なお、天の字もまた、アメ、アマと読みますが、天と雨を共にアメ、アマと読むことになにか関係があるのでしょうか。天と雨を共にアメ、アマと読むことについて、なにか関係あるのだろうかという質問に答えますと、雨と天を同じようにアメ、アマと読むことには、特に関係はないといえます。アマ欄とアメ欄で上述したようにそもそもの語源が相違しているからです。

ただ、広辞苑の編者である新村出著の「言葉の今昔」という本には次のように書いてあります。

「国語で天のことを『アメ』あるいは『アマ』といい、天から降る水をアメ（雨）という。そのアメは天から天下る水であるから、rain の雨は heaven の天が語源になるということは、常識的にすぐ推察することができる」。

自信をもって叙述してありますが、この説は自説ではなく、江戸時代の貝原益軒著の「日本釈名」にある説を引用したものです。

しかしながら、この説明は「常識的にすぐ推察できる」ものではなく、まったく意味不明なのであり、例えば、魚《うお》は海《うみ》に泳いでいるからウオの語源はウミであるというようなもので、根拠が薄弱なうえに論理が飛躍し過ぎていて理解できるものとはいえそうにありません。

なぜならば、ある事物についての呼称は、原則として、その事物自体の本質的実態に即してつくられるのであって、他の事物の本質的実態を援用してつくるものではないからです。

つまり、天と雨とは、まったく異なった事物ですから、天が雨の語源になるとは到底考えられないのです。やはり、同じように天から降る雪や霰《あられ》などの語源も天の意味とはなんの関係もありません。

6　アラシ（嵐）

漢語においては、嵐はランと読み、漢語ではそもそもは山に立ち込める霧や靄《もや》を指す字のようです。英語でいうと「mountain fog」や「mountain mist」ということです。

日本語では、万葉集の原歌74での「山下風」を、日本古典文學大系「萬葉集一」（岩波書店）では「山の嵐」と書替えてあります。

み吉野の山の嵐の寒けくに
はたや今夜もわが独り寝む　（万葉74）

この歌の歌意は次のようなものとされています。「み吉野の山の嵐が寒い今夜も、もしかすると私は一人寝をすることであろうか」。

漢語には「下風」という熟語があり、「風下に向かって」の意味、英語でいうところの「leeward（=風下）」の意味とされていますが、この万葉歌での「下風」、つまり、「嵐」は振仮名もされておらず何と読むのか分かりませんが、どのようなものとされているのでしょうか。

この歌での嵐は、現在、一般的に嵐といわれているものとは異なるもののようであり、万葉集の他歌でもそのようですが、烈しく吹いてくる風ではあったようです。次のような歌も詠まれています。

黒玉《ぬばたま》の夜《よる》さり来れば巻向《まきむく》の河音高しも
荒足《あらし》かも疾《と》き　（万葉１１０１）

梅の花散らす冬風《あらし》の音のみに聞きし
吾妹《わぎも》を見らくしよしも　（万葉１６６０）

さ夜更けて　荒風《あらし》の吹けば　立ち待てる
わが衣手に　・・・　（万葉３２８０）

万葉集には、アラシの歌とされるものが十一首あるようで、原歌ではアラシの漢字は次のようになっています。「下風」五首（７４、１４３７、２３５０、２６７７、２６７９）、「荒足」１首（１１０１）、「荒」１首（１１８９）、「冬風」１首（１６６０）、「荒風」１首（３２８０）、「阿下」１首（３２８１）、「山下」１首（３２８２）。

一音節読みで盎はアンと読み、程度が甚だしいことを表現するときに「とても、非常に、著しく」などの意味で使われます、狼はランと読み形容詞では「猛烈に、残酷に、残虐に、残忍に」などの意味、襲はシと読み「襲う」の意味です。つまり、アラシは**盎狼襲**であり直訳では**「とても猛烈に襲ってくる（もの）」**の意味になり、これがこの言葉の語源と思われます。

現在では、アラシは嵐と書き、暴風のことですが、雨を伴うことが多いので暴風雨のことをもいいます。

7　アラレ（霰）

　アラレは、「大気中の微細な水分が冷気のために雪となり、それが連結を繰返してある程度の大きさの白色不透明の氷塊になり降下してくるもの」とされています。

　現在では、アラレは漢字では「霰」と書かれます。アラレと同じものにヒョウがあり漢字では「雹」と書かれます。

　アラレ（霰）とヒョウ（雹）の両者は、現在では大きさで分けられており、共におおよそ丸い形をしているので、直径5㎜未満のものをアラレ、それ以上のものをヒョウというとされています。つまり、小さいものがアラレ、大きいものがヒョウなのです。

　また、アラレは細かく分類して雪アラレと氷アラレとに分けられています。雪アラレは、まだ雪の状態が強く残った白色不透明の氷の塊で硬い地面に落ちると壊れ易いものとされています。氷アラレは、氷化が進んだ半白色半透明の氷の塊で硬い地面に落ちても壊れ難《にく》いものとされています。

　漢語辞典では、霰について「空中から降落する白色不透明の小さな氷粒、普通は球形或いは円錐形である。多くは、降雪前或いは降雪時に出現する」と説明してあり、また「霰は雹ともいう。雹霰。」と書いてあります。雹については「冰雹」と書いてあります。冰は氷と同じ意味で、その本字とされています。

　日本の古典に目を向けてみますと、古事記（岩波文庫）によれば、允恭天皇の「軽太子と衣通王」の条の歌謡に「笹葉に　打つや阿良禮の　たしだしに・・・」（歌番八〇）と詠われています。

　日本書紀（岩波文庫）では、推古紀三六年四月の条に「雹《あられ》零《ふ》る。大きさ桃子《もものみ》の如し」と振仮名して読んであります。皇極紀二年四月の条に「西の風ふきて雹《あられ》ふれり。中略。雹《あられ》下れり。其の大きさ径一寸」、九月の条には「是の日に、大雨《ひさめ》ふりて雹《あられ》ふる」と振仮名して読んであります。

　天武紀八年六月の条に「氷《ひ》零《ふ》れり。大きさ桃子の如し」とあります。つまり、雹《あられ》と氷《ひ》とが、共に「大きさ桃子の如し」とあるのは両者が同じ氷塊と見做されていたことを示しています。

　万葉集では、アラレは霰、雹、丸雪などと書かれて、次のような歌が詠まれています。

霰《あられ》打《う》つあられ松原住吉《すみのえ》の
弟日娘《をとひをとめ》と見れど飽かぬかも　（万葉６５）

丸雪《あられ》降り遠海の吾跡川楊《あとかはやなぎ》刈りつとも
亦《また》も生ふとふ吾跡川楊　（万葉１２９３）

わが袖に雹《あられ》たばしる巻き隠し消《け》たずて
あらむ妹が見むため　（万葉２３１２）

阿良例《あられ》降り鹿島の神を祈りつつ
皇御軍《すめらみくさ》にわれは来《き》にしを　（万葉４３７０）

　日本古典文學大系「萬葉集」においては、万葉６５では原歌での霰を「あられ」と平仮名に書替えてあり、万葉１２９３では原歌での丸雪を「霰」と書替えてあり、万葉２３１２では原歌での雹を「霰」と書替えて「あられ」と振仮名して読んであり、万葉４３７０では原歌での阿良例を「霰《あられ》」と書替えて振仮名して読んであります。

　また、上掲した四首の他に、以下の四首の原歌では万葉３８５（霰《あられ》）、万葉１１７４（霰《あられ》）、万葉２３１２（雹《あられ》）、万葉２７２９（霰《あられ》）などとなっています。大言海によれば、平安時代の私撰和歌集である古今和歌六帖（七）にも「丸雪《アラレ》」とあります。

　上述したように、現在では、霰と雹は大小で分けられていますが、古い時代には、霰と雹の両者を含めてアラレと呼ばれていたのです。ヒョウについては、その欄をご参照ください。漢語では、霰はシィエン、雹はパオと読みますが、現在の日本語では訓読で霰はアラレ、雹はヒョウと読みます。

　平安時代の和名抄に「雹、雨冰也、和名安良禮」と書いてあります。和名抄で雹の字をアラレ（安良禮）と読んであるのは、アラレとヒョウとは同じもので、古くから両者は「氷塊」と見做されていたからです。字類抄には「冰、ヒョウ」と書いてあります。冰は氷と同じ意味の字です。

現在においては、漢字では、アラレは霰、ヒョウは雹と書かれます。「雨冰」とあるのは、雨と氷ということではなくて「雨のように降る氷」という意味のようです。

さて、アラレの語源の話をしますと、一音節読みで、盎はアンと読み、程度が甚だしいことを表現するときに、通常は、「とても、非常に、著しく」などの意味で使われます。圞はランと読み「丸い」の意味があり、乱はルァンと読み「乱暴な」の意味があります。つまり、アラレのラは圞と乱の掛詞で「丸い乱暴な」の意味と思われます。

連はリィエンと読み「連結する」の意味があり、零は一音節読みではリンと読みますが、日本語では古くからレイと読むとされ「落ちる、零《こぼ》れる、降る」などの意味があります。つまり、アラレのレは連と零との掛詞で「連結して降る」の意味と思われます。したがって、アラレは、意味上は、**盎・圞乱・連零**になり、直訳すると**「とても丸い乱暴に連結して降ってくる（もの）」**の意味になり、これがこの言葉の語源と思われます。

「丸い」の意味があるのは、上述したように万葉集や古今和歌六帖の歌では、丸雪をアラレと読んであります。「乱暴に」というのは、氷塊なので人間や他のものに被害を及ぼすからです。「連結して」の意味になるのは、雪が連結を繰返して或る程度の大きさになってから氷塊となって降ってくるものだからです。英語では、アラレ（霰）もヒョウ（雹）も共にヘイル（hail）というようです。

8　イカヅチ（雷）

雷の字は、古くから近世に至るまでイカヅチと読まれてきました。現在では、日常語ではカミナリといいます。

雷は、現在でこそ避雷針などの設備もあり家屋も堅牢になって被害が少なくなっていますが、昔は、稲妻を伴なって大音響で鳴り響き、落雷して樹木を裂き家屋を焼き人を死に至らしめたので、大変に恐れられていたのは間違いありません。したがって、雷神といわれます。当時は、恐ろしいものを指して神といったのです。

漢字で雷と書き、分解すると雨と田になります。一音節読みで、田はティエンと読み、ほぼ同じ読みの電に通じています。つまり、雷と電はほぼ同じ意味と考えられているのであり、雷の字は、雨雲と電流の意味を重ねたものです。漢語では、雷の字義は「雨雲から放電するときに発生する大音響」のこととされています。

雷の字は、古事記や日本書紀において頻繁にでてきますが、それらの解説書（岩波文庫）においては、すべて「いかづち」と振仮名して読んであります。

例えば、古事記の「黄泉の国」の段に「頭には大雷《いかづち》居り、胸には火雷《いかづち》居り、腹には黒雷《いかづち》居り、・・・、あはせて八はしらの雷《いかづち》神成り居りき」とあり、日本書紀の伊弉諾《いざなぎ》尊の段に「其の一段は雷神《いかづちのかみ》と為《な》る」とあり、両書の解説書では共に、雷に「いかづち」と振仮名して読んであります。

万葉集に次のような歌が詠まれており、日本古典文學大系「萬葉集一」（岩波書店）では、万葉199の原歌での雷には「いかづち」と振仮名して読んであり、万葉235の原歌での「伊加土」は「雷」と書替えてあります。

鼓《つづみ》の音は　雷《いかづち》の　聲《おと》と聞くまで　吹き響《な》せる
笛の音は　・・・（万葉199）

王《おほきみ》は神にし座《ま》せば雲隠《がく》る伊加土山に
宮敷きいます（万葉235）

また、平安時代の和名抄に「雷公、以加豆知」とでており、枕草子（名おそろしきもの）には「いかづちは名のみにもあらず、いみじうおそろし」と記述されています。つまり、ここには、「いかづち」という名称は「おそろしい」の意味であると書いてあるのです。

一音節読みで、嚚はインと読み「残忍な、残虐な、残酷な」、狂はクァンと読み「狂暴、凶暴」、毒はヅと読み「暴烈な、暴虐な」、撃はチと読み「襲撃する。襲いかかる」の意味があります。つまり、**イカ**

ヅチとは、**嚚狂毒撃**の多少の訛り読みであり、直訳すると「**残忍、狂暴、暴虐に、襲いかかる（もの）**」の意味になり、これがこの言葉の語源と思われます。

　平安時代末期から鎌倉時代初期の鴨長明著の方丈記の二一段には「地の動き、家のやぶるる音、雷《いかづち》にことならず」と書かれていて、その解説書では、右記のように雷に「いかづち」と振仮名して読んであります。

　近世の江戸時代になって、松尾芭蕉（一六四四～一六九四）著の紀行文である「奥の細道」（飯坂）には次のように書かれています。

「夜に入りて雷鳴り、雨しきりに降りて、臥《ふ》せる上より漏り云々」。この紀行文における「雷鳴り」は「いかづち鳴り」と読んだと思われます。なぜならば、江戸時代の和漢三才図会（一七一二年刊）には「【雷】いかづち（伊加豆知）、なるかみ（奈流加美）」と書かれているからです。つまり、雷の字は、江戸時代に至ってもなお「いかづち」と読まれていたのです。ただ、「なるかみ」とも読まれるようになっています。イカヅチが一般的にカミナリとも呼ばれるようになったのは江戸時代からのようですが、カミナリという仮名言葉自体は平安時代から存在したのです。そのことについては、カミナリ欄をご参照ください。

9　イケ（池）

万葉集に、イケ（池）は伊気と書かれて、次のような歌が詠まれています。

小山田の伊気の堤《つつみ》に刺す楊《やなぎ》成りも
成らずも汝《な》と二人《ふたり》はも　（万葉3492）

伊気水に影さへ見えて咲きにほふ
馬酔木《あしび》の花を袖に扱《こき》入れな　（万葉4512）

平安時代の和名抄に「池、畜水也、以介」と書いてあります。大言海によれば、古典に次のような記事があることが紹介されています。

日本書紀の推古紀三十四年五月の条に「飛鳥河の傍に家せり。乃ち庭中に小池を開《は》れり。仍《よ》りて小嶋を池中に興《つ》く。故、時の人、嶋の大臣と曰《い》ふ。」とあります。

また、平安時代中期の宇津保物語（祭使・公卿）に「釣殿ニ参《マウ》デタマヒヌ、云々、御前ノいけニ、網オロシ、云々、鯉鮒《コイフナ》捕ラセ」とあります。

また、室町時代後期の作とされる桑家漢語抄（二一・地理・池）に「伊計、或イハ、伊計須、案ヅルニ、字園ニ云フ、川河ヨリ魚ヲ取リテ、外ヨリ池中ニ水ヲ儲ケテ、魚ヲ以ツテ茲《ココ》ニ生養スル所ナリ、故ニ伊計ノ訓《ヨミ》ヲ以ッテス、魚ヲ伊計置クノ義ナリ。」とあります。

イケ（池）とは、いかなるものかについて、大言海には次のように説明してあります。

「（一）地ヲ掘リクボメテ、水ヲ湛《タタ》ヘオク処。庭園ナドニ設ケテ、眺望ノ粧点《カザリ》トモシ、又、養魚ノ用トモス。泉水《センスイ》園池。

（二）人工ニテ造リ、雨水、渓水ヲ集メ、田ノ用水トシテ貯ヘオク処。

（三）又、天然ニ、大キナル窪地ニ、河水ノ溜リ居ル処、湖ヨリ小ナルモノ」。

ただ、一般的には、「生簀《いけす》」は事業用の養魚場であり、池は大言海の（一）（二）の説明にあるように主として景観のために人工的に造成したものとされています。

イケという仮名言葉の語源については、桑家漢語抄には「魚ヲ生養スル所ナリ」とあり、大言海の見解としては「生《イケ》ノ義、生水《イケミツ》ト云フガ成語ナラム、養魚ノ用ヲ根源トシタル語ナリ（生簀《イケス》）」と書いてあります。イケが養魚場ならば、この意味でよいことになりますが、果たしてどうなのでしょうか。しかしながら、他にこれといった説がないので、この説が通説のようになっています。

東京についていえば、名の知れたもので、池と名のつくものには不忍池、善福寺池などがあり、その他の公園・庭園にも池があります。例えば、小石川後楽園、井之頭公園、浜離宮恩賜公園、六義園などには池があります。これらの池はいづれも景観のためのものであり生簀にはなっていません。

さて、本書見解の語源説を紹介しますと、イケ（池）は人工のものである点に注目すべきだと思われます。

一音節読みで溢はイと読み形容詞では「水が満ちている」の意味、陰はインと読み「窪《くぼ》み、凹《へこ》み」の意味があります。つまり、イケのイは溢と陰の掛詞であり、「水が満ちている凹み」の意味になります。墾はケンと読み「開墾する、造成する」の意味があります。したがって、イケは意味上は**溢陰墾**の多少の訛り読みであり、直訳すると「水が満ちている凹みを造成したもの」、表現を逆にしていうと**「造成した水が満ちている凹み」**の意味になり、これがこの言葉の語源と思われます。

池は、全部にせよ一部にせよ、景観のために人工的につくったものを指すのであり、上述した桑家漢語抄には、「伊計、或イハ、伊計須」とありますが、たとえ池を生簀《いけす》の用に供することがあったとしても、池と生簀とは明確に区別すべきものです。

10 イシ（石）

大言海には、イシ（石）について、「通俗ニハ、巌《イハホ》ヨリハ小サク、砂ヨリハ大キナルモノヲ云フ」と説明してあります。

また、万葉813の長歌に、石は「伊斯」と書かれて、「・・・ 眞珠なす 二つの伊斯を 世の人に 示し給ひて ・・・」のように詠まれていること、平安時代の和名抄に「石、以之」と書いてあることが紹介されています。

イシは漢字で石と書きます。漢語の一音節読みで石はシと読み、日本語では二音節でイシと訓読します。

硬はインと読み「硬い、固い、堅い」という意味の字です。つまり、日本語では、分かりやすい二音節語にするために、石の頭に「硬い」の意味の硬を付加してあるのです。

したがって、イシは**硬石**であり直訳すると**「硬い石」**の意味になり、これがこの言葉の語源です。

石頭という熟語は、漢語では「石の上」のことですが、日本語では①「石のように固い頭」、②「考え方が固くて融通の利かない頭」などの意味で使われています。

11　イズミ（イヅミ）（泉）

漢字では「泉」と書かれます。泉は、漢語の一音節読みではチュアンと読みますが、日本語では音読でセン、訓読でイズミ（イヅミ）と読みます。

現在では、平仮名や片仮名では国からの要求で「いずみ」やイズミと書きますが、語源上は「いづみ」やイヅミなので、旧仮名使いではそのように書かれていました。

「いづみ（泉）」について、大日本国語辞典には「天然に地上に湧き出づる水」、大言海には「地ヨリ涌《ワ》キ出ヅル水」と説明してあり、平安時代の和名抄に「山城国、相楽郡、水泉郷、以豆美」と書いてあることが紹介されています。

イズミは、地下水が満ち溢れて自然に湧き出てくる水なので純水で美味しいものが多くなっています。昭和の初め頃までは、九州では、平地でさえも地下から噴出して所々に存在したのですが、最近では殆んどなくなっているようです。

一音節読みで溢はイと読み「溢れ出る」の意味、自はヅと読み「自然に」の意味があります。瀰はミと読み名詞では「水」の意味です。

つまり、イヅミは**溢自瀰**であり、上の字から直訳すると「溢れ出る、自然の、水」、順序を入れ替えていうと**「自然に溢れ出る水」**の意味になり、これがこの言葉の語源と思われます。万葉集に、次のような歌が詠まれています。

家人《いへひと》に恋ひ過ぎめやもかはづ鳴く
泉の里に年の歴《へ》ぬれば　（万葉６９６）

日本古典文學大系「萬葉集一」（岩波書店）には、その大意は「家にいる人（妻）を恋しく思う心を忘れることが出来ようか（出来はしない）。カワズの鳴く泉の里に来て、年がたったから。」と書いてあります。

12　イソ（磯）

大言海には「水辺ノ波打際ニ、岩石ノアル処」と説明してあります。

万葉集では、イソの歌は磯、礒などと書かれてたくさん詠まれています。その一つに、次のような歌があります。

磯の上の都萬麻《つまま》を見れば根を延《は》へて
年深からし神さびにけり　（万葉4159）

この歌は、大伴家持が越中守時代に詠んだ歌とされていますが、ツママ（都萬麻）は現在のなんの木だか分からないとされています。本書では、その名称から推測して、家持の造語した名称で「松の別称」と思っています。（「草木名の語源」のツママ欄参照）。

さて、イソの語源の話をしますと、一音節読みで硬はインと読み「硬い、固い、堅い」という意味ですが、「固いもの」ということで石のことを指すものと思われます。層はソンと読み「層をなす、重なる」の意味があります。つまり、イソは**硬層**であり直訳すると「固いものが重なっている（処）」、少し意訳すると**「石の重なっている（処）」**の意味になり、これがこの言葉の語源と思われます。

13　イナズマ（イナヅマ）（稲妻）

イナヅマという言葉は、奈良時代にはまだ存在しなかったようで、万葉集では詠まれていません。大言海によれば、平安時代の古今集（恋歌一）に次のような歌が詠まれています。

あきの田の　ほのうへをてらす　いなづまの
光のまにも　我やわするゝ

同時代の古今和歌六帖に、次のような歌が詠まれています。

秋の田の　穂の上照らす　いなづまの
光の間にも君ぞ恋しき

いなづまは　陽炎《かげろふ》ばかり　ありし時
秋の頼みは　人知りにけり

同時代の宇津保物語に、次のような歌が詠まれています。

いなづまの　かげをもよそに見るものを
何に譬《たと》へんわが思ふ人

これら平安時代の古今集、古今和歌六帖、宇津保物語の歌ではいづれも平仮名で「いなづま」と書かれています。

平安時代の和名抄には、「伊奈比加利、一云伊奈豆流比、一云伊奈豆萬」と書いてあります。つまり、イナヅマは、イナビカリのことでありイナツルビともいうと書いてあります。

枕草子の「名おそろしきもの」の段に「いかづちは名のみにあらず、いみじうおそろし」とあるようにイカヅチ、つまり、カミナリが恐ろしいものとされているのに対して、通常は、イナヅマは遠くで明るく美しく光るだけのものであり特にはなんの被害も及ぼさないものだったので、好ましいものと見做されていたようです。したがって、イナズマとイナビカリとイナツルビは、同じような意味の言葉であることが推測されます。

さて、イナヅマの語源の話をしますと、一音節読みで奕はイと読み「明るい」の意味があります。娜はナ、姿はヅ、曼はマンと読み形容詞ではいづれも「美しい」の意味があります。つまり、**イナヅマ**は**奕娜姿曼**であり、直訳すると**「明るい美しい（もの）」**の意味になり、これがこの言葉の語源と思われます。

イナビカリについては、イナは奕娜であり「明るい美しい」の意味ですから、イナビカリは「明るい美しい光」の意味になります。

イナツルビについては、一音節読みで玼はツと読み「明るい」の意味があります、潤はルンと読み「洗練されて美しい」の意味、賁はビンと読み「美しい」の意味があります。つまり、**ツルビ**は**玭潤賁**であり**「明るい美しい」**の意味になり、イナ（奕娜）と同じ意味になります。したがって、**イナツルビ**は同じ意味の奕娜と玭潤賁を結びつけた**奕娜玭潤賁**であり**「明るい美しい（もの）」**の意味になり、これがこの言葉の語源と思われ、イナヅマの意味とまったく同じになっています。

しかしながら、江戸時代から奇怪な説が述べられるようになります。

江戸時代の東雅（新井白石著・一七一七年成立）に、「電　イナヒカリ　イナとはイカの転語にて、これも畏《おそ》るべきの事なり、ヒカリは光なり、又イナツルヒともいふ、ツルヒとは出火なり、又イナツマともいふ、もとこれ農家炎旱の日に、雷雨を得て、稲の胎《ハラ》まむ事を、おもひ望むより出し語なりといふ、稲妻としるせり」と書いてあります。

なんと書いてあるのかよく分かりませんが、「なりといふ」と伝聞形式で書いてあるのは、どこから伝聞したのでしょうか。たぶん、新井白石が考えた「作り話」と思われます。にもかかわらず、この説明を受けてと思われますが、百年程度後世の箋注和名抄（箋注倭名類聚抄）（一八二七年成立）には次のように書いてあります。

「玉篇云、電、和名以奈比加利、以奈豆流比、以奈豆末」とあり、引続いてのこれ以下の記述を読み下すと「按ズルニ、以奈比加利ハ、稲光ナリ、以奈豆流比ハ、稲交接ナリ、以奈豆末ハ、稲妻ナリ。蓋シ初秋ノ際ニ、陰陽激シクテ耀光ヲ発ストイフ。田家ノ雑占ニ云フ、夏秋ノ間、夜晴レテ遠電見ユ、俗ニ之ヲ熱閃ト謂フ、是ナリ。稲穀ハ是時ヲモツテ実ル、故ニ是等ノ名アリ」。

ここにはなんと書いてあるのかよく分かりませんが、箋注和名抄によって、イナビカリ、イナツルビ、イナズマの意味が定義され、イナビカリは稲光、イナツルビは稲交接、イナズマは稲妻と書かれるようになり現在に至っているものです。

しかしながら、普通には、稲はイネと読むのでこれら三語におけるイナが稲《イネ》であるかどうか、および、

「交接」という意味の「つるむ」という言葉はあったとしても「つるび」という言葉があったのかどうかは疑わしいといえます。また、そもそも妻《つま》というのは人間の女の連れ合いを指すのであり稲に妻などいる筈がありません。したがって、稲がカミナリと交接《つるむ》ことがあり得るのかということと、そのことによりほんとうに稲穀が実るのかどうかという問題もあります。カミナリとつるんだら普通は黒焦げになります。本書では、音声が異なることからイナを稲《いね》のこと、ツルビを交接《つるむ》のことと解釈することはできないと思っており、また、ツマを妻のことと解釈することにも疑問をもっています。

　現代の岩波文庫の日本書紀では次のように振仮名して読み下してあります。

　推古紀二十六年八月の条の「大雨雷電之」という原文を「大雨《ひさめ》ふりて、雷電《いなつるび》す」、天武紀九年六月の条の「雷電之甚也」という原文を「雷電《いなつるび》すること甚し」。

　しかしながら、「之」は「〜である」という意味の状態動詞です。したがって、日本書紀の推古紀の条の「大雨雷電之」という原文は「大雨《ひさめ》ふりて、雷電《いなづま》あり」、天武紀の条の「雷電之甚也」は「雷電《いなづま》ありて甚し」と振仮名して読むべきだと思われます。なぜならば、上述したように、雷電は奈良時代になんと読まれたのか分かりませんが、上述したように、平安時代の古今集以下の和歌では「いなづま」という言葉が使われているからです。

　岩波文庫の日本書紀の解説では、「落雷は稲と雷との交接であり、それによって稲が稔るのだと、当時の人々は信じていたので、雷電をイナツルビと訓む」と説明してあります。

　ここでは、「当時の人々は信じていた」とありますが、当時とは奈良時代のことなので、奈良時代にそのようなことを当時の人々は信じていたという証拠、例えば、文献なりに書かれた証拠があるのでしょうか。また、イナツルビという言葉は、和名抄に書いてあることから平安時代には存在したとしても、奈良時代にほんとうに存在したならば、その証拠も挙げるべきだと思われます。なぜならば、イナツルビが奈良時代当時に存在しなかった言葉ならば、それで奈良時代の文献である日本書紀での「雷電」をイナツルビと読むのは適当ではないと思われるからです。本書では、平安時代の和名抄にはイナツルビ（伊奈豆流比）という言葉が書いてあったとしても、同時代の古今集などの和歌ではすべて平仮名で「いなづま」という言葉が使われているので、奈良時代の日本書紀においてもイナツルビという言葉が当時に存在したことが証明されないかぎり、雷電《いなづま》と振仮名して読むべきだと思っています。イナツルビは、語源で示したように、イナヅマと同じ意味であり「明るい美しい（もの）」の意味と思われるのです。

14　イナビカリ（稲光）

大言海には、「いなづまハ、いなびかりニ同ジ」と書いてあります。また、イナビカリについて、「初秋ノ晴夜ニ、遠ク雲間ニ、忽チ発シ、忽チ消ユル光。日中ノ残炎ノ、空中ノ涼気ニ会ヒテ、電気ヲ発スルモノ、電光ニ同ジケレド、雷声ハ遠クシテ聞エザルモノト云フ。」と説明してあります。

つまり、カミナリの光は音を伴うのに対して、イナズマは光だけで音を伴わないという違いがあると書いてあるのです。ただ、イナズマは雷鳴が聞こえないほどの遠くでのカミナリの光とされており、したがって、大言海には「雷声ハ遠クシテ聞エザルモノト云フ」と書いてあるのです。

一音節読みで奕はイと読み「明るい」の意味、娜はナと読み「美しい」の意味があります。つまり、**イナビカリ**は、**奕娜光**であり**「明るい美しい光」**の意味になり、これがこの言葉の語源と思われます。

なお、イナズマを稲妻、イナビカリを稲光と書くとしても、そのときの稲や妻は、その音声を利用するための単なる当て字に過ぎないと見做すべきだと思われます。

15　イワ（岩）

大言海によれば、古事記（上）に「訓石云以波（石ヲ訓《ヨ》ミテ以波ト云フ）」、平安時代の和名抄に「磐、大石也、以波」と書いてあることが紹介されています。

漢字では岩と書き、「大きな石」のことをいいます。一音節読みで夷はイと読み「大きい」の意味、頑はワンと読み「硬い、固い、堅い」の意味があります。頑固という熟語もあります。

つまり、イワは**夷頑**の多少の訛り読みであり直訳すると**「大きな硬い（もの）」**の意味になり、これがこの言葉の語源と思われます。

万葉集には、志貴皇子の懽《よろこび》の御歌として、よく知られた次のような歌があります。

石《いは》ばしる垂水《たるみ》の上のさ蕨《わらび》の萌え出づる春に
なりにけるかも（万葉1418）

16 ウミ（海）

海は、地球上で最も広大で、しかも美しいところです。海は、陸より低くなって大量の水が満ちているところをいいます。

大言海によれば、古事記の仲哀天皇の条の次のような歌に、原文では宇美、注釈書では湖《うみ》と書替えて詠われています。

鳰鳥《にほどり》の淡海《あふみ》の湖《うみ》に　潜《かづ》きせなわ（歌番二九）

岩波文庫の古事記では、「潜きせなわ」について「もぐりたいなあ」の意味であると説明してあります。

万葉集には、柿本人麿の歌として有名な、次のような歌が詠まれています。

淡海《あふみ》の海《うみ》夕波千鳥汝《な》が鳴けば
情《こころ》もしのに古《いにしへ》思ほゆ（万葉266）

平安時代の和名抄に「海、百川所帰也（百川ノ帰スル所ナリ）、宇三」と書いてあります。

一音節読みで、吴はウと読み「大きい」、洿はウと読み「凹んでいる」の意味があります。つまり、ウミのウは、吴と洿との掛詞と思われます。瀰はミと読み名詞では「水」、形容詞では「水が満ちている、水がいっぱいである」の意味です。したがって、ウミは、呉瀰と洿瀰との掛詞であり、意味上は**呉洿瀰**になるので直訳すると**「大きく凹んでいて、水が満ちた（所）」**の意味になり、これがこの言葉の語源と思われます。

　このような意味なので、いわゆる塩水の海でも淡水の湖でもウミと呼んで構わないことになります。

　また、溟はミンと読み「海」の意味があるので、二音節語にするための適当な語として呉と洿とを頭に付けて意味上は**呉洿溟**にし、直訳では**「大きな凹んだ海」**の意味にしただけとも考えられます。

　したがって、ウミの語源は、「呉瀰と洿瀰との掛詞」か「呉洿溟」のどちらかと思われますが、ほんとうのところは、古代にこの言葉をつくった人に聞いてみないことには分からないということになります。

17　ウラ（浦）

ウラは漢字で「浦」と書きます。大辞典には「海や湖の湾曲して陸地に入り込んだ所」と説明してあります。

　万葉集に、山部赤人が詠んだとされる次のような有名な歌があります。

　田児の浦ゆうち出でて見れば真白にそ
　不盡《ふじ》の高嶺《たかね》に雪は降りける　（万葉318）

　若の浦に潮満ち来れば潟《かた》を無み
　葦辺をさして鶴《たづ》鳴き渡る　（万葉919）

　平安時代の和名抄に「浦、大川旁曲、諸船隠風所也（大川ノ旁ノ曲ガリ、諸船ノ風ヨリ隠《カク》ル所ナリ）」、「宇良」と書いてあります。

　湖や海が陸地に入り込んでいる処ですが、大抵の場合、なぜか陸地が湾曲しているのが特徴です。

　一音節読みで塢はウと読み、そもそもは縦に「陥入する、陥入している、没入する、没入している」など意味ですが、この言葉の場合はそのことに拘《こだわ》ってはないようです。瀾はランと読み「円い、丸い」

の意味、壌はランと読み「土、土地」などの意味がありま す。ウラという言葉の場合のラは、圝と壌の掛詞で「円い土地」の意味と思われます。

したがって、ウラは、意味上は**塢圝壌**になり直訳すると**「陥入して円くなっている土地」**の意味になり。これがこの言葉の語源と思われます。

大言海には、浦について「裏の義」と書いてありますが、衣装などにおける表裏のウラ（裏）は、語源上は、「見えない所」の意味なので、そうではないと思われます。

18　オキ（沖）

大言海には、「**おき**（名）沖‖澳（一）海上ノ、陸ヨリ遥ニ遠キ処。洋中。湖、池、川ニ就キテモ云フ。（二）平野ノ、遠キ処。郊‖」と説明してあります。

沖は、漢語の一音節読みではチョンと読みますが、三水偏《さんずいへん》（氵）の字であることから、そもそもは海や湖の「遠キ処」を指したと思われます。大言海によれば、万葉集に、例えば、次のような歌が詠まれています。

淡海《あふみ》の海　奥《おき》つ白波知らねども　妹がりといは
ば　七日超え來む（万葉2435）

オキ（沖）は、万葉集のいくつもの原歌ではすべて「奥」と書いてあり、解説書では「奥《おき》」のように振仮名して読んでであります。

一音節読みで噩はオと読み「恐ろしい」の意味ですが、「厳しい」の意味もあります。帰はキと読み「帰る、帰ってくる」の意味です。つまり、オキは**噩帰**であり、後字から直訳すると**「帰ってくるのが厳しい（所）」**の意味になり、これがこの言葉の語源と思われます。

古代には、船もまだ貧弱なものだったので、海で遠出をすると帰還は厳しかったと思われ、このような意味の仮名言葉がつくられたようです。

19 ガケ（崖）

ガケは漢字では崖と書きます。崖の字は、漢語の一音節読みではヤと読み、日本語では音読でガイ、訓読でガケと読みます。

崖における山を左横に置くと崕になりますがまったく同じ意味です。左横に三水偏（氵）を置くと涯になり、これは水際の崖の意味です。ガケという仮名言葉は、いつ頃つくられたのでしょうか。

大言海には、「**がけ**（崖）」について「山、岡ノ岸ノ、直《スグ》ニ峙《ソバダ》チタル処。キリギシ。源平盛衰記（三十七、義経落二鵯越一事）『流石イブセキ礒《ガケ》ナレバ、手綱ヲ引ヘテタメラヘバ』」と書いてあり、キリギシ（切岸《きりぎし》）については「山腹ノ切リタテタル如ク、直《スグ》ニ聳エタル処。ガケ。」と書いてあります。

一音節読みで崗はガンと読み岡や丘、つまり、低い山や小さい山の意味です。虧はキゥイと読み「欠けている」の意味です。熟語の虧蝕《きしょく》は日蝕や月蝕のことをいいます。

つまり、ガケは**崗虧**の多少の訛り読みであり直訳すると**「丘（崗）の欠けている（所）」**の意味になり、これがこの言葉の語源と思われます。

欠けているので「切り立つ」ことになるのです。

ガケは大きな山にもありますが、この仮名言葉は「比較的に低い小さい山」のことからつくられた言葉のようです。

20 カスミ（霞）

カスミは、日本語の仮名言葉であり**「薄雲」**のことをいいます。

漢字では霞と書きますが、漢語から導入したもので、漢語では**「色彩雲」**のことを指すとされています。したがって、日本語の大辞典では、カスミは漢字で霞と書き、日本語の仮名言葉としての薄雲の意味と、漢語漢字の色彩雲の意味との双方が書いてあります。

ただ、奈良時代の万葉集で詠われているカスミは、必ずしも明確ではありませんが、その殆んどが日本語の仮名言葉の薄雲の意味で使われており、語源も意味もそのようになっているようです。雲は大気中のある高さ以上ではあっても上層、中層、下層に生ずるので、薄雲であるカスミもそのように生じ、下層に生じるものには「霧流《きれる》（＝霧が立ったようである）」や「霧相《きら》ふ（＝霧に相似している・霧に似ている）」という表現がされています。（万葉29・万葉88など）。

平安時代の古今集になると、和名抄の「霞、唐韻云、赤気雲也、加須美」という記載の影響もあってか、霞は色彩雲と見做されていると思われる次のような歌も詠われています。

春霞《はるがすみ》たなびく山の桜花うつろはむとや
色かわりゆく　（古今・春歌下）

花の色は霞にこめて見せずとも
香《か》をだにぬすめ春の山風　（古今・春歌下）

クモ（雲）は、「大気中の水分が凝結して微細な水滴の集まりとなり、その上層のある高さ以上に平たく横に浮遊するもの」なので、通常はその態様は「たなびく」という表現がされます。ただ、万葉集には三首だけ「たちわたる」という表現の歌があります（歌番225・1088・3900）。雲は視界が利かないという特徴がありますが、ある高さ以上にあるので、雲のない下界は視界が利きます。

カスミは薄雲なので、密度が薄くなるにしたがって視界が利きやすくなり、濃くなるにしたがって視界が利きにくくなります。カスミは、クモと同じく「たなびく」という表現がされますが、「たちわたる」という表現の歌はありません。按ずるところ、カスミは薄雲なので、ある程度の見通しが利くことから、視覚的に「一面に覆う」感じにはならないからと思われます。

万葉集の原歌では、「霞たなびく」は「霞霏霺《たなびく》」と書いてあるものが五首あります（1812、1814、1815、1816、1817）。つまり、霏霺を「たなびく」と読んであります。霏は、動詞では「浮遊する」の意味があります。霞は、現在の普通の漢語辞典にはなく国字とされていますが「微細な水滴、微小な水滴、小さい水滴」などの意味と思われます。つまり、霏霞の字義は下字から直訳すると**「微細な水滴が浮遊する」**の意味になります。

平安時代の堤中納言物語の「花櫻折る少将」の段には、「くまなき月に所々の花の木どもも、ひとえにまがひぬべく霞たり」と書かれています。現代語に翻訳すると、「月が明るく照っているのに、あちこちにある花の咲いた木が、まったく同じに見える程にかすんでいる。」と書かれています。つまり、カスミにはそのような意味もあるということです。

さて、カスミという言葉の語源の話をしますと、一音節読みで看はカンと読み「見る、見える」の意味があります。損はスンと読み増の反対語で、英語でいうところのincreaseの反対語であるdecreaseの意味であり、「減少する、衰える」の意味があります。つまり、カスとは「看損」であり、直訳すると、「見えるのが減少する」や「見えるのが衰える」の意味になります。「見えるのが衰える」ということは、カス(看損)の音声を使っていうと「かすんで見える」や「かすかに見える」ということであり、「ぼんやりと見える」ともいえます。

また、靡はミと読み「微細な」の意味と「美しい」の意味があるので、双方の意味である「微細な美しい」の意味があると見做すことができます。「微細な」とは「微細な水滴の集まり」のこと、「美しい」とは棚引いた薄雲や千切れ雲の端の薄雲をそのように見做してあるのではないかと推測されます。

したがって、カスミは看損と靡とを結び付けた看**損靡**であり、直訳すると**「かすんで見える微細な美しい(もの)」**の意味になり、これがカスミという仮名言葉の語源と思われます。

現代の大辞典である日本国語大辞典（二〇巻・小学館・一九七二〜一九七六年刊）には、カスミの過去の語源説について次のようなものが挙げられています。「(1) カスカに見える義から〔和句解・日本釈名・滑稽雑談所引和訓義解〕。(2) カスは明瞭でない意を表わす語根〔箋注和名抄〕。(3) カはカ(気)から。気がたつこと〔国語遡源＝大矢透〕。(4)

ケスミ（気進）の転〔言元梯〕。（5）ケウスミル（気薄見）の義〔日本語原学＝林甕臣〕。（6）カは発生、スミは染で、俗にいう朝焼け、夕焼けのこと〔俚言集覧〕。（7）カスミ（赤染）から〔東雅〕。また、アカソメ・アカソミ（赤染）から〔名言通・和訓栞〕。（8）赤曇りの義から。カはアカの略、スはクに通い、ミはモリの反〔冠辞考〕。スミはくもるの古語〔類聚名物考〕。（9）カスミ（香染）の義〔紫門和語類集〕。（10）峰にかかって山の稜線を染めることからカカリ染メルの義〔桑家漢語抄〕」。

日本釈名（貝原益軒著）の「かすかに見える義から」や箋注和名抄（狩谷棭斎著）の「明瞭でない意」というのはおおよそ合っていますが、なぜそのような意味になるのかの語源が示されていません。日本語における語源説というのは、古来、語源は示されずその意味だけが示されるのです。なぜならば、語源は漢語漢字なのでそれを分かっている人は明らかにしたくないからと思われます。

カスミという「薄雲」の意味の仮名言葉をつくり、それに色彩雲という意味の漢語漢字の「霞」を当てた古代の人たちは、その整合性についてどのように考えていたのでしょうか。

広辞苑の編者である新村出著の「言葉の今昔」（河出新書・一九五六年刊）には、次のように書かれています。「このカスミという語の語源が漢字の霞の字の意味であるか、あるいはモヤ（靄）の字が示すような現象を指すのか、まだ語源学者がはっきりきめていない。後の意味、すなわちカスムとか、あるいは眼がカスムとか、あるいはずっと近世になってできたカスリ、カスレル、カスルなどという意味であるか、まだ決定されていない」。

この学者の記述は分かりにくいものになっていますが、要するに、カスミを漢語漢字の霞の意味、つまり、色彩雲の意味にするのか、或いは、日本語の仮名言葉のうすぐも（薄雲）の意味にするのかは「まだ決定されていない」と書いてあるのです。確かに、難しい問題ではあります。

しかしながら、カスミは日本語としてつくられた仮名言葉ですから、漢字では霞と書くとしても、「薄い色彩雲を含めて薄雲の意味」と見做すべきものです。ただ、漢字の霞は漢語から導入したもので、漢語では濃淡を含めて色彩雲の意味とされていることを知っておくことは必要と思います。

天象のことについては詳しくありませんが、「色彩雲」についての話を続けますと、大気中は対流圏（地表から11㎞程度の高さまで）、成層圏（11㎞から50㎞程度の高さまで）、中間圏（50㎞程度から80㎞程度の高さまで）、熱圏（80㎞程度から800㎞程度の高さまで）の四つに分かれているとされます。

本書では、朝焼け・夕焼けや「朝焼け雲」や「夕焼け雲」などができるのは、大気中の対流圏において、多かれ少なかれ浮遊している微細な水滴が太陽光に当たって生じるものと思っています。つまり、一般的に、目に見えないほどの密度の薄いものから雲をなすまでの密度の濃いものまでの微細な水滴が大気中に浮遊していて、それが太陽光に当たってできるのではないかと思っています。なぜ、色彩雲は赤系統色（赤、橙、黄）に染まるのが多いかの理由については、科学本などでの説明をご参照ください。

21　**カゼ**（風）

カゼは漢字で風と書き、「空気の流れ」のことをいいます。その流れは、気温の変化などによって起こる気圧の変化によって生じます。

一音節読みで、颳はクワと読み「吹く、風が吹く」の意味、躦はズェンと読み「速く移動する」の意味があります。日本語では、二音節語にするために、颳と組み合わせる字として躦の字を選んであると思われます。

つまり、カゼは**颳躦**（クワ・ズェン）の多少の訛り読みであり、直訳すると「吹いて、速く移動する（もの）」ですが、順序を入替えていうと**「速く移動して吹く（もの）」**の意味になり、これがこの言葉の語源と思われます。

万葉集には、風の歌は極めてたくさん詠まれており、一、二、三を挙げると次のようなものがあります。

山越しの風を時じみ寝《ぬ》る夜おちず
家なる妹《いも》を懸《か》けて偲《しの》ひつ　（万葉6）

ながらふる妻吹く風の寒き夜に
わが背の君は独りか寝《ぬ》らむ　（万葉59）

風の音の遠き吾妹《わぎも》が着せし衣《きぬ》
手本のくだりまよひ来にけり　（万葉3453）

「言葉の今昔」（新村出著・河出新書・一九五六年刊）には、次のように書いてあります。

「風という語の語源であるが、この語もたぶんは風の音から名付けられたものであろう。すなわち風の音を模したところの、onomatopoetic（擬声的）の語源であると見るのが当を得ていると思う。またもや日本釈名を引き合いに出すが、『風はフカセなり、虚空よりフカスルなり、フカセの語のフが落ちてカセになった』という解釈を益軒は施している。こういうまわりくどい解釈よりも、カゼ、カザというのは、その風の樹木などを吹いて音を立てるその音の擬声語だと解釈する方がむしろ自然であろう。ただし、フクという音の語源はフである。このフという音はおそらくは、擬声語の音から来たものにちがいない。であるから、益軒の解釈は全然見当ちがいであるともいわれぬが、むしろ擬声語とする方が自然と考えられる」。

　しかしながら、風はカゼやカザという音をだしては吹かないし、樹木などに向かって吹くときでも同じなので、擬声語とするのは無理があると思われます。また、カゼのような自然界の事象についての基本的な言葉が擬声語からでたというのも考え難《にく》いことです。なお、本来は、動物がだすものを擬声語といい、その他からでるものは擬音語といいます。

　擬声語のことで、「犬は『びよ』と鳴いていた」（山口仲美著・光文社新書）という書名の本がありますが、いつの時代の犬であっても「ひよ」や「びよ」と鳴く筈はありません。平安時代の大鏡という本の太政大臣道長の条に、次のような話が書いてあります。

　清昭法橋というお坊さんは、同格の説法者である清範律師というお坊さんが犬の供養法事の講師を頼まれたということなので、どんな法話をするだろうかと頬かむりをしてこっそり聴きに行ったら、「只今や、過去聖霊は、蓮台の上にて、ひよと吠え給ふらむ」と云ったので、さすがだと感心したという話です。なぜ、感心したかというと、敬語を使っての「ひよとお吠えになったであろう」という推定の話における「ひよ」の意味に感心したのです。

一音節読みで飛はフェイと読み、程度が甚だしいことを表現するときに「とても、非常に、著しく」などの意味で使われます。優はヨウと読み「優良な、良好な、よい」などの意味です。つまり、**「ひよ」**とは、**飛優**の多少の訛り読みであり直訳すると**「とてもよい」**の意味になります。

蓮台にいる犬は、黄泉《よみ》の国での居心地について「ひよ（＝とてもよい）」と吠えたという法話なのですが、法橋や律師というのは高い位の坊さんで知識人ですから「ひよ」の意味を理解できていたとしても、これを聞いていた聴衆の中で、どの程度の数の人がその意味を理解できていたのでしょうか。或いは、現代人でこの本を読んでどの程度の人が理解できているのでしょうか。これは、日本で初めて、犬の「吠え声」として大鏡という権威ある文献に記録されたものなので、以降江戸時代まで、実際の吠え声とは関係なく「ひよ」や「びよ」という音声は犬の鳴き声のことと理解されてきたということです。

22　カミナリ（雷）

カミナリは、万葉集にはいろいろに表記されていて、「鳴神」三首（913・2658・4235）、「響神」一首（1369）、「雷神」二首（2513・2514）、「動神」一首（1092）、「可未」一首（3421）、の計八首が詠まれています。

日本古典文學大系「萬葉集」（岩波書店）では、鳴神・響神・雷神・動神の七首が「鳴る神」に書替えてあり、可未の一首が「雷《かみ》」に書替え振仮名して読んであります。いくつかの歌を挙げると、次のようなものがあります。本書では、原歌にある文字は括弧に入れて呈示しています。

味《うま》こり　あやに羨《とも》しく　鳴る神（鳴神）の
音のみ聞きし　み吉野の・・・（万葉９１３）

天雲《あまくも》に近く光りて鳴る神（響神）の
見れば恐《かしこ》し見ねば悲しも　（万葉１３６９）

鳴る神（雷神）の少し動《とよ》みてさし曇り
雨も降らぬか君を留めむ　（万葉２５１３）

鳴る神（動神）の音のみ聞きし巻向《まきむく》の
檜原《ひはら》の山を今日見つるかも　（万葉１０９２）

伊香保嶺《ね》に雷《かみ》（可未）な鳴りそねわが上《へ》には
故《ゆえ》は無けども児《こ》らによりてそ　（万葉３４２１）

このように、奈良時代には未だカミナリという言葉は存在せず、ナルカミ(鳴神)といわれたようです。

現在では、一般的には、雷の字はカミナリと読みますが、奈良時代から江戸時代に至るまでイカヅチと読まれてきたのです。つまり、明治時代になってからカミナリと読まれるようになったのです。

奈良時代の記紀や万葉集では、雷はイカヅチと読まれています（イカヅチ欄参照）。平安時代の和名抄には「雷公、以加豆知」、同時代の枕草子一五三段（名おそろしきもの）には「いかづちは名のみにもあらず、いみじうおそろし」と記述されています。江戸時代の和漢三才図会(一七一二年刊)には、「【雷】いかづち（伊加豆知）、なるかみ（奈流加美）」と書いてあります。

ただ、カミナリという仮名言葉は平安時代から存在したようです。

平安時代の枕草子二五八段（ことばなめげなるもの）には、「宮のべの祭文《さいもん》読む人。船漕ぐ者ども。雷鳴《かんなり》の陣の舎人《とねり》。相撲。」とあり、その解説書では雷鳴に右記のように振仮名して読んであります。「ことばなめげ」というのは「ことばがぞんざいな」の意味とされています。

その二六四段（せめておそろしきもの）には、「夜鳴《な》る神。・・・」とあります。

また、その二九六段（神のいたう鳴るをりに）には、「神のいたう鳴るをりに、雷鳴《かみなり》の陣《ぢん》こそいみじうおそろしけれ。・・・」とあり、その解説書では雷鳴に右記のように振仮名して読んであります。

　このように、古くから「かみなり」という仮名言葉は存在したのです。ただ、雷鳴における雷の字を、なぜカミと読んだかというと、雷は神と同じように「おそろしいもの」と見做されていたからです。古くは、恐ろしいものは神と呼ばれたのです。枕草子に「夜鳴る神」とか「神のいたう鳴る」とか書いてあるように、「雷」の代わりに「神」が使われているということは、雷も神も共に「おそろしいもの」と考えられていたことを示しています。

　上述したように、明治時代になると、雷の字はイカヅチに代わって、もっぱらカミナリと読まれるようになります。

　明治時代最初の大辞典である日本大辞書（明治二五～二六年刊）には、「**かみなり**　名〔雷鳴り〕神（カミ）鳴（ナリ）ノ義。イカヅチ。＝雷（ライ）。＝ナルカミ。＝神（カミ）。＝雷公（ライコウ）。＝霹靂（ヘキレキ）。＝雷霆（ライテイ）。」と書かれています。

　大正時代の大日本国語辞典（大正四年刊）には、「**かみなり**　雷（名）〔神鳴りの義〕（一）いかづち（雷）に同じ。かみ。なるかみ。狂言針立雷『どこやら、かみなりの鳴る音もする』」。

　昭和時代初期の大言海（昭和七～九年刊）には「**かみなり**（名）雷　‖〔雷鳴《カミナリ》ノ義、かみトノミモ云フナリ〕」と書かれています。

　つまり、これらの大辞典では、カミナリは「神鳴《カミナリ》ノ義」、「神鳴りの義」や「雷鳴《カミナリ》ノ義」と書いてあります。そうすると、漢字字義としては、直訳すると、「神鳴り」は「神の鳴り」、つまり、「神様の出す声」の意味になります。

　狂言の針立雷は「はりたていかづち」と読みます。その作者と成立年は不明とされていますが、江戸時代後半のものと思われます。

　この狂言の台詞中に「かみなりの鳴る音」という文句があることから、カミナリは「神鳴り」という単なる名詞語ではなく「カミナリ」という物名となっていることを示しています。なぜならば、カミナリが名詞語の「神鳴り」の意であれば「神鳴りの音」のような文句となるべきものであり、「神鳴りの鳴る音」では「鳴り」と「鳴る」とが重複して可笑しいからです。つまり、カミナリは、カミナリという音声にイカヅチという仮名言葉に相応するような意味が存在し得ることが確認されてから物名にされたと思われます。

しかしながら、カミナリはイカヅチをいい替えた名称であるにもかかわらず、カミナリが「神鳴」や「雷鳴」の意味ならば、字義としては、両者はかけ離れたものになります。したがって、本書では「神鳴」や「雷鳴」などの漢字言葉は単なる当て字と見做した方がよく、仮名言葉の「カミナリ」に語源とその意味はあるのではないかと思っています。

一音節読みで亢はカンと読み、「高い、大きい」などの意味があります。鳴はミンと読み「鳴る、音を出す」の意味、吶はナと読み「声を出す、音を出す」の意味があります。つまり、鳴吶はミンナと読み「音を出す」の意味になります。廩はリンと読み「恐ろしい」、英語でいうところの fearful や terrible の意味です。

結局のところ、**カミナリ**は、**亢鳴吶廩**の多少の訛り読みであり、直訳すると**「大きな音をだす恐ろしい（もの）」**の意味になり、これがこの言葉の語源と思われます。

カミナリという物名は、「神鳴り（雷鳴り）」の読みと同じ音声ではありますが、敢えてイカヅチから変えられたのは、語源のような意味になり得るからと思われるのです。因みに、イカズチは嚚狂毒撃の多少の訛り読みであり「残忍、狂暴、暴虐に、襲いかかる（もの）」の意味になっています。

23　**カワ**（川・河）

水は高きより低きに流れるので、地面の低いところに集まってきます。その水が通路をつくって流れるところをカワといい、漢字では川または河と書きます。自然の川や河は、くぼんだ所にできるものであり、細流からだんだんと大きくなって大河にもなるのです。

　大言海によれば、古事記の允恭紀《いんぎょう》に「隠《こも》り国《く》の泊瀬《はつせ》の賀波の　上《かみ》つ瀬に　・・・」（歌番九〇）と詠われており、平安時代の和名抄に「川、河、加波」と書いてあります。なお、原歌では**「上《かみ》」**は、**「加美」**と書かれています。

　漢語の一音節読みで、坎はカンと読み「凹《へこ》んだ、窪《くぼ》んだ」の意味があります。漢語の一音節読みでシィアンと読む陥を、日本語でカンと音読するのは同じ意味の坎の読みを転用してあるのです。泛はファンと読み「水が流れる」の意味があります。つまり、カワは**坎泛**の多少の訛り読みであり、直訳すると**「窪んだ水の流れる（所）」**の意味になり、これがこの言葉の語源です。

　泛には上述のような意味があるので、泛濫という熟語は氾濫と同じ意味であり「濫《みだ》りに水が流れる、溢れるほど水が流れる」の意味とされています。

　万葉集には、川や河の歌はたくさん詠まれていますが、次のような歌があります。

山川も依りて仕《つか》ふる神ながらたぎつ河内に
船出せすかも　（万葉39）

妹《いも》もわれも清《きよみ》の河の河岸の
妹が悔ゆべき心は持たじ　（万葉437）

　その歌意は次のようなものとされています。「妹も私も互に清の河の河岸が崩れて後悔するようないい加減な心は持たないでいましょうね」。

24　キシ（岸）

　キシは、漢字で岸と書き、「水際の陸地」のことをいいます。平安時代の和名抄に「水辺曰涯（水辺ヲ涯ト曰《イ》フ）。涯、峭而高曰岸（峭《ショウ》ニシテ高キヲ岸ト曰《イ》フ）、岐之」と書いてあります。つまり、和名抄では、「水辺のことを涯といい、峭《ショウ》にして高いところを岸という」と書いてあります。涯は「波打際、水際、岸」、峭は「高く直立している」の意味の字とされています。

岸は、一音節読みでアンと読み「水際の陸地」のこと、つまり、英語でいうところのbankやcoastやshoreなどの意味です。また、抽象語で「辺境、境界」、英語でいうところのborderの意味があります。

岸の字は、日本語では、音読でガンと読み、沿岸、岸壁などの熟語があり、訓読ではキシと読みます。問題は、なぜ、キシと訓読するのかということです。

一音節読みで圻はチと読み「境界地域」、英語でいうところのboundaryの意味があります。湿はシと読み「湿気、水気」のことですが、広義では「水」の意味でも使われます。つまり、圻湿はチシと読み直訳すると「水との境界地域」の意味になります。

ところが、漢語の一音節読みでチと読む字は、日本語の音読ではキと読むものが多いのです。例えば、期・祈・奇・岐・騎・棋・旗・企・杞・起・綺・棄・気・汽・器その他があります。

したがって、日本語では、**圻湿**もまたキシと読み直訳すると**「水との境界地域」**の意味になり、これが岸をキシと読むときのこの言葉の語源と思われます。

昭和初期の大言海には「**きし**（名）岸‖陸ノ水際ノ処」と書いてあります。

万葉集には、次のような歌が詠まれています。岸を木志と書いた歌もあります。

住吉の岸の松が根うちさらし
寄せ来る波の音の清《さや》けさ（万葉1159）

住吉の岸を田に墾《は》り蒔《ま》きし稲の
さて刈るまでに逢はぬ君かも（万葉2244）

あしひきの山かも高き巻向《まきむく》の
木志の小松にみ雪降り来る（万葉2313）

25 キリ（霧）

キリは「地表近くの大気中の水分が凝結して微細・

微小な水滴の集まりとなり、その下層のある高さから縦に垂れこめて地表に接して浮遊するもの」とされています。和歌では、霧がでる現象を「立つ」といい、でている態様は「立ち渡る（立ち亘る）」と表現されます。

微細・微小な水滴であるという点では雲と同じものですが、その違いは雲が大気中の上層に平たく横に浮遊するのに対して霧は大気中の下層に地表に接して浮遊するということです。共通するのは、雲も霧も視界がまったく効かないという点にあります。

雲は大気中の上層にあるので、地上にいる人間と接することはなくそれで濡れるということはありませんが、霧は大気中の下層にあり人間と接するのでそれで濡れることがあります。

さて、語源の話に移りますと、一音節読みで、瑰はキと読み「美しい、珍しい、美しくて珍しい」などの意味があります。瀝はリと読み、サンズイ篇の字であることから分かるように「水滴、水滴状のもの」の意味があります。

つまり、キリとは、**瑰瀝**であり、直訳すると**「美しい水滴」**の意味になり、これがこの言葉の語源の一つと思われます。平原や湖上に霧が立込めている風景は、実に幻想的で美しいので、このような語源になっているものと推測されます。

キリは、立ち込めると太陽光線なども遮りますが、人間の視界を遮って先を見通せなくします。一音節読みで劏はキと読み「切断する、切り離す」などの意味、離はリと読み「離す、引き離す」などの意味があります。つまり、キリは**劏離**であり直訳では「切り離す（もの）」、言葉を補足していうと「視界を切り離す（もの）」、少し表現を変えていうと**「視界を遮る（もの）」**の意味になり、これもこの言葉の語源の一つと思われます。

結局のところ、キリは**瑰瀝**と**劏離**の掛詞と思われるのであり「美しい水滴で、遮るもの」の意味、少し言葉を補足して表現を変えていうと**「美しい水滴で視界を遮るもの」**の意味になり、これがこの言葉の語源です。

万葉集では、霧の歌は多くは「秋歌」として詠まれていますが、「春歌」として詠まれたものが五首（3

24・839・913・1831・1892）あり、例えば、次のようなものがあります。

　春の野に霧立ち渡り降る雪と人の見るまで
　梅の花散る　（万葉839）

　春山の霧に惑へる鶯もわれにまさりて
　物思はめや　（万葉1892）

　薄雲はカスミといい漢字では霞と書き古くから雲と区別されていましたが、キリ（霧）は江戸時代中期頃に薄霧のことであるモヤという名称がつくられるまで、濃いものも薄いものも含めていました。つまり、モヤという仮名言葉がつくられてから、濃いものをキリ（霧）、薄いものをモヤ（靄）というようになったのです。

　平安時代の和名抄には、霧について「霧、爾雅云、地気上天曰霧（地気、天ニ上ルヲ霧ト曰《イ》フ）岐利」と書いてあり、靄については記述がありません。時代が遙かに下った江戸時代の和漢三才図会（三、天象類）欄には次のように書いてあります。

「雺ハ和名岐利。霚ハ俗ニ云フ毛也、霚ハ俗ニ霧ニ作ル。按ヅルニ、雺《キリ》ト霧《モヤ》ノ二種ハ、露ノ変スル者」。

なんと書いてあるのかよく分からないのは、この本の著者にはキリとモヤとの区別が明確ではなかったものと思われます。

　霧の字は漢語ではウと読み、ある漢語辞典では「地面に接近した空気中の水蒸気が冷たい地表に接触して凝結し小水滴となりたるもの」、また、ある漢語辞典では「気温の下降時に、空気中に含まれる水蒸気が凝結して小水点となり、地面に接近して空気中に浮かぶもの」などと説明してあります。

　モヤは漢字では靄と書きます。漢語では靄はアイと読み、漢語辞典には「軽霧。気象上、軽霧を称して靄と為す。」と書いてあります。

　英語では、キリ（霧）はフォグ（fog）といい、モヤ（靄）はミスト（mist）といいます。

26　クモ（雲）

クモは、漢字で雲と書き「大気中の水分が凝結して微細な水滴の集まりとなり、その上層のある高さ以上に平たく横に浮遊するもの」とされています。

その特徴は、人間の視界をまったく利かなくする点にあります。したがって、天空にあって日光や月光を遮《さえぎ》る最大の障害物となっています。しかしながら、ある高さ以上にあるので、雲のない下界は視界が効きます。視界がある程度利く薄雲は霞《かすみ》といいます。晴れた日の雲は白雲ですが、雨の日の雲は黒雲になります。

平安時代の和名抄には、「雲。説文云、雲　久毛　山川出気也」と書いてあります。

さて、語源の話をしますと、一音節読みで酷はクと読み、程度が甚だしいことを表現するときに、通常は「とても、非常に、著しく、まったく」などの意味で使われます。瞢はモンと読み、「目が見えない、見通しが利かない」などの意味があります。つまり、クモは**酷瞢**の多少の訛り読みであり、直訳すると**「まったく見通しが利かない（もの）」**の意味になり、これがこの言葉の語源です。

雲が生ずる現象は古くは**「立つ」**といい、雲が浮遊している態様は、棚のように平たく横に漂っているという意味で**「たなびく（棚引く）」**といいます。

したがって、万葉集でも、雲には「たなびく」という言葉の入った歌がたくさん詠まれており、例えば、次のようなものがあります。

北山にたなびく雲の青雲の
星離《さか》り行き月を離《さか》りて（万葉１６１）

ここにして家やも何処《いづく》白雲の棚引く
山を越えて来にけり（万葉２８７）

不盡《ふじ》の嶺《ね》を高み恐《かしこ》み天雲も
い行きはばかりたなびくものを（万葉３２１）

み吉野の高城《たかき》の山に白雲は
行きはばかりて棚引けり見ゆ（万葉３５３）

昨日こそ君は在りしか思はぬに
浜松が上に雲と棚引く　（万葉４４４）

ここにして筑紫や何処《いづく》白雲の
棚引く山の方にしあるらし　（万葉５７４）

ただ、「立ち渡る、起《た》ちわたる」とも表現された次のような歌が三首あり、クモのどのような態様をいうのでしょうか。按《あん》ずるところ、「たなびく」は**「千切れ雲、或いは、隙間のある雲となって漂う」**のに対して、「たちわたる」は**「隙間なく一面を覆って漂う」**ことを指すのではないかと思われます。日本古典文學大系「萬葉集」（岩波書店）では、「雲立ち渡る」は「一面に雲が立つ」や「一面に雲がわき立つ」と説明してあります。

直《ただ》の逢は逢ひかつましじ石川に
雲立ち渡れ見つつ偲《しの》はむ　（万葉２２５）

あしひきの山河の瀬の響《な》るなべに
弓月《ゆつき》が嶽《たけ》に雲立ち渡る　（万葉１０８８）

織女《たなばた》し船乗りすらし真澄《まそ》鏡
清き月夜に雲起ちわたる　（万葉３９００）

万葉３９００の歌意は「織女が船に乗るらしい。鏡のように清く澄んだ月夜なのに、その櫓のしずくで、雲が立って一面に覆ってきた」のようなものとされています。

万葉集には、中大兄皇子（後の天智天皇）が詠んだとされる次のような有名な歌があります。

わたつみの豊旗雲《とよはたくも》に入り日さし
今夜の月夜清明《あきらけく》こそ　（万葉１５）

この歌における最も肝心なことの一つは、豊旗雲はどのような雲なのかということです。萬葉秀歌（斎藤茂吉著・岩波新書）という本には、豊旗雲について**「大きな旗のような雲」**と説明してあります。つまり、豊旗雲を真名と見做して解釈してあります。

万葉集で使われている漢字には真名と仮名とがありますが、万葉仮名と称されるように圧倒的に仮名が多くなっています。そうすると、豊旗雲はその音声を利用するための訓仮名かも知れないということになります。

本書では、豊旗雲は漢字の意味と音声の意味との双方を兼ねてつくられた言葉と推測しています。その理由としては、奈良時代の万葉集にでてくる多くの言葉が、万葉仮名で記された仮名言葉であり、その読みの音声に意味があるとされているからです。

先ず、漢字の意味についていうと、豊旗雲は直訳すると「豊かな旗のような雲」ということですが、豊は「豊かな、豊富な、たくさんの」などの意味であり、少し意訳した表現でいうと**「一面に旗を広げたように浮遊する雲」**の意味ではないかと思われます。

次に、音声の意味についていうと、一音節読みで都はトと読み形容詞では「美しい」の意味、遥はヨウと読み「長い」の意味があるので、トヨは都遥であり「美しく長くなった」の意味になります。泛はファン、淌はタンと読み共に「浮遊する」の意味があるので、ハタは泛淌であり「浮遊する」の意味になります。つまり、トヨハタという音声は**都遥泛淌**であり**「美しく長くなって浮遊している（雲）」**になります。

したがって、漢字の意味と音声の意味との双方を併せていうと、豊旗雲は**「一面に旗を広げたように、美しく長くなって浮遊している雲」**の意味になります。

ワタツミは海の別称ですから、この歌の大意は次のようなものと思われます。「海上にある豊旗雲に、沈みゆく太陽の光が射して赤く染まっている。たぶん、今夜は月が清く明るく地表を照らすことだろう」。

この雲は、ときたま、晴れた日の夕方に、海上一面に広がって赤く染まった壁布のように美しく長くなって浮遊する下層雲のことと思われます。なぜならば、雲が天空高くにあると、今夜の月は清く明るく照ることにはならないからです。

古事記の「須佐之男命《すさのをのみこと》の大蛇退治」の下りには、妻となる櫛名田比売《くしなだひめ》のために宮殿を造ったときに、須佐之男命が詠んだとされる次のような有名な歌があります。

八雲立つ　出雲《いづも》八重垣　妻籠《つまご》みに
八重垣作る　その八重垣を　（歌番一）

古事記には、神武天皇の崩御《ほうぎょ》の際に、当芸志美美《たぎしみみ》命《みこと》が謀反を企て、後の綏靖《すいぜい》天皇兄弟を殺そうとした際に、その母親であった伊須気余理比売《いすけよりひめ》が詠んだとされる次のような歌があります。この歌の原歌では、雲は万葉仮名で久毛と書かれています。

畝傍山《うねびやま》　昼は久毛と居　夕されば
風吹かむとぞ　木の葉騒《さや》げる　（歌番二二）

日本書紀（神代上八段）の素戔嗚尊《すさのをのみこと》が八岐大蛇《やまたのをろち》を斬り殺す下りに、「蓋《けだ》し　大蛇《をろち》居る上に、常に雲気有り」と書かれていますが、岩波文庫の日本書紀では、雲気《くも》と振仮名して読んであります。

27 ケムリ（煙・烟）

漢字では煙や烟と書き、一音節読みでは共にイェンと読みます。日本語では共に音読でエン、訓読でケムリと読み、物が燃えたり焼けたりするときに生じます。

ケムリは「物が燃焼するときに生ずる固体や液体の微粒子の含まれた空気が立ち昇り浮遊するもの」です。個体は塵、埃、煤などの微粒子を指し、液体は主として水蒸気の微粒子を指します。この空気中には物が燃えることによって生じる有毒ガスの一酸化炭素や二酸化炭素などが含まれるので、雲・霞や霧・靄などと異なり、この空気の中にいると窒息死する可能性がありとても危険です。一般的には、燃焼が不完全なときは黒色ですが、完全になるにつれて白色になります。ケムリは、黒いにせよ白いにせよ殆んど視界が利かなくなるという特徴があります。

大言海によれば、奈良時代の華厳経音義私記に「烟、気夫利」と書いてあります。

一音節読みで、揖はケンと読み「妨げる」の意味があります。目はムと読み「目、眼」の意味、理はリと読み「判別、識別」の意味があります。つまり、ムリとは目理であり「目で判別する」の意味になります。したがって、**ケムリ**は**揖目理**であり、直訳すると**「目での判別を妨げる（もの）」**の意味になり、これがこの言葉の語源と思われます。

古くは**ケブリ**（気夫利）といったのは、**揖捕理**であり、捕は「捕捉」、理は「判別、識別」の意味なので直訳では**「捕捉や判別を妨げる（もの）」**の意味と思われます。

万葉集には、二番目の長歌で詠われています。

国見をすれば　国原は　煙立ち立つ
海原は　鷗立ち立つ　・・・　（万葉2）

また、けぶりは「火気」と書かれて次のような歌が詠まれています。

縄の浦に塩焼く火気《けぶり》夕されば
行き過ぎかねて山に棚引く　（万葉354）

その頭注には、「けぶり―原文、火気。説文の『煙火気也』によって、ケブリと訓む」と書いてありますが、上述した華厳経音義私記に「烟、気夫利」と書いてあるので、説文の記載と華厳経音義私記の記載から、火気や煙をケブリ（気夫利）と訓読したものです。

28　**コサメ**（小雨）

コサメは、大言海では、漢字で小雨や細雨と書かれて「細《コマ》カク降ル雨。コヌカアメ」と説明してあります。しかしながら、もっと具体的にいうと、**「雨粒の小さい雨」**のことをいいます。

平安時代の字鏡に「微雨、古佐女」、和名抄に「細雨、一名、霢霂、古佐女」と書かれています。霢と霂は、共に「小雨」という意味の字です。

したがって、コサメは**小雨**であり、少し意訳すると**「雨粒の小さい雨」**の意味になり、これがこの言葉の語源と思われます。

万葉集に次のような歌が詠まれています。

吾妹子《わぎもこ》が赤裳《あかも》の裾《すそ》のひづちなむ
今日の霢霂《こさめ》に吾さえ濡れな　（万葉1090）

霢霂は日本語ではコサメと読んでありますが、漢語の一音節読みで、霢はマイ、霂はムと読み共に小雨の意味なので、漢語ではマイムと読み、当然に、「小雨」という意味になります。

なお、小と子の二字は、漢語の一音節読みでは、小はショウ、子はツと読むのですが、なぜ日本語ではコと読むことになったのかは、かなり難しい問題なのです。小の字は、万葉仮名九七三字の中に含まれていないので、当時、なんと読まれたのかは分かりません。子の字は、万葉仮名ではシと読まれています。つまり、この二字は万葉時代（奈良時代）には、まだ、コとは読まれていなかったようなのです。

子の字には子孫の意味があります。万葉時代には自分の子を「古《こ》」と呼びました。万葉集には、次のような有名な歌が詠まれています。

銀《しろかね》も金《くがね》も玉も何せむに勝れる宝
古に及かめやも　（万葉803）

なぜ、自分の子をコ（古）と呼んだかということです。悾はコンと読み「真心」の意味があります。「真心のもの」、つまり、少し意訳して、「真心から大切なもの」や「真心から愛するもの」の意味、倥はコンと読み「無知蒙昧」の意味があります。また、顧はコやクと聴きなせるように読み「面倒を見る、世話をする」の意味があり、看顧という熟語は看護と同じ意味とされています。

したがって、コは悾と倥と顧との掛詞と思われ、意味上は**悾倥顧**であり直訳すると**「真心から大切で、無知蒙昧で、面倒をみるべき（もの）」**の意味になり、これが自分の子をコと読むときの語源と思われます。なお、子の字には形容詞では「小さい」の意味があるので、小の字もまたコと読むことにしたと推測されます。

29　コチ（東風）

万葉集に次のような歌が詠まれています。

朝東風《こち》に井堤《ゐで》越す波の外目《よそめ》にも
逢はぬものゆゑ瀧もとどろに　（万葉2717）

また、菅原道真が詠んだとされる、次のような有名な歌があります。

東風吹かば　匂ひおこせよ梅の花
主《あるじ》なしとて春を忘るな　（拾遺集）

この歌での「おこせ」というのは、「送れ、送ってよこせ」という意味なので、「匂ひおこせよ」というのは「匂いを送ってくれ」という意味です。

この歌は、平安時代に、九州の大宰府に左遷される際に菅原道真が詠んだとされるものです。ここでは、東風の字は「こち」と読まれています。しかしながら、どう見てもそのように読める字とは思われません。それなのに、なぜ、そのように読むのでしょうか。

大言海という辞典を見ると、中国の古書である説文に「東動也、陽気動于時為春」、つまり、「東は動であり、陽気が動いた時から春となる」とあります。礼記には「孟春之月、東風解凍」、つまり、「春月になると東風で氷が溶ける」とあります。これらのことから、東風は春風と同義とされていることが分かります。

大言海によれば、万葉2125の原歌での「春日野之　芽子落者　朝東　風介副而　此間介落來根」を「春日野《かすがの》の　萩し散りなば　朝東風《ごち》の　風に副《たぐ》ひて　ここに散り来ね」と読んでおり、重之集に「こち風もけぬるくなれば吾が宿の梅の匂をおりおりぞ見る」、人麿集に「わたつみの沖にこち風早からし鹿の子まだらに浪高く見ゆ」、貫之集に「こち風に氷とけなば鶯の高きにうつる声を告げなし」とあります。

そこで、こち風における「こち」とは、一体何のことかということです。

一音節読みで、哿はコと読み「とても良い」、吉はチと読み「吉兆の」という意味です。つまり、**「こち」**とは**「哿吉《コチ》」**のことです。

したがって、こち風とは、**哿吉風**であり、直訳すると**「とても良い吉兆の風」**という意味になります。都《みやこ》のある東方からの風である東風、つまり、春風は「とても良い吉兆の風」と見做されているのです。道真の場合は、ひょっとすると、左遷された道真が、都からの良い便り、つまり、帰京せよとの便りを待ち望んでの歌だったのかも知れません。

なお、広辞苑（第七版）には、「『ち』は風の意」と書いてありますが、『ち』という音声にはそのような意味はないでしょう。

日本古典文學大系「萬葉集三」（岩波書店）では、万葉２１２５の原歌での「朝東　風尒副而」について、「東」を「東風」に書替えて「朝東風《こち》の　風に副《たぐ》ひて」と振仮名して読んでありますが、そもそもコチという音声には漢字字義としての東風、東、風のいづれの意味もありません。

東風をコチと読むのは、いわゆる**「当て読み」**であって、東風や東や風とは関係はなく、字義どおりの音声で読むことです。この場合は、「哿吉《こち》という字義の音声で読む」ということです。日本語では、このような漢字の読み方が多いので、「当て読み」という言葉を、本書著者が十年程度前に烏名源（二〇一〇年刊）において造語して以来、使用している言葉です。従来の言葉では訓読といいます。

30　サカ（坂）

サカとは、高所と低所をつなぐ土地のことを指し、通常は、山や丘と平地など高所と低所を結ぶ傾斜した地面や道路のことをいいます。

万葉集には、坂の詠み込まれた歌が数首あります。

（1707・3371・4372・4423）。

山城の久世の鷺坂《さぎさか》神世より春は張りつつ
秋は散りけり　（万葉1707）

平安時代の字鏡と和名抄には「坂、佐加」と書いてあります。

さて、語源の話に移りますと、一音節読みで、斜はシィエと読み「斜《なな》め」の意味です。

下は、下降《かこう》、下落《げらく》におけるように音読でカともゲとも読み、「下《くだ》る、下《さ》がる、下《お》りる」などの意味があります。いつ頃から、下の字を下降におけるようにカと読むようになったのかは分かりませんが、すでに万葉仮名ではゲと読むとされており、漢和辞典を見ると呉音でゲ、漢音でカと読むと書いてあります。

そうすると、サカは**斜下**の多少の訛り読みであり、直訳すると**「斜めに下《くだ》った（所）」**の意味になり、これがこの言葉の語源と思われます。

なお、本書では、下の字を呉音でゲと読むときのことについて、樹木の一番下にある「根」は一音節読みでゲンと読むので、動詞的に「根に下りる」の意味と見做してその読みからきているのではないかと推測しています。

31　ササナミ（小波・細波・漣）

ササナミは、連濁読みでサザナミともいいます。

ササナミについて、大言海には、次のように書いてあります。

「（一）水ノ、風ニ動キテ細カニ立ツ波。又、さなみ。（二）近江国ノ一名。（枕詞ニハアラズ）但シ、専ラ、湖水ノ西南、沿湖ノ地ヲ称シタルガ如シ」。

大言海によれば、平安時代の字鏡に「大日波濤《ハトウ》、小日泊洦《ササナミ》、佐佐奈彌」、文選に「泊洦《ササナミ》」と書いてあります。

万葉集には、「近江の国ノ一名」に相当するササナミ（楽浪）について、連続して次の四首が詠まれています。

楽浪《ささなみ》の志賀の唐崎幸《さき》くあれど
大宮人《おほみやひと》の船待ちかねつ　（万葉３０）

左散難弥《ささなみ》の志賀の大わだ淀《よど》むとも
昔の人にまたも逢はめやも　（万葉３１）

古《いにしへ》の人にわれあれや楽浪《ささなみ》の
故《ふる》き宮《みやこ》を見れば悲しき　（万葉３２）

楽浪《ささなみ》の国つ御神《みかみ》の心《うら》さびて
荒れたる宮《みやこ》見れば悲しも　（万葉３３）

また、万葉集には、「細カニ立ツ波」について次のような歌が詠まれています。原文では「ささなみ」は「左佐浪」と書いてあります。

左佐浪《ささなみ》の波越す安蹔《あざ》に降る小雨
間《あひだ》も置きてわが思はなくに　（万葉３０４６）

日本古典文學大系「萬葉集三」（岩波書店）では、万葉３０４６の歌について、万葉仮名で書かれた原歌を右のように読み下してあり、その歌意は次のようなものとされています。「ささなみの、越してくるアザに降る小雨がしとしとと間がないように、しきりにあなたのことが思われます」。その頭注には「あざ―未詳」と書いてあります。

しかしながら、安蹔はアゼと読むべきだと思われます。さすがに、大言海では安蹔は「畔《アゼ》」と書替えて振仮名して読んであります。

アゼは、漢字で畔や畦と書き「田畑で、細長く土を盛って区画の境界とするもの」をいいます。

そうすると、この部分の歌意は「小さな細波《さざなみ》でさえも越えてくる低くて細長い畔《あぜ》に降る小雨が・・・」になります。

さて、語源の話に移りますと、一音節読みで些はシイエ、瑣はスオと読み共に「小さい」の意味があります。その畳語の些些または瑣瑣の多少の訛り読みがササ、その連濁読みがサザであり「小さい」の意味になります。漢和辞典をみると、些些や瑣瑣は

「ささ」と読んであります。

つまり、ササナミは**些些波**または**瑣瑣波**の多少の訛り読みでありその連濁読みがサザナミです。直訳すると**「小さい波」**の意味になり、これがこの言葉の語源です。

万葉集には、**「サザレナミ」**という歌も数首が詠まれています。

千鳥鳴く佐保の河瀬の小浪《さざれなみ》
止む時もなし吾が恋ふらくは　（万葉５２６）

阿胡《あご》の海の荒磯《ありそ》の上の少浪《さざれなみ》
わが恋ふらくは止む時もなし　（万葉３２４４）

神楽浪《ささなみ》の志賀左射礼浪《さざれなみ》しくしくに
常にと君が思ほせりける　（万葉２０６）

との曇り雨降る川の左射礼浪《さざれなみ》
間なくも君は思ほゆるかも　（万葉３０１２）

沙邪礼浪《さざれなみ》浮きて流るる泊瀬川《はつせがは》
寄るべき礒《いそ》の無きが淋《さぶ》しさ　（万葉３２２６）

渚《なぎさ》には　葦鴨さわぎ　佐射礼奈美《さざれなみ》
起ちても居ても　漕ぎ廻り　見れども飽かず
・・・　（万葉３９９３）

ササナミ（サザナミ）とサザレナミとはどのように異なるのかという問題があります。

大言海には、サザレナミについて、「小浪《サザレナミ》、細浪《サザレナミ》、ナド書ケルアルハ、細波《ササナミ》トモ相似テ、畢竟《ツマリ》ハ、同ジケレバナリ、サレドモ、語原ハ、異ナル」と書いてあります。

両語で異なるのはレがあるかないかですから、それはなにかということです。

一音節読みで累はレイと読み、第一義では「累積する、積み重なる」などの意味がありますが、第二義では「連続する、連続している、連続してある」などの意味があります。そうすると、ここでの累は第二義と思われるのです。そうすると、サザレナミは**些些累波**または**瑣瑣累波**であり直訳すると「小さい連続する波」、表現を変えると**「連続する小さい波」**の意味になり、これがサザレナミの語源と思われます。

32　サザレイシ（小石・細石）

現代のいくつかの国語大辞典には次のように書いてあります。他の大辞典も、ほぼ同じように書いてあります。

大日本国語辞典：「**さざれいし**　細石　小石（名）小さき石。こいし」。

大言海：「**さざれいし**（名）細石‖小石　小サキ石。小石」。

広辞林（第六版）：「**さざれいし**【小石】小さい石。こいし」。

広辞苑（第七版）：「**さざれいし**【細石】小さい石。小石」。

万葉集では、次のような歌が詠まれています。

佐保河の小石《さざれ》踏み渡りぬばたまの黒馬の
来る夜は年にもあらぬか（万葉525）

信濃なる筑摩の川の佐射礼思《さざれし》も
君し踏みてば珠と拾はむ（万葉3400）

佐射礼伊思《さざれいし》に駒を馳《は》させて心痛み
吾が思ふ妹が家の辺かも（万葉3542）

万葉525での「小石」は、サザレ、サザレシ、サザレイシの、いづれで読んでもいいのではないかとされています。

日本古典文學大系「萬葉集」（岩波書店）では、万葉3400の原歌での佐射礼思は細石《さざれし》、万葉3542の原歌での佐射礼伊思は細石《さざれいし》と書替えて振仮名して読んであります。

サザレシやサザレイシにおけるサザは、瑣瑣または些些のことで「小さい」の意味です。これらの歌ではサザレ（小石）、サザレシ（佐射礼思）、サザレイシ（佐射礼伊思）はいづれも小石のことを指しているようですが、それも複数の重なり散らばった小石を指しているようです。

前欄でも述べましたが、一音節読みで累はレイと読み、第一義では「累積する、積み重なる」などの意味があり、第二義では「連続する、連続している、連続してある」などの意味があります。これらの歌で、「（馬が）踏み渡る」や「（珠と）拾はむ」というのですから、ここでのレは第二義としての累のことと思われるのです。そうしますと、サザレシやサザレイシは**些些累石**または**瑣瑣累石**の多少の訛り読みであり、直訳すると**「小さい連続してある石」**、語順を変えていうと**「連続してある小石」**の意味になり、これがこれらの言葉の語源と思われます。

平安時代の字鏡には「小石、佐佐良石」、和名抄には「細石、佐佐礼石」と書いてあります。同時代の古今集には、国歌である「君が代」の原歌とされる次のような歌が詠まれています。

わがきみは千世にやちよにさゞれいしのいはほとなりてこけのむすまで（古今・賀歌）

万葉集は奈良時代、古今集は平安時代に編纂された歌集ですが、古今集におけるサザレイシの歌意からくる意味での語源を考えてみます。

この歌では、「さゞれいし」が「いはほ（巖）になるまで」と詠《うた》われています。サザレイシのレは累ですが、歌意からして、こちらは第一義の「累積する、積み重なる」などの意味と思われます。なぜならば、小石はどんどん累積していかないと巖《いはほ》にはならないからです。したがって、この歌でのサザレイシ（サザレ石）は**些些累石**または**瑣瑣累石**の多少の訛り読みであり、直訳すると「小さい累積した石」になり、語意が分かるように表現していうと**「小さい石が累積してできた石」**の意味になり、これがこの言葉の語源と思われます。

結局のところ、万葉集時代（七六〇年頃編撰）と古今集時代（九〇五年編撰）とでは、レ（累）の意味が異なって使われているように思われます。

33　サミダレ（五月雨）

サミダレは、漢字で「五月雨」と書かれます。それは、「陰暦五月頃に約一か月間降り続く長雨」のことをいうからです。

「さみだれ（五月雨）」という言葉は、奈良時代の万葉集には詠まれておらず、平安時代の古今集では次の二首が詠まれています。

五月雨《さみだれ》に物思ひをれば郭公《ほととぎす》夜深く鳴きて
いづちゆくらん　（古今・夏歌）

五月雨の空もとどろに郭公なにをうしとか
夜ただ鳴くらん　（古今・夏歌）

平安時代後期の十一世紀末から十二世紀初頭頃に刊行されたのではないかとされる名義抄に「五月雨、サミダレ」と書いてあります。

大言海によれば、平安時代の菅家萬葉集（新撰萬葉集とも）（八九三年・寛平五年編纂）に「沙乱《サミダレ》ニ、物思ヒ居レバ、郭公鳥《ホトトギス》、夜深ク鳴キテ、イヅチ行クラム」、第五番目の勅撰集である金葉集（一一二六年編纂）に「同ジクハ、整ヘテ葺《フ》ケ、菖蒲草《アヤメグサ》、さみだれタラバ、漏リモコソスレ」、萬代集（鎌倉中期の私撰和歌集）に「菖蒲生フル、沼ノ岩垣、カキクモリ、サモさみだるる、昨日今日カナ」、夫木抄（鎌倉後期の私撰和歌集）に「早苗月、さみだれソムル、始トヤ、四面《ヨモ》ノ雨雲、曇リユクラム」と詠まれています。

この雨について、江戸時代の俳人である松尾芭蕉の紀行文である「奥の細道」の中に、次のような有名な俳句があります。

五月雨をあつめて早し最上川　（芭蕉）

さて、語源の話に移りますと、サミダレのサはサツキ（五月）のサであると思われます。一音節読みで降はシャンと読み「降る」の意味、瀰はミと読み名詞では「水」のことなので、降瀰は「降る水」ですが「雨」のことと見做すことができます。そうすると、サミダレのサはサツキ（五月）のサと降の掛詞であり、サミは意味上は五《さ》降瀰になるので「五月の雨」の意味になります。

　大はダと読み「大量である、多量である」の意味、累はレイと読み「連」と同じく「連続して、引続いて」の意味があります。零は漢語の一音節読みではリンと読みますが、日本語ではレイと読み、動詞では「落ちる、垂れる、降る」などの意味があります。つまり、サミダレのレは累と零との掛詞で「連続して降る」の意味になるので、ダレは意味上は大累零になり「大量に連続して降る」になります。

　したがって、**サミ・ダレ**は、意味上は**五《さ》降瀰・大累零**の多少の訛り読みであり、直訳すると「五月に降る雨で、大量に連続して降る（もの）」ですが、表現を逆にしていうと**「大量に連続して降る五月の雨」**の意味になり、これがこの言葉の語源と思われます。

　サミダレは、別称で梅雨《つゆ》や梅雨《ばいう》や五月雨《さつきあめ》などともいいます。長雨なので、大量の雨になります。五月雨をサミダレと読むのは「当て読み」、つまり、訓読ですが、この雨は梅雨時の降雨なので、時期の観点からは五月雨と書くのは適当であると考えられたのかも知れません。

　現在の梅雨の最盛期は、六月とされているので、五月というのでは月度が合わないように思われますが、この言葉ができた頃の暦は陰暦（旧暦）といい、一か月程度ずれることがあるとされるのでおおよそは該当しているのです。

34　サメ（雨）

雨の字は、音読でユと読み梅雨《つゆ》などの熟語があります。訓読ではアメと読みますが、小雨《こさめ》、春雨《はるさめ》、村雨《むらさめ》、霧雨《きりさめ》、氷雨《ひさめ》などにおけるように、サメとも読む場合があります。

　なぜ、サメが雨のことになるかというと、古代には、雨は天上にある大きな水桶か水溜り、或いは、池や湖から溢れ出た水と考えられていたと思われるからです。

一音節読みで降はシィアンと読み「降る」の意味です。沔はミィエンと読み、動詞では「水が溢れる」、名詞では「溢れ水」の意味があります。つまり、**サメ**は**降沔**の多少の訛り読みであり直訳では「降る溢れ水」、表現の順序を変えていうと**「溢れて降る水」**の意味になるので表現を変えると雨のことになり、これがこの言葉の語源と思われます。

大言海には、「**さめ**(名)小雨」と書いてありますが、これは誤解と思われます。なぜならば、上述もしたように、春雨《はるさめ》、村雨《むらさめ》、霧雨《きりさめ》、氷雨《ひさめ》など、いろんな雨についてサメと読まれているからです。したがって、笹《ささ》・小竹《ささ》の語源である些些《シィエシィエ》や瑣瑣《スゥオスゥオ》における些や瑣の訛り読みの「さ」とは意味が異なると思われるのです。

35　サワ（沢）

万葉集に、次のような歌が詠まれています。

をみなへし咲く沢に生ふる花かつみ
かつても知らぬ恋もするかも　（万葉６７５）

大言海によれば、平安時代の字鏡に「陂、沢也、佐波」、和名抄に「水草交曰沢（水ト草ノ交レルヲ沢ト曰《イ》フ）、左八」と書いてあります。また、同時代の伊勢物語（九段）に「橋を八つ渡せるによりて八橋といひける。その沢のほとりの木の陰に下りゐて、乾飯《かれいひ》食ひけり。」とあります。

漢語辞典によれば、字鏡にある陂は一音節読みでペイと読み「水辺、水岸」のこと、沢はツェと読み「水の集まった窪地(聚水的洼地)」と書いてあります。

これらの記述から推測するところ、日本では、沢は「草の生えるような浅く水の集まった水辺の窪地」を指すように思われます。

一音節読みで草はツァオと読み「草」のこと、沢はツェと読み「水の集まった窪地」のことなので、サワのサは草と沢の掛詞の多少の訛り読みであり直訳すると「草の生えるような水の集まった窪地」の意味ですが、草が生えるというのは「浅い」ということと「水辺のこと」なので少し意訳すると「草の生えるような浅く水の集まった水辺の窪地」のことになります。窪はワと読み「窪地」のことをいいます。つまり、サワは意味上は**草沢窪**となり直訳すると「草の生えるような水の集まった窪地」の意味ですが、少し意訳すると**「草の生えるような浅く水の集まった水辺の窪地」**の意味になり、これがこの言葉の語源と思われます。

なお、日本語では、沢は「源流に近い谷川」のことをも指すとされ「沢登り」などの言葉もあります。

36　シグレ（時雨）

シグレは万葉集の歌でたくさん詠まれています。原歌では、万葉仮名などで書かれて、鐘礼が十三首、四具礼が十四首、之具礼が四首、志具礼が二首、思具礼、斯具礼、此具礼、為暮が各一首で合計三七首が詠まれており、まだ熟語の「時雨」は使われていません。「降る」の意味は「零」とも書かれて、例えば、次のような歌が詠まれています。

鐘礼《しぐれ》の雨《あめ》　間無くし零《ふ》れば三笠山
木末《こぬれ》あまねく色づきにけり（万葉集１５５３）

四具礼《しぐれ》零《ふ》る暁《あかとき》月夜紐解かず恋ふらむ君と
居《お》らましものを（万葉２３０６）

この之具礼《しぐれ》いたくな降りそ吾妹子《わぎもこ》に見せむが
ために黄葉《もみち》取りてむ（万葉４２２２）

大坂をわが越え来れば二上《ふたがみ》に黄葉《もみちば》流る
志具礼《しぐれ》零《ふ》りつつ（万葉２１８５）

万葉集の原歌では、上述したように、シグレは鐘礼と書かれたものが十三首もあります。なぜ、鐘礼がシグレと読まれるのでしょうか。一音節読みで鐘はチョンと読み、同じ読みの「衆」に通じており「多い、たくさんの、大量の」などの意味があります。礼はリと読み、同じ読みの「瀝」に通じており動詞では液体が「したたる、したたり落ちる」などの意味、名詞では「したたり、したたり落ちるもの」などの意味があります。つまり、鐘礼は**衆瀝**であり「大量にしたたり落ちる（もの）」、つまり、**「大量に降るもの」**の意味になるからです。後述するように、平安時代には霘《しぐれ》という漢字が現われています。

平安時代編撰の古今集（九〇五）になると、シグレは秋歌に三首、冬歌に一首、恋歌に一首、哀愁に一首の計六首が詠まれていますが、二首は平仮名で書かれ、次の四首では漢字で時雨と書かれるようになっています。

神な月時雨もいまだふらなくに
かねてうつろふ神なびのもり　（古今・秋歌下）

しらつゆも時雨もいたくもる山は
した葉のこらず色づきにけり　（古今・秋歌下）

たつた川もみじばながる神なびの
みむろの山に時雨ふるらし　（古今・秋歌下）

わが袖にまだき時雨の降りぬるは
君が心に秋やきぬらむ　（古今・恋歌五）

大言海によれば、平安時代の字鏡に「霂、霡、志久禮」、和名抄に「霘雨、小雨也、之久禮」、名義抄に「霘、シクレ」と書いてあることが紹介されています。字鏡にある霂と霡は小雨の意味です。和名抄では、霘の字は「小雨」の意味とされていますが、普通の漢語辞典にはないので、日本語としてつくられた和製漢字かも知れません。

上述したように、衆には「多い、たくさんの、大量の」などの意味があるので、霘は「大量の雨」の意味でつくられた字と思われます。そうすると、シグレの特徴の一つは「大量に降る雨」ということになります。

霂と霡の二字は共に小雨という意味であり、もちろん二字熟語の霡霂は小雨の意味です。解説書における万葉集の歌では霡霂《こさめ》と振仮名して読んでありま す。つまり、シグレの特徴の一つは「小雨」ということです。

漢語の一音節読みでは霡はマイ、霂はムと読み、通常は霡霂《マイム》という二字語にして使われ、日本語では**「こさめ」**と読まれて万葉集でも三歌で詠まれています。

道来る人の　泣く涙　霡霂《こさめ》に落《ふ》りて
白妙《しろたへ》の　衣ひづちて　・・・　（万葉230）

吾妹子《わぎもこ》が　赤裳《あかも》の裾《すそ》のひづちなむ
今日の霡霂《こさめ》にわれさへ濡れな　（万葉1090）

彼方《をちかた》の　赤土《はにふ》の小屋に霡霂零《こさめふ》り
床《とこ》さへ濡れぬ身に副《そ》へ吾妹《わぎも》　（万葉2683）

コサメ（霡霂・小雨）とは、「雨粒の小さい雨」のことをいいます。「雨粒の最も小さい雨」はキリサメ（霧雨）といいます。平安時代の字鏡には「微雨、古佐女」、和名抄には「細雨、一名霡霂、古佐女」と書いてあります。

シグレについて、明治以降の大辞典には、次のように説明してあります。

日本大辞書（明治二五～二六年刊）：「**志ぐれ**　名〔時雨〕秋、冬ノ頃、度度降ル小雨」。

日本大辞林（明二七年刊）：「**志ぐれ**　時雨。ふゆのころの、ひとしきりづゝふるあめ。

帝国大辞典（明治二九年刊）：「**しぐれ**　名詞（時雨）秋、冬の頃、度々降る雨をいふ」。

日本新辞林（明三〇年刊）：「**志ぐれ**　（時雨）秋、冬の頃、度々降る雨」。

ことばの泉（明三一～三二年刊）：「**しぐれ**　（名）時雨。秋、冬の頃に降る雨」。

辞林（明四〇年刊）：「**志ぐれ**　（時雨）秋冬の頃、度々降る雨　（澎雨、液雨）」。

大日本国語辞典：（大正四～八年刊）：「**しぐれ**　時雨(名)。秋冬の際に、天気暗晦《あんかい》にして、時々、雨を降らすこと」。

大言海：（昭和七～九年刊）：「**志ぐれ**（名）時雨　秋冬ノ際ニ、且《カ》ツ降リ、且ツ晴ルル、小雨《コサメ》ノ名」。

これらの大辞典には、この雨の特徴である「大量に降る」と書かれたものはないので、「度々降る」や「時々降る」、或いは、「ひとしきりづゝふる」や「且ツ降リ、且ツ晴ルル」の表現の中に包含されていると考えられているのかも知れません。また、もう一つの特徴である「小雨」が書かれているものは日本大辞書と大言海の二辞典だけで他の六辞典に書いてありません。大辞典の記述をまとめると、シグレは「大量に」という意味の抜けた**「秋冬の頃に、時々降る、小雨」**のこととされています。

この雨は、秋冬の頃に、ある時間、ある場所に留まって、ときどき降る、つまり、降ったり止んだりしながら連続することにより大量に降る小雨なのです。

シグレは漢字では平安時代以降は時雨と書きます。したがって、先ずはこの漢字言葉から、シグレは①時節に降る雨、具体的にいうと秋冬の頃に降る雨であること、②時々降る雨であることの二つのことが判断できます。

さて、語源の話に移りますと、一音節読みで時はシと読み、名詞では「時節」、副詞では「時々、ときたま」の意味があるので、時だけで「時節に時々」の意味があると思われます。息はシと読み形容詞や副詞では「静かな、静かに」の意味、英語でいうところのカーム（calm）の意味があります。細はシと読み形容詞や副詞では「細かい、小さい」の意味があり、細雨という熟語は小雨という意味です。つまり、シグレのシは意味上は**時息細**であり、直訳すると**「時節に時々、静かに、小さい」**の意味があるものと思われます。この雨では、時節というのは「秋冬の頃」の意味、「時々」というのは「降ったり止んだり」の意味、「小さい」というのは「小雨」のことと思われます。

汨はグと読み「不規則の、不規則に」の意味、滾はグンと読み「連続する、引続く」の意味があります。つまり、シグレのグには**汨滾**の意味があり**「不規則に連続して」**の意味があるものと思われます。

連はリィエンと読み形容詞や副詞では「連続する、引続く」の意味があり、零はリンと読みますが漢音ではレイと読むとされて**「落ちる、零《こぼ》れる、降る」**

などの意味があります。つまり、シグレのレには**連零**の意味があり**「連続して降る」**の意味があるものと思われます。

したがって、シグレは、意味上は、**時息細・汨滾・連零**であり、直訳すると「時節に時々静かに小さい、不規則に連続して、連続して降る」の意味になりますが、「時節に」というのは「秋冬の頃に」の意味として、「連続して」という重複表現を避けて、「小さい」の意味を最後にすると、**「秋冬の頃に時々静かに、不規則に連続して、降る小（雨《さめ》）」**の意味になり、これがこの言葉の語源と思われます。

シグレという言葉においては、「時節に」というのは「秋冬の頃に」の意味になります。「不規律に連続して」というのは、降ったり止んだりを繰返しながら連続して降るときと、止まないで連続して降るときとがありますが、語源の字義上は特には区別しなくてもよいと思われます。

シグレという音声には、直接には「雨」の意味は含まれていないので「しぐれの雨」のような表現もされます。

上述したように、昭和初期までの八種の大辞典の説明をまとめたものでは**「秋冬の頃に、時々降る、小雨」**のこととされています。本書の語源における解釈と、明らかに異なるのは「静かに」と「不規則に連続して」との二つの意味の有無になっています。

本書では、特に、大辞典には言及されていませんが、シグレのシに、息《シ》（＝静か）の意味を追加しています。なぜならば、小雨は静かに降る雨であることと、秋に降るシグレ（時雨）はハルサメ（春雨）に対応する雨と考えられているようだからです。次の二首の歌にあるように、シグレ（時雨）にもハルサメ（春雨）にも「しくしく」という言葉が使われています。**「しくしく降る雨」**というのは、語源上は、**「時節に時々静かに、不規則に連続して、降る小雨」**の意味になっています。（春雨欄参照）。「時節に」というのは、シグレの場合は「秋冬の頃に」、ハルサメの場合は「春に」という意味です。

一日《ひとひ》には千重《ちへ》しくしくに我が恋ふる妹《いも》があたり

にしぐれ（為暮）零《ふ》れ見む　（万葉2234）
春雨のしくしく降るに高円《たかまど》の山は櫻にいかにかあるらむ　（万葉1440）

万葉集には、「しぐれ」が詠み込まれた三十七首中、時期が不明のものは三首だけで、三十四首は秋冬の歌であることが明記されています。つまり、三十四首のうち巻第八の「秋の雑歌」に九首、巻第十の「秋の雑歌・秋の相聞」に十七首、他の八首は「秋の歌」とされたもの二首、「九月の歌」とされたものが四首、「十月の歌」とされたものが二首になっています。ということは、「しぐれ」は、季節の雨、つまり、秋冬の雨であることが明確にされているのです。

古今集からは、漢字で時雨とも書かれるようになりますが、漢語にも「時雨」という言葉は存在し、「適宜に降る雨」や「ちょうどよい時に降る雨」のことと説明されています。

シグレ（時雨）に関して、奇妙な語源説が唱えられ、現在では、この雨の意味を曲解せしめている大辞典があり、この大辞典の言説が一般に普及してしまい、極めて残念なことに、現在ではどんな雨だか分からなくなっています。

広辞苑（第七版）には、「**しぐれ**【時雨】（「過ぐる」から出た語で、通り雨の意）①秋の末から冬の初め頃に、降ったりやんだりする雨。（季冬）。」と説明されています。しかしながら、シグレは通り雨ではありません。このような言説は、語源に基づかない自分勝手な解釈を踏まえてのことと思われますが、まったくどうしようもない誤解辞典といえます。

広辞苑の編者であり、日本語の語源学者を自称していた新村出著の「言葉の今昔」という本がありますす。そこには、シグレについて、次のように書かれています。

「雨を持っている雲が一過すること、すなわち一しきり過ぎるところから、スグル、スグレ、すなわち過ぎ行く通り雨というふうに解釈するのが一番いいと感ずるようになった。（中略）。雨がひとしきり降り行くその過程を指したとするのがわたしの解釈である。しかしながら、一しきりというそのシキリということがまたシグレという語と音が似て来る。であるから、スグレと解する解釈と、一しきりのシキリという解釈とでは、一方はactionを示し、他方はtimeを主に表わす。どちらも一つの解釈法であるが、私は前者を取ろうと思う」。

そもそもシグレのシについて、「過ぎる」などに着目すること自体、学者としては極めて迂闊《うかつ》といえます。なぜならば、上述したように万葉集や古今集などの歌や、字鏡や和名抄の記述をみれば、このような「頓珍漢説」はでて来ようがないからです。広辞苑やこの本の説明は滅茶苦茶なものといえます。

第一に、シグレは第一義では「通り雨」の意とされているにもかかわらず、第二義では「降ったりやんだりする雨」とも説明されているからです。つまり、矛盾する説明がされています。「通り雨」とは、いわゆる驟雨《しゅうう》や「にわか雨」といわれるユウダチ(夕立)やムラサメ(村雨・叢雨)のような一過性の雨のことをいいます。

第二に、この本の叙述を細かく点検すると、先ず、シグレという音声についてですが、シグレのシは時であることは、素人でも分かりそうなことです。なぜならば、時の字は一音節読みでシと読むからです。また、シグレのグは少し分かり難《にく》いとしても、シグレは雨ですからシグレのレはレイと読み「降る」の意味である「零」のことであることは、これまた素人でも分かりそうなことなのです。なぜならば、シグレは万葉集の歌で何回も詠われていますが、そこでは殆んどすべてにおいて「零」が「降る」の意味で使われているからでもあります。したがって、学者ならば、相当に鈍感な学者でも、時と零の二字からだけでも「時々、降る」という意味が分かるべきなのです。

第三に、シグレは、万葉集においては万葉仮名で「鐘礼」、「四具礼」や「之具礼」などと書かれていますが、古今集(九〇五年編撰)からは「時雨」と書かれて、現在までずっと使われています。しかるに、この説では、そのことにまったく関心が払われていません。つまり、時雨における時とはなんのことなのか、時にはどんな意味があるのかについて探求されていないのです。このことからも欠陥のある説といえます。

　第四に、古代の文献、つまり、字鏡や和名抄に使われている霂、霡、霎などの字はいかなる意味なのかを調査してみるべきものであり、知っておくべきものです。霂と霡の二字は共に小雨という意味であり、霎の字義そのものは「大量に降る雨」ですが、これまた小雨の意味とされています。学者ならば、シグレの語源についての自説を立論する前に、シグレという言葉がつくられた古代当時においては、どのような雨とされているのかを、しっかりと調査し把握しておくべきなのです。

　にもかかわらず、十分な調査なくして語源説を作り上げ、それに合わせて、どのような雨であるかを定義するというのは本末顛倒ともいうべきもので、まさに僭越極まりないものといえます。

　この辞典の説明からすると、これから言葉を学んでいく子供たちや若人たちが、シグレは「通り雨」であると理解してしまうからです。まさに、正しい日本語を破壊する恐るべき荒唐無稽《こうとうむけい》な説明といえます。

「言葉の今昔」説は、上述のような、当初からまったく検討にも値しない粗雑なものですが、少し付き合ってみるとしても、スグルやスグレがシグレになる筈もありません。音声が異なるのです。それに正しくは「過《す》ぎる」とは読んでも「過《す》ぐる」や「過《す》ぐれ」とは読みません。つまり、シグレは「過《す》ぐる」や「過《す》ぐれ」からでた言葉であるとは全然思われません。シグレのどの音声にも「過《す》ぐる」や「過《す》ぐれ」の意味はないどころか「過《す》ぎる」の意味さえもないということです。このような発想自体が学問的とはいえない頓珍漢なものといえます。なぜならば、シグレは「通り雨」ではないからです。雨はいずれ止むものではありますが、シグレは一過性の雨である「通り雨」ではないのです。

　念のため、「通り雨」はどのような雨とされているのかを調べてみます。「通り雨」という言葉は、明治以降の大辞典では大日本国語辞典（大正四〜七年刊）に初出し、それ以前の辞典には記載がないので、この頃につくられたものと思われます。それらの大辞典には、次のように説明してあります。

大日本国語辞典：「**とほりあめ**　通雨（名）一しきり降りて、すぐ晴れ行く雨」。

大言海：「**とほりあめ**（名）通雨　一シキリ降リテ、スグ晴レ行ク雨。過雨」。

広辞林（第六版）：「**とおりあめ**【**通り雨**】ひとしきり降ってすぐ晴れる雨」。

広辞苑（第七版）：「**とおりあめ**【**通り雨**】一しきり降ってすぐに晴れ上がる雨」。

新明解国語辞典（第六版）：「**とおりあめ**【**とおり雨**】さっと降って、すぐ晴れる雨」。

日本国語大辞典（二〇巻）：「**とおりあめ**【**通雨**】（名）ひとしきり降って、すぐに晴れる雨。過雨。＊行人（夏目漱石）帰ってから・二七『それは（略）云はば通《トホ》り雨《アメ》のやうなもので』。

したがって、シグレは「通り雨」というような広辞苑のデタラメ・インチキ説は、正しい国語を守る上からも、国民に対して正しい国語を伝える上からも、撤回されるべきもの、或いは、削除すべきことは当然のことといえるのです。

シグレというのは、その漢字熟語の時雨からも分かるように「ときどき降る雨」つまり「降ったり止んだりして降り続く雨」なのであり、「通り過ぎて行く雨」つまり「通り雨」ではありません。したがって、語源上からも、時雨という漢字熟語の字義上からも、広辞苑の「通り雨」とする誤謬説は国語界から排除されるべきだということです。

広辞苑には、他のことについても、かん違いした独自解釈があまりにも多過ぎるように思われます。にもかかわらず、遺憾ながら、広辞苑以降に出版される大辞典では、多くのことについて、広辞苑説に「右へ倣《なら》え」しているものがあり、シグレについても「通り雨」のこととされるようになっています。例えば、広辞苑以降に発行された、次の二つの大辞典の記載は次のようになっています。

大辞林（三省堂・松村明編・一九八八年十一月第一版第一刷発行）：「**しぐれ**【**時雨**】①初冬の頃、一時、風が強まり、急にぱらぱらと降ってはやみ、数時間で通り過ぎてゆく雨。冬の季節風が吹き始めたときの、寒冷前線がもたらす驟雨」。

この辞典では、広辞苑のかん違い説、つまり、広辞苑と同じくシグレ（時雨）を「通り雨」としているのみならず、「驟雨」などと滅茶苦茶な説明になっています。

大辞泉（小学館・松村明監修・一九九五年十二月第一版第一刷発行）：「**しぐれ【時雨】**①秋の末から冬の初めにかけて、ぱらぱらと通り雨のように降る雨」。

この両辞典でも、かん違いの「通り雨」になっています。この両辞典は、他のことでも広辞苑説に従ったものが多く、したがって、広辞苑と同じく「かん違い」の多い、極めて信用程度の薄い辞典になっているようです。

この二つの辞典の編者・監修者である松村明（一九一六〜二〇〇一）という人は、東京大学文学部国文学科卒で東京大学教授も務めた学者なのですが、大辞林には「編者に松村明先生をお迎えして編集会議がはじまった」とあり、大辞泉には「筆者が本書の編集を委嘱されてから今日まで、ほぼ三十年に近い歳月が経過しようとしている。中略。各界・各方面の多くの方々からの御協力・御援助を得て、ようやくここに完成をみるに至ったのである。松村明。」と記名までありますが、これらの辞典に書いてあることがほんとうに、この学者の学識だったのでしょうか。名義貸しをしただけと思いたいところですがどうなのでしょうか。

広辞苑編者説の困ったことは、いろんな言葉について、語源に基づかない、学問的とはいえない、この編者の勝手な個人的感性で誤解と思われる解釈がされていることです。にもかかわらず、その多くの説が広辞苑に採用されています。したがって、それも一つの原因で広辞苑は誤解だらけの辞典になっているのです。そして、さらに困ったことには、語源に基づかないこのような感性解釈が日本の国語界で一般的に行われるようになっていることです。このような広辞苑説が支持され採用されるということは、忌憚なくいうならば、一般的に、現代の国語界の学者の学識は極めて浅薄だということです。

広辞苑は、最も多くの読者に使用されているとされるにもかかわらず、古くから看過できないほどに誤解が多く、日本語を誤解したものにし続けているようなのです。しかしながら、日本の国語界の実力は極めて貧弱なのか、このような誤解を正すことができないのです。

本書で度々引用している「言葉の今昔」(新村出著・河出新書)という本に書いてあることの多くは広辞苑にも引用されていますが、読んでみれば分かるように、いわば言葉についての四方山話《よもやまばなし》の「雑談本」ともいえそうなもので、とても「語源本」といえるものではありません。たまに、語源話らしいことが書いてあっても、的外れで頓珍漢なものばかりのように思われます。

この本（「言葉の今昔」）に書いてあるもので、本書で特に取上げてあるものだけでも、①本欄のシグレに関する説、②カスミとキリに関する説、③ナヰ欄におけるナに「地、土地」の意味があるとする説、④ユウダチに関する説、⑤ワタツミの意味に関する説、などがあります。

この学者の学問的業績をその著書やその全集（十五巻）で調べてみても、雑談ばかりで実のあるものは殆んどないように思われます。広辞苑は、そもそもは他の学者が書いた辞書ですから、この人の業績といえるのかは分かりませんが、著者ではなく編者になって広辞苑という辞書を発行しているのです。しかしながら、この人の説が採用されるようになってから、少なくとも国語問題に関しては、広辞苑は誤解だらけの辞書になって今日に至っているようです。

謙虚な日本人としては、他人の言説や学説について批評をするのは躊躇されることなのですが、日本語の根幹に関わることで、その誤解説の多さは容認できる限度を越していると思われることから、正しい日本語を守るためには言及せざるを得ないと思われたのか、**「広辞苑の嘘」**（光文社）という本が出版されています。（本書の『霞と霧と大辞典』欄を参照）。

広辞苑は、多くの日本語を誤解したものにしている、つまり、いわば破壊しているともいえる辞典のようであり、真正な日本人が編集しているのかどうかは分かりませんが、忌憚なくいうならば、誤りの多い辞典というよりも、多くの日本語について広辞苑説をつくりあげて、日本人に多くの誤った日本語を提供している**「危険な辞典」**になっているといえそうです。

37　シケ（時化）

大言海には、次のように書いてあります。

「**しけ**（名）陰（風雨《シ》気《ケ》ノ義）（一）水気ノ、多キコト。シメリケ。（湿地ナドニ）神武紀『天《ヒ》陰《シケ》而《テ》雨氷《ヒサメフル》』（二）風雨ノ、続クコト。（船人ノ語）連陰『志けデ、渡海ガ無イ』（三）転ジテ、海、荒レテ、魚ナドノ、捕ラレヌコト。（漁夫ノ語）不漁『志けデ、魚河岸ハ淋シイ』」。

日本書紀の神武即位前紀戊午年十二月の条の「時忽然天陰而雨氷」という原文について、岩波文庫の日本書紀では「時に忽然《たちまち》にして天陰《ひし》けて雨氷《ひさめ》ふる」と読んであり、その注釈で「天陰《ひし》けて」について「日が曇る意。シケ（陰け）は、湿る意。転じて空模様の悪くなる意」と説明してあります。漢語辞典では、陰の字には「雨」の意味があるとされています。

以上の叙述を参考にして、シケの語源を考えてみますと、一音節読みで湿はシと読み「しめり、湿り気、水分」の意味です。一音節読みで気はチと読みますが、日本語ではケとも読み、すでに万葉仮名においてケと読まれており「空気」の意味があります。

つまり、シケは**湿気**であり直訳すると**「水分のある空気」**の意味になり、そもそもはこれがこの言葉の語源と思われます。

そうすると、シケルは「水分のある空気になる」、逆にしていうと「空気が水分を含んだものになる」の意味になります。大気中の上層部の空気に水分が多くなると微細な水滴の集まりである雲ができ、さらに水分が増えて水滴が大きくなると雨になって降ってくることになり、冬だと雪や霰や雹になったりします。

したがって、「空気が水分を多く含んだものになる現象」をシケというのではないかと思われます。

つまり、そもそもはシケとは、空気が水分を多く含んだものになり、その結果「雨、雪や霰や雹などが降ることになる現象」らしいのです。
　現在では、当て字で「時化」と書かれるので、語源が分かり難《にく》くなり、大言海におけるように「風雨気《シケ》ノ義」とされているように、風のことも加わって「風と雨のある空気」の意味にされ、船人には「風雨ノ、続クコト」、漁夫には「海、荒レテ、魚ナドノ、捕ラレヌコト」のような解釈がされるようになっているようです。

38　シズク（シヅク）（雫）

シズクは旧仮名遣ではシヅクといい、「水のしたたり」のことで漢字では雫と書かれます。古くから存在する言葉で、万葉集では三首が詠われており、その原歌では「四附」や「四頭久」と書かれています。

あしひきの山の四附に妹待つと
われ立ち濡れぬ山の四附に（万葉107）
吾《あ》を待つと君が濡れけむあしひきの
山の四附に成らましものを（万葉108）
あしひきの山の黄葉《もみぢ》に四頭久合ひて
散らむ山道《やまぢ》を君が越えまく（万葉4225）

大言海によれば、平安時代の作とされる伊勢物語（五十九段）に、漢字入りの仮名書きで次のような歌が詠まれています。

我ガ上ニ、露ゾ置クナル、天ノ河、
門《ト》渡ル舟ノ、櫂《カヒ》ノ志づくカ

一音節読みで、灑はシとも読み「したたる、したたり落ちる」の意味、漬はヅと読み「水に浸す、濡らす、濡れる」などの意味があります。滾はクンと読み本来は「水が盛んに湧き出る、水が盛んに流れる」の意味ですが「続く、連続する、引続く」などの意味があります。

つまり、シヅクは、**灑漬滾**の多少の訛り読みであり、直訳すると**「したたり濡らし続ける（もの）」**の意味になり、これがこの言葉の語源と思われます。

このような意味なので、上述のような歌にぴったりの言葉になり詠み込まれているのだと思われます。

雫という漢字は　漢語にも一〇世紀頃に存在した字のようですが漢語での意味は分からないとされています。漢和辞典では国字、つまり、和製漢字とされていいます。その字体から、シヅクという言葉にぴったりであるとして採用されたと思われますが、いつ頃からかは本書では分かりません。江戸時代中期の同文通考という本に「雫《シヅク》　點滴なり」と書いてあるようです。

39　シマ（島）

歴史上、記紀に記載されている日本国土として最初につくられた島はオノゴロ島《じま》といいます。

岩波文庫の古事記の「国土の修理固成」の条に、次のような記述があります。

「二柱の神（伊邪那岐《いざなぎ》命と伊邪那《いざな》美《み》命）、天《あま》の浮橋《うきはし》に立たして、その沼矛《ぬぼこ》を指し下ろして書《か》きたまへば、塩こをろこをろに書き鳴《な》して引き上げたまふ時、その矛の末《さき》より垂《したた》り落つる塩、累《かさ》なり積もりて嶋と成りき。これ淤能碁呂嶋《おのごろじま》なり」。

その脚注には、オノゴロ島は「自然に凝って出来た島の意。所在不明」と書いてありますが、博多湾に浮かぶ「能古島《のこじま》」ではないかとの説があります。「おのごろ」から、上と下の一字づつを取り除くと「のこ」になるからでもあります。

この二柱の神は次々に島としての日本国土をつくるのですが、すべて海中のものであることから、シマ（島）という言葉は海中のものを対象としてつくられたと思われます。

万葉集にも島は詠われており、例えば、次のような歌があります。

玉藻刈る辛荷《からに》の島に島廻《しまみ》する

鵜《う》にしもあれや家思はざらむ　（万葉９４３）

一音節読みで潟はシと読み「塩分を含有する土（塩分含有土）」のことをいいます。満はマンと読み「満ちる、満ちている」の意味です。つまり、シマは潟満の多少の訛り読みであり直訳すると**「塩分を含有する土に満ちている（所）」**の意味になり、これがこの言葉の語源と思われます。

最後にオノゴロ島の語源についていいますと、オノゴロ島につき、上述したように古事記（岩波文庫）の脚注には「自然に凝って出来た島の意。所在不明」、また、日本書紀（岩波文庫）の注記には「オノは、自の意。ゴロは、凝るの意」と書いてあります。

そうしますと、一音節読みで、偶はオウと読み「偶然に、たまたま」の意味ですが敷衍して「意図しないで、自然に」の意味でも使われます。能はノンと読み「可能である、できる」の意味があります。攻はゴンと読み形容詞では「堅い、堅固な」の意味、了はロと聴きなせるようにも読み完了の意味を表わす終助詞です。つまり、オノゴロは**偶能攻了**の多少の訛り読みであり、直訳すると**「自然に堅固になることのできた」**の意味になり、これがこの言葉の語源と思われます。したがって、オノゴロ島は**「自然に堅固になることのできた島」**の意味になります。

ただ、本書では、オノゴロのオは俄のことで「俄《にわか》に、たちまちに、ただちに、すぐに」などの意味であり、オノゴロ島は**「すぐに堅固になることのできた島」**の意味ではないかと思っています。なぜならば、多くの島をつくらなければならないので、自然に固まるのを待ってはおれないからです。

40　シモ（霜）

万葉集に、次のような歌が詠まれています。万葉仮名で「斯毛」とも書かれています。

居明かして君をば待たむぬばたまのわが黒髪に
霜はふれども　（万葉８９）

蜷《みな》の腸《わた》　か黒き髪に　いつの間か
斯毛の降りけむ　・・・　（万葉８０４）

　これらの歌での霜や斯毛は、霜と白髪《しらが》との掛詞になっています。

　大言海には、霜について「秋、冬、露ノ凍リテ、白クナルモノ」と説明してあります。また、シナの六朝時代の千字文《せんじもん》に「露結為霜（露結びて霜となる）」と書いてあることが紹介されています。したがって、万葉集では、霜の他に「露霜《つゆしも》」という言葉がしばしば使われており、例えば次のような歌が詠まれています。

立ち向ひしも　露霜の　消なば消ぬべく
行く鳥の　あらそふ間に　・・・
（万葉１９９）

ひさかたの天の露霜置きにけり
家なる人も待ち恋ひぬらむ　（万葉６５１）

　平安時代の和名抄に「霜、之毛」と書いてあります。一音節読みで夕はシと読み第一義は「夕方」の意味ですが、第二義は「夜」の意味とされています。皙はシと読み「白い」の意味があります。毛はモと読みますが、同じ読みの懋は「美しい」の意味があります。

　つまり、シモのシは夕と皙の掛詞、モは懋であり、意味上は**夕皙懋**になり、直訳すると**「夜にできる白い美しい（もの）」**の意味になり、これがこの言葉の語源と思われます。

41　ジャリ（砂利）

　ジャリは、砂と小石の混ざったものとされています。大日本国語辞典には、「**ざり**　砂利（名）砂まじりの小石。じゃり。」、また「**じゃり**　砂利（名）ざり（砂利）の訛り。」と書いてあります。

　大言海には、「**志ャり**(名)沙利‖ざり(礫)ニ同ジ」「**ザリ**（名）礫‖　石川ノ小石。今、沙利《ジャリ》ト云フ。」と書いてあります。

一音節読みで砂はシャと読みますが、日本語では砂利という言葉においては濁音読みされています。沙と砂とは同じ意味です。

漢字では砂利と書かれますが、利は当て字であり同じ読みの礫のことです。礫はリと読み「小石」のことをいいます。つまり、ジャリは**砂礫**の多少の訛り読みであり直訳すると**「砂と小石」**の意味になり、これがこの言葉の語源です。

42　スナ（砂）

大日本国語辞典には、「**すな**　砂、沙（名）極めて細かき石。」と書いてあります。

漢字では砂と書きます。小さい石を指し、建築業界などの専門用語では、直径二ミリメートル以下の小石を指すとされています。

一音節読みで絲はスと読み、極小或いは極少という意味の数量詞です。この絲をスナのスに採用してあるようです。娜はナと読み「美しい」の意味があります。つまり、スナは**絲娜**であり**「極小の美しい（もの）」**の意味になり、これがこの言葉の語源と思われます。

万葉集に次のような歌が詠まれており、原歌での「細砂」に、いづれの解説書でも「まなご」と振仮名して読んであります。

潮満てば水沫《みなわ》に浮ぶ細砂《まなご》にも吾《われ》は
生けるか恋に死なずて　（万葉2734）

大言海によれば、古くはイサゴやスナゴやマサゴともいったようで、平安時代の字鏡に「磣墋、石微細而、随風飛也、伊佐古、又、須奈古」と書いてあります。読み下すと「磣、墋、石ノ微細ニシテ、風ニ随ヒテ飛ブモノナリ、イサゴ、又、スナゴ」。和名抄に「砂、須奈古」と書いてあります。また、狭衣（物語）に「庭ノまさご」、古今集（序）に「山下水ノタエズ、浜ノまさご数多ク積リヌレバ」と書いてあり、マサゴともいったようです。

一音節読みで砂はシャと読みます。曼はマン、娜はナ、昳はイと読みいづれも「美しい」の意味があります。子はコと読み語尾につける語気助詞です。つまり、マナゴは**曼娜子**、イサゴは**昳砂子**、マサゴは**曼砂子**で、いづれも**「美しい砂」**の意味になり、これがこれらの言葉の語源と思われます。

スナ（砂）というと、多くの人たちが石川啄木の「一握《いちあく》の砂」に、次のような歌が詠まれていることを思い浮かべると思います。

頬《ほ》につたふなみだのごはず一握《いちあく》の砂を
示しし人を忘れず

いのちなき砂のかなしさよさらさらと
握れば指の間より落つ

東海の小島の磯《いそ》の白砂にわれ泣きぬれて
蟹《かに》とたはむる

砂山の砂に腹這《はらば》ひ初恋のいたみを
遠くおもひ出《い》づる日

43　スバル（昴）

スバルは星の集団で、実際は一二〇個程度が散らばり群がっているとされますが、このような星の集まりは、専門用語で**「散開星団」**といいます。普通視力の人が肉眼でみえるのは六個程度のようです。したがって、日本では**六連星**《むつらぼし》ともいいます。ヨーロッパでは七個程度が見えるのか、英語では**セブンスターズ**（SevenStars）といいます。

大言海によれば、平安時代の和名抄に「昴星、六星、火神也、須八流」、名義抄に「昴、スバル」と書いてあります。

岩波文庫の枕草子（三巻本）ではその二五四段に「星は　すばる。ひこほし。ゆふづつ。」と書いてあります。つまり、言葉を補足していうと「星の中では、すばる、ひこほし、ゆふづつが魅力的である」と書いてあります。「ゆふづつ」とは、宵の明星といわれる金星のことです。

　一音節読みで、廝はスと読み「分散する、散らばる、散開する」の意味があります。棒はバンと読み「よい、良好な、美しい、素晴らしい」などの意味、旅はルと読み形容詞では「多くの、衆多の」の意味があります。つまり、スバルは**廝棒旅**の多少の訛り読みであり直訳すると**「散らばっている、美しい、多くの（星）」**の意味になり、これがこの言葉の語源であることに間違いないと思われます。

　大正時代の大日本国語辞典には「**すばる**　昴（名）すばる（統）の義」と書いてあり、昭和初期の大言海には「**すばる**（名）昴‖御統《ミスマル》ニ似タレバ云フカト云フ」と疑問調で書いてあります。広辞林（第六版）には「**すばる**【昴】二十八宿の一つ。プレアデス星団のことで、肉眼で見える星が六個あるので六連星（むつらぼし）ともいう。」と書いてあり、「統」のことには言及してありません。大言海の引用で知られる広辞苑（第七版）には、「**すばる**【昴】（一つにまとまる意の『統《す》ばる』から）」と断定的に書いてありますが、ほんとうにそうでしょうか。

　大言海によれば、平安時代の名義抄に「捴、スバル」、字類抄に「總、スバル、スマル」と書いてあります。捴と總の二字には、共に「統」と同じ意味があります。

　統の字には三義があり、その一つ目は「統《す》べる」の意味であり、統治、統御、統帥などの熟語があります。その二つ目は「統《す》ばる」の意味、つまり、「纏《まと》まる」の意味であり、統一、統合、統括などの熟語があります。その三つ目は「継続する」の意味であり、血統、伝統、系統などの熟語があります。

　スバルが「統《す》べる」の意ならば、そのスは「司」と思われます。一音節読みで司はスと読み動詞では「統べ治める」の意味があります。スバルが「統《す》ばる」の意味で「一つに纏《まと》まる」の意ならば、そのスは「束」と思われます。一音節読みで束はシュと読み動詞では「束《たば》になる、纏まる」などの意味があります。そうすると、広辞苑におけるように、スバルが「一つに纏まる」の意ならば、スバルは**束棒旅**の多少の訛り読みであり**「纏まっている、美しい、多くの（星）」**の意味になります。ただ、これでは集合星団であり散開星団とはいえません。

スバルは、散開星団といわれるようにどの星かにより統《す》べられていることもなく、また、纏《まと》まるというよりはむしろ広範囲に散らばっています。したがって、結論として、本書では、スバルは散開星団とされることと、古代人は漢字字義に精通していたことを根拠として、スバルの語源は**廝棒旅**であり、**束棒旅**ではないと思っています。

ついでに、統という字に因んで、**「御統《みすまる》」**という言葉について、少し余談をします。

古事記と日本書紀の両書を略称して記紀といいますが、記紀に書かれている御統は、天照大神やオトタナバタ（淤登多那婆多・乙登多奈婆多）などの貴人が身に付けていた装身具の名称で、「多くの宝石類の珠《たま》を貫き、紐で繫いで輪状にして、頭や腕に巻いたり首に懸けたりした古代の高級装身具」とされています。

その語源の話をしますと、靡はミと読み「美しい」の意味、束はシュと読み「束になる、纏まる」などの意味があります。満はマンと読み「円い、丸い」の意味があり、満月のことを円月ともいいます。輪はルンと読み、名詞では「輪、輪状のもの」の意味があります。つまり、ミスマルは**靡束満輪**の多少の訛り読みであり直訳すると**「美しい、束にした、円い、輪状のもの」**の意味になり、これがこの言葉の語源と思われます。

記紀に書いてあるところによれば、天照大神が須佐之男之命と会う時に御統を装身具として身に付けますが、それは自分が統治者であることを示すためでもあったと思われます。つまり、ヨーロッパ世界での王冠のようなものだったのです。このことは、漢字で「御統」と書かれることからも窺われます。記紀ではオトタナバタ（弟織女）も御統を首に懸けていますが、彼女は天帝の娘とされるので懸けていても可笑しいという程ではありません。

大言海には、「**すばる**（名）昴‖六連星《ムツラボシ》、スバルボシ、ミスマル」、および、「**みすまる**（名）御統‖〔すまるハ、統《スバ》るノ転〕」と書いてありますが、星のスバル（昴）と装身具のミスマル（御統）とは、音声も異なりますが言葉の意味上も異なるのではないかと思われます。

44　セ（瀬）・セセラギ（潺湲）

万葉集に、次のような歌が詠まれています。

松浦川《まつらがは》川の瀬光り鮎釣ると立たせる
妹が裳《も》の裾《すそ》濡れぬ　（万葉855）

堀江より水派《みを》引《び》きしつつ御船《みふね》さす
賤男《しつを》の徒《とも》は川の瀬申《まう》せ　（万葉4061）

万葉集の歌では、瀬はセと読まれて真名《まな》として使われています。**真名**とは**「音声と意味の双方を利用する漢字」**のこと、**仮名**とはそもそもは**「音声だけを利用する漢字」**のことをいいます。万葉集はすべて漢字で書かれていますが、その漢字には真名と仮名とがあるのです。仮名の方は万葉仮名と称されています。

さて、大言海によれば、シナの説文に「瀬、水流沙上也（瀬ハ、水ガ沙上ヲ流ルルナリ）」、漢書に「疾流曰瀬（疾《ハヤ》キ流《ナガレ》ヲ瀬ト曰《イ》フ」とあります。平安時代の和名抄には「瀬、流於砂上也（砂上ヲ流ルルナリ）、世」と書いてあります。

現在では「川の、歩いて渡れるほどに浅い所」とされていますが、上述した古文献から推測するところ、加えて「流れの速い、水底は砂や砂利になっている所」を指すと思われます。

浅は漢語の一音節読みではチィエンと読みますが、漢音ではセンと読むとされています。つまり、セは、**浅**の読みであるチィエンやセンの多少の訛り読みであり、直訳すると**「浅い（所）」**の意味になり、これがこの言葉の語源と思われます。

一音節語なので、語源としては、このような簡単なものになります。瀬《せ》は、言葉を補足していうと「川の、歩いて渡れるほどに浅い、流れの速い、水底は砂や砂利になっている所」のことになると思われます。流れが速いので泥は流されてしまって砂や砂利だけになっているのです。

「せせらぎ」という言葉があり、漢字では漢語を導入して「潺湲」と書きます。大言海には「せせらぎ」について「浅キ瀬ニ水ノ流ルル処。小川。小流。」と説明してあり、また、「せせらぐ」について「水浅ク、ササナミ立テテ、流ル。潺湲　名義抄『灣、セセラク』字類抄『灣、潺湲、セセラキ』」と書いてあります。一音節読みで潺はチャンと読み「水の流れる音」の意味、湲はユァンと読み「ゆっくり」の意味とされ、両字を結びつけた潺湲は漢語ではチャンユァンと読み、第一義は「水の流れる音」、第二義は「水がゆっくりと流れるさま」の意味とされています。

　平安時代末の歌集である林葉集に「窻《まど》ならぬ谷のせせらぎふみ見つるをりも嬉しな燈《とも》す蛍は」と詠まれています。室町時代初期の太平記に「羅城門の前なる水の潺《せせらぎ》に馬の足を冷やして」と書かれています。現代では北上夜曲（菊池規作詞）の歌詞で「想い出すのは北上河原のせせらぎよ」と詠われています。

　上述したように一音節読みで浅はチィエンと読みますが、漢音ではセンと読むとされており「浅い」という意味です。瀾はランと読み「さざなみ（細波）」の意味、英語でいうところのripple の意味があります。瑰はキと読み「美しい」の意味です。

　つまり、**せせらぎは浅浅瀾瑰**であり直訳すると「浅いさざ波の美しい」ですが、川を指すときは**「浅い流れの、さざ波の立つ、美しい（所）」**、水音を指すときは**「浅い流れで、さざ波の立てる、美しい（音）」**の意味になり、これがこの言葉の語源と思われます。

　大辞典にあるような小川の意味がどこから出てくるのかは分かりませんが、おそらく、こういう所は小川における浅瀬である場合が多いからと思われます。

45　ソヨカゼ（微風）

　一音節読みで松はソンと読み形容詞では「のろい、ゆっくりした」の意味、粛はソと聴きなせるように読み「静か」の意味であり、ソは松と粛の掛詞と思われます。優はヨウと読み「優しい」の意味です。したがって、ソヨ風は意味上は**松粛優風**であり直訳すると「ゆっくりとした静かな優しい風」、つまり、「**ゆっくりと静かに優しく吹く風**」の意味になり、これがそよかぜという仮名言葉の語源です。

　万葉集に、「松風」の入った次のような長歌が二首詠まれています。

　春に至れば　松風に　池波立ちて　櫻花
　木の晩茂《くれしげ》に　奥辺《おきべ》は　・・・（万葉257）

　櫻花　木の暗茂に　松風に　池波たちて
　辺《へ》つへには　あぢむら騒き　・・・
（万葉260）

　日本古典文學大系「萬葉集一」（岩波書店）では、「松風」について振仮名もされておらず特にはなんの注釈もされていませんが、松の形容詞としての意味の「松風」と思われます。

　平安時代の古今和歌六帖に「君ヲ我　訪フヤ訪フヤト　まつ風ノ　今ハあらしト　ナルゾ悲シキ」と詠まれています。この歌集の歌での「まつ風」も松の木に吹く風のことではなくて、松の形容詞としての意味の松風のことです。

　にもかかわらず、明治以降のいずれの大辞典でも、松風は「松に吹く風」とだけ書いてあります。しかしながら、この松風は明らかに微風《そよかぜ》のことであり、極言すれば、松風《そよかぜ》と振仮名して読んでもよいように思われます。

46　ソラ（空）

　万葉集では、「そら（空）」という言葉の入った歌はたくさん詠まれています。万葉仮名で「蘇良」と書かれた歌もあります。

　み空行く月の光にただ一目《ひとめ》相見し人の
　夢にし見ゆる　（万葉710）

蒼空《おほそら》ゆ通ふ吾《われ》すら汝《なれ》ゆゑに天《あま》の河道《かはぢ》を
なづみてぞ来し　（万葉２００１）

み蘇良行く雲にもがもな今日行きて
妹に言問《ことど》ひ明日帰り来む　（万葉３５１０）

ソラは、漢字で空と書き、天と地との広大な空間における上層部のことをいいます。

一音節読みで、蔥はソン、藍はランと読み、形容詞では共に「青い」の意味です。蔥は葱の正字とされています。したがって、蔥藍はソンランと読み、当然に「青い（所）」の意味になります。孌はランと読み「美しい」の意味です。したがって、蔥孌はソンランと読み「青い美しい（所）」になります。つまり、ソラは**蔥藍**と**蔥孌**との掛詞で、意味上は蔥藍孌であり**「青い美しい（所）」**の意味になり、これがこの言葉の語源です。

なお、蒼の字はツァンと読み形容詞では「青い」の意味ですが、蔥の多少の訛り読みの日本語音読を転用して共にソウと読むことになっています。

広辞苑（第七版）には「**そら**【空】（名）（上空が穹窿状《きゅうりゅうじょう》をなしてそっていることからか）」と書いてありますが、適当な説明とは思われません。

なぜならば、穹窿状とはそもそもが曲がっている状態のことなのに対して、「反（そ）っている」とは、そもそもは「まっすぐ」か「平ら」であるべきものが曲がっているという意味だからです。したがって、「穹窿状をなしてそっている」という表現は自己矛盾しているのです。空は、そもそもが穹窿状といえるのであって反ってはいないのです。また、ソラの「ラ」の説明ができていないという大きな難点があります。恐らく、この説明は適当でないといえると思われます。

47　タイフウ（台風）

漢字では、台風と書きタイフウと読みます。漢語からきた言葉であり、一音節読みで台はタイと読むので「当て字」として使われているのです。つまり、漢語にも当て字は存在するということです。

　一音節読みで大はタイと読みますが、日本語の音読でもタイやダイと読み「大きい」の他に「強い」の意味もあります。つまり、タイフウは大風であり、直訳すると「強い風」、少し言葉を補足していうと**「強く吹く風」**の意味になり、これがこの言葉の語源です。一字では颱《タイ》という字があります。

48　タキ（滝）

　滝について、平安時代の和名抄に「南人　名湍曰滝（湍ヲ名ヅケテ滝ト曰《イ》フ）、多木、飛泉瀑布也」と書いてあります。湍はタンと読み急流の意味とされています。ここでは、南人は湍（＝急流）を滝というが、日本では飛泉瀑布を滝というと書いてあるのです。

　大言海には「（一）河瀬ノ水ノ疾《ハヤ》ク奔《ホトバシ》リ流ルルモノ。急流ノ響アルモノ。疾キ瀬。奔湍（二）転ジテ、垂水《タルミ》。即チ懸崖ヨリ流レ落ツル水。又、水ノ高キヨリ直ニ落ツルモノ。懸泉　飛泉　瀑布」と書いてあります。

　自然環境の差があって、主として（一）は漢語における意味であり、（二）は日本語における意味です。日本語の滝は、程度の差はあれ懸崖など落差のある場所での水流を指すようであり、国内で有名なものでは「華厳の滝」や「那智の滝」などがあります。

　万葉集には、次のような歌が詠まれており、原歌では万葉３１３では瀧、万葉３６１７では多伎と書いてあります。

み吉野の瀧の白波知らねども
語りし継げば古《いにしへ》思ほゆ　（万葉３１３）

石走《いはばし》る多伎もとどろに鳴く蟬の
声をし聞けば都し思ほゆ　（万葉３６１７）

　一音節読みで湍はタンと読み、形容詞では「急流の、奔流の、流れの速い」の意味、名詞では「急流、奔流」の意味があります。また、端はタンと読み「垂直の、まっすぐな」の意味があります。つまり、タキの夕は湍と端の掛詞と思われます。瑰はキと読み「美しい」の意味があります。

つまり、**タキ**は湍瑰と端瑰の掛詞で、意味上は**湍瑰**であり直訳すると「急流で垂直の美しい」になります。語順と表現を少し変えていうと**「垂直の美しい急流」**の意味になり、これがこの言葉の語源と思われます。懸崖など落差のある場所での水流なので急流になるのです。

49 タソガレ（黄昏）

この言葉は、米山正夫作詞作曲で、近江俊郎という歌手の「山小舎《やまごや》の灯《ともしび》」という有名な歌謡の歌詞にでてきます。その(一)は、次のようになっています。

たそがれの灯は　ほのかに点《とも》りて
懐《なつか》しき山小舎は　麓《ふもと》の小径《こみち》よ
思い出の窓に凭《よ》り　君をしのべば
風は過ぎし日の　歌をば囁《ささや》くよ

タソガレは、漢字で黄昏と書かれ漢語からきた熟語ですが「天空から太陽が沈んだあと、いまだ完全な闇になっていない間」のことを指し、夕暮や夕方ともいいます。

黄は「黄色」、昏は「暗い」の意味ですから、黄昏は、そもそもはいわゆる夕焼けの状態を想定してできた言葉と思われます。夕焼けとは、太陽が沈んだあと、その光線が反射して雲が黄色や赤色、或いは、黄赤色に染まっている場景をいいます。夕焼け雲は漢語ではカスミといい、日本語では薄雲をカスミというので、薄い夕焼け雲はカスミの一部になります。

さて、日本語のタソガレという仮名言葉の語源についていいますと、一音節読みで淡はタンと読み「淡い、薄い」の意味があり、色はソと読み「色、色彩」のことなので、淡色はタンソと読めることになり「薄い色彩」の意味になります。

旰はガンと読み、いわゆる「夕暮、夕方」の意味です。熟語で、旰食とは夕食のこと、旰雲とは夕雲のことをいいます。稔はレンと読み「美しい」の意味があります。つまり、旰稔はガンレンと読み「夕暮で美しい」の意味になります。

したがって、タソガレとは、**淡色旰稔**の多少の訛り読みであり、直訳すると「薄い色彩の夕暮で美しい(時刻)」の意味になっています。「薄い色彩」を「薄暗い」のことと理解し、少し表現の順序を変えていうと**「薄暗い美しい夕暮」**の意味になり、これがこの言葉の語源と思われます。したがって、タソガレ時は**「薄暗い美しい夕暮時」**の意味になります。

この時刻は薄暗いので、相手の顔がはっきりと識別できなくて誰だか分からないという意味の「誰彼(誰《た》そ彼《かれ》)」にも通じるので、奈良時代からそのような意味でも認識され使用されていたと思われます。万葉集に次のような歌が詠まれています。

誰《た》そ彼《かれ》とわれをな問ひそ九月《ながつき》の
露に濡れつつ君待つわれを　（万葉2240）

誰《た》そ彼《かれ》と問はば答へむ為方《すべ》を無み
君が使を帰しつるかも　（万葉2545）

日本古典文學大系「萬葉集」（岩波書店）では、万葉2240の歌意は「あれは誰だと、私のことをきかないでください。九月の露にぬれながら、わが君を待つ私なんです」、万葉2545の歌意は「あれは誰ですときかれたら答えるすべがないので、ゆっくり話もせずに、あなたの使《つかい》を返してしまいました」のようなものとされています。

このような歌が詠まれていることからすると、「彼は誰であるか」という意味の「たそかれ」という仮名言葉は奈良時代（万葉時代）から存在し、平安時代には「たそかれ」に加えて「たそかれ時」といういい方も存在するようになったようです。

大言海によれば、源氏物語（夕顔）に「ヨリテコソ、ソレカトモ見メ、たそがれニ、ホノボノ見ユル、花ノ夕顔」、同（藤浦葉）に「たそがれモ過ギテ心ヤマシキホドニ、マウデ給ヘリ」、新古今集（夏）に「たそがれノ、軒端ノ萩ニ、トモスレバ、穂ニ出デヌ秋ゾ、下ニコトトフ」とあります。

また、源氏物語（夕顔）に「光アリト、見シ夕顔ノ、白露ハ、たそがれ時ノ、ソラメナリケリ」、宇津保物語（菊宴）に「夕暮ノ、たそがれ時ハ、ナカリケリ、カクタチヨレド、トフ人モナシ」、拾遺集（雑・春）に「足引ノ、山ホトトギス、里ナレテ、たそがれどきニ、名ノリスラシモ」、（古今和歌）六帖に「墨染ノ、たそがれ時ノ、朧夜《オボロヨ》ニ、アリテシ君ニ、サヤニ逢ヒ見ツ」とでています。

さらに、源氏物語（初音）に「御前ノ梅、ヤウヤウ、紐《ヒモ》解ケテ、あれはたれどきナルニ」と書かれています。つまり、平安時代には「あれはたれ時」という言葉もあったのです。

「タソガレ」という言葉は「誰そ彼」からでたとする説があります。大日本国語辞典には「誰そ彼は」から、大言海には「誰そ、彼カ」から、広辞林（第六版）には「誰（た）そ彼」から、広辞苑（第七版）には「誰そ彼（は）」から、新明解国語辞典（第六版）には「誰（タ）そ彼（カレ）」からと説明されています。

結局のところ、タソガレという仮名言葉は、本欄の語源説で述べたような意味でつくられたのですが、音声上、タソカレ（誰そ彼）にも通じるので、古くからそのような意味にも理解されて使用されてきたということだと思われます。

なお、広辞苑（第七版）には、「たそがれ【黄昏】（古くは清音。『誰そ彼（は）』と人のさまの見分け難い時の意）夕方のうすぐらい時。夕方。夕ぐれ。」と書いてありますが、そもそもは語源に示したようにタソガレのガは旰（gan）なので、日本語の音読では「古くは清音」ではなかったと思われます。

50　タツマキ（竜巻）

タツマキは、「発達した積乱雲の下で地上から天空まで渦巻いて柱状になって上昇する急速・急激な空気の流れで、突風の一種」とされています。

日本ではさしたる大きなものは起こりませんが、タツマキ国といわれるアメリカで起こるものは大きなものが多く、大抵の場合、家や車両などの大きな物体をも巻き上げて甚大な被害を与えます。

一音節読みで騰はトンと読み「上に騰《あ》がる、上昇する」の意味、突はツと読み「突然」の意味があります。タツは騰突であり下字から直訳すると「突然に騰がる」や「突然に上昇する」などの意味になります。つまり、タツマキは**騰突巻**であり後字から直訳すると**「巻いて突然に騰がるもの」**の意味になり、これがこの言葉の語源と思われます。

タツマキの発生現象は「地上から天空まで渦巻いて柱状になって上昇している」ことから、架空の動物である「龍《たつ》（竜）が天に昇る姿に似ている」ということで竜巻というとの説があります。ただ、龍が天に昇るときに「渦巻く柱状の突風が起きる」とはされていません。

日本書紀の斉明紀元年五月の条に「空中に龍に乗れる者あり。唐人に似たり。」とあり、平安時代の和名抄に「龍　太都」と書いてあります。

そこで、この架空の動物名の語源とその意味を次に披露しておきます。

蛇状の怪獣ともいえる架空の動物であるリュウ（龍・竜）は、秋冬は水底の淵《ふち》に棲み春夏になると天上に昇って棲むとされています。この動物を漢字で書くときは、繁体字では「龍」、簡体字では「竜」と書きます。龍（竜）の字は、漢語ではロンと読み、日本語では音読でリュウやリョウ、訓読でタツと読みます。

子はツと読み一字名詞語を二字名詞語にするための語尾字として使われます。したがって、タツは騰子の多少の訛り読みであり直訳すると「騰がる（もの）、上昇する（もの）」などの意味になりますが、少し言葉を補足して言葉を変えていうと**「天に昇る（動物）」**の意味になり、これがこの動物名の語源の一つです。

また、一音節読みで唐はタンと読み形容詞では「荒唐無稽な」の意味があり、姿はツと読み名詞では「姿、形、姿形」の意味があります。つまり、タツは**唐姿**であり**「荒唐無稽な姿の（動物）」**の意味になり、これもこの動物の語源で掛詞になっています。

掛詞をまとめると**「天に昇る、荒唐無稽な姿の（動物）」**の意味になります。

この怪獣のことをもう少し説明すると、その喉下《のど》には一尺四方の逆鱗《げきりん》があり、顎《あご》下には宝珠《ほうじゅ》があります。通常は、その獰猛そうな姿にもかかわらず極めて温和なのですが、逆鱗に触れると怒るとされています。したがって、皇帝を怒らせることを「逆鱗に触れる」といいました。現在では、この文句は、かなり目上にある人を怒らせるときに使われます。通常、その指爪は3本から5本になっており、数が多いほど格上の龍とされています。ちなみに、日光東照宮の天井絵の龍の指爪は3本です。

51　タニ（谷）

タニは漢字では谷と書き、万葉集の原歌では「多尓」と書かれて、次のような歌が詠まれています。

谷狭《せば》み嶺《みね》に延《は》ひたる玉葛
絶えむの心わが思はなくに　（万葉3507）

平安時代の字鏡に「渓、太爾」と書いてあります。また、和名抄に「谿谷、水出山入川曰谿、又、作渓、太爾、水與谿相属曰谷」と書いてあります。読み下すと、「谿谷、水が山から出て川に入るを谿と云ふ、また、渓に作る、太爾《たに》、水と谿と相属するを谷と曰《い》ふ」。

現代のいくつかの大辞典には、次のように書いてあります。

大日本国語辞典：「緩又は急なる斜面地が、両側より来たり会する所の中間の一体の凹地」。
大言海：「両山ノ間ノ窪キ地」。
広辞林（第六版）：「①山と山との間のくぼ地。②波形のくぼみ」。
広辞苑（第七版）：「地表の隆起部の間にある細長く凹んだ地形」。
新明解国語辞典（第六版）：「両側が台地や山にはさまれて低くくぼんだ地形の、細長い、一続きの土地」。

現在では、一般的に、漢字で谷と書かれ「山間に生じた深く切れ込んで窪んだ地形の細長い低地」のことをいいます。

一音節読みで、潭はタンと読み「深い」の意味、濘はニンと読み「溝、窪んだ所」のことをいいます。つまり、タニとは、**潭濘**であり、直訳すると**「深く窪んだ所」**の意味になり、これがこの言葉の語源と思われます。

また、普通には、特に日本の山間のものは、水の流れる川となっており、くねくねと曲がっているので、その意味もあると思われます。擰はニンと読み「くねくねと曲がっている」の意味です。そうしますと、タニは、**潭擰**であり直訳すると**「深くて、くねくねと曲がっている（所）」**の意味になります。

したがって、掛詞と考えて擰の意味も加味すると、タニ（谷）は意味上は**潭濘擰**であり**「深く窪んだ、くねくねと曲がっている所」**の意味になり、これがこの言葉の語源と思われます。

英語圏諸国の谷も曲がりくねっているものが多いのか、The valley twists through among these mountains.（その谷は山間をくねくねと曲がって流れている）のような文章が見受けられます。

52 ツ（津）

津は、一音節読みではチンと読みますが、訓読ではツと読み、「港、船着場、渡し場」などの意味があります。万葉集に次のような歌が詠まれています。

沖つ波　辺波《へなみ》な越しそ　君が船　漕《こ》ぎ帰り来て
津に泊《は》つるまで（万葉４２４６）

日本古典文学學大系「萬葉集四」（岩波書店）では、その大意は次のように書いてあります。

「沖の波も岸辺の波も、わが君の船が漕ぎ帰って港に停泊するまで、どうか船べりを越すほどに立たないで下さい」。

語源の話をしますと、一音節読みで**渡**はツと聴きなせるように読み、動詞では「渡る」や「渡す」、名詞では**「渡し場、船着場、港」**の意味、つまり、津と同じ意味があり、これがこの言葉の語源と思われます。

　渡には津と同じ意味があるので、日本語では、渡の音読を津の訓読に転用してツと読むのです。

53 ツキ（月）

　ツキは、漢字で月と書き、地球の周囲を廻っている衛星です。昼に輝く太陽と異なり、晴れた夜になると上空で穏やかな淡い光を放って美しく輝きます。

　万葉集には、たくさん詠まれていますが、早い巻に出てくるよく知られたものに、次のような歌があります。

熟田津《にきたつ》に船乗《ふなの》りせむと月待てば
潮《しほ》もかなひぬ今は漕《こ》ぎ出でな　（万葉8）

渡津海《わたつみ》の豊旗雲《とよはたくも》に入日《いりひ》見し
今夜《こよひ》の月夜さやに照りこそ　（万葉15）

東《ひむかし》の野に炎《かぎろひ》の立つ見えて
反見《かへりみ》すれば月傾《かたぶ》きぬ　（万葉48）

　平安時代の和名抄に、「望月　和名毛知都岐」と書いてあります。

　一音節読みで、玼はツと読み「明るい」、瑰はキと読み「美しい」の意味です。つまり、ツキは、**玼瑰**であり**「明るく美しい（もの）」**の意味になり、これがこの言葉の語源です。

　昔から、月にはウサギ（兎）が棲んでいる、或いは、カラス（烏）が棲んでいるといい伝えられてきました。古代人には、月にある黒点模様が、そのような形に見えたからだとされています。黒点模様は、いわば月面の「きず」ともいえます。

　一音節読みで、疵はツと読み「きず」のこと、虧はキと読み「欠けている」の意味です。つまり。ツキとは**疵虧**であり**「疵欠《きずけつ》のある（もの）」**の意味にもなっており、これもこの言葉の語源です。明るい輝きがその部分だけ欠けているという意味です。

したがって、ツキは、玭瑰と疵虧との掛詞になっており、**「明るく美しい、疵欠《きずけつ》のある（もの）」**の意味になりこれがこの言葉の語源です。

語源の一つである疵虧《つき》における虧の字は、名詞の第一義は「欠けていること」ですが、第二義では「月面の欠け」の意味とされおり、「月蝕」のことを指すものと思われます。漢語では「月満則虧」という文句で使われており、虧蝕《きしょく》という熟語は、日食と月蝕のことをいいます。又、満月に対して、丸くない月のことを虧月《きげつ》といいます。

54　ツチ（土）

土は、訓読でツチと読みます。一音節読みで、土はトやツと聴きなせるように読み、地はティやチと聴きなせるように読みます。つまり、ツチは**【土地】**の読みに他ならず、これがこの言葉の語源です。

ここでは、土を二音節で訓読するための適当な組み合わせ字として「地」が選ばれ、その読みが使われているのです。

古事記（上）（黄泉の国）の条に「右の手には土《つち》雷居り」、日本書紀の舒明紀九年二月の条に「地《つち》雷なり」と振仮名して読んであります。

万葉集に次のような歌が詠まれています。

我妹子《わぎもこ》が夜戸出《よとで》の姿見てしより
心空なり地《つち》は踏めども　（万葉2950）

記紀や万葉集の解説書においては、いづれも土《つち》、地《つち》と振仮名して読んでありますが、これらの読みはいづれも土地の読みからでたものです。

また、土、地、土地のいづれの読みか分かりませんが、万葉仮名で「都智」と書かれた、次のような長歌で詠まれています。

天へ行かば　汝がまにまに　都智ならば
大君います　・・・　（万葉800）

広辞苑の編者である新村出著の「言葉の今昔」に

は、次のように書いてあります。

「漢語で『土地』という語があるが、土地という語とツチという語源との間に縁故があるか、すなわちツチは土地から出たかどうかという考え、かかる常識的語源論も古くないではなかった。しかし歴史的に文献をさぐって行くと、ツチという言葉が仮定する年代よりはるかに古い。そこでまず健全な語源論からいうと、この漢語から来たという説は撤回されねばならぬか、少なくとも留保されねばならぬ」。

　しかしながら、「撤回されねばならぬ」のは逆ではないかと思われます。ツチが土地の読みからできた言葉であることは殆んど間違いないのであり、本気でいっているのか、なにかの意図があっていっているのかは分かりませんが、理解不可能な言説といえます。この言説は日本語の本質を理解していないものといえるからです。日本語の本質というのは、日本語は漢字からできているということです。

「歴史的文献」というのも日本で一番古いとされる記紀のことなのかそれ以外の文献のことなのか不明なのであり、「ツチは土地という言葉が仮定する年代よりはるかに古い」筈はないのであり、もしそうだというのなら、その証拠はどこにあるのか、ツチの語源はなにかということを叙述しなければなりません。

　また、「健全な語源論」というのも、いかなる言語論なのか不明です。それにも増して、新村出著の「日本の言葉」や「言葉の今昔」や「東亜語源志」にあるような、語源が示されているとはいえそうもない四方山《よもやま》話的な雑談語源論が、果たして健全な語源論といえるのかどうかという根本的な問題があります。

55　ツナミ（津波）

地震によって起こる波をツナミといい、漢字では津波と書かれますが、津は単なる「当て字」と思われます。日本語における漢字言葉の特徴の一つは**「当て字言語」**だということです。

土の字は、漢語の一音節読みでツと聴きなせるように読み、日本語では音読の清音読みでト、濁音読みでドと読み、訓読ではツチと読みます。つまり、ツナミのツは、一音節読みしたときの土のことです。したがって、ツナミは**土波**であり直訳すると「土による波」ですが、意味が分かるように言葉を補足していうと「土の振動によって起こる波」、つまり、**「地震によって起こる波」**の意味になり、これがこの言葉の語源です。

また、一音節読みで粗はツと読み「粗暴な、荒々しい」の意味があります。つまり、ツナミは**粗波**であり直訳すると**「粗暴な波」**の意味になり、これもこの言葉の語源で掛詞と思われます。まとめていうと、ツナミは**「地震によって起こる粗暴な波」**の意味になります。

津は、漢語の一音節読みではチンと読みますが、日本語の訓読ではツと読み「港、船着場、渡し場」などの意味があります。津を襲うから津波であるとの説があり、まったく的外れとはいえないのかも知れませんが、ツナミは津では大きな損害を与えることがあっても、津だけを襲う訳ではないので、ずれた解釈のように思われます。

56 **ツムジカゼ**（旋風・飄風・飃風）

大言海によれば、奈良時代の日本書紀の神功（皇后）摂政前紀の条に「飄風《ツムジカゼ》忽ニ起ル」、平安時代の字鏡に「飆、飄、豆牟志加世」、和名抄に「飆、豆無之加世」と書いてあります。

大言海自身では「つむ志風（名）旋風〔つむハ屯ノ意、志ハアラ志（暴風）ノ志ナリ〕地球ノ一局部ニ於テ、急ニ低気圧ノ生ズル時、其周囲ノ空気ガ気圧ノ平衡ヲ得ントテ、急激ニ此点ニ向ヒテ、螺旋状ニ吹キ来ルヨリ起ル風。暴風ノ旋リテ吹クモノ。略シテ、ツムジ。」と説明してあります。しかしながら、屯は「集まる」という意味であり、志には「暴風」の意味はありません。

万葉集の長歌には、次のように詠まれています。

み雪降る　冬の林に　飃《つむじ》かも　い巻き
渡ると　思ふまで　・・・（万葉199）

さて、語源の話に移りますと、一音節読みで、猝はツ、驀はムともモとも聴きなせるように読み、共に「急に、突然に」の意味があります。経はジンと読み「回る、廻る、旋る、巡る」などの意味です。つまり、ツムジ風におけるツムジは、猝驀経（ツ・ム・ジン）の多少の訛り読みであり直訳すると「突然に廻る」の意味になります。したがって、ツムジ風とは、**猝驀経風**であり、**「突然に廻って吹く風」**の意味になり、これがこの言葉の語源です。

57　ツユ（露）

特に夜間、気温が下がることにより空気中の水蒸気が凝結して物体の表面についた水滴のことを指します。

万葉集では多くの歌が詠われており、原歌では殆んどが露と書かれていますが、万葉仮名で「都由」と書かれているものもあります。

秋の野に都由負へる萩を手《た》折らずて
あたら盛りを過してむとか（万葉4318）

平安時代の和名抄には、「露、豆由」と書いてあります。

大言海には、次のように説明してあります。「空気中ノ水蒸気ノ、湿メリテ津《シル》トナレルモノ。多ク、夏秋ノ夜ニ、草木ノ葉ナドニ凝リツキテ珠ヲナス。ソノ凝リツクヲむすぶト云ヒ、又、置くト云フ」。

一音節読みで仳はツと読み形容詞では「小さい」、姿もまたツと読み形容詞では「美しい」の意味があります。ツユのツは仳と姿との掛詞であり「小さい美しい」の意味になります。

玉はユと読み、そもそもは光沢のある宝石のことですが、形容詞では「美しい」の意味があるとされ、玉手は「玉のような美しい手」、玉肌は「玉のような美しい肌」のこととされています。また、名詞では「玉、玉状物」の意味があります。この言葉では玉には形容詞と名詞の双方の意味があり「美しい玉状物」の意味と思われます。

したがって、ツユは意味上は**佌姿玉**になり直訳すると**「小さな美しい玉状物」**の意味になり、これがこの言葉の語源と思われます。

日本最初の勅撰集である古今集に次のような歌が詠まれています。

秋の野におく白露は玉なれやつらぬきかくる
くもの糸すじ　（古今・秋歌上）

その歌意は、「秋の野に下りている露は、蜘蛛の糸に貫いて懸かっていて、白玉のように美しい」のようなものとされています。

58　**ツユ**（梅雨）

ツユを梅雨と書くのは漢語から導入したもので、一音節読みで梅はメイ、雨はユと読むので、梅雨はメイユと読みます。漢語辞典ではこの頃に梅の実が黄熟するので梅雨とも書くと説明されたものがあります。漢語ではツユは黴とも書きメイと読みます。

大言海によれば、室町時代末の運歩色葉集（著者不明・一五四八年序）に「霖、ツユ」と書いてあります。そもそも霖はリンと読み「長雨」のことをいうので、ツユ（梅雨）は長雨のことと理解されていたことになります。

江戸時代の日本歳時記（貝原好古著・一六八八年刊）に「此ノ月、淫雨《インウ》フル、コレヲ梅雨《ツユ》ト名ヅク、又、黴雨トモカケリ」と書かれています。淫雨は「長雨」のことをいいます。日本語では、梅雨と黴雨は共に音読でバイウ、訓読でツユと読み同じ意味です。

大言海には、ツユ（梅雨）について「サミダレ。サツキアメ。ウノハナクタシ。ツイリ。バイウ。」と書いてあります。つまり、ツユ（梅雨）はサミダレ（五月雨）と同じ雨なのです。

一音節読みで遵はツンと読み「続く、継続する」、英語でいうところの follow の意味があります。足はツと読み形容詞で使用するときは「十分な、多量の」などの意味があります。つまり、ツユのツは遵と足の掛詞と思われます。雨はユと読み「雨」の意味です。したがって、ツユは意味上は**遵足雨**であり直訳すると**「継続する多量の雨」**の意味になり、これがこの言葉の語源と思われます。

ツユ（梅雨・黴雨）は、「継続する多量の雨」なので長雨のことになります。降ったり止んだりしながら、およそ一か月強程度の期間降り続きます。

59　テン（天）

テンは漢字で天と書き、一音節読みではティエン、つまり、テンと読みます。また、天の字は訓読でアマともアメとも読まれています。例えば、天の河は「アマのカワ」、天地は「アメツチ」とも読みます。

多くの人が、なぜそのように読むのか、たぶん、一度は疑問をお持ちになったことがあると思います。

天をティエン、つまり、テンと読むのは、古代の漢人が付けた読み方であり、それを日本でも踏襲しているのです。したがって、なぜ、テンと読むのかは、理屈上は、古代漢人に聞いてみないと分らないといえます。

しかしながら、シナでは、その意味は、学識のある人なら誰でも自然に知っていることです。一音節読みで腆はティエンと読み「よい、良好な、美しい」などの意味があります。つまり、天の意味は**腆**に通じていて**「美しい（所）」**の意味なのです。

他方、アマやアメは日本人が日本語としてつくった仮名言葉であり、例えば、天の字を日本語の仮名言葉で読むことを訓読といいます。

一音節読みで、盎はアンと読み程度が甚だしいことを表現するときに、通常は、「とても、非常に、著しく」などの意味で使われます。曼はマン、美はメイと読み、共に「美しい」の意味です。

つまり、アマは**盎曼**、アメは**盎美**であり、共に**「とても美しい（所）」**の意味になり、これがこれらの言葉の語源です。

ということは、古代日本人は、テンの意味を知っていたということになります。このようにテンもアマとアメも同じ意味なので、どちらの読み方でもその意味は変わらないので、どちらの読みでもよいことになります。

地球上の大きなものである山、川、海も美しいものですが、それにも増して無限大の天ほど美しいものはありません。天は、空想上でも、殆んどすべての人が、この世を去った後にぜひとも行きたいと願っている「天国が存在する、とても美しい所」と考えられています。なお、雨の字もまた、アメともアマとも読まれますが、そのことについては、その欄をご参照ください。

60　トウゲ（峠）

トウゲは、山道の頂上のことをいいます。漢字で「峠」と書きますが、日本語としてつくられた国字としての漢字、つまり、和製漢字とされています。日本国語大辞典（小学館）によれば、平安時代後期の堀河百首（雑）（一一〇五～一一〇六）に「足柄の山の峠に今日来てぞ富士の高嶺の程は知らるる」という歌が詠まれています。

また、大言海によれば、平安時代末期の木工権頭為忠百首（一一三五年頃）に「吉野山　春ノヨルべト　見エツルハ　たうげニ花の　咲ケルナリケリ」という歌が詠まれています。ということは、「峠」という漢字と「とうげ」という言葉とは平安時代につくられて、その末頃においては確かに存在していたものです。

大日本国語辞典（大正四～七年刊）や大言海（昭和七～九年刊）の見出し語では、「たうげ【峠】」と書かれています。

さて、語源の話に移りますと、一音節読みで登はトンと読み「登る」の意味です。下は、下山《げざん》におけるようにゲとも読み「下《くだ》る」の意味です。なぜ、そのように読むのかは分かりませんが、漢和辞典によれば呉音と書いてあり、すでに万葉仮名においてゲと読まれています。

つまり、トウゲのトは登山の登であり、トウゲのゲは下山の下です。無はウと読み動詞では「無くなる」の意味です。結局のところ、トウゲは**登無下**（トン・ウ・ゲ）の多少の訛り読みであり**「登りが無くなり下りとなる（所）」**の意味になり、これがこの言葉のほんとうの語源です。

この語源説は、本書での本邦初公開のものですが、このような語源になることは、平安時代末頃までには、「峠」という国字、つまり、和製漢字と共に「とうげ」という言葉がつくられていることからも容易に推測できます。

広辞苑（第七版）には、「**とうげ【峠】**〔タムケ（手向）の転。通行者が道祖神に手向けをするからいう。『峠』は国字〕」と書いてありますが、おそらく、この説は誤解でしょう。

「タムケ（手向）の転」という説は、萬葉代匠記（契沖）、萬葉考（賀茂真淵）や古事記伝（本居宣長）その他江戸時代の学者の著書でこぞって主張されているようですが、これは、本気ではなく「まやかし説明」であることは承知していっているのではないかとも思われます。なぜならば、ちょっと気の利いた学者ならば、トウゲが「タムケの転」である筈がないことは明らかに分かりそうなことだからです。日本語は、忌憚なくいって、その語源・語意について、江戸時代においても「まやかし言語」となっているのであり、それは現在も継続されているように思われます。

「手向」とは**「神仏に財物を奉納して安全を祈願すること」**ですが、古代には旅の安全を祈願して特に危険の多い山道や海路では手向がよく行われたようであり、奈良時代編纂の万葉集でも十数首の歌で詠まれています。

「手向」は「とうげ（峠）」という言葉の語源であるとの説、つまり、手向け峠説の由来にされている次のような歌があります。

百足《もも》らず八十隅坂に手向せば過ぎにし人に
けだし逢はむかも　（万葉４２７）

木綿《ゆふ》畳手向の山を今日越えて
いづれの野辺に庵《いほり》せむわれ　（万葉１０１７）

近江路の相坂山に　手向して　わが越え行けば
楽浪の　・・・（万葉３２４０）

畏《かしこ》みと告《の》らずありしをみ越路《こしぢ》の
手向に立ちて妹が名告《の》りつ　（万葉３７３０）

言はばゆゆしみ　砺波山《となみやま》　手向の神に　幣奉《ぬさまつ》り
吾《あ》が乞ひ祈《の》まん　・・・（万葉４００８）

　これらの歌では、手向けがどこでされたのか、つり、山や坂の「登山口」でされたのか「頂上」でされたのかなどは必ずしも明確ではありません。万葉３７３０の原歌では「手向」は「多武気」、「手向に立ちて」は「多武気介多知弖」と書かれています。

　この歌について、日本古典文學大系「萬葉集四」（岩波書店）では、次のように説明されています。

「〇畏みと―おそれ多いことだからと。名を告げることはつつしむべきことだった。呼ばれた人の魂がぬけ出して来るという古い信仰による。〇み越路―北陸（越）への道。ミは接頭語。〇手向―旅の安全を祈って道の神に幣《ぬさ》を手向けする所。山道ではその登りつめた所。峠。〔大意〕おそれ多いことだからとて言わずにいたのに、越路の手向けに立って、妹の名をとうとう口に出してしまった」。

　しかしながら、この説明は「まやかし説明」と思われるものであり疑問があります。なぜならば、この説明では、先ず「手向」を「手向けする所」と解釈して、山道では「その登りつめた所。峠」のこととしてありますが、「手向」は「手向けすること」であって、「所、場所」の意味ではないからです。

　次に、「幣を手向けする」との表現は意味が不完全になり可笑しい。なぜならば、手向けとは「神仏に財物を奉納して安全を祈願すること」なので、「手向けに幣（財物）を奉納し安全を祈願する」のような表現になるべきものです。

　日本古典文學大系「萬葉集四」（岩波書店）において、このような解釈がされるのは、上述した江戸時代の学者たちの解釈を継承したものであり、日本語は漢字とは関係なくつくられていることを明確に主張するために故意にされているのではないかと疑われます。つまり、トウゲ（峠）という言葉が、「登無下」からできておれば漢字からできていることになりますが、「手向」からできているのであれば既存の日本語からできていることになるからです。

陸路での手向けの場合、山道の頂上、つまり、峠でなくても、村の入口や境界の場所、別れ道となる三叉路、瀬などのある至る所、或いは、海路などでも手向けがされたのです。したがって、「手向《たむけ》」から「峠《とうげ》」という言葉が出来たのではないということです。

トウゲ（峠）という言葉が、山道や坂道の頂上での手向けからつくられたものではない証拠に、万葉集には、海や瀬でされた「手向」について、次のような歌が詠まれています。

ありねよし対馬の渡り海中に
幣《ぬさ》取り向けて早帰り来《こ》ね　（万葉62）

吾妹子を夢に見え来と大和路の
渡瀬ごとに手向そわがする　（万葉3128）

また、平安時代の土佐日記（紀貫之著）には、船出してから二年目の治承五年二月廿六日の日記に次のように書いてあります。

「廿六日、まことにやあらん。海賊おふといへば、夜《よ》なかばかりより、舟を出《い》だして漕ぎ来る道に、手向けするところあり。楫《かじ》とりして幣《ぬさ》たいまつらするに、幣の東へ散れば、楫とりの申してたてまつる言葉、『この幣の散るかたに、御《み》舟すみやかに漕がしめ給へ』と申してたてまつる。これを聞きて、ある女の童のよめる、

わだつみの道触《ちぶ》りの神に手向けする幣《ぬさ》の追風や
まず吹かなん

とぞよめる」。

これらのことからすると、海でも旅路にある瀬でも「手向《たむけ》」されたのであり、「手向」をする所だから「峠《とうげ》」であるという解釈は、かなり無理筋のように思われます。音声も、タムケとトウゲとではかなり異なっています。

手向という漢字は、この言葉ができてから千年以上も経過した現在でも、どういう意味か分からないとされていますが、日本語の特徴の一つは「当て字言語」ということであり、「手向」は当て字なのです。その意味は簡単なことなので本書で披露しておきます。

一音節読みで賧はタンと読み神仏に「財物を奉納する、財物を供える」の意味、穆はムと読み「真心から、心底から」の意味、懇はケンと読み「懇願する、お願いする、祈願する」などの意味があります。つまり、**タムケ**（手向）は**賧穆懇**であり直訳すると**「財物を奉納して心底から祈願すること」**の意味になり、これがこの言葉の語源です。したがって、タムケがトウゲ（峠）の意味になる筈がありません。

現代の国語辞典などでは、語源が押さえられていないので、**手向**は神仏に財物を**「奉納すること」**とはされていますが、肝心の**「祈願すること」**とは説明されていません。

したがって、「分かれる人に手向として餞別を贈る」とか、「結婚する人に手向として結婚祝いを贈る」とか、「卒業生に手向として祝辞を贈る」とか、「物故者に手向として物を供える」などの、かん違いした使われ方がされているようです。これらの言葉では「手向として」ではなくて「はなむけとして」と言わなければなりません。このような事態になっているのは、後述するように、明治時代の日本大辞書から昭和初期の大言海に至るまでの大辞典で「たむけ（手向け）」と「はなむけ（餞・贐）」は同じ意味と誤解されていたからです。

タムケの「ムケ（むけ）」と、ハナムケの「ムケ」とは**同音異義語**になっているのです。平安時代から「はなむけ（餞・贐）」という言葉はつくられています。現在の一音節読みでは献はシィエンと読まれますが、古く漢音ではケンと読んだとされ「献上する、差し上げる、奉納する」などの意味があります。ハナムケのムケは**穆献**であり直訳すると**「心底から献上する」**の意味になります。つまり、タムケのケは「懇」で「祈願すること」であり、ハナムケのケは「献」で「献上すること」なのです。

ハナムケにおけるハナについていいますと、酣はハンと読み「喜んで」の意味、納はナと読み「納付する、奉納する、献上する」などの意味があります。つまり、ハナは**酣納**であり、**「喜んで献上する」**の意味になります。

　したがって、ハナムケは**酣納穆献**であり直訳すると「喜んで献上し、心底から献上する」になりますが、重複を避けて簡潔にいうと**「喜んで心底から献上する（こと）」**の意味になり、これがこの言葉の語源です。

　ハナムケは、漢字で餞や贐と書かれますが、餞は「送別のときの宴会」つまり、送別会の意味、贐は金銭を含めた「送別のときの贈物」の意味なので、実際のハナムケでは双方のことがあったものと思われます。

　平安時代の文献には、次に示すように「馬のはなむけ」という文句で書かれています。

　伊勢物語四十四段に「昔、県《あがた》へゆく人に、馬のはなむけせむとて、・・・」、同書四十八段に「昔、男ありけり。馬のはなむけせむとて人を待ちけるに、・・・」。

　土佐日記に「廿二日に、和泉の国までと、たひらかに願立つ。藤原のときざね、舟路なれど、馬のはなむけす。・・・。廿三日、・・・。馬のはなむけしたる。・・・。廿四日、講師、馬のはなむけしにいでませり。」とあります。

　また、古今集の離別の歌の段に、次のような歌が詠まれています。

　　人のむまのはなむけにてよめる

　惜しむから恋しきものを白雲のたちなむのちは
　なに心地せむ　（古今・離別）

「馬のはなむけ」とあるのは、なぜ馬とされるのか分かりませんが、単なる当て字ではないかと思われます。嫵はウ、曼はマン、穆はムと読み、いづれも「美しい」の意味であり、美には「よい、良好な、素敵な、素晴らしい」などの意味があるので、嫵曼はウマン、穆曼はムマンと読み共に「素晴らしい」の意味があることになります。つまり、「馬のはなむけ」というのは「嫵曼や穆曼のはなむけ」であり、**「素**

晴らしいはなむけ」の意味ではないかと思われます。

室町時代の下学集（一四四四年）に「餞別、ハナムケ」、色葉字類抄に「餞、ハナムケ、馬餞」、易林節用集（慶長）に「餞、ハナムケ」とあります。

明治時代以降から現在までの大辞典では、トウゲ（峠）はタムケ（手向け）からきたもの、つまり、トウゲ（峠）の語源はタムケ（手向け）とされていますが、これは誤解であることに間違いないと思われます。なぜならば、手向けは山や坂だけで行われるものではないからであり、トウゲとタムケでは音声も異なり過ぎるからです。したがって、いづれこの説明は訂正されることになるでしょう。

また、上述したように、明治時代の日本大辞書から昭和初期の大言海までの大辞典ではタムケとハナムケとは同じ意味とされていましたが、現在の大辞典ではそのようにはされていません。タムケは神仏に「財物を奉納して」旅路などでの「安全を祈願すること」なのに対して、ハナムケは別れる人に対して「宴会を催すこと」や「贈物をすること」なので同じ筈がないのです。

言葉は、その意味が明確になっておれば役目は果たせるので、極言すれば、語源はどうでもよいともいえることから、日本語では大辞典によって多くの日本語について「まやかし説明」が行われて、いわば日本語は「まやかし言語」ともいえるものになっています。民間語源説に対して学者語源説といいますが、後者にしても正直のところ、まともなものは極めて少ないといっても過言ではないように思われます。

61 **トオリアメ**（通り雨）

明治以降の大辞典には、①日本大辞書（山田美妙著・明治二五〜二六年刊）、②日本大辞林（物集高見著・明治二七年刊）、③帝国大辞典（藤井乙男・草野清民共著・明治二九年刊）、④日本新辞林（林甕臣・棚橋一郎共著・明治三〇年刊）、⑤ことばの泉（落合直文著・明治三一〜三二年刊）、⑥辭林（金沢庄三郎著・明治四〇年刊）、⑦大日本国語辞典（上

田万年・松井簡治共著・大正四～八年刊）、⑧大言海（大槻文彦著・昭和七～九年刊）等がありますが、「通り雨」という文句は**大日本国語辞典（大正四～八年刊）に初出し**、それ以前の辞典にはありませんので、この頃につくられたものと思われます。この辞典以降の大辞典には、次のように説明してあります。

大日本国語辞典：**とほりあめ**　通雨（名）一しきり降りて、すぐ晴れ行く雨。

大言海：**とほりあめ**（名）通雨　一シキリ降リテ、スグ晴レ行ク雨。過雨。

広辞林（第六版）：**とおりあめ【通り雨】**　ひとしきり降ってすぐ晴れる雨。

広辞苑（第七版）：**とおりあめ【通り雨】**　一しきり降ってすぐに晴れ上がる雨。

このような雨は、漢語由来の言葉では驟雨と書き、漢語読みでシュウウ、日本語の訓読でニワカアメといいます。具体的には、ユウダチ（夕立）やムラサメ（村雨・叢雨）などのことを指します。「ひとしきり」というのは、「しばらく盛んに、短時間盛んに」などの意味とされています。

したがって、通り雨は**「しばらく盛んに降って通り過ぎて行く雨」**のことになります。

結局のところ、トオリアメ（通り雨）、シュウウ（驟雨）、ニワカアメ（俄雨・驟雨）、ユウダチ（夕立）、ムラサメ（村雨）は、表現が異なるだけで同じ雨だということです。なお、漢字で書かれる夕立と村雨は、単なる当て字であって、夕立は夕方に降る雨のことではなく、村雨は村に降る雨のことではありません。このことについては、それぞれの欄をご参照ください。

62　ナギ（凪）

大言海には、ナギは漢字で凪と書いて、「**なぎ**（名）凪〔凪ハ国字ニテ、風ト止トノ合字〕凪グコト。海上、波風ノ穏ナルコト」と説明してあります。

ナギという言葉は、すでに万葉集に万葉仮名で名寸、名芸、菜寸、奈祇、奈芸などと書かれて詠われています。これらの漢字は、解説書では「凪」と書替えてあります。次に挙げた歌の括弧内は原歌での万葉仮名です。

朝凪（名寸）に楫《かぢ》の音聞ゆ御食《みけ》つ国
野島の海人《あま》の船にしあるらし　（万葉934）

朝凪（名芸）に　玉裳刈りつつ
夕凪（菜寸）に　藻塩《もしほ》焼きつつ　海少女
・・・　（万葉935）

長門の浦に　朝凪（奈祇）に　満ち来る潮の
夕凪（奈祇）に　・・・　（万葉3243）

崎《さき》の荒磯《ありそ》に　朝凪（奈芸）に　寄する白波
夕凪（奈芸）に　・・・　（万葉3985）

之乎路《しをぢ》から直《ただ》超え来れば羽咋《はくひ》の海朝凪（奈芸）
したり船楫《ふねかぢ》もがも　（万葉4025）

万葉集の歌ではナギは万葉仮名で「名寸・名芸・菜寸・奈祇・奈芸」などと書かれていますが、後世に凪のような、国字がつくられていることからすると、ナギというのは「風が止《や》む」ことと見做されていたと思われます。「凪」という国字がいつ頃つくられたのかは分かりませんが、江戸時代の新井白石（一六五七～一七二五）著の同文通考（一七一一～一七二五）には国字とされて記載されています。

風は、漢語の一音節読みでフォン、日本語の音読でフウ、訓読でカゼと読みます。漢語では「風が止む」は風息（フォンスー）や風停（フォンティン）といいます。しかしながら、日本語のナギという言葉、つまり、仮名言葉の意味は難しくて分からないのです。

万葉集の歌では「なぎむ」や「なぐる」という動詞語も使われており、解説書では原歌での奈木六を「和《な》ぎむ」、奈具流を「和《な》ぐる」と書替えて振仮名して読んであります。

相見てばしましく恋は和《な》ぎむかと
思へどいよよ恋ひまさりけり　（万葉753）

妹を見ず越の国辺《くにべ》に年経《ふ》れば
わが情神《こころど》の和《な》ぐる日もなし　（万葉4173）

平安時代の作とされる伊勢物語（七十五段）には、次のような歌が詠まれています。

大淀の浜に生ふてふ　みるからに
心は和《な》ぎぬ語らはねども

　これらの歌での和については、解説書では「和《な》ぎむ」「和《な》ぐる」、「和《な》ぎぬ」のように振仮名して読まれていますが、和は「平和である、和《なご》やかである、平穏である、穏《おだ》やかである」などの意味です。「和《な》ぐ」からという語源説が見受けられますが、なぜ「な」に「和」の字を当て得るのか、逆にしていうと、なぜ「な」の音声に「和」の意味があるのかということはとても難しい問題なのです。

　上述したように、ナギという言葉の語源はきわめて難しいのですが、漢和辞典には次のように書いてあります。

「軟は慣用音でナンと読み軟語（＝穏やかで優しい言葉）などと使われて『穏やか』の意味がある、顗は漢音でギと読み『静か』の意味がある」。確かに、漢語辞典には、現代では、軟はルアンと読み「穏やか」の意味があり、顗はイと読みは「静か、安らか」の意味の字であると書かれています。

　そうすると、**軟顗**は、慣用音や漢音での多少の訛り読みではナギと読めることになり、直訳すると**「穏やかで静か（になる）」**の意味になり、これがこの言葉の語源と思われます。

　平安時代の九〇五年の編撰とされる古今集と鎌倉時代初頭の一二〇五年の編撰とされる新古今集には、ナギ（凪）の歌は各一首が詠まれていますが、共に平仮名で「なぎ」と書かれています。

雲もなくなぎたる朝の我なれや
いとはれてのみ世をばへぬらん
（古今753・恋歌五）

来ぬ人をまつほの浦の夕なぎに焼くや藻塩《もしほ》の身
もこがれつつ　（新古今894・恋三）

63　ナギサ（汀・渚）

大言海には、ナギサについて、「河、海ニテ、水陸ノ界《サカイ》ニテ、波ノ打寄スル所。ナミウチギワ。ミギハ」と説明してあり、ナギサという言葉の詠み込まれた、次のような万葉集の歌が紹介してあります。

古《いにしへ》のふるき堤《つつみ》は年深み池の瀲《なぎさ》に
水草《みくさ》生《お》ひにけり　（万葉378）

大三船泊《は》ててさもらふ高島の三尾《みを》の
勝野の奈伎左し思ほゆ　（万葉1171）

玉敷ける清き奈芸佐を潮満てば
飽かずわれ行く還《かへ》るさに見む　（万葉3706）

津の国の海の奈伎佐に船装《ふなよそ》ひ
発《た》し出《で》も時に母《あも》が目もがも　（万葉4383）

また、古事記の鵜葺草葺不合命《うがやふきあへずのみこと》の下りに「海邊の波限《なぎさ》に、鵜の羽を葺草《かや》にして」および「天津日高日子波限《なぎさ》建鵜葺草葺不合命」、日本書紀（神代下・十段）に「彦波瀲《なぎさ》武鸕鷀草葺不合尊」と書かれていることが紹介されています。

また、平安時代の和名抄に「一溢一否曰渚、奈木左」、名義抄に「渚、ナギサ」と書いてあります。

和名抄における「一溢一否」とは、「波が寄せ来ては引き去っていく」ことを指していると思われます。波来去はナミ・キテ・サルと読め、略称するとナキサになりますが、ナキは泣きに通じるのでナギと濁音に読んであるのです。つまり、ナギサは波来去の省略濁音読みであり、**「波が寄せ来ては引き去**

る（所）」の意味になり、これがこの言葉の語源と思われます。

なお、来は、漢語の一音節読みではライと読むのですが、日本語でキと読むのは帰の音読を転用してあるのです。帰には「帰り来る」の意味があります。

また、一音節読みで去はチュと読むのですが、日本語ではサ（ル）と読むのは、撒はサンと読み「行かせる、去らせる」の意味、喪はサンと読み「逃亡する、逃げ去る」の意味があるので、そのどちらかを転用してあるものと思われます。

64　ナダレ（雪崩）

漢字では「雪崩」と書かれるように、冬山などで斜面を雪が崩落してくることをいいます。唸りをあげて落ちて来るとかドカーンと音がして落ちて来るとかいわれるように大きな音響がします。突然に起こる場合も多いので、人が呑み込まれて痛ましい災難事故になることがあります。

一音節読みで難はナンと読み「災難」の意味があります。耷はダと読み「垂れる」、零はリンと読みますが日本語ではレイと読み「降る、垂れる、落ちる」などの意味があります。

つまり、ナダレは**難耷零**の多少の訛り読みであり直訳すると**「災難となる垂れ落ちる（もの）」**の意味になり、これがこの言葉の語源と思われます。

また、吶はナと読み「音がする、音をだす、音をたてる」の意味があります。つまり、ナダレは**吶耷零**であり直訳すると、**「音をたてて垂れ落ちる（もの）」**の意味になり、これもこの言葉の語源で掛詞と思われます。

したがって、まとめていうと意味上は**難吶耷零**になるので**「災難となる音をたてて垂れ落ちる（もの）」**の意味になります。

大言海によれば、江戸時代の書言字考節用集（乾坤門）に「雪頽　ナダレ」と書いてあるとされるので、ナダレという言葉は江戸時代には存在したのです。頽は「落ちる、下落する」という意味の字なので、雪頽は直訳では「雪が下落する」の意味の熟語になっています。

この言葉の語源説の中には、言葉を組み合わせたものだというのがあります。そこでは、雪が「斜《なな》めに垂《た》れる」現象だから、縮《ちぢ》めて「なだれ」とされています。垂は、漢語の一音節読みでチュイと読みますが、日本語では音読でスイ、訓読でタレと読みます。垂をタレと訓読するのは、上述した「耷零」の読みからきたものです。

ただ、ナの一音だけでナナメという三音節語の意味があるとするのは、やや無理筋のような気がしないでもありません。いづれにしても、ナダレのタレは「耷零」に間違いないようです。

斜は、漢語の一音節読みでシィエと読みますが、日本語では音読でシャ、訓読でナナメと読みます。しかしながら、なぜ、ナナメと訓読するのかは、かなり高度な難しい問題なのです。

なぜ、斜をナナメと読むのかの語源の話をしますと、難はナンと読み「難しい、困難な」の意味です。拿はナと読み補助動詞として使われる字で、特には訳されないで主動詞と同じ意味で使われます。面はミィエンと読み動詞では「面と向かう」の意味があり、二字語にした拿面は同じ意味になります。つまり、ナナメは、**難拿面**の多少の訛り読みであり下字から直訳すると**「面と向かうことが難しい（状態）」**の意味になり、これが「斜」をナナメと読むときの語源と思われます。斜めになっていると、どんどん滑るので面と向かい続けることが困難であるということのようです。難の字は、難解、難攻、難治のように使用し、後にくる動詞の意味が難しいことを示します。

大言海によれば、平安時代の源氏物語や栄花物語などの文献に平仮名で書いた言葉として出てくる「なのめに」は後世になると「ななめに」というようになったことから、その転が「ななめに（斜めに）」のことであると書いてあります。

しかしながら、源氏物語や栄花物語にでてくる古代語の「なのめに」は「普通である」の意味であり、「ななめ」は「傾いている」の意味なので、両者の意味はまったく異なるものです。したがって、古代語の「なのめ」の転である「ななめ」と「ななめ（斜め）」

とは同音異義語と思われるのです。

源氏物語や栄花物語ではすべて平仮名で「なのめ」と書いてあるにもかかわらず、現代の古語辞典では、「なのめ」に漢字の斜を当てて「斜《なの》め」と書いてありますが、このような勝手な当て字をすると、語義が誤解されるようになります。

65　ナミ（波）

ナミについて、万葉集には数首が詠まれており、原歌では波は奈美と書かれている次のような歌があります。

利根川の河瀬も知らずただ渡り波（奈美）にあ
ふのす逢へる君かも　（万葉３４１３）

この歌意として、日本古典文學大系「萬葉集三」（岩波書店）では、「利根川の浅瀬が何処かも知らず、真直に渡ってしまって波にぶつかるように、ひたむきな気持ちで逢いにきて、ぱったりと逢えたわが君よ」と説明されています。

河瀬を浅瀬と翻訳してあるのは、語源からすると、瀬は「浅い所」の意味だからです。平安時代の和名抄には「水波　奈三」と書かれています。

波は、水のうねりのことをいいます。小さな波は美しいのですが、台風や地震などによって起こる大波は危険で恐ろしいものといえます。したがって、ナミという言葉は双方の意味を含んだ掛詞になっているのではないかと思われます。

一音節読みで娜はナと読み「美しい」、難はナンと読み「困難な、難しい、やっかいな」などの意味があります。つまり、ナミのナは娜と難との掛詞と思われます。

瀰はミと読み名詞では「水、満ちた水、多量の水」などの意味があります。

したがって、ナミは娜瀰と難瀰との掛詞であり、意味上は**娜難瀰**となります。直訳すると**「美しい、やっかいな、多量の水」**の意味になり、これがこの言葉の語源と思われます。「美しい」の意味があることは、万葉集の原歌で「奈美」と書かれていることからも推測されます。

66　ナヰ（地震）

日本の古代においては、地震のことを名詞語で「ナヰ」といったようであり、**平安時代**の辞書である**字類抄**には**「地震　ナヰ」**と書いてあります。

以下に、現在におけるナヰの学説について、本書の見解を交えて叙述します。

日本書紀には「地震」や「地動」という言葉が数回でてきますが、現代の解説では、「地震」や「地動」は動詞語にしたときは「ナヰフル」と読んであり、次に示すように、「地震《ナヰ》ル《フ》」や「地動《ナヰ》ル《フ》」と振仮名して読んであります。つまり、地をナヰと読んであります。

岩波文庫の古事記（倉野憲司校注）では、速須佐之男命の昇天の条の「山川悉動、国土皆震」という原文を「山川悉《ことごと》に動《とよ》み、国土《くにつち》皆震《ゆ》りき」と振仮名して読んであります。

また、大国主神の「根の国訪問」の条の「拂樹而地動鳴」という原文を「樹に拂《ふ》れて地動《つちとよ》み鳴りき」と振仮名して読んであります。「地動《つちとよ》み」とは地震のこととされますが、古事記には「地震」という言葉はでてきません。

日本書紀には地震について数個所にでています。

岩波文庫の日本書紀（二）では、

①允恭紀五年秋七月の条の「丙子朔己丑地震」という原文について、「丙子朔（ひのえねのついたち）己丑（つちのとのうしのひ）に地震《なゐふ》る」と振仮名して読んであります。つまり、「地」を「地《なゐ》」、震を「震《ふ》る」と読んであります。

○しかしながら、「なゐ」とは「地震」のことなので、地震は「地震《なゐ》ふる」と振仮名して読むべきだと思われます。

岩波文庫の日本書紀（三）では、

②武列即位前紀に詠まれている「始陀騰余瀰、那為我与盤拠魔　耶黎夢　之魔柯枳」という原歌について、「那為」を「地」に書替えて「下動《したとよ》み、地《なゐ》が震《よ》り来ば　破《や》れむ　柴垣」と翻訳し振仮名して読んであります。

○しかしながら、「なゐ」とは「地震」のことなので、「那為」は「地」ではなく「地震」に書替えて、「下動《したとよ》み地震《なゐ》が揺《よ》り来ば　破《や》れむ柴垣」と読むべきだと思われます。なぜならば、「那為《なゐ》」は「地震」のことだからです。

また、震を「震《よ》り」と振仮名して読んであるのも気になります。なぜならば、①では「震《ふ》る」と振仮名して読んであるからであり、原歌での「与盤《より》」は「揺《よ》り」のことと思われるのです。一音節読みで、震はツェンと読むのに対して、揺はヨウ（ヤオ）と読み「揺《ゆ》れる」という意味です。

岩波文庫の日本書紀（四）では、

③推古紀七年四月の条の「地動舎屋悉破　則令四方俾祭地震神」という原文について、「地動《なゐふ》りて　舎屋　悉《ことごとく》に破《こほ》たれぬ。則ち四方《よも》に令《のりごと》して、地震《なゐ》の神を祭《いの》らしむ」と振仮名して読んであります。

○しかしながら、これまでは「地」を「なゐ」、「震」を「ふ」と読んでおきながら、ここでは「地」だけでなく「地震」をもまた「なゐ」と読んであり、辻褄が合っていません。

また、地動は地震のことなので、「地動《なゐ》ふりて」と振仮名して読むべきだと思われます。上述したように、古事記では地動は「地動《つちとよ》み」と振仮名して読んであります。

岩波文庫の日本書紀（四）では、

④皇極紀元年冬十月の条の「地震而雨」という原文について、「地震《なゐふ》り雨ふる」と振仮名して読んであります。

○しかしながら、「地震《なゐ》ふり雨ふる」と振仮名して読むべきだと思われます。

岩波文庫の日本書紀（五）では、

⑤天智紀三年三月の条の「是春地震」という原文について、「是の春、地震《なゐふ》る」と振仮名して読んであります。つまり、この条でも「地」を「地《なゐ》」、震を「震《ふ》る」と振仮名して読んであります。

○しかしながら、ここでも「地震《なゐ》ふる」と振仮名して読むべきだと思われます。

岩波文庫の日本書紀（五）では、

⑥天武紀四年十一月の条の「是月、大地動」という原文について、「是の月に、大きに地動《なゐふ》る」と振仮名して読んであります。

○しかしながら、「是の月、大きに地動《なゐ》ふる」と振仮名して読むべきだと思われます。なぜならば、地動は地震のことだからです。

岩波文庫の日本書紀（五）では、

⑦天武紀六年六月の条の「大震動」という原文について、「大きに震動《なゐふ》る」と振仮名して読んであります。

○しかしながら、「大きに震動《なゐ》ふる」と振仮名して読むべきだと思われます。なぜならば、震動は地震のことと思われるからです。また、これまでは震は「震《ふ》る」や「震《よ》り」と読んできたのに、ここでは「震《なゐ》」と振仮名して読んであります。それに、これまでは地が「地《なゐ》」と読まれてきたのです。つまり、字についての読み方が極めて恣意的なのです。

岩波文庫の日本書紀（五）では、

⑧天武紀七年十二月の条の「大地動之。中略。当于地動夕」という原文について、「大きに地動《なゐふ》る。中略。地動《なゐふ》る夕《よひ》に当りて」と振仮名して読んであります。

○しかしながら、「之」は動詞で使うときは「ある」の意味であり、「地動」は「地震」のことなので、「大地動之」は最も正しくは「大きなる地動《なゐ》あり」、或いは、「大きなる地動《なゐ》ふるあり」と振仮名して読むべきだと思われます。

また、「当于地動夕」は、「地動《なゐ》ふる夕《よひ》に当りて」と振仮名して読むべきだと思われます。

岩波文庫の日本書紀（五）では、

⑨天武紀十一年八月の条の「大地動。中略。亦地震

動」という原文について、「大きに地動《なゐふ》る。中略。また地震動《なゐふ》る」と振仮名して読んであります。

○しかしながら、「大きに地動《なゐ》ふる。中略。また地震動《なゐふ》る」と振仮名して読むべきだと思われます。なぜならば、「なゐ」とは地震のことであり、「地動」と「地震」とは同じ意味と思われるからです。

岩波文庫の日本書紀（五）では、

⑩天武紀十三年十月の条の「大地震。挙国男女叫唱、不知東西。中略。古老曰、若是地動、未曾也。」という原文について、「大きに地震《なゐふ》る。国挙《こぞ》りて男女叫び唱《よば》ひて、不知東西《まど》ひぬ。中略。古老の曰《い》はく、『是の如く地動《なゐふ》ること、未《いま》だ曾《むかし》より有らず』といふ」と振仮名して読んであります。

○しかしながら、「大きに地震《なゐ》ふる。国挙《こぞ》りて男女叫び唱《よば》ひて、不知東西《まど》ひぬ。中略。古老の曰《い》はく、『是の如く地動《なゐ》ふること、未《いま》だ曾《むかし》より有らず』といふ」と振仮名して読むべきだと思われます。なぜならば、地動は地震のことだからです。

以上の諸例における岩波文庫の日本書紀の解説での振仮名の仕方は、地《なゐ》、震《なゐ》、地震《なゐ》、或いは、震《ふ》る、震《よ》り、動《ふ》る、震動《ふ》る、のようにまちまちで恣意的であり大いに疑問があります。特に、地に「地《なゐ》」と振り仮名して読むのは誤解なのです。

なぜならば、「なゐ」とは「地震」のことであり「地」のことではないからです。したがって、地に地《なゐ》、震に「震《ふ》る」と振り仮名して「地震《なゐふ》る」と読むのには疑問があり、「地震」は「地震《なゐ》ふる」と振仮名して読むべきだと思われます。繰返していうと、「なゐ」とは地震のことをいったのであり、上述したように平安時代の字類抄には「地震　ナヰ」と書いてあります。また、後述する大鏡や方丈記では、すでに原文において「地震《なゐ》ふる」と書いてあります。

どうして、岩波文庫の日本書紀において「地震《なゐふ》る」のような可笑しな読み方がされるかというと、日本の国語界においては、ナという音声に「土、地、土地」などの意味があるとされているからです。しかしながら、そのような学説は全くなんの根拠も理由もない誤謬説であり撤回されるべきものです。

平安時代後期の作とされる大鏡の太政大臣兼家の条の原文には、地震《なゐ》について、「雷《かみ》もなり、地震《なゐ》もふる時は、まず東宮の御方に参らせたまひて」と書いてあります。つまり、原文において、「地震《なゐ》」と「ふる」とは別字になっています。

また、同じ平安時代の方丈記（鴨長明著）には、地震について、原文に次のような記述があります。「同じころかとよ（元暦二年の頃）、おびただしく大地震《おほなゐ》ふる事侍りき。そのさま、よのつねならず。山はくづれて、河は埋み、海は傾きて、陸地をひたせり。土裂けて、水涌き出て、巌《いわほ》割《わ》れて、谷にまろび入る。（中略）。都のほとりには、在在所所、堂舎塔廟、一つとして全からず。或はくづれ、或はたふれぬ。塵灰立ちのぼりて、盛りなる煙のごとし。地の動き、家のやぶるる音、雷《いかづち》にことならず」。

この本でも、原文において「地震」と「ふる」は別字になっています。したがって、「大地震《おほなゐ》ふる事侍りき」は、漢字入りでは「大地震《おほなゐ》振る事侍りき」のことであり、「大地震で振動した事があった」、つまり、「大地震で揺れたことがあった」と解釈してあるのです。

元暦二年は、西暦一一八五年に相当し、七月に大地震があったので、直ちに文治に改元されました。先立つこの年の三月には、源平の最後の戦いである「壇ノ浦の戦」で平家が滅亡した年にも当たります。

大鏡と方丈記の記述からも分かるように、「地震」は「なゐ」と読むべきものであり、上述の岩波文庫の日本書紀におけるように「地震《なゐ》る《ふ》」と振仮名して読むのは誤解なのです。忌憚なくいうならば、岩波文庫の日本書紀の注釈学者は古文書の記述を探索する努力と読解する能力が不足しているということです。

結局のところ、ナヰとは「地震」のことなのであり、「地」のことと解釈するのは、一見では合っているようにもみえますが誤解というべきものです。地の字をナヰと読んでいる古文書は存在しないのであり、ナヰが地の意味となる根拠も理由もまったくないので、地をナヰと読むべきではないのです。しからば、ナヰとはいかなる意味かというと、これから後述する語源にあるような意味なのです。

　さて、地震のことである**「ナヰの語源」**についていいますと、一音節読みで、吶はナと読み「声をだす、声がでる、音をだす、音がでる、音を立てる」などの意味です。夷はヰ（イ）と読み動詞では「壊れる、損壊する、破壊する」などの意味があります。つまり、**ナヰ（なゐ）**は**「吶夷」**であり、直訳すると**「音を立てて破壊する（こと）」**の意味になり、これが地震の意味である「ナヰ（なゐ）」という言葉の語源でありその意味です。

　このような意味の語源になることは、上述したように、岩波文庫の日本書紀の天武紀十三年十月の条にも「大きに地震《なゐふ》る。国挙《くにこぞ》りて男女叫び唱《よば》ひて、不知《ま》東西《ど》ひぬ。則《すなは》ち山崩れ河涌《わ》く。諸国の郡の官舎、及び百姓の倉屋、寺塔神社、破壊《やぶ》れし類《たぐひ》、勝《あげ》て数ふべからず。中略。古老の曰《い》はく、『是の如く地動《なゐふ》ること、未だ曾《むかし》より有らず』といふ。是の夕べに、鳴る声有りて鼓の如くありて、東方に聞ゆ。」の記述があることや、上述した方丈記における「地の動き、家のやぶるる音、雷にことならず」の記述があることからも推測できます。

（注：「地震《なゐふ》る、地動《なゐふ》る」の振仮名は、岩波文庫の日本書紀に記載のまま）。

　このナヰの語源の意味から察するところ、地震は地が揺れることですが、古代には、そのことよりも、それが原因で建物や橋などが破壊することや崖崩れや津波などの災害に関心があったのです。したがって、地震のことである「なゐ」は、語源上は「地」が「振れる、揺れる」ことには関係のない意味の言葉になっています。

　このように、語源上は「なゐ」には「地が振れる」とか「地が揺れる」という意味は含まれていないのであり、したがって、大鏡や方丈記の原書にあるような「地震《なゐ》ふる」という文句がつくられて、「振れる」とか「揺れる」という意味は「ふる」の方で表現してあるのです。

　古代の地震のことである吶夷《なゐ》という言葉は、現代語の鳴動《めいどう》と類似した意味としてつくられているのであり、鳴動とは、直訳すると「鳴り動く」の意味ですが、特には、地震のときに起こる「家屋等の破壊する音響と土地の震動で損壊する」の意味で使われているのです。

江戸時代の東雅（新井白石著）には「ナイフル（鳴動）の義」とありナヰの正しい意味が分かっていたようです。明治以降の辞典では、日本大辞書（山田美妙著・明治二十五〜二十六年刊）だけが「なゐ　地震　な（鳴）ゐ（居）ノ義」と書いてあり、この学者だけが、ナヰの正しい意味を知っていたのです。ただ、「ゐ（居）」とあるのは誤解です。

広辞苑の編者である新村出著の「言葉の今昔」（河出新書）という本の二三〜二四頁には、次のように書かれています。

「古く地震のことを『ナヰ、なゐ』といっていた。（中略）。しかしながら、西暦第八世紀の始めに編纂された古事記、日本書紀などには地動、あるいは地震というものに対してナヰユル、あるいはナヰフルと名付けている。（中略）。それからこの二字（地震）のふりがなとしてでなく、歌にうたった国語に『ナヰユリコバ云々』という文句があるが、いいかえると地震があったならば、という意味にそう訓んである。そこから地震という現象そのことをナヰユル、ナヰフルと書いてあるところを見ると、ナヰという言葉は後世 earthquake（地震）に専用されてしまったけれども、ナヰは earth（土地）を示し、フル、ユルが無論 quake（震動）の動詞を指すこと疑いない。したがって、ナヰが最も古い時代においては土地を示した語でなければならない」。

しかしながら、ここに書かれていることは以下のような理由から、大いなる疑問符が付くというよりも誤解といえます。

第一に、「地震」の正しい古い読みは「ナヰ、なゐ」であり、岩波文庫の日本書紀の解説において「地震《なゐふ》る」と振仮名して読んでいるのは、解説学者が勝手にそのように読んでいるものであり誤解読みというべきものであって、正しくは「地震《なゐ》ふる」、「地震《なゐ》ゆる」あるいは「地震《なゐ》あり」と振仮名して読むべきものです。なぜならば、地を「なゐ」と読む根拠や理由はどこにも存在しないからです。

第二に、「ナヰという言葉は後世earthquake（地震）に専用されてしまったけれども」とありますが、そもそも当初からナヰは「地震」のことだったのであり、earth（土地）を示したのではありません。上述したように、平安時代の辞書である字類抄には「地震　ナヰ」と書いてあります。このことだけからも、この本での言説は極めて可笑しいといえます。

第三に、「ナヰはearth（土地）を示し、フル、ユルが無論quake（震動）の動詞を指すこと疑いない。したがって、ナヰが最も古い時代においては土地を示した語でなければならない。」とありますが、ナヰが土地を示すという根拠も理由もまったくありません。上述したように、ナヰとは地震のことなのです。

第四に、日本語の漢字言葉と仮名言葉の関係をヨーロッパ語の一つである英語を持ち出して、説明するのは適当ではありません。

確かに、英語のearthquakeは漢字言葉の地震のことですから、切離すと英語のearth（土地）とquake（震動）は漢字の地と震に対応していますが、仮名言葉のナヰはそうはいかないのです。日本語においては、漢字言葉は仮名言葉で説明されるのですが、上述したようにナヰの語源の意味は「音を立てて破壊する（こと）」であり、「土地」や「震動」とは、直接には、関係のないものになっています。つまり、漢字の地震は英語のearthquakの意味に対応していますが、仮名言葉のナヰの意味は英語のearthquakの意味に対応していません。したがって、推量で勝手にナをearth（土地）の意味、ヰをquak（震動）の意味とすることはできないのです。

このことは、字類抄に「地震　ナヰ」と書いてあり、大鏡と方丈記の原文に「地震《なゐ》」と「ふる」とは書き分けられていることからも容易に判断できます。

誠に失礼ながら、忌憚なくいうと、このような言説をするところからみると、この広辞苑の編者である学者は、日本語における漢字言葉とそれを訓読する仮名言葉とがいかなる関係にあるかを正確には理解していなかったのではないかと疑われます。

岩波文庫の日本書紀において、「地震《ナヰフ》ル」と振仮名して読んであるのは、解説学者が自己の感性だけで勝手にそうしているのであって、おそらく、誤解と思われるのであり、「地震《ナヰ》フル」、「地震《ナヰ》ユル」、或いは、「地震《ナヰ》アリ」と振仮名して読まなければならないのです。例えば、上述した日本書紀（五）での④天智紀三年三月の条の「是春地震」という原文は「是ノ春地震《ナヰ》」でもよいものを、尻切れトンボのような表現になるので敢えて「是ノ春地震《ナヰ》フル」と読むことになるのです。いわば、フルは補助読みともいうべきものです。

岩波文庫の日本書紀の解説学者たちが活躍した時期を年代的にみても、なぜ地震における地をナヰと読むのかと問われたときに、たぶん、広辞苑編者や広辞苑がナやナイという音声には「土、地、土地」などの意味があるとしているからだと答えたかも知れません。なぜならば、日本の国語界で、ナやナイに「土、地、土地」などの意味があるとされているのは、広辞苑編者の「日本の言葉」（新村出著・創元社）や「言葉の今昔」（新村出著・河出新書）などに書いてある新村出説やその説を記載した広辞苑説以外にはその出所が見当たらないからです。

「言葉の今昔」の二四〜二五頁には、引続いて、次のように書いてあります。

「とにかくナヰという言葉も元来は、ナという土地(earth)を示す語とフィクス(fix)している意味をつけ添えて作られた語だと考えて差し支えない。『アカツチ』のことを『ヘナ』ということもあるし、また『ナ』の音がニと変化を行って白土をシラニと訓み、赤土と書いてアカニ、青土をアオニというように『土』をニと訓んだ場合が古語に若干ある。ただしここで幾分か意義の変化が行われて英語のearthも地面全体、あるいは地球全体を称することがあるとともに、その小一部分、あるいは土地をいうようになったので、根本の語源は多分『ナ』に起こるものと考えられる」。

しかしながら、この言説はまったく分かっていないものといえます。江戸時代の書言字考節用集（一七一七年刊）には「埴、ハニ、ヘナツチ、ネバツチ」と書かれているように、ヘナツチは緋赧《フェイナン》土のことであり、緋赧は土の修飾語であって「赤い」の意味なのです。一音節読みで緋はフェイ、赧はナンと読み共に「赤い」の意味があります。つまり、アカツチのことをヘナというのは、ヘナツチ（緋赧土）の略称であり、ヘナは「赤い」の意味であって「土」の意味はありません。

また、白土をシラニ、赤土をアカニ、青土をアオニと読むのは、ナの音がニと変化を行ったからではありません。一音節読みで泥はニと読むので、その読みを転用して、ほぼ同じ意味の土をニと読むのであり、それはごく自然の流れであって、音韻変化でも古語でもないのです。白土、赤土、青土の土をニと読んだのは、これらの色彩土は、瓦や陶磁器などの加工用の土とされたことから、湿った土、つまり、ネバツチの泥だったからです。このように、土をニと読むのは、ナの音の音韻変化でも古語でもなく、泥の一音節読みを転用したものです。結局のところ、この本（「言葉の今昔」）に書いてあることは、なにもかもまったく首肯できるものではなく誤解だらけだということです。つまり、日本語の**「ナやナヰという音声には『土、地、土地』などの意味はない」**ということです。

ナヰに関連して、上述してきたように、日本の国語界では、**「ナ」**や**「ナヰ」**という音声には**「土、地、土地」**の意味があるとされています。しかしながら、このような説は誤解であることは確実であり消去すべきものと思われます。なぜならば、その根拠や理由となるべき事実はまったくないからです。このような学説は、明治時代の日本大辞書以降から昭和初期の大言海に至るまでの大辞典でも『な』は土地の意」などとはまったく記述されていないのに、広辞苑（第一版・昭和三〇年発行）において初めて「**ない**（なゐ）地。転じて地震」と書かれ、現在の第七版では「**ない**　ナヰ（『な』は土地の意。『ゐ』は場所またはそのものの存在を明らかにする意）地。転じて、地震」と書かれています。

しかしながら、「ない」が「地」の意味であったり、「な」が「土地」の意味である根拠も理由もどこにもないのであり、また「地」が転じて「地震」の意味になるなどという馬鹿なことはあり得ません。

広辞苑に記述されているということは、その編者で語源学者を自認していた新村出の説と思われますが、この人は、忌憚なくいって、多くの日本語を誤ったものにした学者であり、すでに逝去されましたが、今でも広辞苑を通じてそのようにし続けています。

上述した「言葉の今昔」の二三頁には「地のことを『ツチ』また古語で『ナ』または『ニ』といっていた」と書いてありますが、泥はニと読み「土、湿土」の意味があるのでそうであるとしても、地のことを古語で「ナといっていた」とは思われないのであり、その根拠や理由はどこにもないのです。

その二五頁には、次のように書いてあります。「日本語と同系と考えられている朝鮮語、満州語等のごとく、最も地理的に近い大陸語で土地のことをナ、あるいはナラといっている。中にも純粋の満州の土語、女真語、樺太の北部、沿海州、シベリア東部などに拡っているTungus民族が土地のことをナと称している。元来ナが本体で日本ではそれに𛀁を、朝鮮ではラを添える。朝鮮においてはこの語が、ある面積、ひろがりをもっている区域、すなわち国土とか、村とか、郡とかいうような名前に用いている。むしろそういう意味に変化しているという方が正しい。」と書いてあります。

しかしながら、ここに書いてあることについては、ただ言っているだけで文献などの根拠は新村出のどの著書のどこにもまったく示されていないようなのです。地理的に近い大陸語でそんなにたくさん使われているのであれば、十例かそこら程度の証拠を示すべきなのです。

漢語の一音読みで「那」はナと読み、漢語では省、州、郡、市など、日本でいうところの県、市、郡、町、村などの「行政区域」のことを指したとされるので、その影響をうけて、ツングース（Tungus）民族もその行政区域をナといったのであり、「土地のことをナと称しているのではない」と思われます。

つまり、「言葉の今昔」はかん違いしていると思われるのです。漢語のナという音声には「土、地、土地」などの意味はありません。

十五世紀以前の朝鮮語は現存していないようなので分かりませんが、おそらく、漢語の影響を受けていたと思われます。

十五世紀以降から現在に至るハングル文字の朝鮮語では、「土、地、土地」のことをナとはいいません。つまり、朝鮮語のナという音声に「土、地、土地」などの意味はないのです。にもかかわらず、「朝鮮語で、土地のことをナといっている」と書いてあります。ということは、朝鮮語を含めて「純粋の満州の土語、女真語、樺太の北部、沿海州、シベリア東部などの Tungus 民族が土地のことをナと称している」という言説も極めて怪しいものなのです。上述もしましたが、証拠が例示されていません。

ただ、現在の朝鮮語にはナラ（나라）という言葉があり「国、国家」の意味とされています。朝鮮は漢字文化圏ですから、もし、朝鮮語のナラに「土、地、土地」などの意味が含まれているとすれば、それはナではなくてラに含まれているのです。土壌という熟語における壌は、一音節読みでランと読み「土、地、土地」などの意味があるからです。

また、上述したように、漢語ではナという音声に「土、地、土地」などの意味はありません。日本語においてもナという音声には「土、地、土地」などの意味はないと考えるべきものです。なぜならば、その根拠や理由がまったく存在しないからです。

また、ナヰが「地」の意味であるならば、それが転じて「地震」の意味になる筈がありません。言葉はそんなにいい加減なものではないのであり、地と地震とは意味が異なるのです。また、広辞苑における「ヰは場所またはそのものの存在を明らかにする意」というのは、雲居《くもゐ》などにおける居《ゐ》を想定してのようですが、雲はいつでも移動し消失するものであるのに対して、土地は移動し消失するものではないので意味が異なると思われるのです。「ヰは場所またはそのものの存在を明らかにする意」とは雲などについてはそうかも知れませんが、「土、地、土地」については使われないと思われるのです。現に、語源の個所で示したように、地震のことであるナヰのヰにはそのような意味はありません。日本書紀の原書では、ナヰは地震の意味とされているのであって、「土、地、土地」などの意味とはされていないのです。解説学者が誤解して勝手に振仮名して読んでいるのです。大鏡や方丈記ではナヰは明確に地震のことになっています。「日本の言葉」や「言葉の今昔」や広辞苑（第一版～第七版）において、ナが地や土地の意とされていることについてはその根拠や理由が不明であるといえます。

岩波文庫の日本書紀（二）に、允恭紀の「五年秋七月、・・・地震」という原文に「五年秋七月、・・・地震《なゐふ》る」と振仮名して読んであることについて、大学者の一人とされている坂本太郎が担当したとされる注記には次のように書いてあります。

「地震の記事の初見。ナヰのナは、大地の意。ヰは、しっかりとすわっているところ。フルが振動の意。後世、ナヰが地震の意と見られるに至ったのは誤解に基づく」。

しかしながら、「ナヰのナは、大地の意。」および「ヰは、しっかりとすわっているところ。」と主張する根拠や理由はどこにあるのか不明です。

また、ここにはかなり乱暴なことが書いてあります。ナヰという言葉については、本欄の冒頭で述べたように、すでに平安時代の辞書である字類抄に「地震　ナヰ」と書いてあるのであり、「後世、ナヰが地震の意と見られるに至った」のではありません。「ナヰ」は古代の人たち自身がつくり地震のことを指すとして使っていた言葉であり、その事実は動かしようもないのに、後世の人が「古代人は誤解していた」というのも、まったく頓珍漢《とんちんかん》で古代人に失礼な話なのであり、どういう料簡《りょうけん》なのか理解に苦しみます。自己の見解を通すために、「古代人の誤解」とする論理はどうかと思われるのです。誤解しているのは、古代人ではなくて後世の人、つまり、現代の学者の方であることに間違いないのです。

結局のところ、**「日本語において、『ナ』や『ナヰ』という音声に『土、地、土地、大地』などの意味があるとする見解は、まったくの誤解であり、消去されなければならない」**ということです。

67　ニジ（虹）

日本書紀の天武紀十一年八月の条に、「殿《あらか》の内に大きなる虹有り」とでています。平安時代の和名抄には「虹、爾之」と書いてあります。

ニジは漢字で虹と書きますが、霓や蜺とも書きます。一音節読みで虹はカン、霓や蜺は共にニと読みます。

太陽の位置と反対側にある空中の水滴に日光が当たってできる半円形の美しい数条の帯状色彩を呈する現象です。日本では、国民の共通認識としてその色彩は七色に決まっていますが、実際にはそんなにたくさんの色は見えません。

「日本語と外国語」(鈴木孝夫著)という本によれば、世界の国々では、例えばアメリカ、イギリス、フランス、ドイツ、ロシアなどを取上げてみると、それらの国々では国民の共通認識としては、虹の色はいろいろに認識されていて、必ずしも、日本のように七色に決まってはいないようなのです。

一音節読みで、嶷はニと読み「高く聳える、高く架《か》かる」、芝はジと読み形容詞では「美しい」の意味があります。つまり、ニジは**嶷芝**であり、直訳すると**「高く架《か》かっている、美しい（もの）」**の意味になり、これが、この言葉の語源と思われます。

万葉集では、虹は巻十四の東歌《あづまうた》で、原歌では「努児《のじ》」と書かれて一首だけが詠まれているとされています。

伊香保《いかほ》ろの八尺《やさか》の堰塞《ゐで》に立つ虹《のじ》の
顕《あらは》ろまでもさ寝をさ寝てば　（万葉３４１４）

東歌なので、虹は「のじ」と読まれるなど分かりにくい言葉使いにはなっていますが、日本古典文學大系「萬葉集三」（岩波書店）では、頭注で「虹—ノジは方言形」とあり、その歌意は次のようなものとされています。

「伊香保の高いヰデに立つ虹のように、はっきり人目につくほどに一緒に寝ていたらどんなに楽しいだろう」。ヰデとは、開閉門をつくって川水の流れを堰《せ》き止めたり流したりすることができるようにしてある施設をいいます。

68　ニワ（庭）

ニハ（庭）について、大言海には、次のように説明してあります。

（一）堂屋階前ノ平地ノ称。
（二）後世、専ラ、前栽《センザイ》、園生《ソノフ》ナド、家ノ前後ノ空地ニ、樹木、草石、築山、泉水ナド景色ヲ作レル処。園池。
（三）広キ場所。（陸海共ニ）事ニ用ヰル空地。場。場所。
（四）海上、平ニシテ、船ヲ乗出スニ好《ヤス》キ所。船漕ギテ行ク海面。
（五）家ノ内ノ土間。
（六）タタキノ土間。

万葉集にも詠われており、例えば、次のような歌があります。

吾が園の李《すもも》の花か庭に落るはだれの未《いま》だ残りたるかも　（万葉4140）

この歌における「はだれ」は、「はらはらと降る雪」のこととされています。

平安時代の和名抄に「庭、邇波、屋前也」と書いてあります。

さて、語源の話に移りますと、ニハ（庭）という言葉は、和名抄の記述から考えても、たぶん、大言海の説明における（一）のようなものを対象としてつくられたと思われます。

そこは、家屋を建てるような所ですから、先ずは、乾燥した土地でなければなりません。一音節読みで泥はニと読み土の意味、旱はハンと読み「乾燥した」の意味があります。つまり、ニハは**泥旱**であり**「土の乾燥した（所）」**の意味になり、これがこの言葉の語源の一つと思われます。

また、家屋を建てるような所は、安定した良好な場所でなければなりません。一音節読みで寧はニンと読み「平和な、平穏な、安定した」などの意味、酣はハンと読み「よい、良好な、美しい」などの意味があります。つまり、ニハは**寧酣**であり**「安定した良好な（所）」**の意味になり、これもこの言葉の語源の一つと思われます。

「平ら」であることも必要ですが、それは語源の中に寧の字が含まれていることにより、直ちに心象できているのです。

庭は、そもそもは家を建てる土地の一部で、乾燥した安定した所であったものが、そのうちに一部に木を植え、石を置き、池を掘って庭園におけるような装飾した美しい所にもされるようになったのです。

一音節読みで旎はニ、婉はワンと読み共に「美しい」の意味があります。つまり、ニハは**旎婉**であり**「美しい（所）」**の意味になり、これもこの言葉の語源の一つと思われます。

結局のところ、ニハは**泥旱**と**寧酣**と**旎婉**の掛詞であり、合わせていうと**「土地の乾燥した、安定した良好な、美しい（所）」**の意味になり、これがこの言葉の語源と思われます。

69　ニワカアメ（俄雨）

ニワカアメは、漢字では俄雨と書かれています。一音節読みで、俄はオと読み「突然の短い時間」の意味です。したがって、漢字の俄雨の字義は「突然に、短時間、降る雨」の意味になっています。

大言海には、「**にはかあめ**（名）俄雨　夏ノ空ナドニ、俄ニ烈シク降リ来ル雨。急雨　驟雨。」と説明してあり、易林節用集（慶長）に「驟雨、ニハカアメ」とあることが紹介されています。

一音節読みで、獰はニンと読み「猛烈に」、旺はワンと読み「勢いよく」、赶はカンと読み「急に起る、急襲する」の意味があります。つまり、ニワカとは、**獰旺赶**の多少の訛り読みであり、ニワカ雨を直訳すると**「猛烈に、勢いよく、急襲する雨」**の意味になり、これがこの言葉の語源です。

ニワカアメは、漢字で俄雨と書かれますが、驟雨《しゅうう》ともいい、夕立や村雨はその一種です。

70　ヌマ（沼）

大言海によれば、万葉集ではヌマは万葉仮名で奴麻と書かれて、次のような歌が詠まれています。

上毛野《かみつけの》可保夜《かほや》が奴麻のいはゐ蔓《つら》引かば
ぬれつつ吾《あ》をな絶えそね　（万葉３４１６）

その歌意は、次のようなものとされています。
「上毛の可保夜の沼のイハヰヅラが引けばゆるんで抜けるように、私との仲が、きれてしまわないようにしてください」。

奴麻二つ通《かよ》は鳥が巣吾《あ》が心二行《ふたゆ》くなもと
勿《な》よ思《も》はりそね　（万葉３５２６）

その歌意は、次のようなものとされています。
「沼二つを行き来する鳥の巣が二つあるように、私が二人の女を思っているなどとどうか決して思わないでいておくれ」。

また、平安時代の字鏡に「淇、水名、奴萬」、和名抄に「沼、奴」、天治字鏡に「渭、奴萬」と書いてあることが紹介されています。

沼は漢語の一音節読みではチャオと読み、漢語辞典には「天然の水池（natural pond）」と書いてあります。また、沼地は「低く窪んだ湿地帯で、あるときには一部分が或いは全部が水中に浸ったりする（低洼潮湿的地帯、有時部分或全部浸在水中）」と書いてあります。

さて、一音節読みで懦はヌオと読み「柔らかい」、埋はマンと読み「埋まる」の意味があります。つまり、ヌマは**懦埋**の多少の訛り読みであり、直訳すると**「柔らかな埋まる（水池）」**の意味になり、これがこの言葉の語源と思われます。

按ずるところ、日本語のヌマという仮名言葉は、「水深が浅く、水底地が柔らかく、埋まるような、ある程度の大きさの、自然の水溜まり」を指すのではないかと思われます。

日本の国語辞典では挙げられておらず標準語にもありませんが、本書著者の故郷の九州ではよく使われる**「ぬまる」**という動詞語があり、田植え時の水を張った水田や、水を抜いた池、その他の泥濘《ぬかるみ》などで、**「土がとても柔らかく足が土中に埋没する」**ことをいいます。つまり、ヌマルは**懦埋児**の多少の訛り読みであり**「柔らかくて埋まる」**の意味になります。「ぬまる」は九州では標準語です。漢字入りでは「泥埋《ぬま》る」とでも書くべきものです。

他方、**「ぬかる」**は大辞典で挙げられており標準語になっていて漢字では「泥濘《ぬか》る」と書かれますが、「ぬまる」とほぼ同じ意味の言葉です。一音節読みで陥はカンと読み「陥没する」の意味なので、ヌカルは**懦陥児**の多少の訛り読みであり**「柔らかくて陥没する」**の意味になります。

なお、濘はニンと読み、主として形容詞で使われて「泥の、泥だらけの」の意味があります。

71 ノ（野）

ノは、漢字で野と書きます。野は、漢語の一音節読みではイェと読みますが、日本語の訓読ではノと読みます。漢語辞典には、「野」の本義は「田野。郊外。」のことと書いてあります。

平安時代の和名抄に「野、乃」、名義抄に「野、ノ、ノラ、ハラ」と書いてあります。

現代の辞典では、ノ（野）について、大言海に「広キ平地。原。ノラ。ハラ。」、広辞林（第六版）に「広い平地。原。野原。のら。」と説明してあります。

広辞苑（第七版）には「自然の広い平地。多く、山すその傾斜地。のら。」と説明してありますが、ノ（野）は、広辞苑にあるような「多く、山すその傾斜地」ではありません。この辞典は、どこまでも問題のある辞典といえます。

今でこそ、日本の国土は開墾が進んで、平地が多くなっていますが、古代当時は平らな土地、いわゆる平地は極めて少なかったと思われます。昭和の初期（昭和一〇年代）頃でも、未だ十分に開墾されていない土地は多く存在し、平地とされる所でも、小山や丘がたくさん存在していたほどです。

日本人は、弥生時代とされる太古の昔から水稲栽培を主産業としてきた農耕民族であり、その為に水を張らなければならない平地は極めて必要な大切なものだったのです。

野の字は、上述したように漢語の一音節読みでイェと読むのですが、日本語でノと読むのは平らなので水稲栽培のために必要な土地になり得ることと関係があるのではないかと思われます。

一音節読みで穠はノンと読み、土地などにつき「豊かな、肥えた」などの意味があります。

つまり、**ノ**は**穠**の多少の訛り読みであり直訳すると**「豊かな（土地）」**の意味になり、これが「ノ。の。」という一音節言葉の語源と思われます。

一音節読みで孌はランと読み「美しい」の意味がありますが、美には「よい、良好な」の意味がありますから、孌にもその意味があることになります。酣はハンと読み「良い、良好な、美しい」などの意味があります。

したがって、ノラ（野良）は**穠孌**、ノハラ（野原）は**穠酣孌**になり共に**「豊かな良好な（土地）」**の意味、ハラ（原）は**酣孌**になり**「良好な（土地）」**の意味になり、これらがそれぞれの言葉の語源と思われます。

万葉集には、日並皇子《ひなみしのみこ》（＝草壁皇子）のことを詠んだとされる、次のような有名な歌があります。

東《ひむかし》の野に炎《かぎろひ》の立つ見えて
かへり見すれば月傾《かたぶ》きぬ　（万葉48）

72　ハタケ（畠・畑）

ハタケは漢字で「畠」や「畑」と書きます。この二字は和製漢字とされています。万葉集の長歌に、万葉仮名でハタケは「波多気」と書かれて次のような長歌が詠まれています。

その農《なりはひ》を　雨降らず　日の重なれば　植ゑし田

も　蒔きし波多気も　朝ごとに　凋《しぼ》み枯れ行く
そを見れば　・・・　（万葉4122）

この歌の表現からすると、田は「水田」のこと、波多気は乾いた「畠・畑」のことを指していると思われます。

大言海によれば、日本書紀の仁賢紀六年九月の条に「瞙、此を波陀該と云ふ。麦耕《つく》る田なり」、平安時代の和名抄に「畠、一曰、陸田、八太介」と書いてあります。

ハタケで育成し収穫する稲を、日本語では陸稲と書いて音読ではリクトウ、訓読ではオカボといいますが、漢語では旱稲と書いてハントウといいます。

一音節読みで旱はハンと読み「乾く、乾いている」の意味です。拓はタ、墾はケンと読み共に「開拓する、開墾する」などの意味です。つまり、ハタケは**旱拓墾**の多少の訛り読みであり上字から直訳すると「乾いた開拓・開墾した（土地）」の意味、表現を逆にしていうと**「開拓開墾した乾いた（土地）」**の意味になり、これがこの言葉の語源と思われます。

なお、畠は分解すると「白田」ですが、一般的に、乾いた土は白く見えるのに対して、水浸しの土は黒く見えるからと思われます。また、畑を分解すると「火田」ですが、火は日のことであり、日に照らされて乾いている田の意味です。なぜならば、太陽は「火の塊」と見做されているので、火は日のことにもなるのです。

73　ハマ（浜）

浜は、音読でヒン、訓読ではハマと読み、海、湖、河などの水際で、「乾いたり満ちたりする地面」のことをいいます。

万葉集には数首が詠われており、例えば、次のような歌があります。

大伴の高師《たかし》の浜の松が根を枕き寝《ぬ》れど
家し偲《しの》はゆ　（万葉66）

山越えて遠津の浜の石《いは》つつじ吾《わ》が来るまでに
含《ふふ》みてあり待て　（万葉1188）

日本書紀（神代下・第十段）の海幸（彦）・山幸（彦）の下りに、「汀、此れをば波麻《はま》と云ふ」とでており、また、同（同段）に「可怜小汀《うましをはま》有り。乃ち汀《はま》の尋《まにま》に進《い》でます。」と書いてあります。

日本書紀では、汀はハマと読んでありますが、ナギサとも読みます。つまり、ハマとナギサとは同じ環境の場所を指すのです。

大言海によれば、平安時代の字鏡に「湄、波萬」、和名抄に「濱、水際也、波萬」と書いてあります。

また、江戸時代の書言字考節用集に「濱、ハマ、本字瀕、説文、水厓也、師古云、縁海邊也（海邊ノ縁《フチ》也）」と書いてあります。

さて、語源の話に移りますと、一音節読みで旱はハンと読み「乾《かわ》いている」の意味で、旱魃《かんばつ》という熟語でも使われています。乾はカンと読み、同じ読みと意味で干とも書き、干潮《かんちょう》という熟語があります。干潮とは、直訳すると「潮が引いて地面が乾いている」という意味です。満はマンと読み「満ちている」の意味があり、満潮という熟語があります。

つまり、ハマとは、**旱満**のことであり直訳すると**「乾いたり満ちたりする（所）」**の意味になり、これがこの言葉の語源です。

74　ハルサメ（春雨）

ハルサメ（春雨）は、その名のとおり**「春に降る雨」**なのですが、日本の大辞典では初めて、昭和初期の大言海に「**はるさめ**（名）春雨　春ノ候ニ、シトシトト降ル雨」と説明されました。「シトシトト降ル雨」とはどんな雨なのでしょうか。シトシトという言葉は、室町時代の連歌論書である筑波問答（二条良基著・一三七二年頃）という本に「しとしとし侍る事なり」と初出しているようです。

大言海では「**志と志と**（副）㈠シトヤカニ歩ミナドスル状ニ云フ語。志づ志づ。㈡雨ナドノ、シメヤカニ降ル状ニ云フ語。シヌヌニ。『雨、志と志と降ル』」

と書いてあります。

「シメヤカニ降ル」とは、どんなに降るのか分からないので調べてみると、大言海には「**志めやかに**（副）深沈（湿《シメ》やかにノ意）景況《アリサマ》、気象ナドニ、打チシメリ、鎮マリタル状ニ云フ語。シトシトト。シメジメト。蕭然」と書いてあります。

よく分からないことを書いてありますが、蕭然というのは「静かに」という意味です。現在の他辞典には次のように書いてあります。

広辞林（第六版）：「**しとしと**（副・ニ形動）㈠雨などが静かに降るさま。しめやか。㈡しっとりと湿りけを帯びるさま。『髪が—になる』㈢静かに歩くさま。しずしず」。

広辞苑（第七版）：「**しとしと**①しとやかなさま。静かに行動するさま。しずしず。②雨が静かに小止みなく降るさま。『朝から—と降り続く』」。

新明解国語字典（第六版）：「**しとしと**（副）雨が静かに降る様子」。

これらの大辞典の説明を踏まえて語源を探求すると、一音節読みで息はシと読み形容詞や副詞では「静かな、静かに」、英語でいうところのカーム（calm）の意味があり、「しとしと」の「し」の意味の一つは息であることに間違いないと思われます。

静かに降る雨の殆んどは小雨なので、その意味もあると思われます、一音節読みで細はシと読み「細かい、小さい」の意味があります。春雨が小雨らしいことは、万葉集の次のような歌からも推測されます。

わが背子《せこ》に恋ひて為方《すべ》なみ春雨の降るわき
知らず出でて来しかも（万葉1915）

その歌意は、次のようなものとされています。「私のあの人が恋しくてしようがないので、春雨が降っているかいないかの見境もつかず、夢中で出かけて来てしまった」。

春雨、つまり、「**しとしとと降る雨**」の特徴の二つは息と細であり、降っているのを気にしなくてよい程の**「静かに降る小雨」**なのです。春雨は、息雨であり細雨なのです。

ところが、万葉集には春雨の歌はたくさん詠まれていますが、シトシトという表現はなくて、シクシクという表現のある次のような歌が一首だけ詠まれています。

春雨のしくしく降るに高円《たかまと》の山の櫻は
いかにかあるらむ　（万葉1440）

日本古典文學大系「萬葉集二」（岩波書店）では、その歌意につき次のように書いてあります。

「春雨がしとしとと降るが、高円山の桜はどんなであろうか。しくしくー後から後から追うように」。

この歌意の説明においては、「しとしとと降る」と「しくしく降る」とは、前半では同じ意味の如くに書いてありますが、後半では上述した緒大辞典の説明からすると「しとしとと降る」は「静かに降る」ことなのに「しくしく降る」は「後から後から追うように降る」の意味とされてかなり食い違っています。つまり、この歌意の説明は辻褄が合わず可笑しいということになりますが、語源がしっかりと押さえられていないのでこのような説明になるのです。

「しくしく」について、いくつかの大辞典には、次のように説明してあります。

大言海：「**志く志く**（副）〔頻《シ》く頻《シ》くノ義〕頻《シキ》リニ、打続キテ。頻頻《ヒンピン》ト。シクシクニ」。

広辞林（第六版）：「**しくしく**《頻頻》（副）〔古〕打ちつづいて絶えないさま。しきりに」。

広辞苑（第七版）：「**しくしく**【頻頻】（副）うちつづいて。しきりに」。

「しきりに」について、いくつかの大辞典には、次のように説明してあります。

大言海：「**志きりに**（副）頻荐　繁《シゲ》ク。続ケテ。タビタビ。シバシバ。シクシクニ」。

広辞林（第六版）：「**しきりに**（副）①引続いて。ひっきりなしに。たびたび。何度も。②むやみに。熱心に。非常に」。
広辞苑（第七版）：「**しきりに**【**頻りに**】［副］①しげく。ひき続いて。しばしば。②ひどく。むやみに」。

実は、「しくしく降る雨」というのは、秋に降る雨にもいうようなのです。秋のしぐれは、万葉集に次のような歌が詠まれており、原歌では「為暮」と書かれています。

一日《ひとひ》には千重《ちへ》しくしくに我が恋ふる妹《いも》が
あたりにしぐれ零《ふ》れ見む（万葉２２３４）

その歌意は、「一日のうちに、千度も繰返し恋い慕う妹の家のあたりにしぐれよ降れ、ながめて心やりにしよう」と書いてあります。
しかしながら、この歌におけるシクシクは「我が恋ふる妹」と「しぐれ」の双方に懸っており、前者に懸かる場合と後者に懸かる場合とでは意味が若干《じゃっかん》異なるのではないかと思われます。
つまり、妹に関する場合は「しきりに、繰返し、続いて、引続いて」などの意味の一義、雨に関する場合には「しとしとと降る雨」と同じような「**静かに降る小雨**」の意味と「**しきりに、繰返し、続いて、引続いて、連続して**」などの意味との二義が含まれると思われるのです。

以上に叙述してきたようなことをも踏まえて、春雨について、「しとしと」や「しくしく」というときの語源と意味を詳しく探求してみると以下のようになります。

先ず、「シトシト」については、一音節読みで時はシと読み、名詞では「時節」、副詞では「時々、ときたま」の意味があるので、時だけで「時節に時々」の意味があります。息はシと読み形容詞や副詞では「静かな、静かに」の意味、英語でいうところのカーム（calm）の意味があります。細はシと読み形容詞や副詞では「細かい、小さい」の意味があり、細雨という熟語は小雨という意味です。つまり、シトシトのシは意味上は**時息細**であり、直訳すると**「時節に時々、静かに、小さい」**の意味があります。ここでは、時節というのは「春に」の意味、「時々」というのは「降ったり止んだり」の意味、「小さい」というのは「小雨」のことです。

動はトンと読み「動く、変動する、変化する、不規則である」などの意味、蹈はトウと読み、蹈襲（踏襲）という熟語で使われている字で「続く、連続する、引続く」などの意味があります。つまり、シトシトのトは意味上は**動蹈**であり、直訳すると**「不規則に連続する」**の意味になります。

したがって、シトシトのシトは、意味上は**時息細・動蹈**であり「時節に時々静かに小さい、不規則に連続する」の意味ですが、「小さい」の意味を最後にしていうと**「時節に時々静かに、不規則に連続する、小さい」**の意味になり、これがこの言葉の語源と思われます。

そうすると「時節に」というのは「春に」の意味としていうと、**「シトシトと降る雨」**は**「春に時々静かに不規則に連続して降る小雨」**の意味になります。春雨が「シトシトと降る雨」ならば、この雨はこの語源の意味のような雨ということになります。

次に、「シクシク」についていうと、シクシクのシはシトシトにおけると同じ時息細の意味があります。

一音節読みで汩は清音読みではクと読み「不規則の、不規則に」の意味、滾はクンと読み「続く、連続する、引続く」などの意味があります。つまり、シクシクのクは、意味上は**汩滾**の意味があり**「不規則に連続する」**の意味があるものと思われます。

したがって、シクシクのシクは、意味上は**時息細・汩滾**であり、「時節に時々静かに小さい、不規則に連続する」の意味ですが、「小さい」の意味を最後にしていうと**「時節に時々静かに、不規則に連続する、小さい」**の意味になり、これがこの言葉の語源と思われます。

そうすると、「時節に」というのは「春に」の意味としていうと、**「シクシク降る雨」**は**「春に時々静かに不規則に連続して降る小雨」**のことになります。

ハルサメという言葉においては、「時節に」というのは「春に」の意味であり、「連続して」というのは「止むことなく連続して」と「降ったり止んだりしながら連続して」、或いは、「その双方を含めて連続して」の意味なのかは明確には分かりませんが、「その双方を含めて連続して」の意味と解釈してよいかと思われます。

　結局のところ、シトシトとシクシクとはまったく同じ意味ということになり、「シトシトと降る雨」と「シクシク降る雨」の両者はまったく同じ意味の雨ということになります。

　正直なところ、「しくしく降る雨」であるハルサメ（春雨）やシグレ（時雨）は、実際は、どのように降る雨なのかは分かりませんが、ｉ「時節」の意味が不必要であれば時におけるその意味を省けばよく、ii「時々降る雨」、つまり、「降ったり止んだりする雨」でなければ時における「時々」の意味を省けばよく、iii「不規則に降る雨」でなければ動や汨の意味を省けばよく、iv「連続して降る雨」でなければ蹈や滾の意味を省けばよいことになります。

例えば、これらの意味を全部省くと、「シトシトと降る雨」と「シクシク降る雨」は**「静かに降る小雨」**のことになります。

　ハルサメは、秋に降るシグレに対応する雨とされているように思われます。繰返しになりますが、ハルサメの歌とシグレの歌とを並べて書きますと、次の二首の歌にあるようにハルサメにもシグレにも「しくしく」という言葉が使われています。

　春雨のしくしく降るに高円《たかまと》の山の櫻は
　いかにかあるらむ　（万葉１４４０）

　一日《ひとひ》には千重《ちへ》しくしくに我が恋ふる妹《いも》があたり
　にしぐれ（為暮）零《ふ》れ見む　（万葉２２３４）

語源上は、「春に降る雨」であるハルサメと「秋冬に降る雨」であるシグレとは、降る時期が異なるだけでほぼ同じような雨とされているように思われます。

　平安時代の古今集以降は、シグレは漢字で「時雨」

とも書かれるようになります。**「春雨」**は、季節が異なるので、雨の態様も少し異なるとしても、秋の**「時雨《しぐれ》」**に対応する雨と見做されているようであり、そもそもはアキサメ（秋雨）という言葉は存在しない筈のようなのです。過去に、アキサメという言葉を使おうとした分かっていない人がいたとみえて、鎌倉時代前期の歌論書である八雲御抄（順徳天皇著）の三上天象の条に「光忠があきさめなどいへるたぐひはおかしき事なり」と書かれています。万葉集には、原歌では「秋之雨」と書かれて一首だけが詠まれていますが、これが「しぐれ」のことを指すのかどうかは分かりません。

　秋の雨に濡れつつ居れば賤《いや》しけど
　吾妹《わぎも》が屋戸《やど》し思ほゆるかも　（万葉１５７３）

　このような訳で、古くからの歴史ある和歌の世界では「秋雨」という言葉は使われません。江戸時代に確立された比較的新しい俳句の世界では、芭蕉は使わなかったようですが、蕪村や一茶は秋雨という言葉を使って「秋雨や水底の草を踏み渡る（蕪村）」、「秋雨やともしびうつる膝頭（一茶）」という俳句を詠んでいます。

　両俳人は、秋雨と時雨《しぐれ》との区別というか関係というか、そういうものはどのように解釈していたのでしょうか。

　なお、万葉集には、「春雨」が二十首（７９２、１４４０、１４９６、１６９７、１６９８、１７４７、１８６４、１８６９、１８７０、１８７８、１９１５、１９１６、１９１７、１９１８、１９２９、１９３２、１９３３、３９０３、３９６９、４１３８）、「春の雨」が三首（７８６、１４４４、１８７７）詠まれています。

　現代の大辞典には、次のように書いてあります。

大言海（昭和七〜九年刊）：「**はるさめ**（名）春雨
　春ノ候ニ、シトシトト降る雨」。
広辞林（第六版）：「**はるさめ**【春雨】しとしとと降る雨」。

広辞苑（第七版）:「**はるさめ**【春雨】春降る雨。特に若芽の出る頃、静かに降る細かい雨」。

新明解国語辞典（第六版）:「**はるさめ**【春雨】静かに降る、春の雨」。

大言海:「**志ぐれ**（名）時雨　秋冬ノ際ニ、且《カ》ツ降リ、且ツ晴ルル、小雨《コサメ》ノ名」。

広辞林（第六版）:「**しぐれ**【時雨】晩秋初冬のころ、晴れた空が急に曇って雨が降り出し、まもなく晴れ、やがてまた曇って降り出すというように、定めなく時々降ってくる雨」。

広辞苑（第七版）:「**しぐれ**【時雨】（「過ぐる」から出た語で、通り雨の意）」秋の末から冬の初め頃に、降ったりやんだりする雨」。

新明解国語辞典（第六版）:「**しぐれ**【時雨】秋の末から冬にかけて、空が一面に曇り　ひとしきり降ったかと思うと、またやんだりする雨」。

大言海:「**あきさめ**（名）秋雨　（春雨《ハルサメ》ノ対）秋ノ時節ニ降ル雨」。

広辞林（第六版）:「**あきさめ**【秋雨】秋に降る雨」。

広辞苑（第七版）:「**あきさめ**【秋雨】秋に降る雨。特に九月から一〇月にかけての長雨をいう」。

新明解国語辞典（第六版）:「**あきさめ**【秋雨】秋の季節に降り続くことの多い、冷たい雨」。

現代の大辞典では、ハルサメは「シトシトと降る雨」とされており、シグレは「降ったり止んだりする雨」とされています。したがって、大辞典では、ハルサメとシグレの語源をしっかり踏まえて定義されているのかどうか疑問があります。それに加えて、ハルサメに対応するのは大言海におけるようにシグレではなくて秋雨とされているようです。

なお、シグレについて、広辞苑の『過ぐる』から出た語で、通り雨の意」という説明は、広辞苑の編者説ですが、デタラメの誤解説であることは間違いないと思われます。しかしながら、このようなデタラメ・インチキ説が世に広まってしまっていることは実に嘆かわしいことです。詳しくは、**シグレ**（時雨）欄をご参照ください。

最後に、万葉集で、必ずしも雨に関することではない「しくしく」の文言の入った歌を数首挙げておきます。大辞典によれば「しくしく」は「しきりに」の意味、「しきりに」は「続いて、連続して、引続いて」などの意味とされていますが、雨のことではない場合の語源は「襲滾襲滾《シクンシクン》」になります。一音節読みで、襲はシ、滾はクンと読み共に「続く、連続する、引続く」などの意味があります。

ささなみの志賀さざれ波しくしくに常にと
君が思ほせるかも　（万葉２０６）
歌意：「ささなみの志賀の湖のさざれ波が、しきりに立つように、皇子は『永く生きていたい』と、しきりにお思いになっておられたのだった」。

春日野に朝ゐる雲のしくしくに吾《あ》は
恋ひまさる月に日に異《け》に　（万葉６９８）
歌意：「春日野に朝動かずにいる雲のように、いく重にも重なってしきりに私は恋心がまさって来ます。月毎に日毎に。しくしくに——シクは重なる意」。

ぬばたまの黒髪山の山草に小雨《こさめ》降りしき
しくしく思ほゆ　（万葉２４５６）
歌意：「黒髪山の山草に小雨の降りしきるように、恋しい人がしきりに思われる」。

山吹は日に日に咲きぬ愛《うるは》しと吾《あ》が思《も》ふ君は
しくしく思ほゆ　（万葉３９７４）
歌意：「山吹は日に日に咲きます。立派な方と思うわが君は、しきりに慕わしく思われます」。

奥山の樒《しきみ》が花の名のごとやしくしく君に
恋ひわたりなむ　（万葉４４７６）
歌意：「奥山のシキミの花の名のように、しきりにあなたを恋いつづけることでしょうか」。

75　バン（晩）

大言海には、「**ばん**（名）晩‖（一）ユフグレ。（二）転ジテ夜《ヨ》。（三）オソキコト。（早ニ対ス）『早晩』晩春』晩年』」と書いてあります。

バンは、漢字では晩と書かれ、「夕方、夕方に近い夜」などのことをいいます。朝飯《あさめし》、昼飯《ひるめし》、晩飯《ばんめし》のように使われます。晩飯とは夕食のことです。

漢和辞典によれば、**晩**の字は現在の漢語の一音節読みではワンと読みますが、「漢音ではバンと読んだ」とされています。もし、そうであれば、晩の漢音読みが語源ということになります。現在の漢語では、ワンと読む晩という一字語と、同じ意味の**傍晩**という二字熟語がありバンワンと読み「夕方、夕方に近い夜」のことです。したがって、現在の漢語読みからすれば、バンは**「傍晩の一音節読みの略称」**ともいえます。

夕方以降のことをバンというのは、関西、四国、九州では極めて普通のことであり、最近の若い人たちはどうか分かりませんが、以前は「夕方」などとは殆んどいいませんでした。

この場合のバン（晩）は、時刻でいえば、一般的に、夕暮れ時から就寝時刻頃までを指し、夏時間では午後十一時頃まで、冬時間では午後九時頃までを指しました。

76　ヒ（日）

ヒは、漢字で「日」と書き、太陽のことをも意味します。そして、「真っ赤に燃える太陽」などの表現があるように、太陽は燃えていて赤く輝いているものと認識されています。

真っ赤、つまり、真紅を意味する字は緋であり、一音節読みでフェイと読みます。漢語にはヒと発音する字はなく、他方、日本語にはフェイと発音する漢字はありません。したがって、漢語でフェイと読む漢字の多くは、日本語ではヒと読むことになっています。

つまり、日をヒと読むのは、**緋**の読みを転用したもので、直訳すると**「赤い（もの）」**の意味になっており、これがこの言葉の語源です。

一音節読みで、火はフォ、灯はトンと読むのですが、共に「赤いもの」と認識されていることから日本語では共に「ヒ」とも読むのです。

また、日と火が極めて密接な関係であることの一例として、その偏《へん》が日と火とである昞と炳とは、読みも意味もまったく同じであり、一音節読みで共にビンと読み共に「明るい」の意味です。

上代特殊仮名遣では、日のヒは甲類、火のヒは乙類（その理由は不明）の発音とされていますが、訓読の日《ヒ》と火《ヒ》の語源は共に緋《フェイ》であることに間違いないと思われます。したがって、上代では、漢字の読みに甲類と乙類の発音の相違があったとしても、実際の発音上、どのように異なり得るのかということも検討されて然るべきものと思われます。

このことからすると、万葉集などの諸言葉において漢字仮名が区別して使われているのは単に言葉を区別するために過ぎないのかも知れないのであり、発音の相違による上代特殊仮名遣というのが、ほんとうに存在したとしても、奈良時代でもさほど正確には使われたものではなかったといえそうです。

例えば、上《かみ》の「み」と神《かみ》の「み」とについて、江戸時代の日本釈名（貝原益軒〔一六三〇～一七一四〕著）には「神、かみハ上《カミ》也」と書いてあるのですが、「日本語の起源」（大野晋著）の一五四頁には、万葉仮名で甲類と乙類に使い分けられているから「上《かみ》にましますから神《かみ》というのではないということが分った」と書いてあります。

しかしながら、古事記の歌謡（歌番九〇）の原文では、「上《かみ》」は甲類の漢字で「加美」と書かれており、万葉集の原歌では、「神《かみ》」は「可美」や「賀美」とも書かれています。つまり、万葉仮名では、上の「み」にも神の「み」にも甲類の「美」が使われていて、上記の学者の言説とは矛盾しています。

また、次に示すように、万葉集の歌で調べてみると、神《かみ》の「み」について、甲類と乙類の双方の字が使われているのであり、甲類の字（美、見）で書かれたものと、乙類の字（尾、未、味）で書かれたものとの比率は5対12、つまり、おおよそ1対2になっています。


可美・（甲類）（3）：4350・4380・4392。

賀美・（甲類）（1）：4402。

可見・（甲類）（1）：4111。

可尾・（乙類）（2）：813・869。

加未・（乙類）（1）：4000。

可味・（乙類）（2）：4008・4220。

可未・（乙類）（7）：4009・4089・4098・4101・4106・4125・4465。

迦微・（乙類）（9）：古事記（歌謡：歌番二・三・四・六・七・四〇・四六・九四・九六）神の意。


橋本進吉博士の「古代語の音韻に就いて」という講演録には次のように書いてあります。

「『神《カミ》』という語は『上』という意味の『かみ』から出たものであるという説があります。これは宣長翁の説ですけれども、宣長翁は『古事記』において、ミに対して普《あまね》く『美』および『微』の字を用いた中に『神』の『み』にはいつも『微』を用いて『美』を用いないということに気が付きながら、一般に『ミ』にあたる万葉仮名に二類の別があって『美』と『微』とはそれぞれ別の類に属して互いに混同することがないということをまだ明らかにしなかったために、神の『ミ』と上の『ミ』とを同じ仮名と考えて、かような語源説を立てられたものと思われます」。

しかしながら、安田尚道博士（青山学院大学教授・東京大学文学部卒）の会報手記には次のように書いてあります。

「ところが、宣長の著作のどこにも『神は上（カミ）に由来する』とは書かれていない。そこであらためて、『神』の語源説を説いた色々な文献を調べた結果、『神』『上』同源説は十七世紀からあり、新井白石・賀茂真淵もこの考えだが、本居宣長はそうではなく、神の語源について『旧（フル）く説けることども皆あたらず』、すなわち、『神』『上』同源説も含めて従来の説は全部ダメだ、と述べていることがはっきりしたのである。中略。橋本氏は、宣長や龍麿の到達点を理解していなかったのだが、それにしてもなぜ『宣長は〈神は上に由来する〉と述べた』などと言ったのであろうか」。

このような記述からすると、「宣長は『神は上（カミ）に由来する』と述べた」というのは、橋本進吉博士のかん違いなのでしょうか。ところが、橋本進吉博士の教え子とされる学者の書いた「日本語をさかのぼる」（大野晋著・岩波新書）の一〇七頁には「本居宣長以来、神《かみ》は上《かみ》にましますからカミというのだと言われて来た」と書いてあります。

また、この講演録では「奈良時代の古事記においてはミ（み）という音声の漢字には普く美と微とが用いられているが、神のミ（み）にはいつも加微《かみ》のように微だけを用いて美を用いず互いに混同することがなかった」とありますが、同時代の万葉集では「神のミには、可美《かみ》や賀美《かみ》のように美も使われている」ことには言及されておらず片手落ちの主張になっています。

そうすると、上代特殊仮名遣では、いくつかの漢字の発音には甲類と乙類の区別があったという主張も、どのように異なり得るのかの問題などもありやや怪しい感じがしないでもありません。

77　ヒコボシ（彦星）・タナバタ（織女）

シナの民間伝承に、天帝が、とても勤勉であった牽牛《けんぎゅう》という若者を見込んで、これも勤勉な働き者であった自分の娘である織女《たなばた》と結婚させたのですが、結婚すると二人は新婚生活に酔いしれて働かなくなってしまったので、天帝は怒ってしまい、年に一日だけ夫婦が会うことを許したのです。七月七日の夜は「七夕」といい、牽牛と織女とが、一年に一度だけ会える夜とされ、カササギという鳥が集って、その翼で天の河、つまり、銀河に橋を架けて、織女が牽牛に会うために銀河を渡るのを手助けするという話があります。

牽牛と織女は星であり、漢語では牽牛星と織女星というのに対応して、日本語では彦星《ひこぼし》と姫星《ひめぼし》とでもいうべきと思われますが、万葉集の原歌では彦星、孫星や男星と織女と書かれて、前者はヒコボシ、織女の殆んどは四音節でタナバタ、または和歌での音節数の調整の必要があるときは六音節でタナバタツメと読まれています。

織女を、タナバタと読むのは、原歌では織女の相当する場所に万葉仮名で多奈波多、当て字で棚機や棚幡と書かれているので、織女もまたタナバタと読むべきことが分かるからです。

万葉集では、巻十の秋の雑歌「七夕」の条に、九十八首がまとめて詠まれていますが、他所でも詠まれています。五首を挙げると次のようなものがあります。原歌では括弧内におけるような漢字で書かれています。

織女《たなばた》（多奈波多）し　船乗りすらし　眞澄《まそ》鏡
清き月夜に雲立ち渡る　（万葉３９００）

織女《たなばた》（棚機）の　五百機《いほはた》立てて　織る布《ぬの》の
秋去り衣《ころも》　誰か取り見む　（万葉２０３４）

天の河　霧立上《たちのぼ》る　織女《たなばた》（棚幡）の
雲の衣《ころも》の　飄《かへ》る袖《そで》かも　（万葉２０６３）

天の河　棚橋渡せ　織女《たなばた》の
い渡らさむに　棚橋渡せ　（万葉２０８１）

我がためと　織女《たなばたつめ》のその屋戸《やど》に織る
白栲《しろたへ》は　織りてけむかも　（万葉２０２７）

漢語の一音節読みで彦はヤンと読むのですが、日本語の訓読ではヒコと読みます。斐はフェイと読み「優れている」という意味であり、成績斐然とは「成績が優秀である」ということです。哿はコと読み「良い、良好な」の意味があります。つまり、ヒコは**斐哿**であり**「優れた良い（男）」**という意味です。

世間に広く誤解されているらしいのは、タナバタというのは、行事の名称のこととされているらしいことです。タナバタは、彦星の対語であり、また上述の歌からも分かるように、女性の名前なのです。例えば、天河を姓とすれば、織女は名になるので、全称では**「天河織女《あまのかはたなばた》」**という姓名の女性ということになります。

　織女は、どうみてもタナバタとは読めそうにありませんが、あえてそのように読むのには理由があるのです。つまり、タナバタという仮名言葉に意味を込めてあるのです。どんな意味かというと、五年前の二〇一八年七月に「草木名の語源」という拙著本のササ（笹）欄で初披露したばかりなのですが、次のようなことです。

　一音節読みで探はタンと読み、人を訪問すること、つまり、人を訪《たず》ねることをいいます。男はナンと読み男性のことです。したがって、探男はタナと読めることになり「男を訪ねる」という意味です。傍はバンと読み「そばに居る」ことをいい、躺はタンと読み「横になる、横たわる、寝る」ことをいいます。

　したがって、タナバタは**探男傍躺**の多少の訛り読みであり、直訳すると**「男を訪ねて行って傍に寝る（女）」**の意味ですが、七夕という漢字を生かすと**「男を訪ねて行って傍に寝る（夜）」**の意味になり、これがこの言葉の語源です。

　タナバタという言葉は、奈良時代にはできていたにもかかわらず、その語源と意味は上述した「草木名の語源」という拙著本での披露が初めてなのです。日本語の仮名言葉の最大特徴は、**「その語源と意味が明確にできる」**ということなのですが、日本語はそのことが行われない言語なのです。

　語源に示したような意味になることは、万葉集に次のような歌が詠まれていることからも容易に判断できます。

天の河　相向き立ちてわが恋ひし君
来ますなり　紐《ひも》解き設《ま》けな　（万葉１５１８）

ま日《け》長く　恋ふる心ゆ秋風に
妹が音聞ゆ　紐解き行かな　（万葉２０１６）

遠妻と　手枕交《か》へてさ寝る夜は　鶏《かけ》はな鳴きそ
明けば明けぬとも　（万葉２０２１）

わが待ちし　秋は来《きた》りぬ妹と吾
何事あれそ　紐解かざらむ　（万葉２０３６）

天の河　川門《かはと》に立ちてわが恋ひし　君来ます
なり　紐解き待たむ　（万葉２０４８）

高麗錦《こまにしき》　紐解き交《かは》し天人《あめひと》の　妻問ふ
夕《よひ》ぞ　われも偲《しの》はむ　（万葉２０９０）

「紐解く」が、どこのなにを解いて、いかなる意味であるかは「いわなずもがな」のことです。日本の古代では、男が女のところに通う「妻問婚」であったため、万葉集の歌では舟を漕いで男が女のもとに訪れる歌が殆んどですが、中国の伝承では、銀河に架けられた鵲橋《かささぎのはし》を渡って、女が男のもとに会いに行くことになっており、上述もしましたが一首だけ次のような歌があります。

織女《たなばた》し船乗りすらし眞澄鏡《まそかがみ》
清き月夜に雲立ち渡る　（万葉３９００）

なお、「七夕」の二字は、漢語では七夕《チシ》、日本語では七夕《しちせき》と読まれるのですが、いつ頃から七夕《たなばた》とも読まれるようになったかは本書では明確には分かりません。

万葉集には次のような歌があり「七夕《なぬかのよ》」と振仮名して読んであります。

一年《ひちとせ》に七夕《なぬかのよ》のみ逢ふ人の恋も
過ぎねば夜は更けゆくも　（万葉２０３２）

江戸時代の和漢三才図会（一七一二年刊）の七夕欄では「志つせき」とだけ読んであり、「たなばた」とは読まれていません。七夕を「たなばた」と読むようになったのは、明治時代以降のようです。

78　ヒサメ（氷雨・雨氷）

ヒサメという言葉がありますが、古くから次の二つの意味があるとされています。

① 「大雨」の意味。
② 「霰《あられ》や雹《ひょう》」の意味。

平安時代の和名抄（雲雨類）に、「霈、大雨也、火雨　和名比左女、雨氷　同上　今按俗云、比布留」と書いてあります。

ここには三つのことが書いてあるのです。一つは「霈は大雨のことであり、当て字で火雨と書き、和名でヒサメ（比左女）という」、二つは「雨氷もまた、当て字で火雨と書き、和名で同じようにヒサメ（比左女）という」、三つは「ヒフル（比布留）は、前者の霈については『肥降《ひふ》る』のこと、後者の雨氷については『氷降《ひふ》る』のことである」。

日本語の特徴の一つは当て字言語なので、霈を火雨《ひさめ》というのは肥雨《ひさめ》のことであり、雨氷を火雨《ひさめ》というのは氷雨《ひさめ》のことなのです。比布留《ひふる》とあるのは、前者の霈では「肥《ひ》降る」のこと、後者の雨氷では「氷《ひ》降る」のことです。

漢語の一音節読みで霈はペイと読み「大雨」という意味の字です。

注目すべきことは、後者の雨氷については、雨混じりの氷、或いは、氷が雨混じりに降ることとは書いてないことです。したがって、雨氷は、「雨混じりで降る氷」のことではなくて、「雨のように降る氷」のことと理解しなければならないことになります。

なぜ、ヒサメが、「大雨」と「雨氷」の双方を指すことになるのかを説明します。

先ず、大雨をヒサメということについて、肥は漢語の一音節読みでフェイ、日本語の音読でヒと読み「肥った、肥大した、大きな、豊富な」などの意味があるので、**ヒサメ**は**肥雨**になり「豊富な雨」、つまり、**「大雨」**のことになります。

次に、雨氷をヒサメということについては、和名抄に「氷　和名比」と書いてあります。つまり、氷はヒ（比）と読むと書いてあります。日本語では古くから雨はサメとも読まれました。例えば、小雨《こさめ》、春雨《はるさめ》、村雨《むらさめ》などがあります。したがって、「氷雨」はヒサメと読めることになります。氷雨は雨氷とも書き、これらの漢字言葉における雨は、英語でいうところのレイン（rain）のことではなくて、「雨のように降るもの」の意味なのです。つまり、氷雨は「氷で雨のように降るもの」、雨氷は「雨のように降る氷」の意味なのです。したがって、こちらの**ヒサメ**（氷雨・雨氷）は**「雨のように降る氷」**のことであり具体的には**「霰《あられ》や雹《ひょう》」**のことになるのです。

結局のところ、**ヒサメの語源**は**「肥雨」**と**「氷雨」**ということです。

ヒサメという言葉は、そもそもは肥雨、つまり、大雨の意味でつくられたのが、その音声は氷雨の読みにも該当するので、こちらの意味でも使われるようになったものと思われます。

大言海には、古代における実際の使用例として次のようなものが挙げられており、その解説書の読み下し文では、記述のように振仮名して読んであります。

〈大雨の意味として〉

①日本書紀の垂仁紀五年十月の条の「大雨従狭穂発而来之濡面」という原文を、「大雨《ひさめ》狭穂《さほ》より発《ふ》り来て面《かほ》を濡らす」と振仮名して読んであります。

②日本書紀の武烈紀八年三月の条の「不避大風甚雨」という原文を、「大風甚雨《ひさめ》に避《さ》らず」と振仮名して読んであります。

③日本書紀の皇極紀元年十一月の条の「大雨雷」という原文を、「大雨《ひさめ》ふり雷《いかづち》なる」と振仮名して読んであります。

④日本書紀の皇極紀二年九月の条の「大雨而雹」という原文を、「大雨《ひさめ》ふりて雹《あられ》ふる」と振仮名して読んであります。

⑤日本書紀の孝徳紀白雉元年二月の条の「久矣無別風淫雨」という原文を、「久しく別風《よもの》淫雨《ひさめ》無く」と振仮名して読んであります。淫雨は、そもそもは長雨のことです。

⑥日本書紀の天智紀九年四月の条の「大雨雷震」という原文を、「大雨《ひさめ》ふり雷《いかづち》震《な》る」と振仮名して読んであります。

つまり、これらの記述では、ヒサメは、**大雨**、**甚雨**、**淫雨**になっています。

〈霰や雹の意味として〉

⑦古事記の景行天皇の「小碓命（倭建命）の東伐」

の条の「零大氷雨、打惑倭建命」という原文を、「大氷雨《おほひさめ》を零《ふ》らして、倭建命を打ち惑はしき」と振仮名して読んであります。

⑧古事記の允恭《いんぎょう》天皇の条の「爾到其門時、零大氷雨」という原文を、「ここにその門に到りまし し時、大《いた》く氷雨《ひさめ》零《ふ》りき」と振仮名して読んであります。

⑨日本書紀の神武即位前紀戊午年の十二月の条の「時忽然天陰而雨氷」という原文を、「時に忽然《たちまち》にして天陰《ひし》けて雨氷《ひさめ》ふる」と振仮名して読んであります。

⑩日本書紀の孝徳紀白雉三年四月の条の「連雨氷。至于九日、損壊宅屋、傷害田苗」という原文を、「連《しきり》に雨氷《ひさめ》ふる。九日に至りて、宅屋を損壊《やぶ》り、田苗を傷害《そこな》ふ」と振仮名して読んであります。

つまり、ヒサメは、古事記では**氷雨**、日本書紀では**雨氷**になっています。

なお、上述してはいませんが、ⅰ日本書紀の皇極紀二年二月の条の原文の「風雷雨氷」と、ⅱ同年三月の条の原文の「風雷雨氷」の二つの雨氷につき、古くからミゾレ（美曾礼）と読まれていたのか、江戸時代の箋注和名抄（箋注倭名類聚抄）ではヒサメ（比佐女）と読むべきであると書いてあり、これは正論と思われます。なぜならば、「氷雨や雨氷」と冰雪とは同じものと思われますが、平安時代の和名抄には「氷雨や雨氷」ではなく「冰雪」を「美曾礼」と読んであって漢字が異なっていることと、ミゾレには霙のことであるミゾレ（三曾礼）もあるので混乱を避けるためでもあります。

現代の解説書である日本書紀（岩波文庫）をみると、二か所共に「風ふき雷《いかづち》なりて雨氷《みぞれ》ふる」と振仮名して読んであります。解説学者が「みぞれ（美曾礼）」の「美」をいかなる意味と考えているのかは分かりませんが、混乱を避けるためにも、箋注和名抄が指摘しているようにヒサメと読んだ方が良いと思われるのです。後述するように岩波書店の広辞苑、三省堂の広辞林や小学館の日本国語大辞典において、ヒサメ欄にミゾレを含めて記述してあるのは、日本書紀での上述した二つの「雨氷」に対する「ミゾレ（美曾礼）」の読みを踏まえてのことと思われます。

結局のところ、ヒサメは、平安時代以来、ヒサメ（肥雨）からきた「**大雨**」の意味と、氷雨や雨氷の訓読のヒサメからきた「雪からできた氷」のことである「**霰《あられ》や雹《ひょう》**」の意味との二つの意味があるとされているのです。

したがって、例えば、大辞典の説明は、次のようなものになるべきものと思われます。

「**ひさめ**（名）①大雨のこと。甚雨。淫雨。霈霖。②霰《あられ》や雹《ひょう》のこと。氷雨。雨氷。（注）古代から『ひさめ』には、同音異義語として、上記①と②の二つの意味があるとされている」。

なお、そもそもは霈は大雨のこと、霖は長雨のことですが、熟語の霈霖は日本語ではヒサメと読まれて大雨のこととされています。日本書紀の孝徳紀では長雨のことである淫雨をヒサメと読んであります。

平安時代の和名抄には、霙《みぞれ》、霰《あられ》、雹《ひょう》、霈《ひさめ》、雨氷《ひさめ》について、次のように書いてあります。

・霙、雨雪相雑也、三曾禮。
・霰、冰雪雑下也、美曾禮。
・雹、雨氷也、安良禮。
・霈、大雨也、比左女。
・雨氷、比左女。

霰に対応する言葉としては、万葉集で詠まれていることから、既に奈良時代には存在した「アラレ」という言葉があるのに、和名抄では、なぜ、「ミゾレ（美曾禮）」という言葉をつくったのでしょうか。霰の字は、万葉集の歌における注釈書ではすべて「あられ」と振仮名して読んであります。（アラレ欄参照）。

和名抄で霙は三曾禮、霰は美曾禮と同じ音声で読めるように書いてあるのは謎であり、この謎を解くのは至難のことのように思われます。

憶測するところ、ミゾレは語源上は「雨雑じりに降る（もの）」の意味になっていて、「雨と雑じって降る（もの）」が特定されていないので、それが雪である場合に「三曾禮」とし、雨のように降る氷、つまり、霰や雹である場合に「美曾禮」としたのかも知れません。霰は「冰雪雑下也」と書かれていることからもそのことが推測されます。しかしながら、和名抄の著者はミゾレ（美曾禮）のミ（美）はいかなる意味と考えていたのでしょうか。霙《みぞれ》は雨と雪が一緒になって降るので「雨雪」のことであり、霰《あられ》は雪が集まり固まって氷状になったもので、雪状が残った雪霰《ゆきあられ》と、まったく氷になった氷霰《こおりあられ》とがあるので「氷雪（冰雪）」のことになり、霙と霰の両者は異なるものなのです。漢語辞典には、次のように書いてあり、漢字の字義上は、日本語の意味とやや異なっています。

・霙：雪のこと。古書上は雪花を指す。
・霰：雪珠や冰粒のこと。雹ともいう。

また、万葉230の長歌について、大言海では「…玉鉾ノ　道来ル人ノ　泣ク涙　霈霖《ヒサメ》ニ降レバ・・・」と書いて振仮名して読んであり、日本古典文學大系「萬葉集一」（岩波書店）では「・・・玉鉾の　道来る人の　泣く涙　霡霂《こさめ》に降りて・・・」と書いて振仮名して読んであります。霈霖（＝大雨）と霡霂（＝小雨）の両者は正反対の意味であり、原歌ではどちらなのか分かりませんが、現存する写本では双方があるようです。したがって、ヒサメという言葉が奈良時代（万葉時代）に存在したのかどうかは不明といえそうです。

ヒサメについて、明治時代以降の大辞典には、次のように書いてあります。

日本大辞書：「**ひさめ**　名　◎｛（大雨＝甚雨）〔ひた（直）め（雨）〕ノ転。オホアメ（和名抄）◎｛氷雨｝雹」。
日本大辞林：「**ひさめ**　氷雨。霈。あられ。また、おほあめをいふ」。
帝国大辞典：「**ひさめ**　名詞①（大雨＝甚雨）おほあめ。②(氷雨)雹。(和名抄)和名比佐女」。
日本新辞林：「**ひさめ**〔名〕①（大雨）おほあめ（甚雨）。②（氷雨）雹（ヒョウ）」。
大日本国語辞典：「**ひさめ**　氷雨（名）ひょう（雹）

に同じ。ひさめ　大雨（名）をやみなく、降る雨。おほあめ　霖雨」。

辞林：「**ひさめ**〔大雨〕（名）おほあめ、甚雨。**ひさめ**〔氷雨〕（名）あられ。又、ひょう」。

広辞林（初版）：「**ひさめ**〔大雨〕（名）おほあめ（甚雨）。**ひさめ**〔氷雨〕（名）あられ。ひょう」。

大言海：「**ひさめ**（名）氷雨。ヒョウ（雹）ニ同ジ」。

「**ひさめ**（名）大雨・甚雨」。

広辞林（第六版）：「**ひさめ**【氷雨・雨氷】①あられ。ひょう。②みぞれ。③冬に降る雨」。

広辞苑（第一版〜七版）：「**ひさめ**【大雨・甚雨】ひどく降る雨。おお雨」。「**ひさめ**【氷雨】①雹（あられ）。霰（ひょう）②みぞれ。また、みぞれに近い、きわめて冷たい雨」。

新明解国語辞典（第六版）：「**ひさめ**【氷雨】①あられ。雹（ヒョウ）②（秋の）冷たい雨」。

日本国語大辞典（二〇巻）：「**ひさめ**【大雨】。**ひさめ**【氷雨】雹（ひょう）。霰（あられ）。みぞれ。ひあめ。


広辞林、広辞苑や新明解国語辞典における「冬に降る雨」とか「きわめて冷たい雨」や「（秋の）冷たい雨」などという意味はどこからでてきたのでしょうか。これらの記述は、完全な誤解説明ともいえるものです。

憶測するところ、ヒサメの第二義としてアラレ（霰）やヒョウ（雹）の意味があり、和名抄で「霰、氷雪雑下也、美曾禮」と書かれていることから、ヒサメはアラレ（霰）でもあるので、ミゾレ（美曾禮）でもあることになるのですが、本来のミゾレ（霙・三曾禮）は雪混じりの雨、または、雨混じりの雪のことなので、極言すれば「冬に降る雨」とか「きわめて冷たい雨」や「（秋の）冷たい雨」であるともいえないことはないので、ミゾレ（霙・三曾禮）とミゾレ（霰・美曾禮）とをごちゃ混ぜにして、そのような意味を推測して書いてあるものと思われます。

しかしながら、一般的に、霰はアラレと読み氷雨または雨氷のことですから、このような解釈をすべきものとは思われません。

また、これらの大辞典でのミゾレは、和名抄での記述を踏まえてのものと思われるので、広辞林、広辞苑や日本国語大辞典では「みぞれ（三曾禮）」或いは、「みぞれ（美曾禮）」と漢字入りで書くべきだと思われます。これらの大辞典の記述をみると、現代の国語学者は必ずしもヒサメが何たるかを正しく把握していないらしいことが窺われます。

先ず、大正時代の大日本国語辞典以前の大辞典では、①大雨、②霰や雹、の二義があることは認められていますが、霰と雹の一方しか書いてないという不備があります。また、日本大辞林にある霈《ペイ》は大雨のことで結構なのですが、大日本国語辞典にある霖《リンユ》雨は長雨のことなのでヒサメとするのは正確には適当でないといえます。

大正時代の金沢庄三郎著の辞林やその後身の広辞林には、二行にわたって正しく説明してあります。

昭和時代初期の大言海にはヒョウはありますがアラレがないという不備があります。

次に、近年に至ってからの三省堂の広辞林と、岩波書店の広辞苑と、三省堂の新明解国語辞典と、小学館の日本国語大辞典ではヒサメの定義が変化しており、適当でない説明になっています。

第一に、広辞林と広辞苑や日本国語大辞典にあるような、ヒサメ（氷雨・雨水）に三曾禮だか美曾禮だか分からないミゾレを含めることは、現在では、誤解を招くおそれが多分にあるので省いた方がよいといえます。

第二に、ヒサメは、正確には、広辞林や広辞苑や新明解国語辞典にあるような「冬に降る雨」や「きわめて冷たい雨」や「冷たい雨」のことではありません。上述したように、この言葉がつくられた当時の古文献でもそのように書かれていないし、語源上もそのような意味はありません。これらの記述は省いた方がよいと思われます。

第三に、三省堂の広辞林と三省堂の新明解国語辞典には、ヒサメの最も肝心な意味である「大雨」のことが抜けていて書かれていません。

どうして、このようなことになるかというと、現代の学者は努力不足で古文書を十分には調査していないようであり、調査しても書いてあることが理解できていないらしいうえに、語源もその意味も分からないらしくて、空想に基づく感性で意味を付け加えて、言葉の意味を変容させつつあることが窺われます。本来ならば、このような誤解は、言語・国語学者によって正されるべきものです。しかしながら、そうなっていないのは、敢えて忌憚なくいえば、現代の言語・国語学者の研究欠如による学識不足に起因しているのです。

このようなことでは、これから学習して育ってくる子供たちが、正しい日本語を習得できないことになります。

国語界では、時の経過によって言葉の意味は変遷するとされており、国語学概論（橋本進吉著・岩波書店）の二三一頁には次のように書いてあります。

「言語は時と共に転変する。同一の言語でも、異なる時代のものを比較すれば、その間に相違があるのが常である。しかしながら、或時に於ける一つの言語について見れば、或一定の音声はいつも或きまつた意味を表はしてゐるのであつて、その言語は一定の状態を保つてゐる。しかるに、その言語を、時の流れに沿うて、各時代を通じて見れば、もと或意味を表はしてゐた音が、他の意味をあらはすやうになり、又、或音によつてあらはされてゐた意味が、他の音によつてあらはされるやうになつて、音と意味との関係に時代による推移変遷が見られるのである」。

しかしながら、そもそも、言語は時代によって変遷すべきものではなく、それが理想と思われるのです。にもかかわらず、変遷するのは、本書にも数例を挙げてあるとおり、大辞典を著編するような言語・国語学者の誤解による影響もかなり多いのであり、特に広辞苑は多くの日本語の意味を広辞苑式の意味に変更しようと意図しているのではないかと疑われるほどになっています。

79　ヒョウ（雹）

ヒョウは、漢字では「雹」と書きます。雹は漢語の一音節読みではパオと読み、日本語ではヒョウと訓読します。一見では、ヒョウは、雹の音読のようにみえますが、日本語として訓読する仮名言葉です。平安時代末期の字類抄に「冰、ヒョウ」と書いてあるので、古くからどのような物体かは認識されてヒョウという言葉は存在したのです。

ヒョウは、雪が連結して氷の塊《かたまり》となったもので、おおよそ丸い形であり、日本では、ダイズ大からモモ大程度までのものがあります。ヒョウと同じものにアラレがあり、現在では、ヒョウは大きなもの、アラレは小さなものと大小で分けられており、直径5㎜以上のものをヒョウ、5㎜未満のものをアラレというとされています。

日本書紀の推古紀三六年四月の条には、「雹零《あられふ》る大きさ桃子《もものみ》の如し」、皇極紀二年四月の条に「雹下《あられふ》れり。其の大きさの径《わたり》一寸」とあります。また、天武紀八年六月の条に「氷零《ひふ》れり。大きさ桃子の如し」とありますが、この氷は雹のことです。

平安時代の和名抄には「雹、雨氷也、安良禮」と書いてあります。古くは、雹はアラレと読まれたようであり、現代の注釈書である万葉集や日本書紀でもすべてそのように振仮名して読んであります。また、万葉集の注釈書では霰もアラレと振仮名して読んであります。古い時代には雹も霰も、つまり、大小共にアラレといったのです。

上述したように、古くは雹はアラレ（安良禮）と読まれていたのですが、大言海によれば、平安時代末の字類抄に「冰、ヒョウ」とあり、江戸時代の和漢三才図会（一七一二）に「雹、ヒヤウ」、書言字考節用集（一七一七）に「冰雪、ヘウ」とあり、箋注和名抄（一八二七）には「雹は比也宇と読む」と書いてあります。

ヒョウ（雹）の実態は、雪からできた「氷の塊」ですが、雨のように降ってくる氷ということで「氷雨」や「雨氷」とも書かれます。突然かつ猛烈に襲来するという特徴があります。氷の塊なので硬く、特に大形の塊とされるヒョウは、農作物や、温室の屋根、車輌の窓ガラスその他に、かなりの被害を与えたりします。

さて、語源のことになりますと、氷の字は氷山《ひょうざん》や氷河《ひょうが》におけるようにヒョウとも読み、雨の字は雨期《うき》、雨天《うてん》などにおけるようにウとも読みます。つまり、ヒョウは**氷**《ひょう》の読みの場合は「**氷**」の意味、**氷雨**《ひょうう》の多少の訛り読みの場合は**「雨のように降る氷」**の意味になり、これがこの言葉の語源と見做すこともできます。

しかしながら、ヒョウは、そう呼ばれる前はアラレやヒサメと呼ばれていたのであり、これらの呼称はその降る態様から付けられたものです。したがって、ヒョウについてもそのように付けられた可能性があります。

一音節読みで、黒はヘイと読み副詞では「突然かつ猛烈に」の意味があり、漢語では黒風とは暴風の意味です。涌はヨンと読み「ほとばしりでる、押し寄せる」の意味があります。涌の発音記号はyongですが、ngのつくものは日本語ではウと読む規則になっていますので、yongはヨウと読むことになります。つまり、ヒョウとは、**黒涌**の多少の訛り読みであり、直訳すると**「突然かつ猛烈に押し寄せる（もの）」**の意味になり、これが降る態様から付けられたこの言葉の語源と思われます。

80　ヒル（昼）

大言海によれば、竹取物語の「燕《つばめ》の子安貝」の下りに「男どもの中に交《まじ》りて、夜を昼になして取らしめ給ふ」とあります。

古事記の神武天皇の条の歌謡に「畝傍山《ウネビヤマ》、比流ハ雲ト居、夕サレバ、風吹カムトゾ、木ノ葉サヤゲル」（歌番二一）とあります。

日本書紀の雄略即位前紀の条に「穴穂天皇、皇后の膝に枕したまひて、昼酔《ゑ》ひて眠臥《みねぶり》したまへり」とあります。

また、平安時代末の字類抄に「昼、ヒル、日中也日昼」と書いてあります。

一音節読みで緋はフェイと読み、名詞では「赤」、形容詞では「赤い」の意味です。漢語の一音節読みでフェイと読む字は、日本語の音読ではヒと読むことになっているので、日本語では緋はヒと読みます。

一音節読みで、太陽のことである日はリと読み、燃える火はフォと読むのですが、太陽は火の塊であり火は赤いものと見做されているので、日本語では両字共に緋の読みを転用してヒと読みます。

赤い日や火が存在する時刻や場所では「明るく」なります。したがって、一音節読みでミンと読む明の字を訓読で「明《あか》るい」と読むのです。赤は「あか」と訓読しますが、児はル、矣はイと読み共に語尾に付ける特には意味のない語気助詞として使われます。つまり、明の字を「明《あか》るい」と読むのは赤児矣の読みなのです。

同じように、ヒルは明るいので、一音節読みでチュウと読む「昼」の字を、訓読でヒル（緋児）と読みます。つまり、ヒルは、**緋児**の多少の訛り読みであり、直訳すると「赤い（時刻）」、少し意訳すると**「明るい（時刻）」**の意味になり、これがこの言葉の語源と思われます。

ヒルは、日本語では漢字で昼と書かれます。現在の漢語では、昼の一字だけでは日本語のヒルという意味ではあまり使われず、一般的には白昼（パイチョウ）や白天（パイテン）といいます。

漢語では、正午のことを午（ウ）というので、その前の時刻を午前、その後の時刻を午後といいます。

真昼頃の挨拶の「こんにちは」は「午上好（ウシャン・ハオ）」ともいいます。

万葉集には、次のような歌が詠まれています。

・昼は咲き夜は恋ひ寝《ぬ》る合歓木《ねぶ》の花君のみ見めや戯奴《わけ》さへに見よ　（万葉１４６１）

81　フモト（麓）

大言海によれば、平安時代の字鏡に「麓、山足、不毛止」、和名抄に「麓、不毛止、山足也」と書いてあります。また、次のような万葉集の歌が紹介されており、原歌では麓は「踏本」と書かれています。

い行会《ゆきあひ》の坂の踏本《ふもと》に咲きををる
桜の花を見せむ児もがも　（万葉１７５２）

字鏡や和名抄で、フモトは山足と書かれているのは、山の足もと部分一帯の土地を指すからと思われます。

一音節読みで跗はフと読み「足、足部」の意味であり、一般的にも事物の足部（脚部）のことを指します。萌はモンと読み「始める」、登はトンと読み「登る」の意味があるので、萌登はモントンと読みその多少の訛り読みがモトであり「登り始める（所）」の意味になります。つまり、フモトは**跗萌登**であり直訳すると**「山足部で登り始める（所）」**の意味になり、これがこの言葉の語源と思われます。

82　フチ（淵）

大言海には、「**ふち**（名）淵＝潭（名）水ノ澱《ヨド》ミテ深キ処」と説明してあります。

また、平安時代の字鏡に「潭、布知」、和名抄に「潭、淵、深水也、布知」、天治字鏡に「淵、不知」と書いてあることが紹介されています。

漢語辞典には、「潭はタンと読み深水池（＝深い水の池）のこと、英語でいうところの deep pond のことを指す。また、淵はユァンと読み本義は「渦巻く水」のことであるが、潭と同じく「deep pond のことを指す」と書いてあります。つまり、潭と淵には同じ意味があると書いてあります。

大言海には、さらに、万葉集と古今集に、次の歌が詠まれていることも紹介されています。

しましくも行きて見てしが神名火《かむなび》の
淵は浅《あ》せにて瀬にかなるらむ　（万葉969）

この歌意は、次のようなものとされています。

「ちょっとでも行ってみたい。飛鳥の神名火の杜《もり》の傍の川の淵は、浅くなって、今ごろは瀬になっていることだろうか」。

世の中はなにか常なる飛鳥川
昨日《きのふ》の淵ぞ今日は瀬となる　（古今・雑）

この歌意からすると、川の「深い水のところ」も淵といったようです。上述したように、淵の本義は

「渦巻く水」のこととされるように、通常、こういうところは流れが生じると渦巻いて流れるところが多いのです。したがって、フチという名称は淵の本義を基《もと》につくられているようです。

一音節読みで回はフィと読み「回る、巻く、渦巻く」などの意味、湛はチャンと読み「水が深い」の意味があります。つまり、フチは**回湛**の多少の訛り読みであり直訳すると「渦巻く水が深い（所）」、表現の順序を変えていうと**「水が渦巻く深い（所）」**の意味になり、これがこの言葉の語源と思われます。

83 ホシ（星）

ホシは、漢字で「星」と書き、その殆んどが地球と同じ恒星といわれています。実際はとても大きいのですが、非常に遠くにあるので小さく見えるのです。万葉集には、次のような歌が詠まれています。

北山にたなびく雲の青雲の
星離《さか》り行き月を離《さか》りて（万葉161）
天の海に雲の波立ち月の船
星の林に漕ぎ隠る見ゆ（万葉1068）

平安時代の和名抄に「星　保之」と書いてあります。ホシ（星）は、晴れた夜空では「きらきらと輝いて」見えます。また、「星の数ほどある」と表現されるように、極めてたくさんあります。したがって、その名称は、このような意味を含んだものになっています。

一音節読みで、赫はホと読み「光り輝く、明るく輝く」の意味があります。十はシと読み、形容詞として使うときは「多い、たくさん」の意味があります。したがって、ホシは**赫十**であり、直訳すると「光り輝く、たくさんの（もの）」、語順を変えていうと**「たくさんの光り輝く（もの）」**の意味になり、これがこの言葉の語源の一つです。

星空の美しさについては、洋の東西、時の古今を問わず、詩にも歌にも数多く詠われ書物にも叙述されてきました。

一音節読みで侯はホウと読み形容詞では「美しい」の意味、昕はシと読み「明るく輝く、明るく光り輝く」などの意味があります。つまり、ホシは、**侯昕**の多少の訛り読みであり直訳すると**「美しく明るく光り輝く（もの）」**の意味になります。

したがって、ホシは、**赫十**と**侯昕**との掛詞であり、まとめていうと**「たくさんの美しく明るく光り輝く（もの）」**の意味になり、これがこの言葉の語源です。

日本国語大辞典（二〇巻）には、一〇個程度の語源説が挙げられていますが、多少傾聴に値するものには「ホイシ（火石）の義」と「オホシ（多）の略」というのがあります。

84　マチ（町）・ムラ（村）・サト（里）

人が集まって居住している場所を「町」や「村」や「里」といいます。漢字の一音節読みでは、町はティン、村はソン、里はリと読みます。平安時代の和名抄の田園類に「町、末知、田区也」、その居宅類に「村、無良、野外聚居也」と書いてあります。

マチについては、一音節読みで満はマンと読み「満ちている、いっぱいである」の意味、集はチと読み「集まる」の意味があります。つまり、マチは**満集**であり**「いっぱい集まっている（所）」**の意味になり、これがマチという言葉の語源です。

ムラについては、一音節読みで募はムと読み「集める、集まる」の意味があり、募集という熟語があります。壌はランと読み「土壌、土地」などの意味があります。つまり、ムラは**募壌**であり**「集まっている土地」**の意味になり、これがムラという言葉の語源です。

サトについては、採はツァイと読み「集める。集まる」の意味があり、採集という熟語があります。土はトと聴きなせるように読み「土、地、土地」などの意味があります。つまり、サトは**採土**でありこれまた**「集まっている土地」**の意味になり、これがサトという言葉の語源です。漢語に採に通じた埰を使った「埰邑」という言葉があり、人が集まり居住する一定区画のことを指します。

マチ、ムラ、サトの各語において、なにが集まっているかというと、もちろん人間が集まっているのです。万葉集に次のような歌が詠まれており、解説書では里は「さと」と振仮名して読んであります。

丈夫《ますらを》の高円山《たかまとやま》に迫《せ》めたれば
里《さと》に下りける鼯鼠《むざさび》そこれ　（万葉1028）

85 **ミサキ**（岬）

万葉集に次のような歌が詠まれています。

ちはやぶる金《かね》の岬《みさき》を過ぎぬとも
われは忘れじ志賀の皇神《すめかみ》　（万葉1230）

大言海によれば、平安時代の和名抄に「岬、山側也、三左木」、名義抄に「岬、ミサキ」と書いてあります。漢字で岬と書き、漢和辞典によれば、日本語では「陸地の海中に突き出た部分」と説明されています。

一音節読みで、溟はミンと読み「海」のことです。向はシャンと読み「向かう。向かっている」の意味、亀はキと読み動詞では「突き出る、張り出している」の意味があります。

つまり、ミサキは**溟向亀**の多少の訛り読みであり直訳すると**「海に向かって突き出ている（陸地）」**の意味になり、これがこの言葉の語源です。

86 **ミズ（ミヅ）**（水）

世界中には、いろんな色の水がありますが、日本語のミズという言葉は、当然に、日本のものを対象にしてつくられたものです。ミズは旧仮名使いではミヅと書きました。なぜならば、語源上はミヅでなければならないからです。しかしながら、公権力で、特別な場合を除いて、すべてズと書くようにされているので、現在ではミズと書くようになっています。

日本書紀の斉明紀四年五月の条に天皇の作歌があ

ります。原歌では、水は万葉仮名で瀰都と書かれています。「・・・ 飛鳥川 漲《みなぎら》ひつつ 行く瀰都の間《あひだ》も無くも 思ほゆるかも」。

万葉集には、次のような歌が詠まれています。

大夫《ますらを》と思へるわれや水茎の
水城《みづき》の上に涙拭《のご》はむ (万葉968)

歌意は、「涙などこぼさぬ立派な男子と思っている自分も、水城の上に立って、涙をぬぐうことであろうか」のようなものとされています。

さて、ミヅの語源の話をしますと、一音節読みで明はミンと読み「鮮明な、透明な」などの意味、姿はヅと読み形容詞では「美しい」の意味があります。つまり、ミヅは**明姿**であり直訳すると**「透明な美しい(もの)」**の意味になり、これがこの言葉の語源です。

京都大学文学部教授で日本言語学会会長にもなった泉井久之助博士(一九〇五~一九八三)は、次のように述べています。

「貝原益軒が【日本釈名】において、日本語の『自(成)語』は語源的に解明しがたいといったのは、ここにいう『究極的な語詞』、すなわち派生語、『転成語』ではなく、反対に派生語を生み『転成語』を生む究極の語詞のことであったと思われる。『自(成)語』は日本語において、その客観的な語原解を立てることが、むしろ不可能だと考えるべきであろう。例えばヤマ(山)の原義は何か。この語の構成はどのような様式に従っているか。また例えばミズ(水)の原義と構成様式はどうか。これらの究極的な語の語源をわれわれは客観性をもって解くことができない」(新村出全集第四巻の解説欄・五三七~五三八頁)。

高名な学者のこのような言説からすると、日本語の語源学分野は江戸時代のものから一歩も進歩していないことが窺われます。貝原益軒のいう「自(成)語」とはどういう意味か分かりませんが、「自然にできた語」という意味ならば、そもそも、人間が使う言葉は意味を込めて人間がつくったものであって、自然にできることなどある筈がありません。特に、日本語の仮名言葉は、漢字からつくられているので語源と意味が明確なのです。

87　ミゾレ（霙）

平安時代の和名抄には「霙、雨雪相雑也、三曾礼」と書いてあります。漢語辞典には、一音節読みで霙はインと読み「雪。古書上は雪花を指す」と書いてあり、雪花とは「空中を翻《ひるがえ》り落ちてくる雪のこと」と説明してあります。

また、明治時代以降の大辞典では、次のように説明してあります。

日本大辞書:「**みぞれ**　名。（霙）稍融ケテ降ル雪」。

日本大辞林:「**みぞれ**　霙　ゆきの、なかばはとけて、あめのごとくなりてふるものをいふ」。

帝国大辞典:「**みぞれ**　名詞（霙）稍融けて降る雪をいふ、即ち、雨と雪との中間のものなり」。

日本新辞林:「**みぞれ**〔名詞〕（霙）稍や融けて降る雪、雨と雪との中間のもの」。

ことばの泉:「**みぞれ**〔名〕霙　雪の、半ばとけてふるもの」。

辞林:「**みぞれ**〔霙〕（名）雪の降下の際稍や温暖なる気層を通過するとき、其一部の溶解して急激に降るもの」。

大日本国語辞典:「**みぞれ**　霙（名）雪の降下して地面に近く来たりしとき、暖気のため、その一部が溶解して降るもの」。

大言海:「**みぞれ**（名）霙〔水霰《ミヅアラレ》ノ約ト云フ〕（一）冬降ル霰ノ脆クシテ、雨ト共ニ降ルモノ。（二）今、京都ニテ、氷水ヲ云フ」。

広辞林（第六版）:**みぞれ**【霙】①雪が降る途中で暖気のため溶けかけて、雨まじりに降るもの。②氷水の一種。削り氷にみつをかけた食品」。

広辞苑（第七版）:「**みぞれ**【霙】①雪がとけかけて雨まじりに降るもの。氷雨（季・冬）。（和名抄一）②削り氷に密をかけた食物」。

新明解国語辞典（第六版）:「**みぞれ**【霙】雨と雪が交じって降る現象。〔雪が空中で溶けて、半ば雨になったもの〕」。

これらの大辞典の説明からすると、ミゾレ(霙)は、**「雨と雪とが雑じって降るもの」**であり、雪の方が多いときは**「雨雑じりの雪」**、雨の方が多いときは**「雪雑じりの雨」**のこととされているようです。

大言海の「水霰《ミヅアラレ》ノ約ト云フ」との説明は正しくないと思われるので、「冬降ル霰《アラレ》ノ脆《モロ》クシテ、雨ト共ニ降ルモノ」との説明も正しくないと思われますが、実際に、霰が雨と共に降るのでしょうか。

大言海では、ミゾレを和名抄にいう美曾禮のこと、つまり、霰《あられ》のことと解してあるようなのですが、美曾禮は「冰雪雑下也」と説明されていて「氷と雪が雑ざって下《ふ》る(もの)」とされているので、水が雑ざって降る「水霰《ミヅアラレ》ノ約」にはなり得ません。したがって、大言海の説明は適当ではないと思われるのです。

広辞苑（第七版）に「**みぞれ【霙】**雪がとけかけて雨まじりに降るもの。氷雨(季・冬)。(和名抄一)」と書いてあるのは完全な誤りです。なぜならば、先ず、和名抄には「みぞれ（霙）は氷雨である」などとは書かれていません。次に、ミゾレ（霙）は雪雑じりの雨、或いは、雨雑じりの雪のことであり、ヒサメ（氷雨）はアラレ（霰）やヒョウ（雹）のことなので両者は異なるものだからです。つまり、ミゾレ（霙）はヒサメ（氷雨）ではありません。和名抄には「霙、雨雪相雑也、三曾禮。霰、冰雪雑下也、美曾禮。」と書いてあり、なぜ同じ音声で読むように書いてあるのかは分かりませんが、同じ音声で読んでも霙と霰とは異なるものとされています。ミゾレ（霙・三曾禮）は雪と関係する言葉なので「雨雪」なのであり、氷と関係する雹《ひょう》・霰《あられ》のことである「氷雨」という言葉と関係がある筈がないのです。広辞苑（第七版）自身でも、ヒサメ（氷雨）欄で「**ひさめ【氷雨】**①雹（ひょう）。霰（あられ）。②みぞれ。また、みぞれに近い、きわめて冷たい雨」と書いてあります。

また、上述したように、ミゾレ（霙）欄では、「ヒサメ（氷雨）」と書いてあることに加え、ヒサメ（氷雨）欄で「②みぞれ。また、みぞれに近い、きわめて冷たい雨」と書いてあるのも完全な誤りです。②について、「みぞれ」は三曾禮と美曾禮のどちらか分かりませんが、①の記述があることと「きわめて冷たい雨」と書いてあるからには三曾禮のことと思われます。しかしながら、ミゾレ（霙・三曾禮）は「雪雑じりの雨」、或いは、「雨雑じりの雪」であって、ヒサメ（氷雨）である筈もないのでヒサメ欄で記述すべきものではありません。また、和名抄でミゾレ（美曾禮）というときは「霰（美曾禮）」のことなので①の記述に包含されているのです。したがって、いずれにしても②の記述は削除すべきものです。この辞典は、ミゾレがどんなものとされているのかを分かっておらず、和名抄の記述も理解できていないことからヒサメ（氷雨）とミゾレ（霙・三曾禮）とミゾレ（霰・美曾禮）との関係も分かっていないようであり、いつものことながらどこまで行っても誤りだらけの辞典といえます。

　さて、ミゾレの語源の話に移りますと、一音節読みで瀰はミと読み「水」の意味がありますが、この言葉においては敷衍して「雨」の意味で使われていると思われます。雑はザと読み「雑《ま》ざる、雑《ま》じる、混ざる、混じる」などの意味がありますが、日本語では古くから雑はゾウとも読むとされ雑炊、雑言、雑巾、雑歌その他の熟語があります。零はリンと読みますが、これまた日本語では古くからレイと読むとされ「落ちる、零《こぼ》れる、降る」などの意味があります。

　つまり、ミゾレは**瀰雑零**（ミ・ゾウ・レイ）の多少の訛り読みであり、瀰は雨の意味で使われていると見做して直訳すると**「雨雑じりで降る（もの）」**の意味になり、これがこの言葉の語源と思われます。

　このように、語源上は、雨と雑じるものは特定されていないので、理屈上は雪でなくてもいいことになります。平安時代の枕草子の「降るものは」の段には、「ふるものは雪。あられ。みぞれはにくけれど、白き雪のまじりてふる。をかし。」と書いてあります。

　平安時代の和名抄には、次のように書いてあります。

・霙、雨雪相雑也、三曾禮。
・霰、冰雪雑下也、美曾禮。
・雹、雨氷也、安良禮。
・雨氷、比左女。俗云比布留。

この読み方は、少し後世になると変化しており、現在では、それぞれの漢字は、次のように読まれており、霰と雹は同じものですが大小で分けられています。従前のことはいざ知らず、今後は、混乱を避けるために、霰をミゾレ（美曾禮）と読むのは止めた方がよいと思われます。

・霙、みぞれ
・霰、あられ
・雹、ひょう
・雨氷（または氷雨）、ひさめ

因みに、ミゾレ（霙）が詠まれた歌は奈良時代の万葉集にはないので、平安時代につくられた言葉のようで、歌集ではかなり後世の第七番目の勅撰集である平安時代末の千載集（一一八八）に次のような歌で初出するとされています。

春雨に散花みればかきくらし
みぞれし空の心ちこそすれ　（千載）

最後に、ミゾレという言葉を記憶に留めるには、ミゾレのミは水、つまり、雨のことであり、ゾレは雑零であり、雑ざって降るもの、具体的には雪のことと理解しておくとよいと思います。

88　ミチ（道）

ミチという言葉は、万葉集の歌の中では真名で「道」、仮名で「美知」と書かれて詠われています。ということは、ミチという言葉はすでに奈良時代（万葉時代）には存在していたということです。

常《つね》知らぬ道の長手をくれくれと
如何にか行かむ糧米《かりて》は無しに　（万葉８８８）

わたつみの　恐《かしこ》き美知を　安けくも無く　悩み
来て　・・・　美知の空路《そらぢ》に　別れする君
（万葉３６９４）

大言海によれば、古事記（応神）に「コハタノ美知ニ、逢ハシシ少女」、和名抄（道路類）に「大路、於保美知」と書いてあります。

ミチについて、大正時代の大日本国語辞典には「**みち**　道（名）往来すべき所。通行すべき所。進むべきすぢ。」、昭和初期の大言海には「**みち**（名）道‖路‖〔みハ発語、ちハ通路ナリ〕地上ニ往来スベク拓《ヒラ》キ設ケタル所。人ノ往来スルニ作リタル所。カヨヒヂ。路。途。逕。道路。」と説明してあります。

大言海に、「拓《ヒラ》キ設ケタル所」とか、「人ノ往来スルニ作リタル所」と説明されているところを見ると、意識的、或いは、無意識的にかかわらず、明確に往来するためのものとして作られた、或いは、出来た通路のことを指すものと思われます。

一音節読みで明はミンと読み「明確に、明らかに、はっきりと」などの意味があります。径はチンと読み、道や路や途と同じ意味があり「通路」の意味があります。つまり、ミチは**明径**であり直訳すると**「はっきりとした通路」**の意味になり、これがこの言葉の語源と思われます。

「鈴懸の径《みち》」（佐伯孝夫作詞・灰田有紀彦作曲・灰田勝彦歌唱）という有名な歌があり、その歌詞は次のようなものです。

友と語らん　鈴掛の径
通いなれたる　學舎《まなびや》の街《まち》
やさしの小鈴　葉かげに鳴れば
夢はかえるよ　鈴掛の径

89　ムラサメ（村雨・叢雨）

万葉集に、次のような歌が詠まれています。

庭草に村雨《むらさめ》ふりて蟋蟀《こほろぎ》の鳴く声
聞けば秋づきにけり（万葉2160）

日本古典文學大系「萬葉集三」（岩波書店）では、この歌の頭注に「村雨―俄雨。和名抄に『楊子漢語抄云、白雨、和名無良佐女、暴雨一種也』とある。」と書いてあります。

平安時代の和名抄には「暴雨、白雨、無良左女」、名義抄に「白雨、ムラサメ」と書いてあります。

現代の漢和辞典によれば、白雨は「激しいにわか雨。急雨」のことと書いてあります。

明治時代から昭和初期の大辞典には、次のように説明されています。

日本大辞書：「**むらさめ**　名〔村雨〕時時強く降る雨。＝白雨」。

日本大辞林：「**むらさめ**　村雨　むらむらとふるあめ。

帝国大辞典：「**むらさめ**　名詞（村雨）時々強く降る雨をいふ。白雨におなじ」。

日本新辞林：「**むらさめ**〔名〕（村雨）時々強く降る雨、（白雨）」。

ことばの泉：「**むらさめ**［名］村雨。ひとむら降り過ぐる大雨。ゆふだち。叢雨。過雨。白雨」。

辞林：「**むらさめ**〔村雨〕（名）ひとしきりづつ降るあめ。にはか雨。夕立。（白雨。過雨）」。

大日本国語辞典：「むらさめ　叢雨　村雨（名）一しきりづつ降り過ぐる雨。ゆふだち。驟雨」。

大言海：「**むらさめ**（名）叢雨　村雨　一叢《ヒトムラ》ヅツ強ク降リ過グル雨。暴降倏霽ノ雨。ハヤサメ。シバアメ。白雨　過雨　驟雨」。

白雨については、大言海には「**はくう**（名）白雨　白ク見ユル雨。ニハカアメ。ユフダチ。ムラサメ」と書いてあります。

「暴降倏霽ノ雨」とは「激しく降ってすぐに晴れる雨」、つまり、驟雨のことをいい、過雨とは「通り雨」のことをいいます。つまり、ムラサメは、「驟雨」であり「通り雨」なのです。

これらの大辞典の記述からすると、ムラサメは、漢字で村雨や叢雨と書かれ、**「ひとしきり激しく降って過ぎる雨」**のことで、驟雨《しゅうう》や夕立《ゆうだち》と同じ雨とされています。

ムラサメは「通り雨」、つまり、一過性の雨なので、一か所に留まって「時々強く降る雨」という意味ならばそのような雨ではありません。「ひとむら」は「ひとしきり」と同じ意味で「一時盛んに」の意味とされています。

ただ、いづれの大辞典においても、ムラサメにおけるムラの意味が理解されていないように思われます。

驟雨の意味のことについていいますと、漢語の一音節読みで驟はチョウと読み「突然に、にわかに」、英語でいうところのsuddenlyの意味があります。つまり、驟雨は直訳すると**「突然に降る雨」**のことであり、「一陣《いちじん》の驟雨《しゅうう》」のように使われます。

驟雨は俄雨ともいい、夕立や村雨と同じ雨です。夕立は夕方に降るからそのようにいうのではなく、村雨は村に降るから、或いは、叢になって降るからそのようにいうのではありません。夕立や村雨（叢雨）は当て字なのです。つまり、驟雨、俄雨、夕立、村雨(叢雨)は、呼称が違うだけですべて同じ雨です。夕立における夕や、村雨や叢雨における村や叢は、その訓読音声を利用するだけの単なる当て字です。

さて、ムラサメの語源についていいますと、一音節読みで猛はモンと読み、その第一義は「突然に」の意味です。濫はランと読み「濫《みだ》りに、過度に」の意味です。つまり、**ムラ**は、**猛濫**の多少の訛り読みであり**「突然に過度に」**の意味になります。サメというのは雨のことをいいます。したがって、**ムラサメ**とは**猛濫雨**の多少の訛り読みであり、直訳すると**「突然に過度に降る雨」**の意味になり、これがこの言葉の語源です。

過度に降る雨というのは、どっと大量に降る雨のことです。ムラサメ、つまり、驟雨や俄雨や夕立というのはこのような雨なのです。なお、なぜ、サメが雨のことになるかはサメ(雨)欄をご参照ください。

最近の大辞典には、次のように説明してあります。

広辞林（第六版）:「**むらさめ**〔村雨・叢雨〕断続して強く降る雨。昔から、秋から冬にかけてのにわか雨の意味に使われることが多い。しばあめ」。

広辞苑（第七版）:「**むらさめ**〔叢雨・村雨〕（群れになって降る雨の意）一しきり強く降ってくる雨。にわか雨。驟雨。白雨。繁雨（しばあめ）」。

新明解国語辞典（第六版）：「**むらさめ【村雨】**〔むら気な雨の意〕局地的に、ひとしきり降って、すぐにやむ雨。にわか雨」。

いちいち、いちゃもんを付けるようで申し訳ありませんが、広辞林の「断続して」というのは誤解だと思われます。なぜならば、ムラサメは「通り雨」だからです。また、広辞苑の「群になって降る雨の意」というのも誤解と思われます。なぜならば、この雨は複数のものが群れて降る雨ではないからであり、また、語源の条で述べたようにムラは「群れ」の意味ではないからです。新明解国語辞典の「むら気な雨の意」というのも、どうかと思われます。なぜならば、ムラサメは雨であり動物ではないので「むら気」などある筈もないからです。

ムラサメについて、広辞苑の編者である新村出著の「言葉の今昔」には次のように書かれています。「村雨という語のごときも、村に降る、広い面積にわたって降る様を形容したのであって、あちらこちらに村を生じて降る雨をムラサメといって、夕立の異名、驟雨の別称とされている。村雨の露も未だ干ぬ、という村雨のごときが一つの適例であろう。この語には『にわか』とか『突然』とかいう意味は加わらず、すなわち時間的意味はすこしも加わらず、村に降るという空間的の意味が強いということは、とくにことわるまでもない」。

新古今集の秋歌にある「むらさめの露もまだひぬ槇《まき》の葉に霧たちのぼる秋のゆふぐれ」という歌を引用しての言説ですが、ここに書いてあることは、まさに「論評するにも値しないもの」といえます。

ムラサメは都会でも降るので、「村に降る」「村を生じて降る雨」というのも可笑しいのであり、「一つの適例」といっても、なにについてどのように適例なのかも不明です。また、夕立の異名、驟雨の別称といいながら「にわか」や「突然」の意味は加わらないとするなど、書いてあることが支離滅裂で、夕立や驟雨の語源の意味が全然分かっていないようで、いったいなんと書いてあるのか、よく分からない説明になっています。村雨における村は「当て字」なのですが、こんなことも分かっていない。一言でいえば、全然分かっていないということです。学問的な見解として忌憚なくいえば、語源学者を自任しているのにもかかわらず、この学者の語源に関する言説はすべて信じない方がよいといえそうです。

また、最近の大辞典にも、可笑しな説明がされている次のようなものがあります。

大辞林（松村明編）：「**むらさめ**【驟雨・叢雨・村雨】ひとしきり強く降ってやむ雨。強くなったり弱くなったりを繰り返して降る雨。にわか雨。驟雨」。

大辞泉（松村明監修）：「**むらさめ**【驟雨・叢雨・村雨】ひとしきり激しく降り、やんではまた降る雨。にわか雨。驟雨」。

村雨《むらさめ》・叢雨《むらさめ》は、一過性の雨で「通り雨」といい、驟雨や俄雨や夕立と同じ雨です。「繰り返して降る雨」や「やんではまた降る雨」ではありません。そのような雨は、特には、春のものはハルサメ（春雨）、秋冬のものはシグレ（時雨）といいます。つまり、この二つの辞典は全然分かっていないといえます。

90 モヤ（靄）

モヤは、漢字では「靄」と書き薄霧のことを指します。キリは「地表近くの大気中の水分が凝結して微細・微小な水滴の集まりとなり、その下層のある高さから縦に垂れ込めて地表に接して浮遊するもの」ですから、モヤはその密度の薄いものということになります。

キリとモヤとの違いは、それらが発生しているときに、霧はまったく見通せないほどに濃いのに対して、靄はぼんやりとではあるが先を見通せる程に薄い点にあります。英語でいえば、霧はフォグ（fog）のことであり、靄はミスト（mist）のことです。

現在では、気象上は、視界一キロメートル未満のものが霧、視界一キロメートル以上のものが靄とされているので、靄は薄霧とされていることになります。

漢語辞典をみると、漢語では靄はアイと読み、「軽霧（mist）。気象上、軽霧を称して靄と為す。」と説明してあります。

さて、語源の話をしますと、一音節読みで、濛はモンと読み、雨、雲、霧などのために「ぼうっと見える」の意味、様はヤンと読み「様子、状態」の意味です。つまり、モヤは、**濛様**の多少の訛り読みであり、直訳すると**「ぼうっと見える状態の（もの）」**の意味になり、これがこの言葉の語源です。

大言海によれば、モヤという仮名言葉は江戸時代にできたようであり、江戸時代の和漢三才図会（三、天象類）欄には次のように書いてあります。「雺ハ和名岐利。霚ハ俗ニ云フ毛也、霚ハ俗ニ霧ニ作ル。按ヅルニ、雺《キリ》ト霧《モヤ》ノ二種ハ、露ノ変スル者」。

この説明からすると、和漢三才図会も、キリとモヤの区別を明確には分かっていなかったように思われます。

万葉集の歌にでてくる霧はすべてキリと読まれていますが、和漢三才図会では霧をモヤと読んであることは、江戸時代にモヤという仮名言葉ができるまではキリとモヤとは区別されていなかったことを示しています。つまり、江戸時代にモヤという仮名言葉ができるまでは、モヤ（靄）も含めてキリ（霧）といったのです。

明治時代以降から昭和初期までの大辞典では、モヤがどんなものか必ずしも理解されていなかったようで、次のように書いてあります。

日本大辞書:「**もや**　名〔霧〕モヤモヤシタルモノ。深イ霧」。

日本大辞林:「**もや**　霧。きり。きりの、ふかくたちたるもの」。

帝国大辞典:「**もや**　名詞（霧）もやもやしたるもの、即ち、深き霧をいう」。

日本新辞林:「**もや**〔名〕（霧）もやもやしたるもの、深き霧、（靄霧）」。

ことばの泉:「**もや**（名）靄　霧の、ふかくたちたるもの」。

辞林:「**もや**〔靄〕（名）空気中にもやもやとしたる気。深き霧」。

大日本国語辞典：「**もや**　靄（名）霧の深きもの
の称」。

大言海：「**もや**（名）霚‖霧‖靄‖　霧ノ深キモノ」。

「深き霧」や「霧の深きもの」とは、曖昧表現ですが、どのような霧をいうのでしょうか。「濃い霧」という意味であれば、これらの辞典の説明はすべて誤解といえます。

最近の大辞典では、次のように説明してあります。

広辞林（第六版）：「**もや**【靄】霧または煙霧など
が、空を一面におおう現象」。

広辞苑（第七版）：「**もや**【靄】大気中に低く立ち
込めた細霧・煙霧など。気象観測では水平規
程が一キロメートル以上の場合をいい、一キ
ロメートル未満は霧」。

新明解国語辞典（第六版）：「**もや**【靄】「季節・
場所を問わず、空気中に一面に水蒸気が立ち
こめる状態で、霧より見通しの良いもの」。

日本国語大辞典（二〇巻）：「**もや**【靄】〔名〕非
常に細かい水滴や吸湿性粒子が空気中に浮遊
している現象。水平方向の視程は一キロメー
トル以上で湿度はキリよりも低く、灰色に見
える」。

モヤは、当初に述べたように、一言でいうと「薄霧」のことです。したがって、各辞典の記述を正確にいうと、モヤは（i）煙ではなく水滴であり、（ii）霧ではなく薄霧であり、（iii）立ち込める現象であって空を一面におおう現象ではなく、（iv）煙霧とは煙と霧、または、煙のこととされていますが、モヤは煙ではなく、正確には霧でもなく薄霧のことです。

91　ヤマ（山）

万葉集の歌では、いろんな山が詠われていますが、次の歌がよく知られています。

大和には　群山《むらやま》あれど　とりよろふ

天の香具山　登り立ち　・・・（万葉2）

中大兄《なかつおほえ》の三山の歌

香具山は、畝火《うねび》雄々しと　耳梨と　相あらそひき　神代より　斯《か》くにあるらし　古昔《いにしへ》も　然《しか》にあれこそ　うつせみも　嬬《つま》を　あらそふらしき　（万葉13）

中大兄の全称は中大兄皇子といい後の天智天皇のことですが、大海人皇子といい後の天武天皇と額田王という女性をめぐって争ったことを踏まえての歌とされています。

額田王は、はじめ大海人皇子の妻になり十市皇女を生みましたが、後に天智天皇の妻の一人になりました。

さて、語源の話をしますと、ヤマは、漢字で山と書きます。山は陸上だけではなくて海底にもあるのですが、ヤマという言葉自体は、日常的に人間の目に触れている前者を対象としています。

一音節読みで、山はシャンと読みます。仰はヤンと読み、顔を上に向けること、つまり、「仰《あお》ぐ、仰ぎ見る」の意味です。曼はマンと読み「美しい」の意味、莽はマンと読み「大きい」の意味があり、総じて「野生的で大きいもの」を指すときに使われます。つまり、ヤマのマは、曼と莽との掛詞と思われます。

したがって、ヤマは、**仰曼**と**仰莽**の多少の訛り読みであり、意味上は**仰曼莽**になり直訳すると**「仰ぎ見る美しい大きな（もの）」**の意味になり、これがこの言葉の語源です。

92　ユ（湯）

なんということもない言葉ですが、ある大辞典に挟み込まれた小冊子に、ある言語学者の「湯の語源」という短文があり、面白いことが書かれていたのです。そこでは、次のような関西漫才のようなダジャレが紹介されています。ダジャレとは、語源上は、「冗談」という意味です。

○英語でいえというのなら、何でも聞いてみ。
△水は?
○ウォーター。
△そんなら、湯は?
○湯は・・・ワイター。

湯は、漢語の一音節読みでタン、日本語の音読でトウと読みます。この小冊子では、なぜ、日本語の訓読で湯がユと読まれるに至ったかの詮索《せんさく》がされているのですが、後述されていることを簡潔にいうと、斎をユと読んだので、その読みの転用で湯をユと読むと書いてあります。

その根拠として、「水の女」(折口信夫著)という本に「『ゆ』は、『湯』の義の前には『斎(ユ)』であった。そして『ゆ』は最初、禊ぎの地域を示した語であった。それから、『斎用水(ユカハ)』あるいは『ゆかはみづ』の形が段々縮まって、『ゆ』一音で、『斎用水』を表わすことができるようになった。」と書いてあるからとされています。

しかしながら、ここに書いてあることは、穿ち過ぎであり、にわかには信じ難いことです。なぜならば、一音節読みで斎はツァイと読み、斎戒沐浴《さいかいもくよく》という四字熟語で使われている字で、斎戒とは「ものいみすること」、つまり、「飲食や行動を慎んで、穢《けがれ》を避けること」です。ところが、湯は、温水や熱水のことであり、沐浴とならまだしも、斎戒とはなんの関係もなさそうだからです。

一音節読みで、燠はユと読み「①温かい②熱い」の意味があります。したがって、訓読で湯をユと読むのは**燠**の読みを転用したもので**「温かい(もの)、熱い(もの)」**の意味であり、これが湯をユと読むときの語源です。

燠《ユ》と湯《ユ》との間にどのような関連があるかというと、漢語辞典によれば、湯の本義は「沸水」のことされています。つまり、沸水は「沸《わ》かした水」のことですから、温水や熱水のことになり燠水と同じ意味になるので、湯を燠と同じ読みのユと読むことになっているのです。

万葉集には、次のような歌が詠まれています。

足柄の土肥の河内に出づる湯の世にもたよらに
児《こ》ろが言はなくに　（万葉３３６８）

93　ユウグレ（夕暮）

大言海には、次のように書いてあります。

「**ゆふぐれ**（名）夕暮　夕ノ早ク、暗クナリシホド。日ノ暮ルル頃。夕。日暮レ。ユフマグレ。日暮　薄暮　黄昏」。

「**ゆふがた**（名）夕方　日ノクレガタ。ユフグレ。ユフコク。タソガレ。タソガレドキ。バンガタ。ユフツカタ。晩景　黄昏　薄暮」。

また、平安時代の字類抄に「晩頭、ユフクレ、薄暮、同」と書かれていることが紹介してあります。

これらのことからすると、ユウグレ（夕暮）とユウガタ（夕方）とは、同じ意味のようです。万葉集に次のような歌が詠まれており、原歌ではユウグレは「夕晩」と書かれています。

玉かつま島熊山の夕晩《ゆふぐれ》に独《ひと》りか
君が山道《やまぢ》越ゆらむ　（万葉３１９３）

漢語の一音節読みで夕はシと読み、第一義が「夕方、夕暮時」、第二義が「夜」の意味があります。暮はムと読み、夕とまったく同じ意味があります。

夕の字をユウと訓読するのは、漢語の一音節読みでヨウ、日本語の音読でユウと読み「暗い」の意味の「幽」の読みを転用したものです。つまり、ユウグレのユウは「幽」であり「暗い」の意味です。

一音節読みで瞽はグと読み、名詞では「盲人」、形容詞では「目が見えない」、動詞では「目が見えなくなる、目が見えなくする」などの意味があるので、敷衍して「暗い」や「暗くなる」の意味で使われているのではないかと思われます。

咧は、リィエと読み語尾につける特には意味のない語気助詞です。つまり、暮をクレやグレと訓読するのは、瞽咧の多少の訛り読みからきたもので「暗い」や「暗くなる」の意味と思われます。

したがって、ユウグレは**幽瞽唎**の多少の訛り読みであり直訳すると「暗い(時刻)で暗くなる(時刻)」の意味、簡潔にいうと**「暗くなる(時刻)」**の意味になり、これがこの言葉の語源と思われます。

最近の日本語ではなくなっているようですが、瞽女《こじょ》という言葉がありました。まだ、日本が貧しかった時代に、三味線を弾き、歌を歌って、諸国を巡回し暮らしを立てていた盲目の女性たちのことでした。

94　ユウダチ(夕立)

ユウダチは**「夏季に降る俄雨《にわかあめ》」**のことをいい、俳句界では夏の季語とされています。漢字では「夕立」と書かれますが、単なる「あて字」であり、朝、昼、夕、夜のどの時刻でも降る雨であって夕方だけに降る雨ではありません。

ユウダチという言葉は、万葉集に詠われており、その原歌では「暮立」と書かれて、次のような二首があります。

暮立の雨落《ふ》る毎に春日野の
尾花が上の白露思ほゆ　(万葉2169)

暮立の雨うち零《ふ》れば春日野の
草花《をばな》が末《うれ》の白露思ほゆ　(万葉3819)

日本古典文學大系「萬葉集」(岩波書店)では、この二歌での「暮立」は「夕立」と書替えられています。つまり、暮を「ゆう」と読んで、暮立は「ゆうだち」と読んであります。「暮立」は助詞の「の」を伴って「暮立の雨」のように「雨」の修飾語になっていて雨自体のことではなく、これが「ゆうだち」という言葉の本来の姿であり意味なのです。このことが正しく理解されずに、古くから、この言葉の意味を誤解されたものにしています。

そこで、先ず、暮と夕の二つの漢字のことについて詮索をします。漢語の一音節読みで、暮はム、夕はシと読むのですが、日本語でユウと読むのは、ユウと読み「暗い」の意味のある「幽」の読みを転用したものです。したがって、暮と夕のそもそもの字義としては共に「暗い」の意味はありませんが、日本語ではユウと読む限り「暗い」の意味があることになります。暮立や夕立という言葉においてはその意味で使われています。

　ユウダチという仮名言葉の語源を考えてみますと、上述したように**幽**は漢語の一音節読みではヨウと読みますが日本語ではユウと読み「暗い」の意味、兀はウと読み副詞では「急に、直ちに、突然に」などの意味があります、つまり、ユウは**幽《ユウ》兀《ウ》**であり直訳すると「暗くなるのが突然である」、逆にしていうと**「突然に暗くなる」**の意味になり、常套句では「にわかにかき曇る」といいます。

　大はダと読み「大量に」の意味、激はチと読み「激しい」の意味があります。つまり、ダチは**大激**であり**「大量に激しく」**の意味になります。

　したがって、ユウダチとは**幽兀大激**の多少の訛り読みであり直訳すると「暗くなるのが、突然で、大量で、激しい」の意味、言葉の順序を入れ替えていうと「突然に、暗くなる、大量の、激しい（雨）」の意味ですが、「降る」という言葉を補足していうと**「突然に暗くなって降る大量の激しい（雨）」**の意味になり、これがこの言葉の語源です。

　繰返しになりますが、日本語としての暮立や夕立における暮《ゆう》や夕《ゆう》は幽兀《ユウウ》であり、「暗くなるのが、突然である」の意味、逆にしていうと**「突然に暗くなる」**の意味なのですが、「暗くなる」というのは、遅い時刻になったから、つまり、夕方になったからではなく、空を雨雲や雨に覆われるからです。漢字で暮立や夕立と書かれるのは単なる**「当て字」**と見做すべきものです。そもそもの暮や夕の字には「暗い」の意味はありません。「夕立《ゆふだち》」ではなく「有立《ゆうだち》」とでもしておけば、後世において、誤解も生じなくてよかったのでしょうが、そうはなっていません。

　ユウダチが本書におけるような意味になることを理解するには、日本語の特徴の一つは**「日本語は当て字言語である」**ということを認識しておく必要があります。万葉集では主に音仮名の音声が使われていて誤解は少ないのですが、暮立《ゆうだち》や夕立《ゆうだち》のような真名による訓仮名の音声が使われるようになると、ユウダチという音声から推測される意味と、暮立や夕立という真名としての漢字の意味とのどちらなのかという問題が生じるのです。ただ、「日本語は当て字言語である」ということを認識しておれば、この問題は比較的簡単に解決することと思われます。

ユウダチという仮名言葉自体には「雨」の意味は含まれていないので「ゆうだちの雨」のような言い方もされます。大言海には、「ゆふだち、ゆふだちの雨ノ略」と書いてあります。したがって、ユウダチは雨の修飾語なのであり、**「ユウダチの雨」**という文句は、直訳では「**突然に暗くなって降る大量の激しい（の）雨」**の意味になります。

結局のところ、ユウダチという音声には時刻の夕方の意味はまったくなく、漢字で書かれる夕立は「当て字」に過ぎないのです。このことをしっかりと認識しておく必要があります。

「ゆふだち」は、日本最初の勅撰集である古今集（九〇五年編撰）を始め後撰集、拾遺集、後拾遺集には詠われておらず、五番目の勅撰集である金葉集（一一二六年編撰）、六番目の勅撰集である詞花集（一一五一年頃編撰）、七番目の勅撰集である千載集にそれぞれ各一首、鎌倉時代初期の八番目の勅撰集である新古今集（一二〇五年編撰）に五首が詠まれています。

この里も夕立しけり浅茅生に
露のすがらぬ草の葉もなし　（金葉）

川上に夕立すらし水屑《みくづ》せく
梁瀬のさ波こゑさわぐなり　（詞花）

ゆふ立のまだ晴やらぬくもまより
おなじ空とも見えぬ月かな　（千載）

よられつる野もせの草のかげろひて

すずしくくもる夕立のそら　（新古今・夏歌）

露すがる庭の玉笹うちなびき
ひとむらすぎぬ夕立の雲　（新古今・夏歌）

とをちには夕立すらし久かたの
天の香具山雲がくれゆく　（新古今・夏歌）

庭の面はまだかわかぬに夕立の
空さりげなく住める月かな　（新古今・夏歌）

ゆふだちの雲もとまらぬ夏の日の
かたぶく山に日ぐらしのこゑ　（新古今・夏歌）

なぜ、万葉集（七六〇年頃編撰）以降から金葉集までの三六〇年程度近くもの長期間にわたってユウダチの歌が詠まれなかったのかが謎なのですが、憶測するところ、万葉集の歌での**「暮立」**の、①読み方が分からなかったのと、②如何なる意味かが正確には分からなかったので、この期間、その二つのことが詮索されていたからと思われます。昔の学者は、和歌については極めて真剣で慎重だったことが窺われます。「暮立」の読み方も意味も解明されてから、漢字では「夕立」と書かれて詠まれるようになったのではないかと想像されます。

鎌倉時代後期になると、十四番目の勅撰集である玉葉集（一三一二年編撰）と十七番目の勅撰集である風雅集（一三四九年編撰）には夕立の歌が多く詠まれるようになっています。

遠《をち》の空に雲たちのぼり今日しこそ
夕立すべきけしきなりけれ　（玉葉）

山たかみ梢にあらき風たちて
谷よりのぼる夕立の雲　（玉葉）

風はやみ雲の一むら峰こえて
山みえそむる夕立のあと　（玉葉）

夕立の雲まの日かげ晴れそめて
山のこなたをわたる白鷺　（玉葉）

暮れかかるとほちの空の夕立に
山の端みせて照らす稲妻　（玉葉）

衣手にすずしき風をさきだてて
くもりはじむる夕立の空　（風雅）

松をはらふ風は裾野の草におちて
夕だつ雲に雨きほふなり　（風雅）

行きなやみ照る日くるしき山道に
濡るともよしや夕立の雨　（風雅）

虹のたつふもとの杉は雲にきえて
峰より晴るる夕立の雨　（風雅）

月うつる真砂のうへの庭たづみ
あとまですずし夕立の雨　（風雅）

片岡の楝《あふち》なみより吹く風に
かつがつそそく夕立の雨　（風雅）

夕立のとほちを過ぐる雲の下に
ふりこぬ雨ぞよそに見えゆく　（風雅）

富士の嶺は晴れゆく空にあらはれて
裾野にくだる夕立の雲　（風雅）

夕立の雲とびわくる白鷺の
つばさにかけて晴るる日のかげ　（風雅）

また、鎌倉時代後期の私撰集である夫木抄に、次のような歌があります。

夕立ノ雨シ降レレバ、天ノハラ、
イカヅチヤマハ、カキクモリケリ
夫木抄（二十、山）

これらの歌を注意深くみると、夕立の夕は時刻としての夕方や夕暮のことではないことが判断できます。なぜならば、そのようなことを明確に示す、或いは、明確に暗示する文言は殆んど見当たらないからです。

ユウダチは、明治時代以降の大辞典では、次のように説明されています。

①日本大辞書（山田美妙著・明治25～26刊）

「**ゆふだち**（全平）名。夏ノ俄雨。＝白雨」。

②日本大辞林（物集高見著・明治27年刊）

「**ゆふだち**　夕立。なつのころ、ゆふどきなどに、にわかにくもりてふるあめ」。

③帝国大辞典（藤井乙男・草野清民共著・明治29年刊）

「**ゆふだち**　名詞（夕立）夏の俄雨をいふ」。

④日本新辞林（林甕臣・棚橋一郎共著・明治30年刊）

「**ゆふだち**　（活名）（夕立）夏の俄か雨、（驟雨、白雨）」。

⑤ことばの泉（落合直文著・明治31～32年刊）

「**ゆふだち**（名）夕立。ゆふだちのあめの畧。夕立雨。夏の夕方などに、にはかにふりたる雨」。

⑥辞林（金沢庄三郎著・明治40年刊）

「**ゆふだち**〔夕立〕（名詞）①ゆふだつこと②ゆふだちの雨の略言。夏の夕方近くなりて俄にふり来る雨。（驟雨、白雨）」。

⑦大日本国語辞典（上田万年・松井簡治共著・大正四～八年刊）

「**ゆふだち**　夕立（名）ゆふだちのあめ（夕立雨）の略。**ゆふだち　の　あめ**　夕立雨　夕方、雲俄に起ちて降る雨。特に、夏の夕などに降る驟雨。

⑧大言海（大槻文彦著・昭和七～九年刊）

「**ゆふだち**（名）夕立〔ゆふだちの雨ノ略〕夏ノ夕暮ニ、雲俄ニ起チテ降ル雨。又、天晴レタル時、多量ノ雨ノ短時間ニ降ルモノ」。

⑨広辞林（第六版）（三省堂編修書・昭和五十八年刊）

「**ゆうだち**【夕立】①夏の夕方などに急に降ってくる雨」。

⑩広辞苑（第七版）（新村出編・岩波書店・平成三〇年刊）

「**ゆうだち**【夕立】②夏の昼すぎから夕方にかけて、急に曇って激しく降る大粒の雨」。

⑪新明解国語辞典（第六版）（三省堂・山田忠雄

主幹・平成十六年刊）

「**ゆうだち**【夕立】夏の午後、急に曇って局地的に一時激しく降り、しばらくたってやむ雨。雷を伴うことが多い。

⑫日本国語大辞典（二〇巻）（小学館・昭和四十七～五十一年刊）

「**ゆうだち**【夕立】②夏に、雲が急に立って、短時間に激しく降る雨」。

明治時代以降から大正時代の大日本国語辞典までの大学者の著した上述の七つの大辞典のうち、四つの大辞典では「夕方」のことには触れられていません。また、昭和時代に刊行された、当代の著名な学者が六～七人も編集顧問になっている⑫日本国語大辞典（二〇巻）には、「夕方」のことには触れられていません。これらのことからすると、語源上からも現実の現象からみても、「ユウダチは夕方とは特には関係のない」ことは分かっていることと思われるのです。

ユウダチは、古い時代に「有立」とでも書いておけば良かったのでしょうが、万葉集での「暮立」に引っ張られたと推測される「夕立」と書かれたために、明治以降の大辞典編纂学者には当初は正しく理解されていたとしても、現代に近づくにつれて「当て字」であることが理解できなくなったと思われるのです。つまり、学識が落ちているのかも知れません。そして、夕立における夕は夕方のことと理解されるようになり、そのことが説明されないのは可笑しいということで「夕方に降る雨」のこととしたのですが、現実にはこの雨は夕方だけに降る雨ではありません。そこで、広辞苑におけるように「昼過ぎから夕方にかけて降る雨」と説明するようになるのですが、夕を夕方のこととする誤解が消える訳ではありません。ただ、上述したように、さすがに⑫日本国語大辞典（二〇巻）の編纂学者は分かっていたとみえて「夕方に降る雨」や「昼過ぎから夕方にかけて降る雨」とは説明されていません。

或いは、憶測するならば、国語学者がそんなに愚かとも思えないので、夕方と関係があるとされるのは日本語に対する「考え方」の相違かも知れません。

つまり、一方は「まやかし説明」は記載しないという考え、もう一方は「まやかし説明」であっても一応説明しておいて、漢字からつくられたとする、ほんとうの語源説の登場を封じ込めておいて、ユウダチのような日本語の仮名言葉は漢字とは関係なくつくられていることを国民に対して示すために、少々、語義は曲がってもその方がよいとされているのかも知れません。

国語学者ならば、日本語の特徴の一つは「当て字言語」であること、ユウダチは「夕方だけに降る雨」ではないこととの二つをわきまえておれば、「夕方に降る雨」のような的外れの説明はあり得ないことなのです。

しかしながら、このようなことは、高名な学者の著書を読んでいると、本気なのかどうかは分かりませんが、夕立の他にもかなり起きていることであり、今後も増えていくと思われます。つまり、学者によって、日本語が語源に基づかない誤解されたものにどんどん変遷していくということです。

なぜならば、現代日本の言語・国語界の学問研究の一端が決壊している、あるいは、病原菌に冒《おか》されているともいえるからです。どのように決壊しているか、あるいは、病原菌に冒されているかというと、「日本語は漢字とは関係のない言語である」と主張されていることです。そして、現代日本の言語・国語界では「言葉の語源」の探求が軽視されるという誤った方向に向かっています。なぜ、軽視されているかというと、語源の探求は「日本語の仮名言葉と漢字の関係」の研究に繋がるからです。つまり、日本の言語・国語界の主流は、日本語と漢字とは関係ないことにしたいようなのです。したがって、日本語は北方からきたとか南方からきたとかの、いつまで経っても成果の上がりようもない解決のできない「不毛の研究」が今でもされているのです。

このような事情から、ひょっとすると、現在の言語・国語界の多くの学者には、ユウダチという言葉の語源が理解できなくなっているのかも知れず、したがって、その意味も分からないので、漢字の夕立は当て字であることが分からず、夕の字が使われている以上、夕方のことに違いないと見做されて、夕立は、「夕方に降る雨」とか「昼過ぎから夕方にかけて降る雨」とかに解釈されるに至っているのかも知れません。

あるいは、憶測するならば、これも故意にされているかも知れず、少々、語義は曲がっても漢字との関係を認めるよりもその方がよいとされているのかも知れません。はたして、このような誤解を正すことのできる、有能で勇気ある学者が現れるでしょうか。

平安時代末期の作とされる山家集(西行法師家集)に、夕立に関連した**「夕立つ」**という言葉のある、次のような歌が詠まれています。

朝露に濡れにし袖を乾すほどに
やがて夕立つわが袂《たもと》かな　(山家)

鎌倉時代初期の勅撰集である新古今集に次のような歌が詠まれています。

かき曇り夕立つ波の荒ければ
浮きたる舟ぞ　しづごころなき
(新古今・羈旅)

室町時代の勅撰集である風雅集に、次のような歌が詠まれています。

松ヲ払フ風ハ裾野ノ草ニ落チテ
夕立ツ雲ニ雨キホフナリ　(風雅・四、夏)

これらの歌での**「夕立つ」**という言葉は動詞語のようですが、**「ユウダチの雨が降り来ること」**の意味とされています。そうすると、それぞれの歌意は、次のように解釈できるように思われます。「乾していると、すぐに、夕立の雨で濡れてしまった私の袂である」、「夕立で生じる波が荒いので浮いている船の中でも落ち着いた気がしない」、「夕立ち雲から雨が競って降っている」。

ユウダチは朝にも昼にも夜にも降るのですが、夕立における夕を「夕方」、立を「降る」の意味などと過って解釈するから、朝、昼や夜のものは夕立というよりは朝立《あさだち》、昼立《ひるだち》や夜立《よるだち》ではないかというような主張がでてくるのです。

　結局のところ、ユウダチ（夕立）という言葉においては、**「夕立の『夕』も『立』も当て字なのでその字義を解釈してはならず、『ユウ』と『タツ』という音声の字義を解釈し理解しなければならない」**ということです。

　一部の識者の間では「頓珍漢《とんちんかん》辞典」と揶揄されている広辞苑（第七版）には、次のように書いてあります。

「**ゆうだち**【夕立】（一説に、天から降ることをタツといい、雷神が斎場に降臨することとする）①夕方、風・波などの起り立つこと②夕方、急に曇って来て激しく降る大粒の雨」。

　しかしながら、「天から降ることをタツという」などとはあり得ないことです。なぜならば、タツ（立つ）を動詞語として使う場合、「上方への動き」を指すのであって、「下方への動き」である「降る」にはならないからです。

　また、斎場とは葬儀場のことですが、「雷神が斎場に降臨すること」と「夕立」との間になんの関係があるのかという疑問があります。「一説に」と逃げは打ってあるものの、こんな呆けたことをいうのは広辞苑しかないので、広辞苑の「マッチポンプ自説」と思われます。さらに、ユウダチは「にわか雨」のことであって「夕方、風・波などの起り立つこと」ではありません。いかにも日本語を誤解したものにし続けている広辞苑らしく、「夕立」と「夕立つ」とをごちゃ混ぜにして説明してあります。更に、夕方に降るからユウダチというのではありません。

　最後に、何度もいうようですが、いくつかの大辞典の説明にもかかわらず、語源上からも**「ユウダチの意味と夕方とは特にはなんの関係もない」**ということを理解しておくことが必要です。

95　ユキ（雪）

雪を顕微鏡で拡大して見ると、星状、針状、角板状、角柱状などの、実に繊細で美しい形状をしています。

ユキという言葉は、すでに奈良時代にはできていて、万葉集に「由吉」や「由企」と書いて詠われています。

わが園《その》に梅の花散るひさかたの
天《あめ》より由吉《ゆき》の流れくるかも　（万葉822）

梅の花散らくは何処《いづく》しかすがに
此の城《き》の山に由企《ゆき》は降りつつ　（万葉823）

大言海によれば、平安時代の字鏡に「霏、雪降児、由支不留」、和名抄に「雪、由木」と書いてあります。霏は「美しい」という意味のある漢字です。

一音節読みで、玉はユと読み「美しい」の意味、瑰はキと読み「美しい、珍しい、美しくて珍しい」などの意味があります。つまり、**ユキ**は、**玉瑰**の読みであり**「美しい珍しい（もの）」**の意味になり、これがこの言葉の語源と思われます。

雪は、漢語の一音節読みではシュエと読むのですが、淑はシュ、妍はイェンと読み、共に「美しい」の意味であり、**淑妍**を多少の訛り読みして一気読みしたものがシュエであり、当然に**「美しい（もの）」**の意味なのです。

雪は、日本語の音読ではセツと読みます。一音節読みで、上述したように淑はシュ、姿はツと読み共に「美しい」の意味なので、淑姿はシュツと読め、その訛り読みであるセツも当然に**「美しい（もの）」**の意味になっています。

万葉集でも「雪の花」と詠われているように、この時代には、雪は「美しい白い花」とも見做されていたことが窺われます。

96　ヨル（夜）

大言海によれば、万葉集には万葉仮名で「用流」や「欲流」と書かれて、次のような歌が詠まれています。

現《うつつ》には逢ふよしも無しぬばたまの
用流の夢《いめ》にを継ぎて見えこそ　（万葉807）

旅にあれど欲流は火ともし居《を》るわれを
闇にや妹《いも》が恋ひつつあるらむ　（万葉3669）

ヨルは、漢字では夜と書かれ、日没から日出《ひので》までの間をいいます。

夜の字は、現在の漢語の一音節読みではヤともイェとも聴きなせるように読みますが、日本語では音読でヤ、訓読ではヨルと読みます。

一音節読みで幽はヨウと読み、形容詞では「暗い」の意味があります。児はルと読み、語尾につく語気助詞として使われます。つまり、ヨルは**幽児**であり直訳すると**「暗い（時刻）」**の意味になり、これがこの言葉の語源です。

夜の訓読であるヨルは、幽児の読みを転用したものになっているのです。

97　ワタツミ（大海・海神）

ワタツミとは**「海」**のことです。詳しくいうと、四音節語ですから修飾語付きの海のことになります。奈良時代の万葉集の歌の中に、当て字で「渡津海」や「綿津海」、万葉仮名で「和多都美」などと書かれて度々でており、次のような歌も詠まれています。原歌では括弧内におけるように漢字だけで書かれています。

（渡津海乃　豊旗雲尓　伊理比弥之　今夜乃月夜　清明己曽）わたつみの豊旗雲《とよはたくも》に入日《いりひ》見し

今夜《こよひ》の月夜《つくよ》さやに照りこそ　（万葉15）

（・・・綿津海乃　手二巻四而有　珠手次　懸而之努檟　日本嶋根乎）
・・・わたつみの　手に巻かしたる　玉襷《たまたすき》　懸《か》けて偲《しの》ひつ　大和島根を　（万葉３６６）

（和多都美能　於伎津之良奈美　多知久良思安麻乎等女等母　思麻我久流見由）
わたつみの沖つ白波立ち来らし
海人娘子《あまをとめ》ども島隠《がく》る見ゆ　（万葉３５９７）

海の字は、漢語の一音節読みでハイと読むのですが、日本語では音読でカイ、訓読でウミと読みます。一音節読みで**溟**はミンと読み「**海**」の意味です。呉はウと読み「大きい、広大な」の意味なので、溟に付けて海を二音節で読むための適当な字として採用されています。つまり、ウミは呉**溟**であり直訳では「**広大な海**」、簡潔にいうと「**大海**」の意味になっています。

したがって、この歌における「**海**」の字は、**ミ**（**溟**）と読んでも、**ウミ**（**呉溟**）と読んでもよいと思われます。これらの歌における渡津海や綿津海において、ワタツ（渡津・綿津）は海の修飾語になっています。

大言海には、ツについて、「**つ**（辞）之‖名詞ト名詞トノ係属ヲ示スモノ。意ハノニ同ジクシテ、用法古シ。多ク借字シテ津ト記ス。『天津風』『国津神』」と説明してあります。

なお、少し話は逸れますが大事なことなので触れておきますと、日本古典文學大系「万葉集一」（岩波書店）では、万葉１５の頭注において、「わたつみ―もと海神の意。転じて海。」と書いてありますが、これは逆であって、正しくは「**わたつみ―海の意。転じて海神。**」と説明すべきではないかと思われます。

さて、さっそく、ワタツミの語源の話に移りますと、ワタについては、一音節読みで旺はワンと読み「旺盛に、盛んに」、澹はタンと読み「波立つ」の意味があります。つまり、ワタは旺澹であり「盛んに波立つ（もの）」の意味になります。

また、万はワンと読み副詞では程度が甚だしいことを表現するときに「とても、非常に、著しく」などの意味で使われます。大はタと読み「大きい、広大な」の意味です。つまり、ワタは万大であり「とても広大な（もの）」の意味になります。

したがって、ワタは旺澹と万大との掛詞であり、意味上は**旺澹・万大**になり**「盛んに波立つ、とても広大な（もの）」**の意味になり、これがワタの語源であり、この意味において**「海をワタ」**ともいうのです。

掛詞とする解釈に抵抗を感じる人がいるようですが、漢字に通暁していると、海に関するワタツミという音声を聞いただけで、殆んど同時にワタについての漢字に基づくこれらの意味が脳裏に浮かんでくるものなのです。古代に、この言葉をつくった人も同じだったろうと想像されます。

結局のところ、**ワタツミ**は**旺澹・万大之溟**、**ワタツウミ**は**旺澹・万大之旲溟**であり、直訳すると共に**「盛んに波立つ、とても広大な海」**の意味になり、これがこの言葉の語源でありそのほんとうの意味です。

敷衍して、ワタツミを海神の意味とするときは、理解の仕方を少し変えなければなりません。

ワタは上述したように旺澹・万大で「盛んに波立つ、とても広大な（もの）」の意味ですが、これを「海」の意味に理解すべきことになります。

一音節読みで之はチと読みますが、上述したように、大言海にはツとも読み「の」の意味で借字して「津」とも書くとあります。冥はミンと読み「神」の意味があります。

そうすると、海神の意味でのワタツミは**海之冥**《ワタツミン》や**海津冥**《ワタツミン》になり、直訳すると**「海の神」**、つまり、**「海神」**の意味になるのです。

上述したように、そもそもの意味上は修飾語付きの「海」のことですが、なぜ転じて「海神」のことにもされるかというと、古代には、神は「恐ろしいもの」と見做されていたことと関係があります。

天は時には恐ろしいものになるので天神といい、海も荒れると恐ろしいもの、風も強いものは恐ろしいものなので、海神や風神になるのです。雷は恐ろしいものとして雷神といいます。大君《おほきみ》、つまり、現在の天皇も昔は神だったのです。万葉４２６０と万葉４２６１に天武天皇のことを詠んだ歌に「大君は神にしませば・・・」とあります。

　虎や狼も恐ろしいものなので神だったのです。万葉３８８５には「韓国の　虎といふ神」とあります。また、日本書紀の欽明即位前紀の条に、狼に対して「汝は貴神《かしこきかみ》にして、麁《あら》き行《わざ》を楽《この》む」とあります。

　天は時には恐ろしいものとし天神、雷は恐ろしいものとして雷神といわれても、その実体は天や雷に他ならないのです。同じように、海や風も恐ろしいものとして海神や風神といわれてもその実体は海や風に他ならないのです。つまり、ワタツミを海神と書くのは、「恐ろしい海」という意味をだすためなのです。

　したがって、海の意味であるワタツミに海神の意味が付加されたとしても、ワタツミの実態は「海」であると考えるべきなのです。

　なお、日本語では、熊が神とされている古代文献はないようなのですが、この獣は雑食性であり、虎や狼と異なって必ずしも食うために人間や家畜を襲うことはしないので、さほど恐ろしい動物ではなかったとみえて、神とは見做されず、日本狼のように人間によって絶滅に追込まれることなく現在でもあちこちに生き残っているのです。

　古今集に次のような歌が詠まれています。

　　草も木も色かはれども　わたつうみの
　　浪の花にぞ秋なかりける　（古今・秋歌下）

　この歌でのワタツウミ（わたつうみ）は、上述の万葉集１５にでてきた渡津海のことです。この歌では、修飾語であるワタツとウミとは完全に読み分けられており、海は訓読の二音節語のウミになっています。つまり、名詞のウミ（呉溟）に、修飾語のワタツ（旺澹・万大之）を乗っけた言葉になっています。結局のところ、海はミ（溟）ともウミ（呉溟）とも読めるので渡津海は、ワタツミともワタツウミとも読めるということです。

　「うみ」（林柳波作詞）という題名の童謡があり、その歌詞の一番は、次のようになっています。

うみは　ひろいな　おおきいな
つきがのぼるし　ひがしずむ

ワタツミは、海のことを指すときは「盛んに波立つ、とても広大な海」の意味であり、ワタツは形容詞で「盛んに波立つ、とても広大な」の意味、ミは名詞で「海」の意味であること、および、日本語では、正式には海の字はミ（溟）またはウミ（呉溟）と読むこと、略称で海をワタというのは「旺澹・万大」のことで「盛んに波立つ、とても広大な（もの）」の意味であることをしっかりと記憶して欲しいと思います。

平安時代の和名抄に「海神　和太豆美乃加美」と書いてあります。ここでは、海はワタツミ（和太豆美）、神はカミ（加美）と読んであり、ワタツミは海のことで海神のことではないと書いてあることになります。ということは、上述したような、万葉１５の頭注において「わたつみ―もと海神の意。転じて海。」と書いてあるのは逆であって、「わたつみ―海の意。転じて海神。」と説明すべきであることが明確に分かるということです。

和名抄には、形容詞のワタツ（和太豆＝旺澹・万大之）と名詞のミ（美＝溟）を含めて、海をワタツミ（和太豆美＝旺澹・万大之溟）と読んであるもので、「盛んに波立つ、とても広大な海」の意味です。その海の神が「和太豆美乃加美」なのです。したがって、修飾語も入れた全部を訳すると「ワタツミの神」は「盛んに波立つとても広大な海の神」の意味になっています。

万葉集の歌では、ワタツミのミは神のこととされているものがあります。なぜならば、上述したように、一音節読みで冥はミンと読み神の意味があるからです。

万葉集の歌はすべて漢字で書かれていますが、ワタツミの歌を調べてみると全部で二一首があり、原歌では①**渡津海**《わたつみ》一首（１５）、②**綿津海**一首（３６６）、③**方便海**《わたつみ》一首（１２１６）、④**海神**四首（１３０１・１３０２・１３０３・３７９１）、⑤**海若**《わたつみ》六首（３２７・３８８・１７４０・１７８４・３０７

9・3080)、**和多都美**七首(3597・3605・3614・3627・3663・3694・4122)、**和多都民**一首(4220)になっています。

日本古典文學大系「萬葉集一」(岩波書店)に書いてあることについて、本書の見解を以下に叙述します。

渡津海一首(15)については、「わたつみ」と平仮名に書替えて読んでありその頭注には、「わたつみ―もと海神の意。転じて海。ワタは朝鮮語と同源。ツは助詞ノに同じ。ミは霊力あるものの意か。」と書いてあります。

しかしながら、この歌での渡津海は、その歌意から判断して、そもそもから「海」の意味であって、もと「海神」の意味とは思われません。この歌の大意は、「大海の豊旗雲に入日の射すのを見た今夜は、月もさやかに照って欲しいものである。」と書いてあります。また、「ワタは朝鮮語と同源」と書いてありますが、ワタはワタツミの略称でありその意味は「旺瀁・万大＝盛んに波立つ、とても広大な(海)」のことであって、朝鮮語と同源とは思われません。

綿津海一首(366)については、「海神《わたつみ》」のように書替えて振仮名して読んであります。綿は「盛んに波立つ、とても広大な(もの)」という意味での「海」のこと、津は「之」のこと、冥《ミン》には「神」の意味がありますから、綿津冥は「わたつみ」と読め「海之神」、つまり、海神のことになり得るのです。

方便海一首(1216)については、日本古典文学大系「萬葉集二」の頭注では、「方便は仏語」と書いてあります。

海神四首については、すべて海神《わたつみ》と振仮名して読んであります。この場合の「み」は、冥《ミン》の意味になっています。

海若六首については、大海《わたつみ》と書替え振仮名して読んであるもの三首(327・3079・3080)と、そのまま海若《わたつみ》と振仮名して読んであるもの三首（388・1740・1784）とがあります。ただ、原歌では「大海」の意味の三首（327・3079・3080）の歌に「海若」を用いてあるという不具合はあります。大言海によれば、漢籍の楚辞に「海若、海神名也」と書かれているようです。

和多都美と和多都民の八首については、「わたつみ」と平仮名で書いてあるもの五首（3597・3605・3614・3663・3694）と海神《わたつみ》と漢字に書替えて振仮名して読んであるもの三首（3627・4122・4220）とがあります。平仮名で書いてある五首は、歌意からしてすべて「大海《わたつみ》」と漢字に書替えて振仮名して読んでもよいと思われます。

上述したように、「海神」については、和名抄に「海神　和太豆美乃加美」と書いてあるので、海神四首での「海神」を、解説書におけるように「わたつみ」と四音節で読むべきなのか、和名抄のように「わたつみのかみ」と六音節で読むべきなのかは分かりませんが、四音節で読んでも六音節で読んでも、歌調としてはさして変わりはないように思われます。

この他に、地名として大海と書かれたものがありますがそれらを除いて、「大海」と書かれたものが十二首あります。日本古典文學大系「萬葉集」（岩波書店）では、一首（2801）だけが「大海《おほうみ》」と振仮名して読まれていますが、他の十一首には振仮名がされておらずなんと読むのかは分かりません。しかしながら、これらの十二首はすべて「大海《わたつみ》」と振仮名して読んでもよいと思われますが、そのようになっていないのは、次のような歌もあるので、そのように読むのは躊躇されるからかも知れません。原歌では、「大き海」は「於保吉宇美」と書かれています。

大《おほ》き海《うみ》の水底深く思ひつつ
裳《も》引《び》きならしし菅原の里　（万葉4491）

或いは、この本（日本古典文學大系「萬葉集」）における「わたつみ―もと海神の意。転じて海。」のような見解ではそのように読むのは躊躇されるからと思われます。
ちなみに、十二首は「1089、1189、1201、1232、1239、1308、1319、1920、2741、2801、3028、3897」になっています。

また、万葉集の歌の中に、日本古典文學大系「萬葉集」（岩波書店）では、海に「海《わた》」と振仮名して読んである、次のような十首があります。海の字は、すべて、中や底と組み合わせての場合だけ「わた」と読まれており、次のようなものがあります。

渡中（海中《わたなか》）・万葉62。
和多能曾許（海《わた》の底）・万葉813。
海底（海《わた》の底）・万葉933。
綿之底（海《わた》の底）・万葉1223。
海底（海《わた》の底）・万葉1290。
海底（海《わた》の底）・万葉1317。
海之底（海《わた》の底）・万葉1323。
海底（海《わた》の底）・万葉1327。
海底（海《わた》の底）・万葉2781。
海之底（海《わた》の底）・万葉3199。

万葉集で海をワタと読んである上述の歌のいくつかを紹介すると、次のようなものがあります。

ありねよし対馬の渡り海中《わたなか》（渡中）に
幣《ぬさ》取り向けて早《はや》帰り来ね（万葉62）

萬世《よろづよ》に　言ひ継ぐがねと　海《わた》の底《そこ》（和多能曾許）沖《おき》つ深江の　海上《うなかみ》の　・・・
（万葉813・長歌）

野島の海人《あま》の　海《わた》の底（海底）　奥《おき》つ海石《いくり》に
鰒珠　・・・　（万葉933・長歌）

海《わた》の底《そこ》（綿之底）沖漕ぐ船を辺《へ》に寄せむ
風も吹かぬか波立たずして　（万葉1223）

平安時代の古今集（九〇五年編撰）では、次のような歌が詠まれています。

わたの原八十島かけてこぎいでぬと人には
　つげよあまの釣舟　（古今407・羇旅）

この歌での「わた」は海のこととされていますが、旺瀇・万大の意味、つまり、「盛んに波立つ、とても広大な」という意味での海のこととされているのです。結局のところ、「わた」は「わたつみ」や「わたつうみ」の略称だということです。

古事記には、伊邪那岐命《いざなきのみこと》と伊邪那美命《いざなみの》による「神々の生成」の段に「次生海神、名大綿津見神。中略。次生山神、名大山津見神。」と書かれており、岩波文庫の古事記では「次に海の神、名は大綿津見神《おほわたつみのかみ》を生む。中略。次に山の神、名は大山津見神《おほやまつみのかみ》を生む。」と読み下してあります。

「火神被殺」の段には「殺さえし迦具土神《かぐつちの》の頭《かしら》に成れる神の名は、正鹿《まさか》山津見神、次に胸に成れる神の名は、淤縢《おど》山津見神、次に腹に成れる神の名は、奥《おく》山津見神、次に陰《ほと》に成れる神の名は、闇《くら》山津見神、次に左の手に成れる神の名は、志芸《しき》山津見神、次に右の手に成れる神の名は、羽《は》山津見神、次に左の足に成れる神の名は、原《はら》山津見神、次に右の手に成れる神の名は、戸山《とやま》山津見神。正鹿山津見神より戸山山津見神まで、幷《あは》せて八神。」と書いてあります。「禊祓《みそぎばらい》と神々の化生」の段には、「次に水の底に滌《すすぐ》ぐ時に、成れる神の名は、底津綿津見神、次に中に滌ぐ時に、成れる神の名は、中津綿津見神、次に水の上に滌ぐ時に成れる神の名は、上津綿津見神」と書いてあります。

これらの神名において、山の神である山津見にも海の神である綿津見にも使われている見は、山津見では冥の意味で、綿津見では溟《み》と冥《みん》の掛詞の意味で使われていると見做すべきかと思われます。

日本書紀には、伊奘諾尊《いざなきのみこと》と伊奘冉尊《いざなみのみこと》の国生みの条に、原文では「又生海神等、號少童命。山神等號山祇。」とあるのを、岩波書店の日本書紀では「又、生めりし海神《わたつみのかみ》等を、少童命《わたつみのみこと》と号《まう》す。山神《やまのかみ》等を山祇《やまつみ》と号す。」と振仮名して読んであります。ここでは、海神を「わたつみのかみ」、つまり、海を「わたつみ」と読んであります。

　上述してきたように、ワタツミのミには溟と冥の意味、つまり、海の意味と神の意味の二義があるのですが、ツは之《の》の意味であるとして、大辞典にはワタは海のこととはされていますが、その音声の意味については殆んど述べられていません。ただ、昭和初期の大言海には、次のように書かれています。「**わた**（名）海（渡ル意ト云フ、百済語、ホタイ、朝鮮語、バタ）うみ（海）に同じ。渡ルニ就キテ云フ」。

　日本古典文學大系「萬葉集一」（岩波書店）の万葉62の「渡中の歌」の頭注では「海中—ワタは朝鮮語pata（海）と同源。」と書いてあります。

　朝鮮語のバタや朝鮮語pata（海）とは、たぶん、十五世紀以降のハングル文字の朝鮮語についてのことと思われますが、現在の朝鮮語では「海」は「バダ（bada）」といいます。（韓日辞典・安田吉実・孫洛範共著・民衆書林七四六頁）。

　しかしながら、必ずしも朝鮮語と日本語とが同源とは思われません。なぜならば、朝鮮語のバタ及びpata（海）やバダ（bada）は、いづれも日本語のワタとはかなり音声が異なっているからであり、そのうえ、大言海によれば、朝鮮語のバタは「渡る」の意味で海のこととされていますが、上述したように日本語のワタは「盛んに泡立つ、とても広大な」の意味で海の修飾語のこと、または、略称で海のことだからです。

　海の字は、日本語では、ワタツミの略称として「ワタ」と読むのであって百済語や朝鮮語のホタイ、バタ、パタ（pata）やバダ（bada）を語源として「ワタ」と読む根拠は殆んどあり得ないと思われます。それにも増して、他所でも何度も述べているように、日本語が百済語や朝鮮語からくることなど殆んどあり得ないことです。日本語では、海の字は、上述したように「溟」の意味でミ、「呉溟」の意味でウミ、ワタツミの略称として「ワタ」と読むのであって百済語や朝鮮語を語源として「ワタ」と読むとは思われないのです。また、常識として、「渡る」の渡が海の意味になるなどはありそうもないことです。したがって、ワタの朝鮮語同源説は疑わしく採用できるものとは思われません。

例解古語辞典（三省堂）には次のように書いてあります。「**わたつうみ**　海の神を『わたつみ』というのを、海の意に用い、それを『渡津海』と書いたのを誤読してできた語」。

この辞典の説明は、繰返し読んでも、なんと書いてあるのかよく分かりませんが、書いてあることは完全な誤解と思われます。

先ず、「海の神を『わたつみ』という」との記述は誤解に近いのであって、「わたつみ」には「大海」の意味と「海神」の意味の二義があるのです。和名抄に書いてあるように、海神は「わたつみのかみ（和太豆美乃加美）（＝渡津海の神・綿津海の神）」ともいうのであり、ワタツミまたはワタツウミは、そもそもから海のことだからです。したがって、「『わたつみ』を海の意に用いる」のは完全に正しいことなのです。次に、「渡津海は、ワタツミと読むべきであるのに、ワタツウミと誤読した」と書いてあるのも可笑しい。なぜならば、渡津海はワタツミと読んでもワタツウミと読んでも構わないからです。

そもそも、当時の文人は、漢字に精通しており、新しい日本語としての言葉をつくっていたと思われる人たちですから、誤読したとは到底考えられず、むしろ今の学者・文人の方がはるかに理解不足ではないかと思われます。

ワタツミは、全称の意味では、上述の語源で示したような「旺瀆之溟＝盛んに波立つ海」と「万大之溟＝とても広大な海」の掛詞としての「**盛んに波立つ、とても広大な海**」の意味で使われているのです。

または、海之冥《ワタツミン》や海津冥《ワタツミン》の意味で「海の神」、つまり、「**海神**」の意味で使われているのです。

したがって、大辞典などでは、例えば、次のように説明すべきものと思われます。

「**わた**（名）　わたつみの略称で海のこと、それも大海のこと。古く、万葉集や古今集などの歌で詠われている。わたつみ欄を参照」。

「**わたつみ**（名）大海・海神〔和多都美・海若・方便海・渡津海・綿津海〕①海のこと、それも大海のこと。原義は『盛んに波立つ、とても広大な海』。②海神のこと。海は『恐ろしいもの』との心象から神と見做されることになったもの」。

結局のところ、肝心なことは、ワタツミはそもそもは「大海《わたつみ》」のことであって「海神《わたつみ》」は敷衍された意味に過ぎないということです。

ワタツミの意味について、周りの人に尋ねてみると、この言葉の存在を知っている人でも十人が十人から「海神」のことという答えが返ってきます。これほど左様に辞典・辞書の影響は大きいのです。しかしながら、**「ワタツミとは修飾語付きの『海』、つまり、大海のことであり、『海神』という言葉は恐ろしい海という意味で付加されたもの」**と理解すべきものです。

98　雲・霞・霧・靄の区別

日本語では、クモ（雲）の一種である薄雲のことをカスミ（霞）といい、キリ（霧）の一種である薄霧のことをモヤ（靄）といいます。つまり、雲—霞（薄雲）、霧—靄（薄霧）の関係にあるのです。

雲《くも》、霞《かすみ》、霧《きり》、靄《もや》について、それらの関係も含めてまとめて説明しておきます。

・クモ（雲）

クモは、漢字で雲と書き、**「大気中の水分が凝結して微細な水滴の集まりとなり、その上層のある高さ以上に平たく横に浮遊するもの」**とされています。

クモは、人間の視界をまったく利かなくするという特徴があります。したがって、天空にあって日光や月光を遮《さえぎ》る最大の障害物となっています。しかしながら、ある高さ以上にあるので、雲のない下界は視界が効きます。視界がある程度効くこともある薄雲は霞《かすみ》といいます。大気中の上層部にあるので人体に触れることはなく濡れることはありません。

また、雲が生ずる現象は**「立つ」**といい、雲が浮遊している態様、特には切れた雲が浮遊している態様は、棚のように平たく横に漂っているという意味で**「たなびく（棚引く）」**という表現がされます。

したがって、雲には「たなびく」という言葉の入った歌がたくさん詠まれており、例えば、万葉集の最初の方では次のようなものがあります。

ここにして家やも何処《いづく》白雲の
棚引く山を越えて来にけり　（万葉287）

不盡《ふじ》の嶺《ね》に高み恐《かしこ》み天雲もい行きはばかり
田菜引くものを　（万葉321）

なお、クモの語源は**酷瞢**《クモン》であり**「まったく見通しが効かない（もの）」**の意味になり、これがこの言葉の語源です。

・カスミ（霞）

カスミは、漢字では**霞**と書き、**「薄雲」**のことをいいます。雲欄で述べたように、雲は「大気中の水分が凝結して微細な水滴の集まりとなり、その上層のある高さ以上に平たく横に浮遊するもの」とされていて、視界が効かないという特徴がありますが、**カスミは薄雲なので、ある程度は視界が効き、密度が薄くなるにしたがって視界が効き易くなり、濃くなるにしたがって視界が効き難《にく》くなります。**カスミは、万葉集などに詠まれている歌などから推測するところ、雲と同じように、ある程度の高さ以上の空中に平たく横に浮遊するものをいいます。雲と同じように、霞が生ずる現象は**「立つ」**といい、それが漂っている現象は**「たなびく（棚引く）」**という表現がされます。

薄雲は太陽光線を受けて、「朝焼け」や「夕焼け」、或いは、「朝焼け雲」や「夕焼け雲」などができ易いという特徴があります。薄雲は塊とならないで薄く広がって漂っているものと、薄い塊となって漂っているものとがあります。そもそもは同じものですが、前者の焼けたものを朝焼けや夕焼け、後者の焼けたものを朝焼け雲や夕焼け雲と区別する人もいます。本書では薄い色彩雲も含めて薄雲を霞ということにしています。

漢語では、通常、色彩雲だけを霞《シィア》というとされています。なお、漢語では、日本語の朝焼けや朝焼け雲を「朝霞《チャオシィア》」、夕焼けや夕焼け雲を「晩霞《ワンシィア》」といいます。

なお、カスミの語源は**看損靡《カンスンミ》**であり**「かすんで見える微細な美しい（もの）」**の意味になり、これがこの言葉の語源です。

・キリ（霧）

キリは漢字で霧と書き、**「地表近くの大気中の水分が凝結して微細・微小な水滴の集まりとなり、その下層のある高さから縦に垂れ込めて地表に接して浮遊するもの」**とされています。

微細・微小な水滴の集まりという点では雲と同じものですが、その違いは、雲が大気中の上層のある程度の高さ以上に平たく横に浮遊するのに対して、霧は下層のある程度の高さから地表まで縦に垂れ込めて浮遊する、つまり、地面や水面に接して存在するということです。雲と共通する特徴は、霧も視界が効かないということです。

万葉集などの歌では、霧が生ずることを**「立つ」**といい、ある程度の高さから地表まで縦に垂れ込めて浮遊するので、その現象を**「たちわたる（立ち渡る・立ち亘《わた》る）」**と表現してあります。

雲は大気中の上層にあるので地上にいる人間と接することはなく、それで濡れるということはありませんが、霧は大気中の下層にあり人間と接するのでそれで濡れることがあります。

薄雲はカスミ（霞）といい古くから雲と区別されていましたが、キリ（霧）は江戸時代中期頃に薄霧のことであるモヤという仮名言葉がつくられるまでは、濃いものも薄いものも含めていました。江戸時代にモヤという名称がつくられて靄の読みとされてからは、濃いものをキリ（霧）、薄いものをモヤ（靄）というようになっています。英語では、キリ（霧）

はフォグ（fog）、モヤ（靄）はミスト（mist）といいます。

なお、キリの語源は**瑰瀝**《キリ》と**劊離**《きり》との掛詞であり**「美しい水滴で視界を遮る（もの）」**の意味になり、これがこの言葉の語源です。

・モヤ（靄）

モヤは、漢字では**靄**と書き、**「薄霧」**のことをいいます。薄霧ですから、霧と同じく「地表近くの大気中の水分が凝結して微細・微小な水滴の集まりとなり、その下層のある高さから縦に垂れ込めて地表に接して浮遊するもの」のことをいいますが、**モヤは薄霧なので、ある程度は視界が効き、密度が薄くなるにしたがって視界が効き易くなり、濃くなるにしたがって視界が効き難**《にく》**くなります**。

漢語辞典には、靄はアイと読み、「軽霧（mist）。気象上、軽霧を称して靄と為す。」と説明してあります。

大言海によれば、モヤという仮名言葉は江戸時代にできたようであり、江戸時代の和漢三才図会（三、天象類）欄には次のように書いてあります。「雺ハ和名岐利。霚ハ俗ニ云フ毛也、霚ハ俗ニ霧ニ作ル。按ヅルニ、雺《キリ》ト霧《モヤ》ノ二種ハ、露ノ変スル者」。

万葉集の歌にでてくる霧はすべてキリと読まれていますが、和漢三才図会では霧をモヤと読んであることは、江戸時代にモヤという和語としての仮名言葉ができるまではキリとモヤとは区別されていなかったことを示しています。つまり、江戸時代にモヤという仮名言葉ができるまでは、モヤ（靄）も含めてキリ（霧）といったのです。

モヤは薄霧のことなので、キリとモヤとの違いは、それらが立ち込めているときに、霧はまったく見通せないのに対して、靄はぼんやりとではあるが先を見通せる点にあります。キリ欄でもいいましたが、英語でいえば、霧はフォグ（fog）のことであり、靄はミスト（mist）のことです。

なお、モヤの語源は**濛様**《モヤン》であり**「ぼうっと見える状態の（もの）」**の意味になり、これがこの言葉の語源です。

99 カスミ（霞）とキリ（霧）と大辞典

カスミとキリの二語は、日本語として極めて大切な基本的な言葉に属するといえます。

そもそも漢字の霞と霧の字は漢語から導入されたものです。漢語辞典には、霞はシィアと読み「色彩雲」のことであり、漢語では日本語の朝焼けや朝焼け雲のことを朝霞《チャオシィア》、夕焼けや夕焼け雲のことを晩霞《ワンシィア》といいます。霧はウと読み「地面に近い空気中の水蒸気」のことと書いてあります。

しかしながら、カスミ（霞）とキリ（霧）について、さらにはクモ（雲）とモヤ（靄）を含めて、それらの相互関係について、日本では、明治時代以降、学者によってさえも明確には理解されて来なかったようなのです。

このことは、日本の明治以降の次のよう大辞典の記述をみても分かります。

①日本大辞書（山田美妙著・明治二五～二六年刊）、
②日本大辞林（物集高見著・明治二七年刊）、
③帝国大辞典（藤井乙男・草野清民共著・明治二九年刊）、
④日本新辞林（林甕臣・棚橋一郎共著・明治三〇年刊）、
⑤ことばの泉（落合直文著・明治三一～三二年刊）、
⑥辭林（金沢庄三郎著・明治四〇年刊）、
⑦大日本国語辞典（上田万年・松井簡治共著・大正四～六年刊）、
⑧大言海（大槻文彦著・昭和七～九年刊）

比較的に詳しく記述されている大日本国語辞典と大言海だけを取上げてみても、カスミとキリの相違は明確には分からなかったとみえて、次のように書いてあります。

カスミについては、大日本国語辞典には「**かすみ**　霞（名）朝又は夕に、淡き霧の日光を受けて、天空の赤く見ゆること」、大言海には「**かすみ**（名）靄‖霞　霧《キリ》、雺《モヤ》ノ類ナリ」と書いてあります。

つまり、カスミについて、大日本国語辞典では「淡き霧」と書いてあり、大言海では漢字で靄と書いたうえに「霧《キリ》、雺《モヤ》ノ類ナリ」と書いてあるのです。しかしながら、正しくは、大日本国語辞典では「淡き雲」、大言海では「薄雲ナリ」と書くべきだったと思われます。

　キリについては、大日本国語辞典には「**きり**（名）地面に近き大気の、温度下だりて露点以下に冷ゆるとき、其の中に含める水蒸気の一部液化し、小水滴となりて大気中に浮遊するもの。其の地面より遠く高き處に表はるるは雲なり」。大言海には「**きり**（名）‖霧　空気中ノ水蒸気ノ、密ニ湿リテ、水陸ノ面ニ近ク漂フモノ。モヤ。霧ノ起るヲ立つト云ヒ、和歌ニハ多ク、秋ニ詠《ヨ》ム。」と書いてあります。

　しかしながら、大日本国語辞典での「霧の地面より遠く高き處に表はるるは雲なり」というのは適当な説明とは思われません。なぜならば、霧は「地面に近い空気中の水蒸気」であり、雲のように「地面より遠く高き處」に表れるものではないからです。霧と雲とは異なるものなのです。

　大言海で「**かすみ**」欄に「靄」、「**きり**」欄に「モヤ」と書いてあるのも少々疑問があります。カスミ（霞）とモヤ（靄）とは異なるものであり、キリ（霧）とモヤ（靄）もまた異なるものであり、ウスグモ（薄雲）がカスミ（霞）であり、ウスギリ（薄霧）がモヤ（靄）だからです。

　さらに、重大なことは、「ことばの泉」に、カスミとキリについて、次のように書いてあることです。

「**かすみ**（名）霞。水気の昇りて、薄く、空中に立ち亘《わた》るもの。春のもや。（古は、春、秋、共に、霞とも、霧ともいひしが、後世は、春のを、霞といひ、秋のを、霧といふ）」。

「**きり**（名）霧。水蒸気の、烟《けむり》の如く立ちわたりて、あたりの物も見えずなるもの。古くは、春のにも、秋のにもいひしが、後世、春のを、霞といひ、秋のを、霧といふ」。

　しかしながら、この辞典に書いてあることは、事実ではありません。先ず、カスミはモヤではありません。カスミは薄雲のことであり、モヤは薄霧のことだからです。

　このことはさておき、この辞典の説明を素直に解釈すると、「古は、同じものについて、春立つものも秋立つものもカスミともキリともいったが、後世においては、同じものについて、春立つものをカスミといい、秋立つものをキリという」と書いてあるようです。つまり、この辞典においては、カスミとキリとは立つ季節が異なるだけで同じものとされています。しかしながら、この解釈は大いなる誤解であり、カスミとキリは共に春にも秋にも立つものですが、両者は異なるものです。

　万葉集や古今集の歌をみても、カスミは立った後の態様は大気中の上層に平たく横に浮遊して「たなびく(棚引く)」と表現されるものであり、キリは立った後の態様は大気中の下層に縦に垂れ込めて地表に接して浮遊して「たちわたる(立ち渡る・立ち亘《わた》る)」と表現されるものだからです。この辞典の説明は、こういう基本的なことさえも理解されていないものになっています。なぜこうなるかというと、カスミとキリとを同じものと見做してあるからです。

　しかしながら、カスミとキリとはお互いに異なるものであり、同じものについて、春立つものと秋立つものとを古くは共にカスミとキリの両名称を使い、後世においては春立つものをカスミ、秋立つものをキリとその名称を使い分けたという事実はまったくないのです。

　したがって、**「かすみ」**欄において「古《いにしへ》は、春、秋、共に、霞とも、霧ともいひし」との見解は誤解です。「古は、春歌でも、秋歌でも、霞と霧とは共に詠まれていた」というのが正しい見解です。

　また、同欄において「後世は、春のを、霞といひ、秋のを、霧といふ」との見解も誤解です。「後世は、春歌では霞だけが詠まれ、秋歌では霧だけが詠まれるようになった」というのが正しい見解です。「古は」というのは万葉集時代のことであり、「後世は」というのは古今集時代以降ということです。**「きり」**欄における記述についても誤解であることは同じです。したがって、**「カスミとキリについての『ことばの泉』の見解は誤解であり修正されるべきもの」**といえます。

　カスミとキリは、古くは、つまり、奈良時代の万葉集までは、春歌でも秋歌でも詠まれましたが、後世においては、つまり、平安時代の古今集から以降は、カスミは春歌でキリは秋歌で詠まれるようになったということなのです。カスミとキリの両者は異なるものなのです。したがって、この辞典は、万葉集と古今集の歌においてのカスミとキリについての取扱われ方の事実を誤解しているのです。結局のところ、この辞典においては、歌を通じてのカスミとキリの相違について殆んど理解されていなかったことが窺《うかが》われます。

カスミとキリという言葉は、最も古い文献の一つである奈良時代の万葉集にでてくるので、「古《いにしへ》」とは万葉集においてはということになりますが、カスミとキリは季節に関わらずいつでも立つものなので、両者が春歌でも秋歌でも詠われたという意味ならばその通りですが、同じものについてカスミともキリともいったということであればそのような事実はまったくありません。

「後世」とは日本最初の勅撰集である平安時代の古今集以降ということですが、同じものについて、春立つものをカスミ、秋立つものをキリと詠み分けたという事実も、これまたまったくありません。カスミとキリとは異なるものなのであり、古代から異なるものと認識されていたことは間違いありません。

普通には、同じものについて二つの名称があることは極めて不自然なので、「ことばの泉」では同じものについて、春のものは霞、秋のものは霧と使い分けたというふうに季節で使い分けたと解釈して説明したのでしょうが、そういう事実はまったくなかったのです。なぜならば、上述したように、カスミとキリとはお互いに異なるもので、春といわず秋といわず、つまり、季節に関わらずいつでも立つものだからです。

この辞典は、カスミとキリがどのような物体で何時立つかという問題と、両者は和歌の世界においてどのように取扱われたかという問題とをごちゃ混ぜにして整合性のある説明をしようとするから、このような誤解した説明になってしまうのです。

繰返しになるかとも思えますが、大切なことなのでくどく説明しますと、この辞典の記述についての一つ目の疑問は、「古は、春、秋、共に、霞とも、霧ともいひしが」、という記述です。カスミ（霞）やキリ（霧）という日本語がたくさんでてくる古い文献は万葉集しかありませんから、「古は」ということは「万葉集では」ということになります。「古は、春、秋、共に、霞とも、霧ともいひしが」、という表現は、主語がありませんので、なんについてのことなのか必ずしも明確ではありませんが、奈良時代に編撰された万葉集では、同じものについて「春、秋、共に、霞とも、霧ともいひしが」、という事実はまったくありません。異なるものについて「春歌でも秋歌でも詠まれている」に過ぎないだけのことです。したがって、この辞典での記述を読んだ人が、万葉集の時代には霞と霧とは同じものであると見做されていたかの如くに誤解してしまうということからすると、この辞典のこの説明は完全な誤解といえます。

二つ目の疑問は、「後世は、春のを、霞といひ、秋のを、霧といふ」という説明です。この説明にも主語がありませんので、これまたなんについてのことなのか必ずしも明確ではありませんが、同じものについて「後世は、春のを、霞といひ、秋のを、霧といふ」という事実はこれまたまったくありません。「後世は」というのは、平安時代の古今集以降においてはということですが、霞と霧という異なるものについて、「前者は春歌で、後者は秋歌で詠まれるようになった」というだけのことです。したがって、読んだ人が、同じものについて春に立つものは霞、秋に立つものは霧と呼び分けると誤解してしまうということからすると、この説明もまた完全な誤解といえます。

日本列島は細長いので、北の北海道と南の九州では気候がかなり異なります。特に、冬においては相当に異なります。カスミとキリとは異なるものであり、多少の差はあっても、共に春にも秋にも、或いは、夏にも冬にも立つものなのです。ただ、春とか秋というのは、和歌の世界においてどのように取扱われていたか、或いは、取扱われているかの問題に過ぎないのです。

誤解を与えない記述にするためには、正しくは、

「古くは、つまり、奈良時代に編撰された万葉集では、カスミ（霞）とキリ（霧）は共に春歌でも秋歌でも詠まれているが、後世、つまり、平安時代に編撰された古今集以降からは、春歌ではカスミ（霞）だけが、秋歌ではキリ（霧）だけが詠まれるようになった」と説明すべきなのです。

　実際をみると、万葉集ではカスミは春歌で多く詠まれキリは秋歌で多く詠まれているので、それを受けて平安時代の古今集以降からは、カスミは春歌で、キリは秋歌で詠まれるようになっているということです。

　以上のようなことから、読んだ人に誤解を与えるという点において、この辞典の説明は完全な誤解であり、修正すべきものといえます。カスミとキリの違いは、カスミは「大気中の水分が凝結して微細な水滴の集まりとなり、その上層のある高さ以上に平たく横に浮遊する薄雲」のことであり、キリは「地表近くの大気中の水分が凝結して微細・微小な水滴の集まりとなり、その下層のある高さから縦に垂れこめて地表に接して浮遊するもの」なのです。キリは江戸時代に薄霧のことであるモヤという名称ができるまでは濃いものも薄いものも含めてキリと称したのです。

　奈良時代に編撰された万葉集での春歌と秋歌におけるカスミ（霞）とキリ（霧）の季節分布は、次のようになっています。

（万葉集）

	カスミ（霞）	キリ（霧）
春歌	56	5
夏歌	1	4
秋歌	3	20
冬歌	3	5
季節なし	15	25
計	78	59

（注）万葉集のカスミとキリの歌の季節判断を、そこに詠み込まれている動植物や事物によりしたものでは、鶯・呼子鳥《よぶこどり》・雉《きぎし》・河蝦《かはづ》・椿・藤は春歌、霍公鳥《ほととぎす》は夏歌、雁《かり》・鹿・萩・天の河・時雨は秋歌、鴨・鶴《たづ》・千鳥《ちどり》・志長鳥《しながどり》・雪は冬歌として集計しています。その歌は次のとおりです。

	カスミの歌	キリの歌
（春歌）		
鶯	3：948・3221・4030	0：
呼子鳥	1：1941	1：1831
雉	1：4149	0：
河蝦	2：2265・3818	2：324・913
椿	1：4177	0：
藤	1：4187	0：
（夏歌）		
霍公鳥	1：1940	2：1945・4008
蛍	0：	1：3344
（秋歌）		
雁	0：	5：1702・2129・3665・3691・4224
鹿	0：	1：2141
萩	1：2105	1：2118
天の河	1：1528	7：1527・1765・2044・2045・2063・2068・4310
時雨	0：	1：2263
（冬歌）		
鴨	0：	1：3570
鶴	1：4399	1：509
千鳥	1：1125	2：2680・4477
志長鳥	0：	1：1140
雪	1：4079	0：
計	15	26

万葉集において、特に、カスミ（霞）について秋歌で詠まれたもの三首、および、キリ（霧）について春歌で詠まれたもの五首を次に挙げておきます。

秋の田の穂《ほ》の上に霧《き》らふ朝霞何処辺《いづへ》の方に
わが恋ひ止まむ　（万葉88）（秋歌）

霞立つ天の河原に君待つといかよふほとに
裳の裾《すそ》ぬれぬ　（万葉1528）（秋歌）

春されば霧隠《がく》れて見えざりし秋萩咲きぬ折りて
挿頭《かざ》さむ　（万葉2105）（秋歌）

夕霧に　河蝦はさわく　見るごとに
哭《ね》のみし泣かゆ　・・・　（万葉324）（春歌）

春の野に霧立ちわたり降る雪と人の見るまで
梅の花散る　（万葉８３９）（春歌）

明け来れば　朝霧立ち　夕されば
河蝦鳴くなべ　紐解かぬ　・・・
（万葉９１３）（春歌）

朝霧にしののに濡れて呼子鳥三船の山ゆ
鳴き渡る見ゆ　（万葉１８３１）（春歌）

春山の霧に惑へる鶯もわれにまさりて
物思はめや　（万葉１８９２）（春歌）

平安時代になってからは、日本最初の勅撰集である古今集（九〇五年編撰）以降、「春歌、夏歌、秋歌、冬歌、その他」のように分類して編撰されるようになったことから、春歌ではカスミ（霞）だけが、秋歌ではキリ（霧）だけが詠まれるようになっています。古今集に詠まれたカスミ（霞）とキリ（霧）の歌の季節分布は、次のようになっています。

（古今集）

	カスミ（霞）	キリ（霧）
春歌	27	0
夏歌	0	0
秋歌	0	10
冬歌	0	1（千鳥）
季節なし	2	3
計	29	14

（注）四季（春夏秋冬）の季節指定のない歌については、歌中の言葉で季節判断してあります。ただし、カスミ（霞）の冬歌欄の春霞と恋歌欄の霞（山ざくら）は春歌で、キリ（霧）の賀歌欄の千鳥は冬歌、恋歌欄の河霧は季なし、雑歌欄の雁は秋歌で集計しています。

各欄の歌数と文言明細は次のとおりです。

	カスミ（霞）	キリ（霧）
春歌	14	0
夏歌	0	0
秋歌	0	6
冬歌	1（春霞）	0

賀歌	0	1（川ぎり）千鳥
離別歌	1（春霞）	1（秋ぎり）
羇旅歌	1（春の霞）	1（朝ぎり）季なし
物名	1（春霞）	0
恋歌	3（春霞2霞1）	2（河霧1秋ぎり1）
哀愁歌	2（霞2）季なし	0
雑歌	1（春霞）	1（朝霧）雁
雑躰	3（春がすみ3）	0
俳諧歌	2（春がすみ2）	1（あき霧）
東歌	0	1（霧）季なし
計	29	14

繰返していうように、カスミ（霞）とキリ（霧）とは異なるものです。どのように異なるかを以下に列挙します。

第一の相違は、両者は「大気中に漂う微細・微小な水滴の集まり」という点では同じですが、**カスミ（霞）は薄雲のことであり「大気中の上層のある高さ以上に平たく横に浮遊するもの」**、**キリ（霧）は「大気中の下層のある高さから縦に垂れ込めて地表に接して浮遊するもの」**なのです。つまり存在する位置が相違するのです。同じものを春はカスミ、秋はキリと季節によって使い分けたということではありません。

第二の相違は、カスミは大気中の上層に、キリは大気中の下層に存在すると認識されていたので、万葉集のカスミの歌では「ぬれる」という言葉はまったく読み込まれていませんが、キリの歌では**「衣は沾《ぬ》れて**（万葉１９４）。**濡れにし衣《ころも》**（万葉１６６６）。**しののに濡れて**（万葉１８３１）。**衣手濡れて**（万葉３６９１**）」**などのように「ぬれる」という言葉が詠み込まれています。キリは大気中の下層のある高さから縦に垂れ込めて地表に接して浮遊しているので人間も接触することになり「ぬれる」ことになるのです。

第三の相違は、証拠はありませんが、「ぬれる」ということはキリはカスミより大きい水滴の集まりと見做されていたかも知れません。カスミは薄雲なので細かい水滴の集まりである可能性が高いといえます。現代の広辞苑（第七版）では、カスミは「微細な水滴」、キリは「微小な水滴」と表現が異なっています。

第四の相違は、大気中にカスミやキリが生じる現象を「立つ」というのですが、「立った」後の態様について、カスミは大気中のある高さ以上のところで、まるで棚のように**「平たく横に浮遊する」**ので**「たなびく（棚引く）」**といい、キリは大気中のある高さから**「縦に垂れ込めて地表に接して浮遊する」**ので**「たちわたる（立ち渡る・立ち亘《わた》る）」**といいます。したがって、万葉集のカスミの歌では「たなびく（棚引く）」という表現だけがあり、キリの歌では数首を除いて「たちわたる（立ち渡る・立ち亘る）」の表現になっているのです。

奈良時代に編撰された万葉集で詠われたカスミとキリの歌で、「たつ」と「たなびく」および「たちわたる」の使用分布は次のようになっています。

（万葉集）

	カスミ（霞）	キリ（霧）
たつ	25	16
たなびく	37	5
たちわたる	0	11
共になし	16	27
計	78	59

（注）「共になし」とは、「たなびく」と「たちわたる」の言葉が、歌中に「共になし」の意味です。万葉1706のキリ（霧）の歌では「たつ」と「たなびく」の双方、万葉4003のキリ（霧）の歌では「たつ」と「たちわたる」の双方が詠み込まれていますが、両首について「たなびく」と「たちわたる」で集計してあります。

日本古典文学大系「萬葉集」（岩波書店）によれば、キリ（霧）について「たなびく」と詠まれた五首の歌は、次のようなものです。

山の際《ま》ゆ出雲の児《こ》らは霧なれや
吉野の山の嶺《みね》に霏霰《たなびく》（万葉429）

ぬばたまの夜霧は立ちぬ衣手の
高屋《たかや》の上に霏霺《たなびく》までに　（万葉１７０６）

朝霧の棚引く小野の萩の花今か散るらむ
いまだ飽かなくに　（万葉２１１８）

わが故に妹嘆くらし風早《かざはや》の浦の沖辺に
霧たなびけり　（万葉３６１５）

朝霧のたなびく田居《たゐ》に鳴く雁を留《とど》み
得むかもわが屋戸《やど》の萩　（万葉４２２４）

日本古典文學大系「萬葉集」（岩波書店）では、万葉４２９と万葉１７０６の霧歌の中で霏霺を「たなびく」と読んであります。平安時代の漢字辞典とされる名義抄には**「霏霺　タナヒク」**と書いてあります。

霏霺は、霞歌の中で五首（歌番１８１２・１８１４・１８１５・１８１６・１８１７）が纏めて詠み込まれており、いづれも「たなびく」と読んであります。

霏は、動詞では「ただよう（漂う）、浮遊する」などの意味、英語でいうところのフロート（float）の意味であり、霺は漢語には無い字で国字とされていますが、字体からみて「微細な水滴」という意味の字と思われるので、霏霺は漢字の直訳では「微細な水滴が漂《ただよ》う」ですが、全体としては「漂う」の意味になります。つまり、霏霺は漢字の直訳では「漂う」という意味の言葉であり「たなびく」や「たちわたる」の意味ではないので、理屈上は、必ずしも「たなびく」と読む必要はないのです。

したがって、霞歌の場合は「たなびく」と読むとしても、霧は一般的には「たなびく」ことはないので、霧歌の場合は**「霏霺《ただよう》」**と読んだ方が適切ではあります。古事記の冒頭に「海月《くらげ》なす漂へる（多陀用弊流）時」とあるように、奈良時代には「ただよう（漂う）」という言葉はすでに存在したからです。

万葉４２９の霧歌は字義に詳しいとされた柿本人麿が詠んだ歌であり、万葉１７０６の霧歌は舎人皇子《とねりのみこ》が詠んだ歌とされています。霧歌での霏霺を「たなびく」と読んだとすれば、柿本人麿がそのように読んだので、他の霧歌でも「たなびく」という表現がされたのかも知れません。ただ、万葉２１８と万葉４２２４での「たなびく」は「たちたる」、万葉３６１５の「たなびけり」は「たちにけり」と詠った方がよかったように思われます。

　上述した五首の霧歌を除いては、カスミとキリとはその出現している態様についても区別して認識されていたのです。「たなびく」というのは、クモ（雲）やカスミ（霞）などが大気中の上層のある高さ以上のところで「平たく横に浮遊する」ことをいうのですが、キリは大気中の下層のある高さ以下のところで「縦に垂れ込めて地表に接して浮遊する」ものなので一般的には「たなびく」ことはないのです。

　ちなみに、**「たなびく」**という言葉の語源をいいますと、一音節読みで坦はタンと読み「平坦な、平らな」の意味、拏はナと読み引の補助動詞、引はヒクと読み「長くする、長くなる」の意味なので、「たなびく」は**「坦拏引く」**になり直訳すると**「平たく長く（漂う）」**の意味になり、これがこの言葉の語源です。

「たちわたる」という言葉の語源をいいますと、一音節読みで擡はタイ、起はチと読み共に「上がる、上方に上がる、起ち上がる、立ち昇る」などの意味があります。窊はワと読み「低い、低いところにある」の意味、遝はタと読み「及ぶ、広がる」などの意味があります。児はルと読み単なる活用語尾助詞です。つまり、「たちわたる」は**擡起窊遝児**の多少の訛り読みであり直訳すると**「立ち昇って低く広がる」**の意味になり、これがこの言葉の語源です。

　古今集の歌におけるカスミとキリの歌で、「たつ（立つ）」と、「たなびく（棚引く）」、および、「たちわたる（立ち渡る・立ち亘る）」との使用分布は次のようになっています。

（古今集）	カスミ（霞）	キリ（霧）
たつ	12	8
たなびく	5	0
たちわたる	0	2
共になし	12	4

このように、通常はカスミは「たなびく」のですが、キリは「たちわたる」のであり、このことは平安時代の古今集ではきちんと識別されるようになっています。つまりカスミとキリとは異なるものと明確に区別されるようになっています。

第五の相違は、名称において表われています。カスミというのは、かすんで（霞んで・翳んで）見えるもの、つまり、ぼんやりと見えるものなのです。キリの名称にはそのような意味は含まれていません。日本語では、古く、奈良・平安時代からクモ（雲）の一種の薄雲をカスミといってきたのであり、雲は見通しが利きませんが、カスミは薄雲なので、ある程度の見通しが利きます。

キリについては、現在では薄霧のことをモヤ（靄）というのですが、モヤという仮名言葉は江戸時代中頃にできたと思われるものなので、江戸時代以前は薄霧も含めてキリといったのです。江戸時代の和漢三才図会に「雺、和名岐利、（俗作霧）、俗云、毛也」と書かれていますが、この本の著者はモヤが霧の一種であることは分かっていてもどのようなものか詳しくは認識していなかったようであり、したがって、この記述は「霧（岐利）に含まれてきた霧の一種である薄霧をモヤ（毛也）と云う」と書いてあると理解すべきものです。

カスミは奈良・平安時代から、ある程度の見通しの利く薄雲だけのことだけをいい、キリは奈良・平安時代から江戸時代中期頃までは、見通しの利かない霧とある程度見通しの利く薄霧とを含めていたのであり、古歌においてキリが立っても景色が見えるような歌でのキリは薄霧のことなのです。つまり、江戸時代中期に薄霧についてモヤ（靄）という仮名言葉がつくられてから、霧は濃いものだけを指し、薄いものは靄《もや》というようになったのです。

第六の相違は、カスミは大気中の上層にあるので、晴れた日には色彩雲ができることもありますが、キリはそのようなことはありません。カスミは日光の反射を受けて朝焼け、夕焼けにおけるような色彩雲になり易いのです。なお、そもそもの**漢語**では**「霞《シィア》は色彩雲を指す」**とされており、漢語辞典にはすべてそのように書いてあります。

　現在では、漢語の霞《シィア》は、日本語におけるクモ（雲）とカスミ（霞）のうち、色彩がついたものだけを指すことになっています。日本語の大辞典におけるカスミの説明は、日本語におけるカスミの解釈と漢語の霞《シィア》の解釈の双方を説明してあったり、或いは、双方をごちゃ混ぜにして説明してあるものが多いので分かりにくいものになっています。

　以上に縷々《るる》述べてきたようにカスミとキリとは相違するものなのです。同じものについてならともかく、このように相違するものについて「古くは春秋ともに霞とも霧ともいったが、平安時代以降、春立つのを霞、秋立つのを霧と呼び分ける」筈がないのです。

　繰返しになりますが、和歌の世界においては、カスミとキリは、奈良時代、つまり、万葉集時代までは春歌でも秋歌でも詠まれたが、平安時代、つまり古今集時代以降はカスミは春歌で詠まれ、キリは秋歌で詠まれるようになったというだけのことです。

　平安時代当時の歌集を編撰するような歌人というのは、現代の一流学者にも相当する知識人でしたから、奈良時代に存在したカスミとキリの定義を、「平安時代以降、春立つのを霞、秋立つのを霧と呼び分ける」など、そんな阿呆《あほ》なことをする筈がありません。上述してきたように、明治時代になると大辞典の世界でもカスミとキリの相違が明確には分からなくなり、「ことばの泉」や後述する広辞苑の説明が登場してから、カスミとキリは同じものであり、同じものについて「平安時代以降、春立つのを霞、秋立つのを霧と呼び分ける」と多くの人々に理解されるようになったのですが、このような説明はまったくの誤解だということです。

　大辞典の話に戻りますと、「ことばの泉」以降の大辞典では、一九五五年（昭和三〇年）五月に発行された**広辞苑の第一版**に、「ことばの泉」説をほぼそっくりそのまま継承して次のように書かれています。

「**かすみ**【霞】①かすむこと。②朝または夕、微細な水滴が、日光を受けて、空の赤く見えること。あさやけ。ゆうやけ。和名一「霞、加須美、赤気雲也」③微細な水滴が空中に浮遊するため、空がぼんやりしている現象。春秋共に霞とも霧ともいったが、後世は春のを霞、秋のを霧という」。

「**きり**【霧】水蒸気が寒冷にあって凝結し、微小な水滴となって大気中に浮遊し、煙のように見えるもの。古くは春秋ともに霞《かすみ》とも霧ともいったが、後世春立つのを霞、秋立つのを霧といった」。

広辞苑には、現在の**第七版**（二〇一八年〔平成三〇年〕第一刷発行）に至っても、六三年前の一九五五年の第一版とほぼ同じように次のように書いてあります。

「**かすみ**【霞】微細な水滴が空中に浮遊するため、空がぼんやりして遠方がはっきり見えない現象。古くは、春秋ともに霞とも霧ともいったが、後世は、春のを霞、秋のを霧という」。

「**きり**【霧】地面や海面に接した気層中で水蒸気が凝結し、無数の微小な水滴となって大気中に浮遊し、煙のように見えるもの。古くは春秋ともに霞とも霧ともいったが、平安時代以降、春立つのを霞、秋立つのを霧と呼び分ける」。

しかしながら、上述してきたように、「ことばの泉」説が誤解であるということは、それをほぼそっくりそのまま継承してある広辞苑説もまた誤解だということです。広辞苑における「平安時代以降、春立つのを霞、秋立つのを霧と呼び分ける」という完全に誤解と思われる説明は、一九五五年（昭和三〇年）発行の第一版から今年の二〇二三年までの六八年間も続けられているので、このような誤謬説が広く行き渡ってほぼ定着してしまっているように思えます。

広辞苑におけるような誤解説明は、**正しい日本語を守って行くためにも、当然に、削除されるか修正されるべきものです。**

にもかかわらず、さらに、驚くべきことに現在の国語界にはこの誤謬を正そうとする国語学者が過去にいなかったし現在もいないらしいということです。ということは、日本の国語界でも、今だに、霞と霧とは同じものであり、春立つのをカスミ、秋立つのをキリというとされていることになります。この誤解が一般社会に信じられて、歴史の古い和歌の世界ではともかく、俳句の世界では学問的に検討された上でのことなのかどうかは分かりませんがそのように取扱われているようです。

その上、あろうことかこの誤謬説に迎合している大辞典が存在することです。広辞苑以降に出版された現代の大辞典の記述は次のようになっています。

○**広辞林**（第六版・三省堂・一九八三年刊）。

この辞典には、その編者名として金沢庄三郎が記載されていた新訂版（一九三四年〔昭和九年〕刊）まではそのようなことは書かれていませんでしたが、編者が三省堂編修所になってから以降の版である第六版（一九八三〔昭和五八〕年刊）では次のように書いてあります。

「**かすみ**【霞】①かすむこと。遠方のものがぼんやりとして見えなくなる現象。多く遠山のふもとに白色の帯を生じるもので、春の朝夕に多い。また、炊事や炭焼きの煙などがたなびくのにもいう。②〔古〕朝焼け。夕焼け」。

「**きり**【霧】①細かい水滴が煙のように一面に立ちこめて地表近くをおおうもの。古くは、春秋ともに霧とも霞とも称したが、のち、春のを霞、秋のを霧という」。

○**大辞林**（松村明編・三省堂・一九八八年刊）。

「**かすみ**【霞】空気中に浮遊するごく小さな水滴・ちりなどのために、遠くのものがはっきり見えなくなる現象。また、そのために、山腹などに帯状に見える薄雲のようなもの。普通、春のものをいう」。

「**きり**【霧】地表や海面の近くで水蒸気が凝結して無数の微小な水滴となり、浮遊している現象。平安以後、秋のものを霧、春のものを霞《かすみ》といい分ける風があった」。

○**大辞泉**（松村明監修・小学館・一九九五年刊）。

「**かすみ【霞】** 空気中に浮かんでいるさまざまな細かい粒子のため、遠くがはっきり見えない現象。また、霧や煙が薄い帯のように見える現象。平安時代ごろから春のは霞、秋のは霧と区別されるようになったが、上代では、その区別は定かでなく、春秋どちらにも両者が使われていた」。

「**きり【霧】** 地表や海面付近で大気中の水蒸気が凝結し、無数の微小な水滴となって浮遊する現象。古くは四季を通じていったが、平安時代以降、秋のものをさし、春に立つものを霞《かすみ》とよび分けた」。

以上の説明は、「めちゃくちゃなもの」としかいいようがありません。

ただ、全体的には完全ではありませんが、このような誤解説明がされていない次のような辞典もあります。

○日本国語大辞典（講談社二〇巻・一九七二～一九七六年刊）。

「**かすみ【霞】**」空気中に広がった微細な水滴やちりが原因で、空や遠景がぼんやりする現象。また、霧や煙がある高さにただよって、薄い帯のように見える現象」。

「**きり【霧】** 空気中の水蒸気が凝結して細かい水滴となり、地表近くの大気中に煙のようになっている自然現象」。

○新明解国語辞典（柴田武編・三省堂第六版・二〇〇五年刊）。

「**かすみ【霞】** 春の朝方（昼間）、遠方にある山などの前面に帯状にかかって雲のように見えるもの」。

「**きり【霧】** 微細な水滴（氷）が煙のように立ちこめて地表をおおう現象」。

これらの大辞典の記述で、「春のは霞、秋のは霧という」のような重大な誤解記述ではありませんが、次のような気になる記述がいくつかあります。

第一は、霞や霧を「現象」と書いてあることです。霞や霧は「物名」です。漢語漢字では名詞、動詞、形容詞などの区別がないので、同じ漢字で書いても現象にも物名にもなり得ますが、日本語では品詞は区別されているので、漢語辞典では現象と書いてあっても日本語では現象と考えてはならないのです。

第二は、霞について、大辞林に「ちりなど」、日本国語大辞典に「ちり」、大辞泉に「さまざまな細かい粒子」と書いてあることです。霞は水滴であって、「ちり」や「さまざまな細かい粒子」は、たとえ含まれるとしても説明に加えるべきではありません。

第三に、霞について、大辞泉に「霧や煙が薄い帯のように見える現象」、日本国語大辞典に「霧や煙がある高さにただよって、薄い帯のように見える現象」とありますがそうではありません。霞は水滴であり煙ではありません。

第四に、霞について、新明解国語辞典には「春の朝方」とありますが、霞は朝方だけに表れるものではありません。霞の一態様である「朝焼け」、「夕焼け」などは名称さえ付けられています。

第五に、霞について、大辞林のように「山腹などに」と限定するのは適当でありません。霞は、通常、大気中の上層、中層に生じますが、下層にも生じるものだからです。

これらの辞典の記述からすると、一流学者とされる編集者や監修者は、雲、霞、霧、靄のことを、よく分かっていないで書いているのではないかと疑われます。

国語学の分野は、他の学門分野と異なって、間違えても実害は少ないし、誰も文句をいわなし、外国人が侵入してくることもない、いわば「学者の楽園」分野なので、学者同士がお互いに容認し合い褒め合って生存している世界ともいえることから、このようなことになっているのかも知れません。しかしながら、学説ならば、カスミ（霞）とキリ（霧）におけるような単純で幼稚な誤解は指摘して正しておくべきだと思われます。そうでなければ、日本語が歪《ゆが》んだものになってしまうからです。

ヒサメ欄でも触れましたが、国語学概論（橋本進吉著・岩波書店）の二三一頁には、次のように書いてあります。「言語は時と共に転変する。中略。その言語を、時の流れに沿うて、各時代を通じて見れば、もと或意味を表はしてゐた音が、他の意味をあらはすやうになり、又、或音によってあらはされてゐた意味が、他の音によってあらはされるやうになつて音と意味との関係に時代による推移変遷が見られるのである」。

しかしながら、なぜ、言葉の意味が推移変遷するのかが書いてありませんが、本来の理想としては、言葉の意味は時代によって推移変遷すべきではないのです。日本語の場合、一つには、言葉の語源が示されていないので、ある音声と同じ音声の他の漢字の意味から生ずる意味、つまり、今まで採用されていなかった漢字による同音異義語の意味が加わってくるからです。例えば、同音異義語の例として、よく挙げられる公園、公演、講演、後援、高遠などは同じ音声ですが異なる意味になっています。二つには、カスミとキリの場合のように、辞典を編纂するような国語学者の誤解によって起こるもので、これが相当数あるのではないかと思われます。

とにかく、カスミとキリについての「ことばの泉」説を引用した広辞苑の説明、および、その他の若干の辞典における説明は誤解であることに間違いないと思われるものです。したがって、今後においても、広辞苑その他の辞典の説明が改められないのであれば、和歌や俳句の世界を含めて、読者の方でカスミとキリについて正しく理解する以外にはどうしようもないことになります。

最後に、何回もの繰返しになりますが、カスミとキリのことについて述べておきます。

「カスミ（霞）とキリ（霧）とは異なるものであり、どの時期にも発生する。和歌の世界においては、古く奈良時代（万葉集時代）までは春歌でも秋歌でも共に詠まれたが、平安時代（古今集時代）以降では、春歌ではカスミだけが、秋歌ではキリだけが詠まれるようになっている。

なお、古くから薄雲をカスミ（霞）といい、江戸時代中期頃からは薄霧をモヤ（靄）という。つまり、雲—霞（薄雲）、霧—靄（薄霧）の関係になる」。

霞と霧について、どうしてこのような誤解が生じることになったかを時系列的に少し調べてみると、次のようになります。

平安時代の和名抄には、「霞、唐韻云、赤気雲也、加須美」、「霧、爾雅云、地気上天曰霧、岐利」。これらの記述を直訳すると、霞は「赤気の雲」、霧は「地上の水蒸気が天に上がったもの」と書いてあります。

時代は下って、江戸時代中期の和漢三才図会（一七一二年刊）には、「霞は日の旁《そば》の彤雲《あかぐも》である。雲が正直に日光を受けると透白で色ではない。日光と斜めに交わると色を生じる。すべて、日光によるもので、ときには五彩となる。」、「霧　陰陽が乱れると霧気が発生するが、これが乱れ冒《おか》して地を覆うものをいう。」と書いてあります。この記述からすると、江戸時代にも霞と霧とは異なるものであることは、広く一般に知られていたことと思われます。ただ、霞は漢語における漢字言葉の霞《シィア》の意味と見做してあり、日本語の仮名言葉のカスミの意味とはされていません。

現代の漢語辞典の一つには、霞については「天空中で日光が斜射して、空気の散射作用によって天空と雲層が黄、橙、紅等の色彩を呈現する自然現象、多くは日出や日落時に出現する。通常はこのように出現した色彩雲を指して云う」、霧については「気温の下降時に、地面に近い空気中の水蒸気が凝結して浮遊する微小な水滴」と書いてあります。

明治時代の「ことばの泉」（落合直文著・明治三一～三二年刊）に初めて、次のように書いてあります。

「**かすみ**（名）霞。水気の昇りて、薄く、空中に立ち亘《わた》るもの。春のもや。（古は、春、秋、共に、霞とも、霧ともいひしが、後世は、春のを、霞といひ、秋のを、霧といふ）」。

「**きり**（名）霧。水蒸気の、烟《けむり》の如く立ちわたりて、あたりの物も見えずなるもの。古くは、春のにも、秋のにもいひしが、後世、春のを、霞といひ、秋のを、霧といふ」。**この辞典の記述は大いなる誤解です。**

昭和時代初期の大言海には、次のように書いてあります。「**かすみ**（名）靄—霞〔かすむノ名詞形、霧《キリ》ノ類ナリ、霞《カ》ノ字は、あさやけ、ゆふやけナリ。然レドモ、古来相通ジテ用ヰラル〕（一）虚空ノ、薄暗ク透明《スキトホ》ラズ、模糊トナル現象。微細ナル水滴ノ、空気中ニ浮遊スルニ因リテ生ズ、霧《キリ》、靄《モヤ》ノ類ナリ。かすみハ、春ニモ秋ニモ立ツ。朝夕ニ立ツヲ朝がすみ、夕がすみト云フ。(二) 霞は、春ニ立ツコト、殊ニ多シ、春霞ト云フ。和歌ナドニテハ、専ラ霞ヲ、春ノモノトシテ詠ゼリ」。

霧については「**きり** (名) 霧‖〔霧るノ名詞形〕空気中ノ水蒸気ノ、密ニ湿リテ、水陸ノ面ニ近ク漂フモノ。霧ノ起るヲ立つト云ヒ、和歌ニハ多ク詠ム。」と書いてあります。

「古来相通ジテ用ヰラル」というのは、霞と霧のこととと思われ、いかなることか分かりませんが、「霞と霧とは同じものとして用いられる」ということであれば誤解であるといえます。

霞と霧とは、別物とはされているようですが、その区別が、必ずしも明確に区別されていないように思われます。

大言海後には、一九五五年(昭和三〇年)五月に広辞苑(初版)が刊行されました。霞と霧のことについては、現在の**第七版**(二〇一八年〔平成三〇年〕第一刷発行)に至っても、初版においての「ことばの泉」の説明を引用したままで、六八年前の一九五五年の第一版とほぼ同じく次のように書いてあります。

「**かすみ**【**霞**】微細な水滴が空中に浮遊するため、空がぼんやりして遠方がはっきり見えない現象。古くは、春秋ともに霞とも霧ともいったが、後世は、春のを霞、秋のを霧という」。

「**きり**【**霧**】地面や海面に接した気層中で水蒸気が凝結し、無数の微小な水滴となって大気中に浮遊し、煙のように見えるもの。古くは春秋ともに霞とも霧ともいったが、平安時代以降、春立つのを霞、秋立つのを霧と呼び分ける」。

このような説明が、広辞苑から広辞林、大辞林、大辞泉などに引用されて現在に至っているのです。

広辞苑は、一九五五年(昭和三〇年)五月に第一版第一刷が刊行され、現在の第七版は二〇一八年(平成三〇年)一月にその第一刷が発行されました。したがって、広辞苑は二〇二三年の今年まで六八年間もの長期にわたって、このような誤解した説明を続けてきたことになります。広辞苑の説明を信じて霞と霧についての言葉の意味が誤解され、詩歌や俳句の世界などにおいても混乱してしまうのです。また、長年にわたり、このような誤解説を正す人がいないというのも実に驚くべきことといえます。結局のところ、カスミとキリに関する広辞苑その他の誤解した記述は即刻に削除するか改める必要があるということです。

どうしてこうなるかというと、広辞苑のそもそもの編者説の多くが採用されているからと思われます。広辞苑の編者の新村出は、他の学者が研究したことを博捜《はくそう》することには長《た》けていたようですが、自分で研究する能力はなかったようです。したがって、カスミとキリのことについても「ことばの泉」の記述についての十分な検討ができずに、そのまま引用してあるのです。

新村出全集（第四巻・筑摩書房）の巻末の解説欄で、泉井久之助（一九〇五〜一九八三・京都大学文学部教授・日本言語学会会長）は新村出の語源説について次のように書いています。

「新村先生は究極の語詞をめぐる語原解の困難をよく知っておられたにちがいない。本書（新村出全集第四巻）にあらわれるこの種の語原解はすべて、先生が意識しつつ、体系的な手続きの枠をはずして行われた一種の遊びである。従って結論は一般に信じることはできないけれども、それが世に言う俗間語原解と異なっているのは、先生の場合、常に国内文献の稀に見る博捜が伴っていたからである。われわれにとって、今も得るところが多いのはこの点においてである」。つまり、新村先生の語源説（語原解）は、「博捜された他人説であり、一種の遊びであって、信ずることはできない」。

広辞苑の第五版（一九九八年刊）が発売されていた頃に、**【広辞苑の嘘】**（矢沢永一・渡部昇一共著。光文社。二〇〇一年十月三〇日刊）という本が出されています。その帯文には**「誤認、誤用、偏向、これでホントに辞書なのか」**とあり、本文の冒頭に「序にかえて　**警戒されよ、信ずるなかれ！**『広辞苑』は間違いだらけである。記された語釈は要点から逸《そ》れている。うっかり信用したら恥をかく。『広辞苑』は勘違いした説明が多いから、真面目に受け取ろうものなら、手紙や講演などで、頓珍漢を演じるおそれがある。火の用心、広辞苑用心。」と書いてあります。

また、その二七六頁には、「嘘八百の八百は普通は形容詞ですが、広辞苑の場合は嘘の数は八百で収まらない。嘘八百以上です。」、その二八〇頁には「とくに注目すべきことは、版が新しいものほど嘘が多くなっていることだった。普通は辞書は版を重ねるねるほどよくなるはずだが、『広辞苑』はその反対なのである。」と書いてあります。

広辞苑は、岩波書店から刊行されている辞典で最も多くの読者に使用されているようですが、古くから看過できないほどに誤解記述が多いようなのです。このことは、最新の第七版でも少しも変わっていないようです。つまり、広辞苑は多くの日本語を誤解したものにしているのです。

しかしながら、日本の国語界はこのような誤解を正すことができないどころか、残念ながら、広辞苑以外の大辞典の多くが広辞苑の記述に「右へならへ」しているので、カスミ（霞）とキリ（霧）に関して以外にも多くの誤解説が世に広がっています。

100 ① 万葉集の「霞の歌」一覧

日本古典文學大系「萬葉集」（岩波書店）に拠る。

（1立つ）

①霞立つ　長き春日の　暮れにける　わづきも知らず　村肝《むらきも》の　・・・　（万葉5・巻一長歌）

（2立ち）

②・・・　霞立ち　春日の霧《き》れる　ももしきの　大宮処　見れば悲しも　（万葉29・巻一長歌）

（1なし）

③秋の田の穂の上に霧らふ朝霞何処辺《いづへ》の方にわが恋ひ止まむ　（万葉88・巻二）

（3立つ）

④・・・　天の芳来山《かぐやま》　霞立つ　春に至れば　松風に　池波立ちて　・・・　（万葉257・巻三長歌）

（2なし）
⑤春霞春日の里の植子水葱《うゑこなぎ》苗なりといひし枝《え》はさしにけむ　（万葉407・巻三）
⑥佐保山にたなびく霞見るごとに妹を思ひ出《で》泣かぬ日は無し　（万葉473・巻三）
（1たなびく）
⑦春日山霞たなびき情《こころ》ぐく照れる月夜に独りかも寝む　（万葉735・巻四）
（2たなびき）
⑧情《こころ》ぐく思ほゆるかも春霞たなびく時に言《こと》の通へば　（万葉789・巻四）
（3たなびく）
▲長く煙霞をおびて、・・・　（万葉809・巻五）
▲煙霞の外に開く。・・・　（万葉814・巻五）

（4立つ）
⑨霞立つ長き春日を挿頭《かざ》せれどいや懐《なつか》しき梅の花かも　（万葉846・巻五）
▲空しく烟霞を望む。　（万葉853・巻五前書《まえがき》）
（4たなびき）
⑩・・・　山の上に　霞たなびき　高円《たかまと》に　鶯鳴きぬ　・・・　（万葉948・巻六長歌）
（5立つ）
⑪清き瀬に千鳥妻呼び山の際《ま》に霞立つらむ神名火《かむなび》の里　（万葉1125・巻七）
（5たなびく）
⑫朝霞やまずたなびく龍田山船出せむ日にわれ恋ひむかも　（万葉1181・巻七）
（6たなびき）
⑬大葉山霞たなびきさ夜深《ふ》けてわが船泊《は》てむ泊《とまり》知ら

ずも　（万葉1224・巻七《万葉1732と同歌》）

（3なし）

⑭春霞井の上《へ》ゆ直《ただ》に道はあれど君に逢はむとたもとほり来《く》も　（万葉1256・巻七）

（6立ち）

⑮隠口《こもりく》の泊瀬《はつせ》の山に霞立ち棚引く雲は妹《いも》にかもあらむ　（万葉1407・巻七）

（7立つ）

⑯霞立つ春日の里の梅の花山の下風《あらし》に散りこすなゆめ　（万葉1437・巻八）

（8立つ）

⑰霞立つ春日の里の梅の花はなに問はむとわが思はなくに　（万葉1438・巻八）

（7たなびく）

⑱時は今は春になりぬとみ雪降る遠き山辺に霞たなびく　（万葉1439・巻八）

（9立つ）

⑲霞立つ野の上《へ》の方《かた》に行きしかば鶯鳴きつ春になるらし　（万葉1443・巻八）

（8たなびく）

⑳情《こころ》ぐきものにそありける春霞たなびく時に恋の繁きは　（万葉1450・巻八）

（9たなびく）

㉑春霞たなびく山の隔《へな》れれば妹に逢はずて月そ経にける　（万葉1464・巻八）

（10立つ）

㉒霞立つ天の河原に君待つといかよふほとに裳の裾ぬれぬ　（万葉1528・巻八）

（10棚引《たなび》き）

㉓大葉山《おほばやま》霞棚引きさ夜《よ》ふけてわが船泊《は》てむ泊《とまり》知らず

も　（万葉１７３２・巻九）

▲春の日の　霞める時に　墨吉《すみのえ》の　岸に出でゐて

・・・　（万葉１７４０・巻九長歌）

（11たなびく）

㉔後《おく》れ居てわれはや恋ひむ春霞たなびく山を君が越えいなば　（万葉１７７１・巻九）

（12たなびく）

㉕ひさかたの天の香具山このゆふべ霞霏霺《たなびく》春立つらしも　（万葉１８１２・巻十）

（4なし）

㉖巻向《まきむく》の檜原《ひはら》に立てる春霞おぼにし思はばなづみ来《こ》めやも　（万葉１８１３・巻十）

（13たなびく）

㉗古《いにしへ》の人の植ゑけむ杉が枝に霞霏霺《たなびく》春は来ぬらし

（万葉１８１４・巻十）

（14たなびく）

㉘子らが手を巻向山に春されば木の葉しのぎて霞霏《たな》霺《びく》　（万葉１８１５・巻十）

（15たなびく）

㉙玉かぎる夕さり来れば猟人《さつひと》の弓月《ゆつき》が嶽《たけ》に霞霏霺《たなびく》

（万葉１８１６・巻十）

（16たなびく）

㉚今朝行きて明日は来なむと言ひし子が朝妻山に霞霏霺《たなびく》　（万葉１８１７・巻十）

（17たなびく）

㉛子らが名に懸けの宜しき朝妻の片山岸に霞たなびく　（万葉１８１８・巻十）

（5なし）

㉜春霞流るるなへに青柳の枝くひ持ちて鶯鳴くも

（万葉１８２１・巻十）

（18たなびく）
㉝風交へ雪は降りつつしかすがに霞たなびく春さりにけり　（万葉１８３６・巻十）

（11立つ）
㉞昨日こそ年は極《は》てしか春霞春日の山にはや立ちにけり　（万葉１８４３・巻十）

（19たなびく）
㉟冬過ぎて春来たるらし朝日さす春日の山に霞たなびく　（万葉１８４４・巻十）

（20棚引く）
㊱鶯の春になるらし春日山《かすがやま》霞棚引く夜目《よめ》に見れども　（万葉１８４５・巻十）

（12立ち）
㊲雪見ればいまだ冬なりしかすがに春霞立ち梅は散りつつ　（万葉１８６２・巻十）

（13立ち）
㊳見渡せば春日の野辺に霞立ち咲きにほへるは櫻花かも　（万葉１８７２・巻十）

（21たなびく）
㊴春霞たなびく今日の夕月夜清く照るらむ高松の野に　（万葉１８７４・巻十）

（6なし）
㊵朝霞春日の暮《く》れば木の間よりうつろふ月を何時とか待たむ　（万葉１８７６・巻十）

（14立つ）
㊶春霞立つ春日野を行き帰りわれは相見むいや毎年《としのは》に　（万葉１８８１・巻十）

（22たなびく）
㊷白雪の常敷《し》く冬は過ぎにけらしも春霞たなびく野辺の鶯鳴くも　（万葉１８８８・巻十）

（15立つ）
㊸霞立つ春の長日を恋ひ暮し夜の更《ふ》けぬれば妹《いも》に逢へるかも　（万葉1894・巻十）

（23棚引き）
㊹春の野に霞棚引き咲く花の斯《か》くなるまでに逢はぬ君かも　（万葉1902・巻十）

（24棚引き）
㊺春霞山に棚引きおぼぼしく妹を相見て後《のち》恋ひむかも　（万葉1909・巻十）

（16立ち）
㊻春霞立ちにし日より今日までにわが恋止まず本《もと》の繁けば　（万葉1910・巻十）

（17立つ）
㊼さにつらふ妹をおもふと霞立つ春日も暗《くれ》に恋ひ渡るかも　（万葉1911・巻十）

（18立つ）
㊽たまきはるわが山の上《へ》に立つ霞立つとも座《う》とも君がまにまに　（万葉1912・巻十）

（19立つ）
㊾見渡せば春日の野辺に立つ霞見まくの欲しき君が姿か　（万葉1913・巻十）

（20立つ）
㊿恋ひつつも今日は暮しつ霞立つ明日の春日《はるひ》をいかに暮さむ　（万葉1914・巻十）

（25棚引く）
(51)朝霞棚引く野辺にあしひきの山霍公鳥いつか来鳴かむ　（万葉1940・巻十）

（7なし）
(52)朝霞八重山越えて呼子鳥鳴きや汝《な》が来る屋戸《やど》もあらなくに　（万葉1941・巻十）

（8なし）
53 春されば霞隠《がく》りて見えざりし秋萩咲きぬ折りて挿頭《かざ》さむ（万葉2105・巻十）

（26たなびく）
54 春霞たなびく田居に廬《いほ》つきて秋田刈るまで思はしむらく（万葉2250・巻十）

（9なし）
55 朝霞鹿火屋《かひや》が下に鳴く河蝦《かはづ》声だに聞かばわれ恋ひめやも（万葉2265・巻十）

（27たなびき）
56 遠山に霞たなびきいや遠に妹が目見ずてわれ恋ひにけり（万葉2426・巻十一）

（10なし）
57 殺目《きりめ》山往反《ゆきかへ》り道《ぢ》の朝霞ほのかにだにや妹に逢はざらむ（万葉3037・巻十二）

（21立つ）
58 霞立つ春の長日を奥処《おくか》なく知らぬ山道《やまぢ》を恋ひつつか来む（万葉3150・巻十二）

（28たなびく）
59 朝霞たなびく山を越えて去《い》なばわれは恋ひむな逢はむ日までに（万葉3188・巻十二）

（29たなびく）
60 ・・・ 夕には 霞たなびく 風の吹く 木末《こぬれ》が下に 鶯鳴くも（万葉3221・巻十三長歌）

（22立ち）
61 ・・・ 春されば 春霞立ち 秋行けば 紅にほふ神名火の ・・・（万葉3227・巻十三長歌）

（23立つ）
62 ・・・ 霞立つ 長き春日を 天地に 思ひ足《た》らはし ・・・（万葉3258・巻十三長歌）

(24立つ)

63 ・・・　わが大君を　霞立つ　春の日暮《ひくらし》　真澄鏡《まそかがみ》
見れど　・・・　(万葉3324・巻十三長歌)

(11なし)

64 霞ゐる富士の山傍《やまび》にわが来なば何方《いづち》向きてか妹が
嘆かむ　(万葉3357・巻十四)

(12なし)

65 筑波嶺《つくはね》の嶺《ね》ろに霞居《ゐ》過ぎかてに息づく君を率寝《ゐね》て
やらさね　(万葉3388・巻十四)

(13なし)

66 朝霞鹿火屋《かひや》が下の鳴く蝦《かはづ》しのひつつありと告げむ
児もがも　(万葉3818・巻十六)

(30たなびき)

67 鶯は今は鳴かむと片待てば霞たなびき月は経につ
つ　(万葉4030・巻十七)

(31たなびき)

68 三島野に霞たなびきしかすがに昨日も今日も雪は
降りつつ　(万葉4079・巻十八)

(14なし)

69 あしひきの八峰《やつを》の雉《きぎし》鳴き響《とよ》む朝明《あさけ》の霞見ればかな
しも　(万葉4149・巻十九)

(32たなびき)

70 ・・・　八峰《やつを》には　霞たなびき　谿辺《たにべ》には　椿花
咲き　・・・　(万葉4177・巻十九長歌)

(33たなびき)

71 ・・・　乎布《をふ》の浦に　霞たなびき　垂姫《たるひめ》に　藤波
咲きて　・・・　(万葉4187・巻十九長歌)

(34たなびき)

72 春の野に霞たなびきうら悲しこの夕かげに鶯鳴く
も　(万葉4290・巻十九)

（25立つ）

73 霞立つ春のはじめを今日のごと見むと思へば楽しとそ思ふ　（万葉4300・巻二十）

（26立ちて）

74 ・・・わが居る時に　春霞　島廻《しまみ》に立ちて　鶴《たづ》が音《ね》の　・・・　（万葉4398・巻二十長歌）

（35たなびき）

75 海原に霞たなびき鶴《たづ》が音《ね》の悲しき宵《よひ》は国方《くにへ》し思ほゆ　（万葉4399・巻二十）

（15なし）

76 家おもふと寝《い》を寝《ね》ず居れば鶴が鳴く蘆辺も見えず春の霞に　（万葉4400）

（36たなびく）

77 雲雀あがる春べとさやになりぬれば都も見えず霞たなびく　（万葉4434・巻二十）

▲うち靡《なび》く春を近みかぬばたまの今宵の月夜《つくよ》霞みたるらむ　（万葉4489・巻二十）

（37たなびく）

78 月数《よ》めばいまだ冬なりしかすがに霞たなびく春立ちぬとか　（万葉4492・巻二十）

万葉集のカスミ（霞）の歌

春歌	56
夏歌	1
秋歌	3
冬歌	3
季節なし	15
計	78

万葉集のカスミ（霞）の歌

たつ	25
たなびく	37
たちわたる	0

共になし　16

計　78

100

②　万葉集の「霧の歌」一覧

日本古典文學大系「萬葉集」（岩波書店）に拠る。

▲・・・　霞立ち　春日の霧れる　ももしきの　大
宮処　見れば悲しも　（万葉29・巻一長歌）

▲秋の田の穂の上《へ》に霧らふ朝霞何処辺《いづへ》の方《かた》にわが恋
ひ止まむ　（万葉88・巻一）

（注）霞は、大気中のある高さ以上の上層、中層、下層に立ちますが、下層に立つものには「霧のように」という意味の「霧《き》れる」とか「霧《き》らふ」という言葉が使われることがあります。ただし、霞と霧とが同じもの、或いは、同じ意味と見做されているということではありません。

（1なし）

①・・・　朝露に　玉裳《たまも》はひづち　夕霧に　衣は沾《ぬ》
れて　・・・　（万葉194・巻二長歌）

（1立ち）

②・・・　露こそば　朝に置きて　夕《ゆふべ》は　消ゆと
言へ　霧こそば　夕に立ちて　朝は失《う》すと言
へ　・・・　過ぎにし子らが　朝露のごと　夕霧
のごと　（万葉217・巻二長歌）

（2なし）

③・・・　夕霧に　河蝦《かはづ》はさわく　見るごとに
・・・　（万葉324・巻三長歌）

（2立つ）

④明日香河川淀《かはよど》さらず立つ霧の思ひ過ぐべき恋にあ
らなくに　（万葉325・巻三）

（1たなびく）

⑤山の際《ま》ゆ出雲の児らは霧なれや吉野の山の嶺《みね》に霏《たな》
霺《びく》　（万葉429・巻三）

（3なし）

⑥・・・　朝霧の　おぼになりつつ　山城の相楽山《さがらかやま》

の　・・・（万葉481・巻三長歌）

（4なし）

⑦・・・　明け闇《ぐれ》の　朝霧隠《がく》り　鳴く鶴《たづ》の　ねのみし泣かゆ　・・・（万葉509・巻四長歌）

（5なし）

⑧朝霧の欝《おほ》に相見し人ゆゑに命死ぬべく恋ひわたるかも　（万葉599・巻四）

（1立ちわたる）

⑨大野山霧立ちわたるわが嘆く息嘯《おきそ》の風に霧立ちわたる　（万葉799・巻五）

▲・・・　夕の岫《くき》に霧結び　鳥は縠《うすもの》に封《こ》めらえて　・・・　（万葉814・巻五）（序。歌ではない）

（2立ちわたり）

⑩春の野に霧立ちわたり降る雪と人の見るまで梅の花散る　（万葉839・巻五）

（3立ち）

⑪・・・　明け来れば　朝霧立ち　夕されば　河蝦《かはづ》鳴くなべ　・・・　（万葉913・巻六長歌）

（4立ち）

⑫あかねさす日《ひ》並べなくにわが恋は吉野の川の霧に立ちつつ　（万葉916・巻六）

（3立ち渡る）

⑬・・・　秋されば　霧立ち渡る　その山の　いやますますに　・・・　（万葉923・巻六長歌）

（5立ち）

⑭ぬばたまの夜霧の立ちておほほしく照れる月夜の見れば悲しさ　（万葉982・巻六）

▲・・・　妻呼ぶ秋は　天霧らふ　時雨を疾《いた》み　さ丹《に》つらふ　・・・　（万葉1053・巻六長歌）

（6なし）

⑮まそ鏡照るべき月を白妙《しろたへ》の雲か隠せる天つ霧かも　（万葉1079・巻七）

（6立ち）

⑯志長鳥《しながどり》猪名野《ゐなの》を来れば有馬山夕霧立ちぬ宿《やどり》は無くて　（万葉1140・巻七）

▲天《あま》霧らひ日方《ひかた》吹くらし水茎《みづくき》の岡の水門《みなと》に波立ちわたる　（万葉1231・巻七）

▲水《みな》霧らふ沖つ小島に風を疾《はや》み船寄せかねつ心は思へど　（万葉1401・巻七）

▲うち霧らし雪は降りつつしかすがに吾家の園に鶯鳴くも　（万葉1441・巻八）

（7立てる）

⑰牽牛《ひこほし》の嬬《つま》迎え船漕ぎ出《づ》らし天の河原に霧の立てるは　（万葉1527・巻八）

▲たな霧らひ雪も降らぬか梅の花咲かぬが代《しろ》に擬《そ》へてだに見む　（万葉1642・巻八）

▲天霧らし雪も降らぬかいちしろくこのいつ柴に降らまくを見む　（万葉1643・巻八）

（7なし）

⑱朝霧に濡れにし衣干《ほ》さずして独りか君が山道《やまぢ》越ゆらむ　（万葉1666・巻九）

（8なし）

⑲妹があたり茂き雁が音夕霧に来鳴きて過ぎぬ為方《すべ》なきまでに　（万葉1702・巻九）

（9なし）

⑳ふさ手折《たを》り多武《たむ》の山霧しげみかも細川の瀬に波の騒ける　（万葉1704・巻九）

（2たなびく）

㉑ぬばたまの夜霧は立ちぬ衣手の高屋《たかや》の上に霏霺《たなびく》ま

でに　（万葉1706・巻九）

▲かき霧らし雨の降る夜を霍公鳥《ほととぎす》鳴きて行くなりあはれその鳥　（万葉1756・巻九）

（4立ち渡る）

㉒天の河霧立ち渡る今日今日とわが待つ君し船出すらしも　（万葉1765・巻九）

（10なし）

㉓朝霧にしののに濡れて呼子鳥三船の山ゆ鳴き渡る見ゆ　（万葉1831・巻十）

▲うちなびく春さり来ればしかすがに天雲霧らふ雪は降りつつ　（万葉1832・巻十）

▲山の際《ま》の雪は消ざるを水霧らふ川の柳は萌えにけるかも　（万葉1849・巻十）

（11なし）

㉔春山の霧に惑へる鶯もわれにまさりて物思はめや　（万葉1892・巻十）

（12なし）

㉕朝霧の八重山越えて霍公鳥《ほととぎす》卯の花辺《べ》から鳴きて越え来《き》ぬ　（万葉1945・巻十）

（13なし）

㉖ぬばたまの夜霧隠《がく》りて遠けども妹が伝《つたへ》は早く告げこそ　（万葉2008・巻十）

▲秋されば川そ霧らへる天の河川に向き居て恋ふる夜の多き　（万葉2030・巻十）

（14なし）

㉗年にありて今か纏《ま》くらむぬばたまの夜霧隠りに遠妻の手を　（万葉2035・巻十）

（5立ち渡り）

㉘天の河霧立ち渡り彦星の楫《かぢ》の音《と》聞ゆ夜の更けゆけ

ば　（万葉２０４４・巻十）

（６立ち渡る）

㉙君が船今漕ぎ来らし天の河霧立ち渡るこの川の瀬に　（万葉２０４５・巻十）

▲天の河八十瀬霧らへり彦星の時待つ船は今し漕ぐらし　（万葉２０５３・巻十）

（８立ち）

㉚天の河霧立ち上る織女《たなばた》の雲の衣の飄《かへ》る袖かも
（万葉２０６３・巻十）

（７立ち渡る）

㉛天の原ふり放《さ》け見れば天の河霧立ち渡る君は来ぬらし　（万葉２０６８・巻十）

（３棚引く）

㉜朝霧の棚引く小野の萩の花今か散るらむいまだ飽かなくに　（万葉２１１８・巻十）

（15なし）

㉝明け闇《ぐれ》の朝霧隠《がく》り鳴きて行く雁はわが恋妹に告げこそ　（万葉２１２９・巻十）

（16なし）

㉞この頃の秋の朝明《あさけ》に霧隠り妻呼ぶ雄鹿《しか》の声のさやけさ　（万葉２１４１・巻十）

（８立ち渡り）

㉟秋の夜の霧立ち渡りおぼろかに夢にそ見つる妹が姿を　（万葉２２４１・巻十）

（17なし）

㊱九月《ながつき》のしぐれの雨の山霧のいぶせき吾《あ》が胸誰《たれ》を見ば息《や》まむ　（万葉２２６３・巻十）

▲平城山の峯なほ霧ふうべしこそ籬《まがき》が下の雪は消ずけれ　（万葉２３１６・巻十）

▲一目見し人に恋ふらく天霧らし降り来る雪の消ぬ

べく思ほゆ　（万葉２３４０・巻十）

▲夢の如君を相見て天霧らし降り来る雪の消ぬべく思ほゆ　（万葉２３４２・巻十）

▲天霧らひ降り来る雪の消えぬとも君に逢はむとながらへ渡る　（万葉２３４５・巻十）

（18なし）

㊲わがゆゑに言はれし妹は高山の峯の朝霧過ぎにけむかも　（万葉２４５５・巻十一）

（9立つ）

㊳川千鳥住む澤の上《へ》に立つ霧のいちしろけむな相言ひ始《そ》めてば　（万葉２６８０・巻十一）

（19なし）

㊴吾妹子《わぎもこ》に恋ひ為方《すべ》無かり胸を熱《あつ》み朝戸開《あ》くれば見ゆる霧かも　（万葉３０３４・巻十二）

（20なし）

㊵暁の朝霧隠《ごも》りかへらばに何しか恋の色に出でにける　（万葉３０３５・巻十二）

（10立つ）

㊶思い出づる時は為方《すべ》無み佐保山に立つ雨霧の消《け》ぬべく思ほゆ　（万葉３０３６・巻十二）

（21なし）

㊷玉かつま島熊山の夕暮に独りか君が山道《やまぢ》越ゆらむ
（一に云はく、夕霧に長恋しつつ寝ねかてぬかも）
（万葉３１９３・巻十二）

▲・・・　雨は降り来ぬ　雨霧らひ　風さへ吹きぬ　大口の　・・・　（万葉３２６８・巻十三長歌）

（22なし）

㊸・・・　行方も知らず　朝霧の　思ひ惑ひて　杖《つゑ》足らず　・・・　（万葉３３４４・巻十三長歌）

（11立ち）
㊹葦の葉に夕霧立ちて鴨《かも》が音《ね》の寒き夕《ゆふべ》し汝《な》をば偲《しの》はむ（万葉３５７０・巻十四）

（12立た）
㊺君が行く海辺《うみべ》の宿に霧立たば吾が立ち嘆く息と知りませ（万葉３５８０・巻十五）

（13立つ）
㊻秋さらば相見むものを何しかも霧に立つべく嘆きしまさむ（万葉３５８１・巻十五）

（4たなびけり）
㊼わが故に妹嘆くらし風早《かざはや》の浦の沖辺《おきへ》に霧たなびけり（万葉３６１５・巻十五）

（23なし）
㊽沖つ風いたく吹きせば吾妹子《わぎもこ》が嘆《なげき》の霧に飽かましものを（万葉３６１６・巻十五）

（24なし）
㊾妹を思ひ眠《い》の寝らえぬに暁《あかとき》の朝霧隠《ごも》り雁がねそ鳴く（万葉３６６５・巻十五）

（25なし）
㊿・・・朝露に　裳《も》の裾《すそ》ひづち　夕霧に衣手濡れて　・・・（万葉３６９１・巻十五長歌）

（14立つ）
(51)・・・朝夕ごとに　立つ霧の　思ひ過ぎめや　・・・（万葉４０００・巻十七長歌）

（9立ちわたり）
(52)・・・朝去らず　霧立ちわたり　夕されば　雲居たなびき　雲居なす　心もしのに　立つ霧の　思ひ過さず　・・・（万葉４００３・巻十七長歌）

（26なし）
(53)・・・霍公鳥《ほととぎす》　哭《ね》のみし泣かゆ　朝霧の　乱る心　・・・（万葉４００８・巻十七長歌）

（10立ちわたれ）

(54)妹が袖われ枕《まくら》かむ河の瀬に霧立ちわたれさ夜更《ふ》け
ぬとに　（万葉４１６３・巻十九）

（15立つ）

(55)・・・　珠の緒の　惜しき盛りに　立つ霧の　失
せゆく如く　（万葉４２１４・巻十九長歌）

（5たなびく）

(56)朝霧のたなびく田居《たゐ》に鳴く雁を留《とど》み得むかもわが
屋戸《やど》の萩　（万葉４２２４・巻十九）

（11立ちわたる）

(57)秋されば霧立ちわたる天の河石並《な》み置かば継ぎて
見むかも　（万葉４３１０・巻二十）

（16立つ）

(58)高円《たかまと》の秋野のうへの朝霧に妻呼ぶ壮鹿《をしか》出で立つら
むか　（万葉４３１９・巻二十）

（27なし）

(59)夕霧に千鳥の鳴きし佐保路《さほぢ》をば荒らしやしてむ見
るよしを無み　（万葉４４７７・巻二十）

万葉集のキリ（霧）の歌

春歌	5
夏歌	4
秋歌	20
冬歌	5
季節なし	25
計	59

万葉集のキリ（霧）の歌

たつ	16
たなびく	5
たちわたる	11
共になし	27
計	59

101 ① 古今集の「霞の歌」一覧

古今和歌集（至文堂・藤村作編）に拠る

（1たてる）
①春霞たてるやいづこみよしのゝ吉野の山に雪はふりつゝ　（春歌上）よみ人しらず

（2たち）
②霞たちこのめも春の雪ふれば花なき里も花ぞちりける　（春歌上）きのつらゆき

（1なし）
③春のきる霞の衣ぬきをうすみ山かぜにこそみだるべらなれ　（春歌上）在原行平朝臣

（3たつ）
④春霞たつをみすてゝ行く雁は花なき里にすみやならへる　（春歌上）伊勢

（4たち）
⑤山ざくらわが見にくれば春がすみ峯にもをにもたちかくしつゝ　（春歌上）読人しらず

（5立ち）
⑥たれしかもとめてをりつる春がすみ立ちかくすらむ山の櫻を　（春歌上）つらゆき

（1たなびく）
⑦春霞たなびく山の櫻花うつろはむとや色かはりゆく　（春歌下）読人しらず

（2なし）
⑧春霞なにかくすらむさくら花ちるまをだにもみるべき物を　（春歌下）清原深養父

（3なし）
⑨花の色は霞にこめてみせずともかをだにぬすめ春の山かぜ　（春歌下）よしみねのむねさだ

（4なし）

⑩みわ山をしかもかくすか春霞人にしられぬ花やさくらん　（春歌下）つらゆき

（2たなびく）

⑪春霞色のちぐさにみえつるはたなびく山の花のかげかも　（春歌下）藤原おきかぜ

（6立つ）

⑫霞立つ春の山辺はとほけれど吹きくる風は花のかぞする　（春歌下）ありはらのもとかた

（7たつ）

⑬花のちることやわびしき春がすみたつたの山の鶯のこゑ　（春歌下）藤原後蔭

（8立ち）

⑭をしめどもとゞまらなくに春霞帰る道にしたちぬとおもへば　（春歌下）もとかた

（9たち）

⑮けぬがうへに又もふりしけ春霞たちなばみゆきまれにこそみめ　（冬歌）よみ人しらず

（10たち）

⑯かへる山ありとはきけど春霞たちわかれなばこひしかるべし　（離別歌）きの利貞

（5なし）

⑰山かくす春の霞ぞうらめしきいづれ宮このさかひなるらん　（羇旅歌）おと

（6なし）

⑱春霞なかしかよひぢなかりせば秋くる鴈はかへらざらまし　（物名）しげはる

（7なし）

⑲山ざくら霞のまよりほのかにも見てし人こそ恋しかりけれ　（恋歌一）つらゆき

(11たち)

⑳君によりわが名は花に春霞野にも山にもたちみちにけり（恋歌三）この歌は、ある人のいはく、かきのもとの人まろが也

(3たなびく)

㉑春霞たなびく山のさくら花みれどもあかぬ君にもあるかな（恋歌四）とものり

(8なし)

㉒草ふかき霞の谷にかげかくしてる日のくれしけふにやはあらぬ（哀傷歌）文屋やすひで

(9なし)

㉓かずかずに我をわすれぬ物ならば山の霞をあはれとはみよ（哀傷歌）よみ人しらず

(12たち)

㉔人しれずおもふ心は春霞たちいでゝ君がめにもみえなむ（雑歌下）ふじはらのかちおむ

(10なし)

㉕おもへども　猶《なほ》なげかれぬ　はるがすみ　よそにも人に　あはむとおもへば（雑躰・短歌）読人しらず

(11なし)

㉖あまびこの　おとはの山の　はるがすみ　おもひみだれて（雑躰・短歌）つらゆき

(4たなびかれ)

㉗今はの山し　ちかければ　春はかすみに　たなびかれ　夏はうつせみ（雑躰・短歌）壬生忠実峯

(5たなびく)

㉘春霞たなびく野辺のわかなにもなり見てしがな人もつむやと（雑躰・誹諧歌）藤原おきかぜ

(12なし)

㉙おもへども猶うとまれぬ春霞かゝらぬ山のあらじとおもへば（雑躰・誹諧歌）よみ人しらず

古今集のカスミ（霞）の歌

春歌	27
夏歌	0
秋歌	0
冬歌	0
季節なし	2
計	29

古今集のカスミ（霞）の歌

たつ	12
たなびく	5
たちわたる	0
共になし	12
計	29

101② 古今集の「霧の歌」一覧

古今和歌集（至文堂・藤村作編）に拠る

（1立ちわたる）

①こひこひてあふよはこよひ天河霧立ちわたりあけずもあらなん（秋歌上）よみ人しらず

（1なし）

②春霞かすみていにし鴈《かり》がねは今ぞなくなる秋ぎり のうへに（秋歌上）よみ人しらず

（1たち）

③人の見ることや苦しきをみなえし秋ぎりにのみたち隠るらん（秋歌上）

（2立つ）

④霧立ちて鴈ぞなくなる片岡の朝《あした》の原はもみじしぬらん（秋歌下）

（3たち）

⑤たがための錦なればか秋ぎりの佐保の山べをたちかくすらむ　（秋歌下）

（4たち）

⑥秋霧はけさはなたちそさほ山のはゝそのもみぢよそにてもみん　（秋歌下）よみ人しらず

（5立ち）

⑦千鳥なく佐保の河ぎり立ちぬらし山のこのはも色まさりゆく　（賀歌）

（6たち）

⑧秋霧のともにたちいでて別れなばはれぬ思ひに恋ひやわたらん　（離別歌）

（2なし）

⑨ほのぼのとあかしの浦の朝ぎりにしまがくれゆく船をしぞ思ふ　（羇旅歌）柿本人麿

（7立つ）

⑩あさなあさな立つ河霧の空にのみうきて思ひのある世なりけり　（恋歌一）

（8たち）

⑪秋ぎりのはるゝ時なき心にはたちゐの空もおもほえなくに　（恋歌二）凡河内みつね

（3なし）

⑫鴈《かり》のくる峯の朝霧はれずのみおもひつきせぬ世中のうさ　（雑歌下）読人しらず

（4なし）

⑬あき霧のはれてくもれば女郎花　はなのすがたぞみえかくれする　（雑躰・俳諧歌）よみ人しらず

（2立ちわたる）

⑭あぶくまに霧立ちわたりあけぬとも君をばやらじまてばすべなし　（東歌）

古今集のキリ（霧）の歌

春歌	0
夏歌	0
秋歌	10
冬歌	1（千鳥）
季節なし	3
計	14

古今集のキリ（霧）の歌

たつ	8
たなびく	0
たちわたる	2
共になし	4
計	14

101
③ **古今集の「霞と霧の歌」一覧**

古今和歌集（岩波文庫）に拠る

（歌番順で霞二九首、霧十四首の全四三首）

（春歌）

①春霞たてるやいづこ　み吉野の吉野の山に雪はふりつゝ　（古今3）

②霞たちこのめも春の雪ふれば　花なきさとも花ぞちりける　（古今9）

③春のきる霞の衣　ぬきをうすみ　山かぜにこそみだるべらなれ　（古今23）

④春霞たつを見すててゆくかりは　花なき里に住みやならえる　（古今31）

⑤山ざくら我が見にくれば　はるがすみ峯にもをにも立ち隠しつゝ　（古今51）

⑥たれしかも　とめて折りつる春霞　立ち隠すらん山のさくらを（古今58）

⑦春霞たなびく山のさくら花　うつろはむとや色かはり行く（古今69）

⑧春霞なにかくすらん　さくら花ちるまをだにも見るべきものを（古今79）

⑨花の色は霞にこめて見せずとも　香をだにぬすめ春の山かぜ（古今91）

⑩みわ山をしかもかくすか　春霞　人に知られぬ花やさくらむ（古今94）

⑪春霞色のちぐさに見えつるは　たなびく山の花のかげかも（古今102）

⑫霞立つ春の山辺はとほけれど　吹きくる風は花の香ぞする（古今103）

⑬花のちることやわびしき　春がすみ　たつたの山の鶯のこゑ（古今108）

⑭惜しめども　とゞまらなくに春霞　帰る道にしたちぬとおもへば（古今130）

（秋歌）

⑮恋ひ恋ひてあふ夜はこよひ　天の川　霧立ちわたり　あけずもあらなん（古今176）

⑯春霞かすみていにしかりがねは　今ぞなくなる　秋ぎりのうへに（古今210）

⑰人の見ることや苦しき　をみなえし　秋ぎりにのみ　たち隠るらん（古今235）

⑱霧立ちて鴈ぞなくなる　片岡の朝《あした》の原はもみぢしぬらん（古今252）

⑲たがための錦なればか　秋ぎりの佐保の山べをた

ちかくすらむ　（古今２６５）

⑳秋ぎりは　けさはな立ちそ　佐保山の柞《はゝそ》のもみぢ
よそにても見ん　（古今２６６）

（冬歌）

㉑けぬがうへに又もふりしけ　春霞たちなばみ雪ま
れにこそ見め　（古今３３３）

（賀歌）

㉒千鳥なく佐保の河ぎり立ちぬらし　山のこのはも
色まさりゆく　（古今３６１）

（離別歌）

㉓かへる山ありとはきけど　春霞　たちわかれなば
恋しかるべし　（古今３７０）

㉔秋霧のともにたちいでて別れなば　はれぬ思ひに
恋ひやわたらん　（古今３８６）

（羇旅歌）

㉕ほのぼのとあかしの浦の朝霧に　島がくれゆく船
をしぞ思ふ　（古今４０９）

㉖山かくす春の霞ぞうらめしき　いづれ宮このさか
ひなるらん　（古今４１３）

（物名）

㉗春霞なかしかよひぢなかりせば　秋くるかりはか
へらざらまし　（古今４６５）

（恋歌）

㉘山ざくら霞のまより　ほのかにも見てし人こそ恋
しかりけれ　（古今４７９）

㉙朝な麻な立つ川霧の　そらにのみうきて思ひのあ
る世なりけり　（古今５１３）

㉚秋霧のはるゝ時なき心には　たちゐのそらも思ほ
えなくに　（古今５８０）

㉛きみにより我が名は花に　春霞　野にも山にもたちみちにけり（古今６７５）

㉜春霞たなびく山の櫻花　見れどもあかぬ君にもあるかな（古今６８４）

（哀愁歌）

㉝草ふかき霞の谷にかげかくし　てる日のくれしけふにはあらぬ（古今８４６）

㉞かずかずに我をわすれぬものならば　山の霞をあはれとは見よ（古今８５７）

（雑歌）

㉟雁のくる峯の朝霧　はれずのみ思ひ尽きせぬ世の中のうさ（古今９３５）

㊱人知れず思ふ心は　春がすみ　たちいでて君が目にも見えなむ（古今９９９）

（雑躰）

㊲・・・　なほ嘆かれぬ　春がすみ　よそにも人に　・・・（古今１００１）

㊳・・・　音羽の山の　春がすみ　思ひみだれて　・・・（古今１００２）

㊴・・・　近ければ　春はかすみに　たなびかれ　・・・（古今１００３）

（俳諧歌）

㊵秋霧のはれてくもれば　をみなえし　花の姿ぞ見え隠れする（古今１０１８）

㊶春霞たなびく野べの若菜にもなりみてしがな人もつむやと（古今１０３１）

㊷思へどもなほうとまれぬ　春霞かゝらぬ山のあらじと思へば（古今１０３２）

（東歌）

㊸あぶくまに霧たちくもり明けぬとも　君をばやらじ　待てばすべなし　（古今1087）

＊総歌数は、万葉集四五一六首に対して古今集は一一一一首とされており、およそ四対一の比率になっています。

ⅰ歌の季節の区別についていいますと、万葉集では、カスミ（霞）はどの季節の歌としても詠まれていますがその殆んどは春歌として詠まれ、キリ（霧）はどの季節の歌としても詠まれていますがその殆んどは春歌として詠まれています。

古今集では、カスミ（霞）は春歌としてだけ詠まれ、キリ（霧）は秋歌として（千鳥を冬の季語とすれば一首だけが冬歌として）だけ詠まれています。

ⅱ「たった」後の態様である「たなびく」と「たちわたる」の表現の区別についていいますと、万葉集では、霞は「たなびく」だけがありますが霧は双方があります。

古今集では、霞は「たなびく」だけ、霧は「たちわたる」だけになっています。

三　付　録

㈠ 体感語の語源

○アツイ（熱い・暑い）

大言海によれば、平安時代の伊勢物語（四十五段）に「いとあつきころほひに」、同時代の宇津保物語に「あつき火ノ中ニ住《スマ》フ心地シテ」とあります。

一音節読みで、盎はアンと読み、程度が甚だしいことを表現するときに「とても、非常に、著しく」などの意味で使われます。

毒はツやトと聴きなせるように読み「熱い」の意味があり、漢語では毒日頭《ツリトウ》は「強烈な熱い太陽」、毒花花《ツホアホア》は「陽光の熱さが強烈である」の意味とされています。矣はイと読み、現在の日本語では形容詞語の語尾助詞として使われ、俳句などでは「かな」と読まれたりしています。

つまり、アツイは**盎毒矣**の多少の訛り読みであり直訳すると**「とても熱い」**ですが、気温の程度をいうときは熱の代わりに暑を使うので**「とても暑い」**の意味になり、これがこの言葉の語源です。

○アタタカイ（暖かい）

万葉集に次のような有名な歌が詠まれています。

白縫《しらぬひ》筑紫の綿は身に着《つ》けて
いまだは著《き》ねど暖かに見ゆ（万葉３３６）

大言海によれば、平安時代の字鏡に「煴　阿太太介志」および「煖　阿太太牟」と書いてあります。

漢語辞典によれば、煴はユン、煖はヌァンと読み共に「温暖」の意味と書いてあります。

また、夫木抄（四、花）に「あたたけき、春ノ山辺ニ、花ノミゾ、處《トコロ》モワカズ、咲キワタリケル」、また同（三十二）に「アクマデニ、ミテル酒ニゾ、寒キ夜ハ、人ノ身マデニ、あたたまりケル」と詠まれています。

一音節読みで盎はアンと読み程度が甚だしいことを表現するときに「とても、非常に、著しく」などの意味で使われます。燙はタンと読み「熱い」の意味があります。凱はカイと読み「温かな、温和な」の意味があります。

つまり、アタタカイは**盎燙燙凱**であり直訳すると「とても熱いのが温和である」、簡潔にいうと**「あたたかい**（暖かい、温かい）**」**の意味になり、これがこの言葉の語源です。漢字を入れて書いた「暖かい」と「温かい」との違いがあるのかということですが、仮名言葉の「あたたかい」については違いはありません。

ただ、漢字で書いたときは、強いていえば、字体を見れば分かるように暖は太陽などによって、温は熱水などによって、「あたたかい」ことを指します。

○スズシイ（涼しい）

万葉集に、次のような歌が詠まれています。日本古典文學大系「萬葉集三」（岩波書店）では、原歌での「冷成奴」を「涼しくなりぬ」に書替えて読んであります。

秋風は涼しくなりぬ馬並《な》めて
いざ野に行かな萩の花見に　（万葉２１０３）

また、「七夕の歌八首」の一つとして、次のような歌が詠まれており、「涼しき」は原歌では「須受之伎」と書いてあります。

初《はつ》秋風涼しき夕《ゆふべ》解かむとぞ
紐は結びし妹に逢はむため　（万葉４３０６）

平安時代の字鏡に「風涼、須須志」と書いてあります。また、同時代の伊勢物語四十五段には「いと暑き頃ほひに、宵は遊び居りて、夜更けてやや涼しき風吹きけり。蛍、高く飛び上がる。」と書かれています。

一音節読みで颸はスと読み「涼しい」の意味、英語でいうところのクール（cool）の意味があります。是はシと読み「～である」の意味、矣はイと読み語尾助詞です。現代の日本語では、是矣はシイと読み「～である」の意味で、形容詞語をつくるときの語尾助詞として使われます。

つまり、スズシイは**颸颸是矣**であり、ススは連濁でスズと読み、**「涼しい」**の意味になり、これがこの言葉の語源です。

連濁とは「同音の二語が結合して表現されるときに、下の語の清音が濁音化すること」をいいます。

〇サムイ（寒い）

万葉集に、大伴家持が詠んだ、次のような歌があります。

今よりは秋風寒く吹きなむをいかにか
独《ひと》り長き夜を宿《ね》む　（万葉462）

一音節読みで、凄はツァンと読み、名詞では「寒さ、冷たさ、寒冷」、形容詞では「寒い、冷たい、寒冷な」などの意味があります。募はムと読み「募《つの》る」の意味があります。

つまり、サムイは、**凄募矣**の多少の訛り読みであり直訳すると「寒さが募る」の意味ですが、寒さが募ると一層寒いので、形容詞にすると**「寒い」**になり、これがこの言葉の語源です。

〇ヌルイ（微温い）

大言海には、「**ぬるし**（形）微温　少シ熱シ。スコシ、アタタカシ。」と説明してあります。

また、万葉集の長歌3875に「琴酒を　押垂小野ゆ　出づる水、ぬるくは出でず、寒水の、心もけやに　思ほゆる　…」、古今集（雑上）に「古への、野中の清水、ぬるけれど、元の心を、知る人ぞ汲む」、拾遺集（恋）に「草がくれ、涸れにし水は、ぬるくとも掬びし袖は、今もかわかず」という歌が詠まれているのが紹介されていることから、古くから存在する言葉です。現在では、「湯加減がややぬるい」、「コーヒーがぬるくなった」のようにいいます。

一音節読みで暖はヌアンと読み「暖かい」、軟はルアンと読み「軟弱な、弱い」の意味があります。矣はイと読み形容詞語の語尾助詞として使われます。

つまり、ヌルイは**暖軟矣**の多少の訛り読みであり、直訳すると**「暖かさが弱い」**の意味になり、これがこの言葉の語源と思われます。

○ツメタイ（冷たい）

大言海によれば、字類抄に「冷　ツメタシ」、玉葉集（六、冬）に「雲ヲ出デテ、ワレニ伴フ冬ノ月、風ヤ身ニシム、雪ヤつめたき」、落窪物語（一、上）に「ヒトヘモナクテ、イトつめたければ、ヒトヘヲ脱過シテ、起キ出デタマフ」、枕草子の「なほめでたきこと」の段に「さむく冴《さ》えこほりて、うちたる衣《きぬ》もつめたう、扇もちたる手も冷《ひ》ゆともおぼえず」とあります。

都はツと読み副詞では「まったく、完全に、全然」などの意味があります。没はメイと読み「～でない」、燙はタンと読み「熱い」の意味があります。つまり、没燙はメイタンと読み「熱くない」の意味になります。矣はイと読み形容詞語の語尾助詞です。

したがって、ツメタイは**都没燙矣**であり、全部否定になっていて直訳すると「全然熱くない」、つまり、**「冷たい」**の意味になり、これがこの言葉の語源と思われます。

㈡ 和数語の語源

○和数について

日本語に、物の数を算《かぞ》えるのに、ヒトツ、フタツ、ミツのような算え方があり、続いて、ヨツ、イツツ、ムツ、ナナツ、ヤツ、ココノツ、トオのようにいいます。

これらの言葉は、極めて古い時代につくられたもので、すでに記紀、万葉集や枕草子その他の文献に見られるものです。しかしながら、現在では、その読みがどこからきたものかその語源はまったく分らないとされており、古今のいかなる文書を見ても納得できそうに説明されたものはないようなので、本書著者がもっている語源説を以下にご紹介します。

○ヒトツ（一つ）

一音節読みで、飛はフェイと読み副詞で使うときは程度が甚だしいことを表現するときに、「飛び抜けて、極めて、とても、非常に、著しく」などの意味で使われます。日本語にはフェイの読みがないので、飛のように漢語でフェイと読む漢字の多くは、日本語ではヒと読みます。

特はトと読み「特別」や「独特」などの意味ですが「単独」「単一」「只」などの意味、英語でいうところのオンリー（only）の意味もあります。

子はツと読み、言葉の語尾につけて名詞をつくる、特には意味のない語尾助詞ともいうべきものです。つまり、ヒトツとは、**飛特子**の多少の訛り読みであり直訳すると「極めて単一のもの」、表現を変えると**「たった一つのもの」**、簡潔にいうと**「一つ」**の意味になり、これがこの言葉の語源と思われます。

○フタツ（二つ）

一音節読みで、互はフと読み、「相互、互い」の意味、英語でいうところのイーチアザー（each other）

の意味があります。它はタと読み「別の、他の」の意味があるので「它心」とは「二心《ふたごころ》」の意味です。つまり、フタツとは**互它子**の多少の訛り読みであり、直訳すると**「相互で二つのもの」**、簡潔にいうと**「二つ」**の意味になり、これがこの言葉の語源と思われます。

○ミツ（三つ）

「みっつ」ともいいます。一音節読みで、明はミンと読み名詞では「明かり」の意味があります。明かりには、日・月・星のように三種類の光源となるもの、朝・昼・夕のように三種類の明るさの程度があることなどから、三をミと読むのは、**「明の読みを転用したもの」**ではないかと推測されます。上述したように子はツと読みます、ミッツにおけるもう一つのツは促音便もどきの畳語と思われます。つまり、ミツは**明子**、ミッツは**明子子**のことであり、直訳では**「明るいもの」**、具体的には「日・月・星」や「朝・昼・夕」など「三つあるもの」のことであり、これがこの言葉の語源と思われます。

○ヨツ（四つ）

「よっつ」ともいいます。一音節読みで囿はヨウと読み、字自体が四角形で囲われたものになっていることから推察できるように、その原意は「四角の区域」のこととされています。したがって、四をヨと読むのは、**「囿の多少の訛り読み」**を転用したものであり、ヨツとは**囿子**、ヨッツは**囿子子**のことであり、これがこの言葉の語源と思われます。

○イツ（五つ）

「いつつ」ともいいます。一音節読みで、翳はイと読み「五色の鳥」のことで二字にして翳鳥といいます。また、嬴はインと読み、五星（火星・水星・木星・金星・土星）のことを指します。これらのことから、五をイと読むのは、**「翳や羸の多少の訛り読み」**を転用したものであり、これがこの言葉の語源と思われます。つまり、イツは**翳子**、或いは、**羸子**、イツは**翳子子**、或いは、**羸子子**のことであり、これがこの言葉の語源と思われます。

○ムツ（六つ）

「むっつ」ともいいます。シナから導入したとされる「男女七才にして席を同じゅうせず」という考えは日本でも古代からあったかもしれず、そうしますと、ムツはナナツの前の男女を区別すべき年令近くにまで成長した男女の子供のことからでた言葉かも知れません。六才までは男女の性区別は意識せず同・じ子供と見倣していたと推測されます。

一音節読みで、侔はムとも読み「同等である、同じである」の意味があります。つまり、ムツとは**侔子**、ムッツは**侔子子**のことであり直訳すると**「同等である（年令数）」**の意味になり、これがこの言葉の語源と思われます。

○ナナツ（七つ）

一音節読みで、男はナンと読みます。舑はナと読み女のことです。差はツとも読み「差別する、区別する」などの意味があります。つまり、ナナツは、**男舑差**の多少の訛り読みであり直訳すると**「男女を区別する（年令数）」**の意味になり、これがこの言葉の語源と思われます。

七才からは男女の性区別は意識されるようになるとして、「男女を区別する年令」ということでつくられた言葉かも知れません。上述したように、以前は、「男女七才にして席を同じうせず」という文句がありました。

○ヤツ（八つ）

「やっつ」ともいいます。一音節読みでは八はパーと読みます。古事記では須佐之男命の大蛇《をろち》退治の条で「八雲《やくも》立つ　出雲八重《やへ》垣　妻籠みに　八重垣作る　その八重垣を」（歌謡一）とあり、日本書紀の事代主神の条で「八重《やへ》蒼柴」、「八十《やそ》隈に」、「天八重《やへ》雲」、「八年《やとせ》の間」、「天八達之衢《やちまた》」と振仮名してあり、八はすべてヤと読まれています。万葉仮名でも八はヤと読まれています。

なぜ、八をヤと読むのか分かりませんが、憶測するところ、次のようなことではないかと思われます。一音節読みで丫はヤと読み、そもそもは叉《また》状の樹枝のことをいいます。道路がいくつにも分かれる場所を八衢《やちまた》といい、千葉県には八街《やちまた》という地名があります。八衢は八叉のことであり、八と丫とは関係が深いことが察しられます。八と丫とは、字体の向きが逆ですが、共に、叉状に開いているということで、**「丫の読みが八の読みに転用されている」**のではないかと思われます。

つまり、ヤツとは**丫子**、ヤッツとは**丫子子**のことであり、これがこの言葉の語源と思われます。

○ココノツ（九つ）

九は、両手指を使っての数としては最大の十に一つ少ない数であり、十のことを意識してつくられた言葉、つまり、十《とお》との組としてつくられたものではないかと推測されます。

一音節読みで、更はコンと読み「更に」、供はコンと読み「提供する、供与する、加える」、能はノンと読み「可能である、できる」の意味です。

つまり、ココノツとは、**更供能子**であり直訳すると「更に加えるのが可能な（数）」、少し意訳すると**「十までには、あと一つ加えることが可能な（数）」**の意味であり、これがこの言葉の語源と思われます。

○トオ（十）

十は、両手指を使っての数としては最大の数です。一音節読みで、到はトウと読み「到る、達する、到達する」の意味、額はオと読み、顔の「額《ひたい》や絵などの「額《がく》」の意味の外に「最上、最高、頂上」、英語でいうところのトップ（top）の意味があります、つまり、トオとは、**到額**の多少の訛り読みであり下字からいうと**「最高に到達した（数）」**の意味となり、これがこの言葉の語源と思われます。

十は、両手指を使っての数としては最大の数なので「最高に到達した」と考えられているのです。

十以上の数は、十一は「トオ余リヒトツ」、十二は「トオ余リフタツ」、十三は「トオ余リミッツ」のようにいい、以下同じようにいいます。

○ハタチ（二十）

十の位の二十はフタソヂと読んだかも知れませんが、普通にはハタチと読んだとされています。

平安時代の伊勢物語（九段）に、「比叡の山をはたちばかり重ねあげたらむほどして」のように書かれていることから、すでに古くから存在した言葉です。にもかかわらず、その語源はとても難しく、なぜ、二十をハタチというのか、その語源と原意はいかなるものかは今もって分からないとされています。

一音節読みで芳はファンと読み「良好な」の意味があり、熟語の芳年は「良好な年令の時期」、つまり、「青春期」のことをいいます。大はタと読み「大きい」の意味、及はチと読み動詞では「到る、達する、到達する」の意味があります。

つまり、ハタチは**芳大及**の多少の訛り読みであり直訳すると**「良好な大きさに達した（数）」**の意味になり、これがこの言葉の語源であり、その原意と思われます。

二十という数は、人間の年齢に関しても最も元気盛んな時期であり、このことは運動選手の中心が二十代であることからも容易に察することができます。したがって、二十を「芳の数」、つまり、「良好な数」としてつくられた呼称のようです。

○ミソジ（三十）

十の位の十以上の数は、ハタチ（二十）、或いは、フタソヂの外は、ミソヂ（三十）、ヨソヂ（四十）、イソヂ（五十）、ムソヂ（六十）、ナナソヂ（七十）、ヤソヂ（八十）、ココノソヂ（九十）といいます。ソヂというのは「十」という意味です。

一音節読みで総はソンと読み「すべて、まったく」などの意味、上述したように及はチと読み「到る、達する、到達する」の意味があります。つまり、ソヂは**総及**であり直訳すると**「すべてに到達した(数)」**の意味になり、トオ（到額）とほぼ同じ意味になっています。十を一つの単位としたときに、そこに到達している数の意味と思われます。三をミと読むことについては、ミツ・ミッツ欄で上述しました。

したがって、ミソジは三**総及**であり直訳すると**「三つのすべてに到達した(数)」**、つまり、「三十」の意味になり、これがこの言葉の語源と思われます。

三十一は「ミソジ余リヒトツ」、四十二は「ヨソジ余リフタツ」、五十五は「イソジ余リイツツ、八十九は「ヤソジ余リココノツ」のようにいいます。

○ツクモ（九十九）

平安時代の伊勢物語（六十三段）に、次のような歌が詠まれていることから、古代から存在した言葉です。

百年《ももとせ》に一年《ひととせ》足らぬつくも髪
我を恋ふらし面影に見ゆ

九十九は「ココノソヂ余リココノツ」といいますが、簡潔に**「ツクモ」**ともいいます。「その次が百になる数」という意味です。

漢語の一音節読みで次はツと読み「次」の意味、昆はクンと読み副詞では「後」の意味、陌はモと読み「百」の意味があります。つまりツクモは**次昆百**の多少の訛り読みであり、直訳すると**「次の後が百（の数）」**の意味ですが、意味が分かるように表現を変えていうと「次の後《あと》数が百である（数）」、つまり、九十九のことになるのです。

○モモ（百）

百はモモと読みます。九十九《つくも》欄で上述したように、漢語の一音節読みで、陌はモと読み百のことです。

日本語では、分かり易い二音節語にするために、畳語《じょうご》にした**陌陌**《モモ》を転用して、百の字をモモと読むのです。

大言海によれば、平安時代末の字類抄（橘忠兼著）に「百日、モモカ」と書いてあります。

「日」の字をカと詠むのは「過」の読みを転用したものであり、日は「過ぎて行くもの」と考えられているのです。

○チ（千）

古くから、千はチ、万はヨロヅと読まれます。漢語の一音節読みで、千はチィエンと読むので、日本語では**「訛り読みで」**千をチと読むのです。

上述してきたように、百はモモ、千はチ、万はヨロヅと読みますが、古くはこの三語は**「多くの、多数の」**の意味で使われることも多かったようです。

鳥のチドリは、多数で群れているので千鳥という表現がされたのですが、そのうちにチドリは固有名詞になってしまったので、語頭に**「多くの、多数の」**の意味としての百を付けて百千鳥《ももちどり》といいます。

万葉集に、次のような歌が詠まれています。

百《もも》に千《ち》に　人は言うとも月草の
移ろふ情《こころ》われ持ためやも　（万葉３０５９）

その歌意は、「あれこれと、人は噂を立てることがあっても、私は月草のような変色しやすい心を持ってはおりません。」のようなものとされています。

○ヨロヅ（万）

大言海には、「**よろづ**（名）萬＝万（一）数ノ甚ダ多キコト。（二）スベテノ事。萬事。」と説明してあります。万葉集の長歌では、万は「よろづ」と読まれて、次のように詠われています。

丘の岬《さき》　い廻《た》むるごとに　万度《よろづたび》（与呂頭多妣）
顧《かへり》みしつつ　遥々に　・・・　（万葉4408）

竹取物語の冒頭に、「今は昔、竹取の翁といふものありけり。野山にまじりて、竹を取りつゝ、萬づの事に使ひけり。」とあります。

ヨロヅの語源のことをいいますと、一音節読みで優はヨウ、栄はロンと読み、形容詞や副詞では共に「多い、たくさんの、豊富な」などの意味があります。数はシュと読みますが濁音訛り読みでズと読みます。つまり、ヨロヅは**優栄数**であり直訳すると**「多い数」**の意味になり、これがヨロヅという言葉の語源と思われます。

結局のところ、ヨロヅという言葉は、具体的な数字というよりも「多い数」という意味でつくられた言葉のように思われます。

「万葉集」という名称の意味について、「人体語源と新音義説」（二〇二〇年刊）という本でも本書の新説を披露しましたが、再度の紹介をします。

「葉」をヨウと読むのは、一音節読みでヨンと読む「詠」の発音記号の日本式読みであるヨウを転用したものです。ヨウが「詠」なので「集」は歌集であることが判断できます。したがって、万葉集は**万詠集**《マンヨンシュウ》であり、直訳すると**「多くの詠まれた歌の集」**の意味になり、これがこの言葉の語源と意味と思われます。江戸時代には「葉」を「言葉」のこととして**「多くの言葉の集」**の意味とされました。現代では古事記の序にも「後葉《のちのよ》に流《つた》へむと欲《おも》ふ」という文言があるように奈良時代には「葉」は現在の「世」という意味でも使われたので直訳では**「万世の集」**の意味とされますが、古代人がそこまで考えたかどうか少々穿《うが》ち過ぎのように思われます。

(三) 暦日名の語源

○キョウ（今日）

現在では、漢字で「今日」と書いてキョウと読まれますが、古く万葉集の時代には「家布《ケフ》」や「祁布《ケフ》」と書いてキョウと読んだようなのです。万葉集には、例えば、次のような歌が詠まれています。原歌では、「今日」は括弧内に記した「家布」や「気布」や「祁布」のような万葉仮名で書いてあります。

霞立つ春のはじめを今日（家布）のごと見むと思へば楽《たの》しとぞ思ふ　（万葉４３００）

難波津に装ひ装ひて今日（気布）の日や出でて罷《まか》らむ見る母なしに　（万葉４３３０）

今日（祁布）よりは顧《かへり》みなくて大君の醜《しこ》の御楯《みたて》と出で立つわれは　（万葉４３７３）

み雪降る冬は今日（祁布）のみ鶯の鳴かむ春べは明日にしあるらし　（万葉４４８８）

始春《はつはる》の初子《はつね》の今日（家布）の玉箒《たまばはき》手に執《と》るからにゆらく玉の緒　（万葉４４９３）

水鳥の鴨羽の色の青馬《あをうま》を今日（家布）見る人は限り無しといふ　（万葉４４９４）

はしきよし今日（家布）の主人《あろじ》は磯松の常にいまさね今も見るごと　（万葉４４９８）

しかしながら、なぜ、今をケ、日をフと読むのか、或いは、読めるのかということはかなり高度な問題です。

漢和辞典をみると、現は呉音でゲン、漢音でケンと読み「現在」の意味、別の言葉でいうと「今」の意味があると書いてあります。したがって、現の漢音読みであるケンの訛り読みのケを今の読みに転用して、今をケと読んでであるのではないかと思われます。

日をフと読むのはかなり絡繰《からく》りのある読み方のようです。古くから、太陽、つまり、日は火の塊《かたまり》と見做されていたのです。したがって、日は火ですから共に「赤い」ものなので、日本語の訓読では「赤い」という意味の「緋」の一音節読みであるフェイの読みを転用して共にヒと読みます。つまり、日や火をヒと読む語源は緋であり同じだということです。

漢語の一音節読みで日はリ、火はフォと読むのですが、太陽、つまり、日は火の塊ですから、日に火の読みを転用してフォと読み、その多少の訛り読みがフではないかと思われます。したがって、ケフというのは**現火**の読みを転用した**現日**の読みになり現は今と同じ意味ですから、**「今日」**の意味になることに帰着します。結局のところ、やや複雑ではありますが、現火→現日→今日の経過になることから、ケフのそもそもの語源は「現火」だということではないかと思われます、

○キノウ（昨日）

古くは、キノフ（昨日）は万葉仮名で伎能布や伎乃敷と書いてキノウと読んだようです。万葉集に次のような歌が詠まれています。

昨日（伎能布）今日（家布）君に逢はずて為《す》る
為方《すべ》のたどきを知らに哭《ね》のみしそ泣く
（万葉3777）

三島野に霞たなびきしかすがに昨日（伎乃敷）
も今日（家布）も雪は降りつつ
（万葉4079）

一音節読みで暌はキと読み「離れる、離れて行く」の意味があります。乃はノと読みます。キョウ（今日）欄で示したような理由で、つまり、火の訛り読みの転用読みで、日はフと読みます。したがって、キノフは**暌乃日**であり、直訳すると**「離れて行った日」**になるので、昨日《きのう》の意味になるのではないかと

思われます。

○オトトイ（一昨日）

大言海によれば、万葉集に次のような歌が詠まれています。

前日《をとつひ》も昨日も今日も見つれども明日《あす》さえ見まく欲しき君かも　（万葉1014）

山の峡《かひ》其処《そこ》とも見えず乎登都日《をとつひ》も昨日も今日も雪の降れれば　（万葉3924）

多集《すだ》く古江に　乎等都日《をとつひ》も　昨日もありつ　近くあらば　・・・　（万葉4011）

日本古典文學大系「萬葉集」（岩波書店）では、原歌での「前日」に「をとつひ」と振仮名して読んであり、「乎登都日」と「乎等都日」は共に「一昨日」に書替えて「をとつひ」と振仮名して読んであります。

大言海によれば、平安時代の和泉式部日記には、「思フ事、ナクテ過グシシ、をととひヲ昨日ト今日ニ、ナスヨシモガナ」という歌が詠まれており、字類抄に「一昨日、ヲトトヒ」と書いてあります。

日本国語大辞典（二〇巻・小学館）によれば、平安時代の後撰集（恋四・八七三・詞書）に「をととひなんかへりまうでこしかど」、源氏物語（空蟬）に「をととひよりはらを病みて」と出ています。

これらの記述からすると、奈良時代（万葉時代）にはヲトツヒとヲトトヒのどちらなのか必ずしも明確とはいえませんが、平安時代には平仮名で書かれているのでヲトトヒといったのは確実です。

一音節読みで偶はオウと読み「合致する」の意味、通はトンと読み「通過する」の意味があります。日はヒと読みます。今日を基準にすると、一回通過に合致した日は偶通日（オウトンヒ）、つまり、昨日《きのう》ですから、二回通過に合致した日は偶通通日（オウトントンヒ）になります。つまり、オトトイは**偶通通日**の多少の訛り読みであり、直訳すると**「二回通**

過に合致する日」、つまり、一昨日になり、これがこの言葉の語源と思われます。

オトツヒの多少の訛り読みがオトトヒのようでもありますが、実際上の発音は、あまり変わらなかったのではないかと思われます。

○サキオトトイ（一昨昨日）

一音節読みで、先はシィエンと読み「先に」の意味です。キノウ（昨日）欄でもいいましたが、睽はキと読み「離れる、離れて行く」の意味があります。つまり、サキは先睽の多少の訛り読みであり、直訳すると「先に離れて行った」の意味になります。したがって、サキオトトイは**先睽一昨日《おととい》**であり、**「一昨日の先に離れて行った日」**、つまり、一昨昨日の意味になり、これがこの言葉の語源と思われます。

○アス（明日）

現在では翌日のことをアスやアシタといい、漢字では共に「明日」と書きます。

しかしながら、古く奈良時代（万葉時代）には、翌日は明日と書いてアスといい、一日の早い時刻は朝と書いてアシタといいました。万葉集では、翌日のことの詠まれた歌はたくさんあり、その殆んどは「明日」と書かれてアスと読まれていますが、万葉仮名で「安須」や「阿須」と書かれたものもあります。

鳥にもがも　明日《あす》行きて　妹に言問ひ　わがために　・・・（万葉534）

栲衾《たくぶすま》新羅へいます君が目を今日か明日（安須）かと齋《いは》ひて待たむ　（万葉3587）

畏《かしこ》きや命《みこと》かがふり明日（阿須）ゆりや草《かへ》がむた寝む妹無しにして　（万葉4321）

アスの語源については、一音節読みで挨はアイと読み「続いて、次いで、次に」などの意味、嗣はスと読み「継続する、続く」の意味があります。つまり、アスは**挨嗣**の多少の訛り読みであり、直訳すると**「次に続く（日）」**の意味になり、これがアスの語源と思われます。

一日の早い時刻、つまり、朝のことであるアシタの詠まれた歌には次のようなものがあります。漢字では「朝」や「旦」と書かれ、万葉仮名で「安之多」や「安志多」と書かれたものもあります。

わご大君の　朝《あした》には　とり撫でたまひ
夕《ゆふべ》には　い倚《よ》り立たしし　・・・　（万葉3）

まそ鏡見飽きぬ君に後《おく》れてや旦夕《あした》にさびつつ居
らむ　（万葉572）

居《を》り明《あか》しも今宵は飲まむほととぎす明けむ朝
（安之多）は鳴きわたらむぞ　（万葉4068）

聞かまく欲《ほ》りと　朝（安志多）には　門に出で
立ち　夕には　・・・　（万葉4209）

朝のことであるアシタと翌日のことであるアシタの語源については、一音節読みで挨はアイと読み「続いて、次いで、次に」などの意味があることは上述しました。始はシと読み「始まる」の意味があります。旦はタンと読みその第一義は「朝」ですが、第二義は「日」とされています。つまり、アシタは**挨始旦**の多少の訛り読みです。

したがって、朝のことであるアシタの場合は、旦は第一義になり直訳すると**「続いて始まる朝」**の意味、簡潔にいうと**「朝」**の意味になり、これが朝という意味でのアシタの語源です。

次の日、つまり、翌日のことであるアシタの場合は、旦は第二義になり直訳すると**「次に始まる日」**の意味、簡潔にいうと**「翌日」**の意味になり、これが翌日という意味でのアシタの語源です。

結局のところ、旦は、古くは第一義だけが用いられたのに、現在は第一義と第二義の双方で用いられているということです。なお、アサの語源については「自然物象名の語源」の「**アサ**（朝）」欄をご参照ください。

○アサッテ（明後日）

アシタの次の日をアサッテといい、漢字では明後日と書かれ、ミョウゴニチとも読まれています。

再はツァイと読み「再び」の意味、次はツと読み「次」の意味です。天はティエンと読み「日」の意味があります。漢語では、日本語での昨日は昨天、今日は今天、明日は明天といいます。

アサッテは、**挨再次天**（アイ・ツァイ・ツ・ティエン）の多少の訛り読みであり直訳すると**「続いての再度の次の日」**の意味になり、続いての日、つまり次の日がアス（明日）ですから、再度の次の日は明後日の意味になり、これがこの言葉の語源です。

○シアサッテ（明々後日）

アサッテの次の日をシアサッテといい、漢字では明々後日や明明後日と書かれます。襲はシと読み「重ねる、継承する」などの意味があり「襲名」という熟語もあります。

つまり、シアサッテは**襲挨再次天**の多少の訛り読みであり直訳すると**「重ねての明後日」**の意味、つまり、明々後日の意味になり、これがこの言葉の語源です。

○ツイタチ（一日）

現在では、ツイタチは、普通には、毎月の最初の日、つまり、毎月の初日をいい、漢字では、一日、朔、朔日などと書きます。一音節読みで朔はシュオと読み、第一義は「月の初日」、第二義は「初め、始め」の意味があるので、いづれにしても朔や朔日は「初日」の意味になるのです。

ツイタチの語源の話に移りますと、最はツイと読み「最初の、第一の」などの意味があります。旦はタンと読み、第一義は「朝」、第二義は「日」、第三義は「初日」の意味があります。起はチと読み「始まる」の意味があります。つまり、旦起は下字から訳すると「始まる日」の意味になります。

　したがって、ツイタチは**最旦起**であり、旦を第二義として直訳すると、動詞語では「最初の日が始まる」、名詞語では「最初の始まる日」、つまり、**「初日」**の意味になり、これがツイタチの語源と思われます。ツイタチには月の意味はないので二月一日《ついたち》のように月名を入れていいます。後述するように紫式部日記には「ことしの朔日《ついたち》」、つまり、「今年の初日」という表現もあります。

　奈良時代の万葉集に、次のような歌が詠まれています。

あらたまの月立《つきたつ》までに来まさねば
夢にし見つつ思ひぞ吾がせし　（万葉１６２０）

日本古典文學大系「萬葉集二」（岩波書店）では、その大意は次のようなものとされています。「月が新しくなるまでもおいでにならないので、いつも夢に見ては、恋しく思っていました」。

　この歌における「立」は当て字と思われ、誕徂のことと思われます。徂はツと読み「始まる」の意味があります。つまり、タツは**誕徂**であり直訳すると**「誕生し始まる」**の意味になります。したがって、ツキタツ（月立）は**月誕徂**であり直訳すると**「月が誕生し始まる」**の意味になり、これがツキタツ（月立）の語源と思われます。

　大言海には、「**ついたち**(名)月立〔つきたちノ音便〕天智紀十年十一月『月立二日』」と書いてありますが、奈良時代の日本書紀の天智紀十年十一月の条の原文では「月生二日」と書いてあり、その解説書である日本書紀（岩波文庫）では「月生《つきた》ち二日《ふつかのひ》に」と振仮名して読んであり、直訳では「月が誕生してから二日目の日に」、つまり、「月が始まってから二日目の日に」の意味になっています。したがって、つきたちは「月が始まる」の意味であり「日」の意味はないので、つきたつやつきたちの音便がついたちではないらしいことになります。なぜならば、つきたつ（月誕徂）やつきたち（月誕起）は動詞語で「月が始まる」の意味であり、ついたち（最日起）は名詞語で「初日」の意味だからです。

　平安時代になると、枕草子では「「正月一日は」の段に「正月一日《むつきついたち》は、・・・」、「木の花は」の段に「五月《さつき》のついたちの頃ほひ」と書いてあり、紫式部日記には「正月一日、坎日《かんにち》なりければ、・・・」、「霜月《しもつき》のついたちの日」と書いてあり、いづれもついたちの前に月名が書かれています。なぜならば、ついたちの「つい」に「月」の意味はないからです。坎日は「外出が凶日」の意味です。

　また、紫式部日記には「ことしの朔日、御まかなひ宰相の君。」とも書いてあります。岩波文庫の紫式部日記の他の場所では「朔日《ついたち》」と振仮名して読んであります。「ことしの朔日」は「今年《ことし》の朔日《ついたち》」のこと、つまり、今年の一月一日のことになり「一年の初日」のことなので、ついたちという仮名言葉自体には「月」という意味はないことが明確に分かります。結局のところ、平安時代のついたちとは初日のことで、この言葉においての「つい」は「つき（月）」の音便ではないということです。

　平安時代にできたツイタチ（最日起）という言葉は、奈良時代の万葉集における「ツキタツ（月立＝月誕徂）」という言葉と関連してできたもののようではありますが、平安時代になるとすべて「ついたち」とあるので、語源に示したような「最日起」の意味で新たにつくられた言葉と思われます。

　結局のところ、奈良時代には「つきたつ（月生・月立）」は「月が誕生し始まる」、つまり、「月が始まる」の意味の動詞語であったものが、平安時代には「ついたち」という「初日」の意味の名詞語がつくられたということではないかと思われます。

○ヨウカ（八日）

　八日はヨウカと読みます。やや異様な読み方ですが、なぜそのように読むのでしょうか。

一音節読みで爻はヤオと読み、卜占《ぼくせん》に使用する算木に記された線のことで八種類あります。この八種類から二つを組み合わせてできる六十四種類の組み合わせで「占《うらな》い」をします。

爻《ヤオ》は八種類あるので、この爻の多少の訛り読みを八の読みに転用してあるのです。漢語でヤオと読む漢字は、日本語ではヨウと読む場合が多く、例えば、幼、要、揺などがあります。

八日《ようか》という言葉においては、日はカと読まれています。一日《いちにち》は二十四時間ありますが、日は時間の経過とともに通り過ぎていきます。漢語の一音節読みで過はクオと読みますが、日本語の音読では多少の訛り読みでカと読まれます。つまり、**日**は**「過ぎて行くもの」**と認識されて**カ**と読まれているのです。つまり、日の字をカと読む語源は過ということです。過日という熟語もあります。

結局のところ、ヨウカは**爻過**、つまり、**爻日**の多少の訛り読みであり**「八日」**の意味になり、これがこの言葉の語源と思われます。

ちなみに、計算木の八種類は、①（———）、②（‥——）、③（‥‥—）、④（‥‥‥）、⑤（—‥—）、⑥（——‥）、⑦（‥—‥）、⑧（—‥‥）、になっています。

◯ハツカ（二十日）

二十日はハツカと読みます。これまたやや異様な読み方になっています。

平安時代の土佐日記（紀貫之著）の冒頭に「それの年の十二月《しはす》の二十日《はつか》あまり一日《ひとひ》の日の・・・」とあります。

ハツカの語源となると、これがなかなか難しいのです。したがって、まともな語源説は存在しようがありません。

本書の語源説を紹介しますと、漢語の一音節読みで凡はファンと読みますが、日本語ではハンと読み「すべて」の意味があります。

日本語の古くからの「ひとつ、ふたつ、みっつ、・・・」という数え方は「とお（十）」で終わりになります。

つまり、「とお」で「すべて」なのです。孖はツと読み「二つ、弐《に》」の意味です。

したがって、ハツは凡孖の多少の訛り読みであり直訳すると「すべてが二つ」、つまり、「十が二つ」になり「二十」ということになります。

ヨウカ欄で上述したような理由で、過の読みを転用して日はカと読みます。

結局のところ、ハツカは**凡孖過**の多少の訛り読みであり**凡孖日**の意味、つまり、**「二十日」**のことになり、これがこの言葉の語源です。

○ミソカ（三十日）

三十はミソヂ、日はカと読むので、三十日はそもそもはミソヂカと読むのですが略称でミソカと読みます。つまり、ミソカは三十日のことです。

ミソカにおけるミとソの語源については、「和数語の語源」における「ミツ（三ツ）」欄と「ミソジ（三十）」欄をご参照ください。


一年の月のうち、一月、三月、五月、七月、八月、一〇月、十二月の7か月は三十一日ですが、四月、六月、九月、十一月の4か月は三十日になります。また、二月は二十八日、閏年には二十九日になるので、毎月の末日は必ずしも三十日にはなりません。

しかしながら、現在では、慣習として**「月の末日のこと」**を**「ミソカ」**ともいうようになっています。また、十二月三十一日を**「オオミソカ」**といい慣わしています。

○ツゴモリ（晦・晦日）

漢字では晦や晦日と書き、毎月の最後の日、つまり、末日《まつじつ》のことをいいます。最近はあまり使いませんが、古くは、よく使われていた言葉です。

ツゴモリのツはツキ（月）の略称と思われます。

また、一音節読みで都はツと読み、副詞では、程度が甚だしいことを表現するときに「完全に、すべて、まったく、すっかり」などの意味で使われます。ツゴモリのツは、ツキ（月）の略称とツ（都）との掛詞と思われます。

一音節読みで過はクォと読み「過ぎる、過ぎ去る」の意味です。つまり、ツゴは**都過**の多少の濁音訛り読みであり、**「すっかり過ぎ去る」**の意味になります。末はモ、日はリと読みます。つまり、ツゴモリのモリとは**「末日」**のことです。

結局のところ、ツゴモリは**都過末日**で**「すっかり過ぎ去る末日」**の意味ですが、ツはツキ（月）の略称でもあるとすると意味上は**月都過末日**であり直訳では**「月がすっかり過ぎ去る末日」**の意味になり、これがこの言葉の語源です。

日本書紀の仁徳紀三八年七月の条の原文「及月盡以鹿鳴不聆」を、その解説書である岩波文庫の日本書紀では「月尽《つごもり》に及《いた》りて、鹿《か》の鳴聆《ねきこ》えず」と振仮名して読んであります。月盡（月尽）は、「その月が盡《つ》きる日」の意味と思われます。

大言海によれば、平安時代の字鏡に「晦也、豆支己毛利」、（日本）霊異記に「晦、都支己毛利」とありますが、豆支己毛利や都支己毛利は「月過末日」のことです。このことから、ツキコモリの略称の濁音読みがツゴモリであることが明確に分かります。上述したように、晦は「月の末日」という意味の字です。

明治時代以降の最初の大辞典である日本大辞書（山田美妙著・明治二六年）に、「**つごもり**　名詞　晦〔月隠（ツキゴモリ）の略〕」と書かれてから以降の現在の大辞典では、そのように説明されていますが、月隠は「月の末日」の意味にはなり得ません。

例えば、広辞林（第六版）には「月隠《つきごもり》の約」、広辞苑（第七版）には「ツキゴモリ（月隠）の約」と書いてありますが、隠は当て字に過ぎず、日本書紀の仁徳紀にあるように、正しくは「月尽《つきごもり》の約」と説明すべきではないかと思われます。

㈣ 歴月名の語源

○ムツキ（睦月・一月）

ムツキ（睦月）、キサラギ（如月）、ヤヨイ（弥生）以下の月名は、漢字の字義を基準にして付けられているのか、音声からでてくる意味を基準にして付けられているのか、或いは、他のなにかを基準にして付けられているのかが不明なので、それぞれの意味を推測するのがとても難しくなっています。按《あん》ずるところ、漢字の字義と音声の意味とからつくられているようですが、日本語としては基本的には音声の意味からつくられているようです。

暦月名の語源を探索するに当たって、旧暦と新暦とは一月《ひとつき》程度ずれているので、旧暦の八月は新暦の九月に当るから云々とされているものがありますが、旧暦と新暦の関係はそんなに単純なものではなく、さほど変わらないと考えた方がよいように思われます。

現在、採用されている太陽暦に引き直していいますと、立春が二月四日ですから春は二、三、四の3か月、立夏が五月五日ですから夏は五、六、七月の3か月、立秋が八月七日ですから秋は八、九、十の3か月、立冬が十一月七日ですから冬は十一、十二、一月の3か月とされています。

ところが、実際問題として、暑さ寒さの程度からいうと、六月、七月、八月の3か月が最も暑く、十二月、一月、二月の3か月が最も寒く感じます。したがって、通常、三、四、五の3か月を春、六、七、八の3か月を夏、九、十、十一の3か月を秋、十二、一、二月の3か月を冬と言い習わしています。

さて、日本語では、旧暦の正月、つまり、旧暦の一月のことをムツキ（睦月）といいます。日本語では一月のことを正月といいますが、この言葉での正は「正しい」という意味ではなくて農業暦における「第一の」という意味です。したがって、正月は一年の第一番目の月という意味になります。正の字は、漢語では「第一の」という意味のときは第一声で読み、「正しい」という意味のときは第四声で読みます。

漢語の一音節読みで睦はムと読み「睦み合うこと」

ですが、日本語では名詞でムツミ、動詞でムツムなどと読みます。「睦み合う」、つまり、ムツミやムツムとは「親しみをもって、和《なご》やかに、交流しあうこと」をいいます。

正月には、家族が集まって、家族によっては親類縁者も集まって、或いは関連のある人々なども集まって睦み合うので、ムツキは**睦月**であり直訳すると**「睦み合う月」**の意味になり、これがこの言葉の語源と思われます。

○キサラギ（如月・二月）

キサラギは旧暦二月のことで、一年中で最も寒い厳しい月です。したがって、一般的には、動植物の動きも鈍くなり休眠状態に這入《は》っている状態になっています。

漢字では「如月」と書かれますが、なぜ、このような漢字が使われているのかは、検討すべき事柄のように思われます。そこで、このことについて探索してみますと、如は漢語の一音節読みではルと読み、日本語では「ごとし」と読む動詞語であり、日漢共に「〜のようだ」の意味がありますが、如月は「〜のような月」といっても意味が通じません。

茹は、如と同じくルと読む動詞語で、艱難辛苦を「堪える、耐える」の意味があります。つまり、漢字言葉の如月とは同じ読みの**茹月**のことであり、寒さなどの艱難辛苦を**「堪える月」**の意味になっているのではないかと思われます。

他方、キサラギという仮名言葉の意味を「如月」の意味と関連付けて考慮しますと、一音節読みで鬼はキと読み「恐ろしい、ひどい」など意味があります。惨はツァンと読み「寒い、冷たい、寒冷な」などの意味があります。つまり、鬼惨はキツァンと読み「ひどく寒い」の意味になります。

癩はラとも読み「低劣な、劣悪な」などの意味、佹はギと読み「変わっている、並みでない、尋常《じんじょう》でない」などの意味があります、つまり、癩佹はラギと読み「劣悪な尋常でない」の意味になります。

結局のところ、キサラギという音声は**鬼惨癩佹**の多少の訛り読みであり直訳すると**「ひどく寒い、劣悪な尋常でない（月）」**の意味になり、これが仮名言葉としてのこの月名の語源と思われます。

○**ヤヨイ**（弥生・三月）

ヤヨイは旧暦三月のことで、漢字では弥生と書かれます。漢字の弥生の意味を詮索してみると、漢語の一音節読みで弥はミと読み、副詞では「ますます（益々）、更に加えて」などの意味があります。生はションと読み、動詞では「①成長する、②出生する、③養育する、④生存する」などの意味があります。つまり、漢字言葉の**弥生**は**「ますます成長する」**の意味になっています。

他方、日本語では、「イヤサカをいのって」という文句がありますが、漢字入りでは「弥栄を祈って」と書かれます。つまり、弥はイヤと読まれています。「オイしげる」は、漢字入りでは「生い茂る」と書かれます。つまり、「生い」は「オイ」と読まれています。したがって、弥生はイヤオイと読めることになります。弥生をヤヨイと読むのはイヤオイの訛り読みか、或いは、一気読みのようです。そうしますと、ヤヨイという音声も弥生のことになり、漢字の意味と音声の意味とが合致して、ヤヨイ（弥生）という月は、草木が**「ますます成長する月」**の意味になり、これがこの月名の語源と思われます。

○**ウヅキ**（卯月・四月）

旧暦四月のことをウヅキ（ウズキ）といい、漢字では卯月と書かれます。卯の字を使うのは、暦法の十二支において、「子《ね》、丑《うし》、寅《とら》、卯《う》、辰《たつ》、・・・」の四番目に当たる月だからです。

漢語の一音節読みでは、卯はマオと読むのですが、日本語ではウと読まれます。ウという読みは「美しい」という意味の媄の読みを転用してあるのです。なぜ、媄の読みを卯の読みに転用できるかというと、上述したように、漢語の一音節読みでは卯はマオと読むのですが同じ読みの懋には「美しい」の意味があるので、そのよしみで同じ「美しい」の意味の嫵の読みを卯の読みに転用してあるのです。

　つまり、卯をウと読むときは「美しい」の意味になります。したがって、漢字言葉としても仮名言葉としても、卯月は**嫵月**であり**「美しい月」**の意味になり、これがこの言葉の語源と思われます。

　ウヅキは「卯の花の咲く月」という意味ともいわれていますが、「卯の花」も「嫵の花」のことであり「美しい花」の意味ですからそうとも言えないことはありませんが、四月には他にも多くの美しい花が咲きます。卯月は、万葉集の長歌に、次のように詠まれています。

時ごとに　いや珍しく　八千種《やちくさ》に　草木花咲き・・・・
鳴く鳥の　声も変らふ　（中略）　木の晩《くれ》の
四月《うづき》し立てば　・・・　（万葉４１６６）

　ウノハナは、漢字入りでは「卯の花」と書くことから「卯の花が咲く月」だから「卯月」という人もいますが、万葉集の歌から察するところ、卯月（四月）はウノハナの花も含めて「八千種の草木の花が咲く」から、つまり、「いろいろな草木の花が咲く」から「美しい月」とされていると思われます。

「夏は来ぬ」（佐佐木信綱作詞・小山作之助作曲）という唱歌があり、明治二十九年に発表されたもので、その歌詞の一番と五番は次のようになっています。

（一）卯の花の匂う垣根に
　時鳥《ほととぎす》　早も来鳴きて
　忍《しの》び音《ね》もらす　夏は来ぬ

（五）五月闇《さつきやみ》　蛍飛びかい
　水鶏《くいな》鳴き　卯の花咲きて
　早苗《さなえ》植え渡す　夏は来ぬ

　余談として、**「ウノハナ」**と**「ウツギ」**という名称の灌木《かんぼく》の話をします。現在では、ウツギはウノハナの別称とされていますが、この説には疑問があり少し説明が必要です。本書では、この説は誤解でありそもそも**「平安時代のウツギはウノハナではない」**と思っています。

ウノハナという名称は、奈良時代には存在しており、万葉集の歌で「宇乃花」や「宇能花」などと書かれてたくさん詠われています。

ウツギという名称は、平安時代につくられたもので、和名抄に「本草云溲疏　楊櫨　宇豆木」、本草和名に「楊盧木　空疏　宇都岐」と書いてあります。

シナの本草書にある溲疏、楊櫨（楊盧木）、空疏などという木について、和名としてウツギ（宇豆木・宇都岐）という名称が付けられたのです。和名抄と本草和名には、両書共にウツギは奈良時代から存在したウノハナの別称とは書いてありません。つまり、「和名宇豆木、一名宇乃花」や「和名宇都岐、一名宇能花」などとは書いてないのです。重要なことは、溲疏、楊櫨、空疏などという木についてウツギという名称が付けられたのであって、ウノハナの別称として付けられたのではないということです。

ウノハナはすでに立派な名称ですからウツギという別称を付ける必要など全然ないのであり、そもそもは種名としてのウツギはウノハナではなかったのです。

シナの李當之という本草学者は、溲疏、楊櫨、空疏の三者は同じ木としていますが、刺の有無については言及していません。他の学者は、溲疏は楊櫨や空疏とは異なる木で刺があり、楊櫨と空疏は同じ木で刺がないとしています。シナでは、学者によっていろんな説があったようです。

日本に目を向けてみると、平安時代の枕草子の「祭りのかへさ」段に、「卯の花の垣根ちかうおぼえて、ほととぎすもかげにかくれぬべくぞ見ゆるかし。中略。うつぎ垣根といふものの、いとあらあらしくおどろおどろしげに、さし出でたる枝どもなどおほかるに、花はまだよくもひらけはてず、つぼみたるがちに見ゆるを折らせて、車のこなたかなたにさしたるも、かづらなどのしぼみたるがくちをしきに、をかしうおぼゆ。」と書かれています。

同じ段に「卯の花の垣根」と「うつぎ垣根」とが書かれているということは、**「卯の花とうつぎとは**

異なる木」と見做されていたことは確実ではないかと思われます。

また、「いとあらあらしくおどろおどろしげに」というのは、一般的には、刺《とげ》のある木に使われる表現なので、この記述は、当時の**「ウツギは刺のある木」**であったことを示唆しています。ただ、「折らせて、車のこなたかなたにさしたる」ともあるので、はたして刺のあるものを折らせてあちこちに挿したのだろうかという疑問もありますが、**「美しい花の咲く木」**なので付き人たちに刺があっても折らせたとも考えられます。

現代の殆んどの古語辞典では、「おどろ」について、「おどろ（棘・荊・荊棘）」と書いてあります。棘や荊は刺《とげ》のことなので、「おどろ」はトゲのことと書いてあることになります。

大言海の「おどろし」欄には、「関西ニテ、おそろしヲ、おどろしト云フ（倭訓栞）。驚クベシ。おどろかし。オソロシ。重ネテ、おどろおどろしトモ云ヒテ、意ヲ強ム。」と書いてあります。

これらのことから、枕草子の「あらあらしくおどろおどろしげに」というのは、刺があるということではないかと思われます。

（注：「草木名の語源」（江副水城著）で櫨と樝とを同じ木としたのは誤解でした）

本書では、平安時代のウツギについて、本草和名に「空疏」とあることから枝が中空であること、枕草子に「あらあらしくおどろおどろしげに」とあることから枝に刺があること、また「つぼみたるがちに見ゆるを折らせて、車のこなたかなたにさしたる」とあることから美しい花の咲く木であったと推察しています。したがって、平安時代のウツギは、**空木**と**武刺木**と**嫵姿木**との掛詞であり、**「幹枝が中空の、荒々しい刺のある、美しい花の咲く（木）」**の意味としてつくられた名称と推測しています。語源上は、花の色については特には指定しないものになっています。この三条件に該当する意味でのウツギの灌木にはバラ類、クコ類、木イチゴ類などの木があります。幹枝が中空の木、つまり、空木《うつぎ》はたくさんあるので、一つの木について空木という意味だけでウツギという種名を付けることは難しいのです。

ウノハナという名称は奈良時代の万葉集の歌でたくさん詠まれているにもかかわらず、上述したように平安時代の和名抄や本草和名などに「和名宇豆木、一名宇乃花」「和名宇都岐、一名宇能花」などと書かれていないことから判断しても、ウツギという名称は、シナの溲疏や楊櫨や空疏という木に対しての和名としてつくられたものであり、**「ウノハナの別称としてつられたものではない」**と考えられます。結局のところ、平安時代の**「種名としてのウツギという木はウノハナという木とは異なる」**らしいということです。本書では、和名抄や本草和名や枕草子の記述から判断して、平安時代のウツギは刺のある木であり、刺のないウノハナとは異なる木であったと推測しています。

したがって、平安時代のウツギについて、「ウノハナはウツギノハナの略称である」とか、「ウツギはウノハナの別称である」とか、ましてや「ウツギは万葉の花である」というような穿った表現は適当でないというよりも誤解ではないかと思っています。現在の植物学界では、ウツギはウノハナの別称とされているので、もしそうならば、平安時代のウツギと現在のウツギとは木種が異なっていると考えるべきだと思われます。

いつの時代からウツギがウノハナの別称とされるようになったかというと、平安時代の和名抄や本草和名の時代から約七〇〇年後の江戸時代中期の次の二つの文献によるものです。

江戸時代中期の大和本草（貝原益軒著・一七〇九刊）において「ウツギはウノハナという」とか、和漢三才図会（寺島良安著・一七一二刊）において「ウツギはウノハナの略である」という説が唱えられ、現在の植物学界ではこれらの説が正しいとして採用されて今日に至っています。しかしながら、たぶん、この説は誤解と思われるのであり、もしこのように見做すのならば、平安時代のウツギと江戸時代以降の現代のウツギとは異なる木になっていると考えるべきだと思われます。

ウツギの話をするときに肝心なことは、「幹枝が中空である」という意味での一般的な空木《ウツギ》のことなのか、一つの木の種名としてのウツギのことなのかを明確にして語らなければならないことです。なぜならば、例えば、ウノハナは「枝が中空である」という意味での空木《ウツギ》ではありますが、一つの木の種名としてのウツギではないと思われるからです。

江戸時代の大和本草をみると、枸杞《くこ》欄では「溲疏は、刺のある倭《やまと》枸杞である」と書いてあります。

さらに、空木《ウツギ》欄において、溲疏と楊櫨と空疏について次のように書いてあります。

「空木《ウツギ》四月ニ白花ヲ開ク、卯ノ花ト云」、引続いて「鑑賞スベシ、古歌ニ多ク詠セリ、歌人コレヲ雪ニ比セリ、水ヲ好ム、漢名未詳、唐詩ニハ此花ヲ不詠、其葉ハ両々相対ス、長枝多シ、実ハ胡椒ニ似タリ、其樹高四五尺ニスギズ、其木中空虚ナリ、故ウツ木ト云、其木目理細膩ナリ、用之器トシ木釘トス、花ノ千葉ナルモアリ、順和名抄ニ溲疏ヲ宇豆木ト訓ス非ナリ、本艸《ホンソウ》ノ説ニ不合、本草別ニ楊櫨アリ、一名空疏、坊間刊本ニウツキト訓ス、然トモ本艸《ホンサウ》ニ其子《ミ》莢《サヤ》ヲ為ストアリ、ウツキニハ莢ナシ、此訓亦非也、又、谷空木アリ、木ハ空木ノ如ク、葉ハ苧《カラムシ》ニ似テ、花淡紅ナリ、木空虚ナラス、空木性不知、其麄皮ヲ去テ青キ皮癬ノ薬ニ合ス。山ウツ木　四月花ヲ開ク、十姉妹《ハコネウツギ》ト相似テ不同小木ナリ、花紅白ナリ、京畿ノ俗ハ卯の花ト云、古歌ニ詠セシ卯ノ花ニハ非ス、京都近辺ノ山ニ多シ、牡荊ノ類ナルベシ」。

この本にはかなり乱暴なことが書いてあります。先ず、理由も示さずに「空木《ウツギ》は卯ノ花ト云」と書いてあります。次に「四月ニ白花ヲ開ク」とありますがウツギは種類によっていろんな色の花が咲くのです。第三に「古歌ニ多ク詠セリ」とありますがウツギは古歌に詠まれたことはありません。第四に漢名未詳とありますが平安時代の和名抄や本草和名に書いてあるように、シナの本草書にある溲疏、楊櫨（楊盧木）、空疏などという木についての和名としてウツギという名称が付けられたのです。しかしながら、この本では、溲疏、楊櫨、空疏はいずれもウツキではないと書いてあり、和名抄や本草和名の記述と異なっています。

この本には、空木と谷空木と山ウツ木と十姉妹《ハコネウツギ》の四種類のウツギが挙げられており、そのうちの最初の「空木《ウツギ》は卯ノ花」のこととされていますが、その根拠というかその理由は書いてありません。京畿では、紅白の花の咲く山ウツ木を卯の花というと書いてあります。

また、上述したように、ウツギについて「漢名は未詳」であり「溲疏でも楊櫨でも空疏でもない」と書いてあります。そうすると、平安時代の和名抄や本草和名に書いてあることは誤りであり、ウツギという名称は漢語から来た木にではなく、日本に存在した木に対してつくられたものと主張していることになります。憶測するところ、ウツギはシナには無い木であるウノハナの別称としてつくられたと暗示してあるのかも知れません。

同時代の和漢三才図会には次のように書いてあります。

溲疏については、「溲疏　ちょうせんくこ　俗ニ云フ朝鮮枸杞　本草ノ李當之、溲疏ト楊櫨トヲ一物ト為ス、故ニ和名ニモ又、訛《アヤマリ》テ一物ト為ス。△按ズルニ、朝鮮枸杞ハ、枝葉花ハ皆、枸杞ニ似テ、子《ミ》モ亦九月ニ赤色ニ熟ス、樹ニ刺有リテ中空ナリ」。

楊櫨については、「楊櫨　うつぎ　空疏　和名宇豆木　疏ハ通ナリ　中空ニテ能ク通スル故ニ名《ナヅ》ク。卯ノ花ハ宇豆木ノ花ノ略ナリ」。引続いて、「△按ズルニ、楊櫨ニ数種アリ。山空木、箱根空木、唐《タウ》空木、三葉《ミツハ》空木、共ニ山中ニ之アリ。人ノ籬垣《マカキ》ニ植ウルハ、山空木、箱根空木ナリ。皆中空ナル故、空虚木《ウツギ》ト名《ナツ》ク。凡ソ之ヲ挿シテ能ク活ス。但シ、樹ニ刺無ク、又、赤キ子《ミ》ヲ結ブモノナシ。△山宇豆木　四月ニ、小白花ヲ開キ、簇ヲ成ス。愛スベシ。俗ニ云フ卯乃花是ナリ」。

この本では、楊櫨と空疏は同じ木であり、幹枝が中空なので日本語では空木《ウツギ》というが、山空木、箱根空木、唐《タウ》空木、三葉《ミツハ》空木など数種あって、いづれの木にも刺はなく、そのうちの小白花の咲く山空木（山宇豆木）が卯の花であると書いてあります。

つまり、ウツギがウノハナなのではなく、幹枝が中空という意味での数種あるウツギのうちの小白花の咲く山空木（山宇豆木）が卯の花であると書いてありますが、これまたその根拠というかその理由は書いてありません。

また、この本（和漢三才図会）の根本的な誤解は、

「宇豆木《ウツギ》ノ花《ハナ》」からツギ(豆木)を省略したものが、「ウノハナ」という名称であるという主張です。しかしながら、そのようなことは絶対にあり得ないことです。なぜならば、ウノハナという名称は、奈良時代(万葉時代)には存在したのに対して、ウツギという名称は平安時代につくられたので、奈良時代にはウツギという木はその名称では存在しなかったし、当然に「ウツギのハナ(宇豆木ノ花)」という文句も存在しなかったからです。したがって、存在しない「ウツギのハナ」という文句からツギを省略したものが、「ウノハナ」という名称であるなどということは絶対にあり得ないことなのです。このことだけからもこの本の記述には疑問があります。

もう一つ注目すべきことは、両書での言説はお互いにかなり異なっています。溲疏は、大和本草では倭枸杞とされ、和漢三才図会では朝鮮枸杞とされています。また、楊櫨と空疏は同じ木であり、大和本草では和名としてのウツギではないとされていますが、和漢三才図会では和名としての各種ウツギとされています。更に、大和本草ではウノハナであるウツギとは異なる紅白の花の咲く山ウツ木を京畿ではウノハナといい、和漢三才図会では白い花の咲く山宇豆木をウノハナというと書いてあります。ということは、両書の記述には、かなり、推測というか憶測というものが這入っているということです。

以上、述べたように、大和本草はなぜウツギがウノハナなのかについての説明はしていないし、和漢三才図会はウツギがウノハナの別称である根拠というか理由の説明に成功しているとはいえません。江戸時代のこの二文献に記述してあることは確かなことではないのですが、現在の植物界の学説では、この二文献に記述してあることが正しいとして、ウツギはウノハナの別称である、つまり、ウツギはウノハナであると流布されています。しかしながら、この説も可笑しいのです。なぜならば、幹枝が中空という意味でのウツギはいろんな種類の木がたくさんあるのに卯の花は一種しかないからです。

したがって、現在の学説を尊重するとすれば、平安時代のウツギと現在のウツギとは種が異なっていると見做すべきだと思われます。つまり、ウツギを種名と考えたときに、平安時代のウツギは漢語からきた「溲疏、楊櫨、空疏」などと称する木に対してつけられた「幹枝が中空の、荒々しい刺のある、美しい花の咲く（木）」であってウノハナとは異なる木であり、現在のウツギは「幹枝が中空の、刺のない、美しい白い花の咲く（木）」であるウノハナという木であることになります。

平安時代のウツギがどのような木であったかは今となっては分からないのですが、名称から察してそれらしいコゴメウツギという木があります。「草木名初見リスト」（慶応大学教授・磯野直秀作）によれば、江戸時代後期の常野採薬記《つねのさいやくき》（小野蘭山著・一八〇一年刊）にその名称がでているとされているので、その本をみると、特にはなんの説明もなく「コゴメウツギ」という名称だけが記載されています。現在ではこの木はバラ目バラ科の木とされています。バラ科の木ということは刺《とげ》のある木ということです。江戸時代になってから、刺のあるウツギということで、敢えてコゴメという修飾語の付いた名称がつくられたのではないかと推測されます。

コゴメウツギの名称語源の話をしますと、一音節読みで恐はコン、鞏はゴンと読み共に「恐ろしい」の意味です。一字語の玫《メイ》は、同じ意味の二字語では玫瑰《メイキ》といい刺のあるバラ科の木を指します。つまり、コゴメウツギとは、**恐鞏玫《コンゴンメイ》空木**であり直訳すると**「恐ろしい刺のあるバラ科のウツギ」**という意味であり、これがウツギの全称としてのほんとうの語源と思われます。**平安時代のウツギは、現在のコゴメウツギであったかも知れません。**

現在のコゴメウツギには刺がないということであれば、年月の経過のうちにモッコウバラのように刺をなかなか出さない木に変質したか、或いは、刺のない園芸種に改良されたか、或いは、もしかして木種を間違えているとも考えられます。

現在のコゴメウツギについて、植物学者の説なのかは分かりませんが、コゴメウツギの花が「小米」に似ているとして、コゴメは「小米」のことと説明されて盛んに流布されています。しかしながら、「小米」などという米があるのかどうかも疑問ですが、たぶん、これは怪しげなまやかし説明と思われます。

なぜならば、誰が見ても明らかなように、その美しい花が「開きもしない小さな米粒」に似ている筈は絶対にないからです。

現在では、コゴメという修飾語のついたコゴメヤナギ、コゴメカラマツ、コゴメイヌフグリ、コゴメグサ、コゴメマンネングサ、コゴメツメグサなどがあるとされていますが、これらの植物名におけるコゴメとはいかなる意味なのでしょうか。

最後に、繰返しになりますが、平安時代のウツギと江戸時代以降のウツギとは異なるものと思われるのであり、現代において、そもそも木の種名としてウツギという名称があり得るのかどうかという疑問があります。なぜならば、幹枝が中空という意味でのウツギの木はたくさんあるからです。現在の種名としてのウツギはウノハナの別称というのならば、平安時代のウツギと現在のウツギとは異なる木であることは間違いないと思われます。

○サツキ（皐月・五月）

万葉集に、サツキは万葉仮名で「佐都奇」と書かれて、次のような歌が詠まれています。

わが背子が国へましなば　ほととぎす　鳴かむ
佐都奇は　さぶしけむかも　（万葉３９９６）

現在では、サツキは五月と書きますが、昭和初期の大言海には、サツキは「早苗月の略」と書いてあります。この説に従えば、サツキは**早苗月**の略称であり**「早苗の月」**の意味ということになります。そうすると、なぜ早苗をサナエと読むのかという問題があります。

早苗とは、早い時期の苗、つまり、若苗《わかなえ》のことをいいます。具体的には苗代《なわしろ》に籾《もみ》を播いて田植えに使うまでの大きさに成長した若苗のことです。

一音節読みで早はツァオと読みます。この訛り読みがサと思われるのです。日本語の音読では早はソウと読みます。つまり、大言海説では、サツキは**早**

苗月の略称で**早月**の多少の訛り読みになり、これがこの言葉の語源らしいということになります。

本書では、次のように考えています。

一音節読みで作はツゥオ、日本語ではサクと読み「作る」の意味です。つまり、サツキのサは作の多少の訛り読みであり、サツキは**作月**で**「作る月」**の意味ではないかと思っています。何をつくるかというと早苗を作るのです。

また、陰暦の五月はほぼ太陽暦の六月に当たり雨の多い月です。一音節読みで降はシャンと読み「降る」の意味です。つまり、サツキのサは降の多少の訛り読みであり、サツキは**降月**で**「降る月」**の意味ではないかと思っています。何が降るかというと雨が降るのです。

掛詞とすると、サツキは意味上は**作降月**になり、直訳すると「作る降る月」ですが、少し言葉を補足していうと**「早苗を作る、雨の多く降る月」**の意味になり、これがこの言葉の語源と思われます。

なお、皐月とも書くのは漢語では陰暦五月のことをそのようにもいうので、それを取入れたものです。皐の本義は湖辺地のことであり、具体的には水辺、岸辺、沼沢《しょうたく》などの意味とされています。

○ミナヅキ（水無月・六月）

ここではミナヅキという月名についてお話します。日本語の特徴の一つは「当て字言語」なので、水無月における「無《な》」もまた当て字であり、平仮名で書くと「な」のことで、「の」と同じ意味の格助詞です。「新鮮な空気」、「綺麗な花」、「元気な子供」のようにいいます。

一音節読みで瀰はミと読み、形容詞では「水が満ちている」の意味ですが名詞では「水」の意味で使われます。水無月は「瀰な月」、つまり、**「水の月」**であり、これがこの言葉の語源と思われます。この月は梅雨月にあたり、水が最も豊富に満ち溢れている月なのです。

○フミヅキ（文月・七月）

漢字で文月と書き、七月のことをいいます。この月は特徴の少ない月であり、強いていえば七夕のある月です。

大言海によれば、鎌倉時代の八雲御抄（順徳天皇著）に「七月、ふみづき、本ハふむ月ナリ」とありますが、「ふむ月」とはいかなる意味なのでしょうか。

また、室町時代の下学集《かがくしゅう》に「文月、此ノ月、七夕、諸人詩歌ノ文ヲ以テ二星ニ献ズ、或ハ、書篇ヲ晒シテ以テ星ニ供ス、故ニ文月と云フ也」とありますが、古来このような風習はないようなのです。牽牛は農耕か牧畜青年のようであるし、織女《たなばた》は機織りの上手な乙女なので両者とも学問とは関係なさそうだからです。また、短冊などに書くのは句ではあっても文とまではいえないからです。

下学集に書かれているようなことの根拠は見当たらないということで、江戸時代になると、賀茂真淵はその著書の語意考で「七月ヲ布美月ト云フハ、保布布美月ノ上下ヲ略《ハブ》キイフ也、稲ハ七月ニ穂ヲ含《フフ》メリ」とあることが紹介されています。フフムとは、花ならば「ツボミになる」ことですが、穂ならば「膨らむ」ということでしょうか。その活用連用形のフフミがフミになると、フミにはフフムやフフミの意味はないので、この説も納得しにくいように思われます。

このように、古くから、フミヅキの意味が模索されてきたようですが、はっきりしたことは分からないようなのです。それも、上述したように特徴の少ない月だからです。

本書でも、上述した古書に述べられている以上のことは分からないのですが、敢えて本書の語源説を披露しておきます。

まず、漢字言葉の文月については、文の字を形容詞で使うときは「よい、良好な、美しい」などの意味、英語でいうところのグッド（good）やファイン（fine）の意味があるとされています。したがって、漢字言葉の文月は**「美しい月」**の意味になっているといえます。

仮名言葉のフミについては、一音節読みで芾はフと読み「草木が繁茂する」、靡はミと読み「美しい」の意味があります。つまり、フミ月は**芾靡月**であり**「草木が繁茂する、美しい月」**の意味になり、これがこの月名の語源と思われます。

◯ハヅキ（葉月・八月）

ハヅキは漢字で葉月と書き、陰暦八月のことです。

漢字言葉の葉月のことについていいますと、この月名の語源を論ずるに際しては、葉の字が使われていることに注目する必要があると思われます。葉は漢語の一音節読みではイエと読みますが、日本語では音読でヨウ、訓読でハと読みます。

なぜ訓読でハと読むかというと、葉は「繁茂するもの」だからと思われます。繁はハンと読み「繁茂」の意味があります。つまり、葉月は**繁月**であり**「繁茂する（月）」**の意味になっています。

仮名言葉のハヅキのことについては、この月は一年の中では最も暑い月とされています。一音節読みで暵はハンと読み「熱い」の意味があります。つまり、ハ月は**暵月**であり「熱い月」の意味ですが、気候での温度のことをいうときは暑の字を使うことになっているので**「暑い月」**の意味になり、これがこの月名の主たる語源と思われます。

つまり、ハヅキ（葉月）は、漢字言葉の**繁月**と仮名言葉の**ハンヅキ（暵月）**との掛詞であり、少し言葉を補足していうと**「草木の繁茂する、暑い月」**の意味になり、これがこの月名の語源と思われます。

◯ナガツキ（長月・九月）

漢字で長月と書かれます。この月には昼夜の長さが同じになるとされている「秋分」があり、その日を境目にして夜がだんだん長くなっていきます。秋分は現在の太陽暦での九月二十三日頃になります。夜が一番長いとされるのは「冬至」であり太陽暦の十二月二十二日頃とされています。したがって、漢字言葉では**「夜が長くなるから」**、或いは、「夜が長いから」長という字を用いた長月と書くものと思われます。万葉集に次のような歌が詠まれています。

今造る久邇《くに》の京《みやこ》に秋の夜の長きに独り
寝《ぬ》るが苦しさ　（万葉１６３１）

秋の夜を長しといえど積《つも》りにし
恋を盡《つく》せば短くありけり　（万葉２３０３）

また、ナガツキという仮名言葉のことを詮索しますと、この月は、作物の最も実りのある月で、収穫の月であるともいえます。

菜は万葉仮名でもナと読まれており「食べ物、食物」の意味です。一音節読みで甘はガンと読み「美味しい」の意味があります。つまり、ナガは菜甘であり直訳すると「食べ物が美味しい」の意味になります。したがって、ナガツキは**菜甘月**であり、**「食べ物の美味しい月」**の意味になり、これがこの仮名言葉としての月名の語源と思われます。

漢字言葉の**長月**と仮名言葉の**ナガツキ（菜甘月）**とを掛詞と見做して併せていうと**「夜が長くなる、食べ物の美味しい月」**の意味になり、これがこの月名の語源と思われます。

○カンナヅキ（神無月・十月）

カンナヅキは旧暦十月のことをいいます。神無月における「無《な》」は当て字であり、平仮名で書くと「な」のことで、「の」と同じ意味の格助詞です。六月のことである水無月の「無《な》」も同じ「の」のことです。新鮮な空気、綺麗な花、元気な子供のようにいいます。したがって、漢字言葉としての神無月は「神な月」、つまり、**「神の月」**のことで、これが漢字言葉としてのこの言葉の語源と思われます。

どうしてそうなるかというと、この月は、その年の収穫がほぼ終わり、その実りを神様に感謝する収穫祭である「秋祭り」があちこちで行われます。つまり、神様にとって最も嬉しい楽しい月なのです。したがって、この月は「神の月」、少し意訳すると**「神**

が喜ぶ月」になるのです。

大言海には、平安時代の藤原清輔（治承元年卒）の奥義抄に「十月、天下ノモロモロノ神、出雲国ニ行キテ、異国ニ神無キガ故ニ、かみなし月ト云フヲアヤマレリ」とあることにつき、「神神ノ、出雲ニ集リタマフコト、古典ニ、絶エテ拠リドコロナキガ如シ、一切、妄説ナルベシ」と書いてあります。つまり、出雲国に神々が集まるというのは古典でもまったく根拠のないことであり誤解説であると書いてあります。

また、カンナ（神名）という音声は、ナガツキ（長月）におけるナガを「逆さま」にしたものになっています。したがって、カンナは甘菜であり直訳すると「美味しい食べ物」の意味になります。つまり、カンナツキは**甘菜月**であり、**「美味しい食べ物の月」**の意味になり、これが仮名言葉としてのこの月名の語源と思われます。

九月と十月は、共に自然界にできる植物性食物の美味しい時期と考えられていたのかも知れません。

漢字言葉の**神無月**と仮名言葉の**カンナヅキ**（**甘菜月**）とを掛詞と見做して併せていうと**「神の喜ぶ月で、美味しい食べ物の月」**の意味になり、これがこの月名の語源と思われます。

○**シモヅキ**（霜月・十一月）

漢字では霜月と書き、陰暦十一月のことをいいますが、これといって取上げることもないので、素直に、だんだん寒冷になって**「霜が降《お》りる月」**の意味と考えてもいいように思われます。

霜は形容詞で使うときは「厳しい」の意味があり、漢語での霜法《シャンファ》は「厳しい法律」という意味です。したがって、霜月は**「霜が降りて、厳しくなる月」**の意味と思われます。

○**シワス**（師走・十二月）

シワスは漢字では「師走」と書き、陰暦十二月のことを指します。以前は、師走については、シハスと書いてシワスと読んだのです。したがって、昭和初期の大辞典である大言海までの見出し語では**「しはす（師走）」**と書いてあります。

師走という漢字言葉の字義を考えてみますと、師はシと読みますが、なんのことか分からないので、たぶん、当て字と思われます。一音節読みで、行はシンと読み「行く、過ぎ行く」の意味です。したがって、師走は**行走**であり、その漢字字義は「過ぎ行くのが走るようである（月）」、つまり、**「走るように早く過ぎ行く（月）」**というのが、師走という漢字言葉の意味と思われます。感覚としてそのような月なのです。

他方、シハスという仮名言葉の字義を考えてみますと、一音節読みで十はシと読み「多くの、いろいろの、いろいろと雑多の」、英語でいうところのmanyやmiscellaneousの意味があります。

繁はハンと読み、漢和辞典をみると「忙しい」の意味があると書いてあり、繁忙という熟語が挙げられています。渓はスと読み「限界、極限」の意味、敷衍して「最後」の意味があります。

つまり、シハスは**十繁渓**であり、直訳すると**「いろいろと忙しい最後の（月）」**の意味になり、これがこの月名の語源と思われます。一年の多忙な最後の月という意味です。

結局のところ、シワスは漢字言葉の「師走（行走）」の意味と、仮名言葉の「シハス（十繁渓）」の意味との掛詞とすると**「走るように早く過ぎ行く、いろいろと忙しい最後の（月）」**の意味になります。

㈤ 季節名の語源

○ ハル（春）

春については、太陽暦上では、立春、つまり、春になるのは二月四日頃とされますから、およそ二～四月の三か月間になります。春が来ると、草木も一斉に芽を吹き、山野が緑に覆われて美しい季節になります。

一音節読みで、酣はハンと読み形容詞では「美しい」の意味があります。緑はリュと読み「緑の、緑色の」の意味です。つまり、ハルとは**酣緑**の多少の訛り読みであり直訳すると**「美しい緑色の（季節）」**の意味になり、これがハルという仮名言葉の語源と思われます。

○ナツ（夏）

夏については、太陽暦上では、立夏が五月六日頃とされますからおよそ五〜七月の三か月間になります。この季節になると、気温も一段と上がり熱くなります。

一音節読みで、暖はヌァンと読み「暖かい、熱い」の意味です。毒はツやトと聴きなせるように読み、これまた形容詞では「熱い」の意味があります。つまり、ナツとは**暖毒**の多少の訛り読みであり直訳すると「熱い（季節）」、気温の程度をいうときは熱の代わりに暑を使うので**「暑い（季節）」**の意味になり、これがこの仮名言葉の語源と思われます。

○アキ（秋）

秋については、太陽暦上では、立秋が八月六日頃とされますから、およそ八〜十月の三か月間になります。この季節は穀物が実り、あたりは黄葉や紅葉に包まれた美しい季節になります。

一音節読みで、艾はアイと読み「美しい」の意味、葵はキと読みヒマワリのことですが、その黄色い花を心象して「黄色い」の意味でも使われます。つまり、アキとは、**艾葵**の多少の訛り読みであり直訳すると**「美しい黄色の（季節）」**の意味になり、これがこの仮名言葉の語源と思われます。

万葉集には、次のような歌が詠まれています。

金野乃み草刈り葺《ふ》き宿《やど》れりし
宇治の都《みやこ》の仮廬《かりいほ》し思ほゆ　（万葉7）

解説書では、原歌での「金野乃」を「秋の野の」と翻訳して読んであります。また、漢語では、金という字を形容詞で使うときは、その第一義は色彩としての「金色の」の意味ですが、第二義は「秋である、秋の」の意味であり「金葉」という熟語は「秋天」、「金商」という熟語は「秋季」の意味とされています。このことからも、アキは金色、つまり、黄色の季節と考えられていたことが分かります。

○フユ（冬）

冬については、太陽暦上では、立冬が十一月七日頃とされますからおよそ十一月〜一月の三か月間になります。北風が吹き、雪や霰が降り、寒くて冷え込むので、四季の中ではもっとも陰鬱な気分になる季節といえます。

一音節読みで、冬はドンと読むのですが、この読みそのものが、まったく同じ読みの凍に通じているのです。つまり、冬は凍る季節なのです。

冱はフと読み「寒い、冷たい、寒冷である」の意味です。**鬱**はユと読み「薄暗い、陰気な、陰鬱な」などの意味があります。つまり、フユとは**冱鬱**であり直訳すると**「寒冷で陰鬱な（季節）」**の意味になり、これがこの仮名言葉の語源と思われます。

幽には鬱と同じ意味があり、一音節読みでヨウと読むのですが日本語でユウと読むのは、鬱の読みを転用してあるか、多少の訛り読みと思われます。つまり、フユは冱幽のこととしてもよいのです。

漢語辞典には、冱冥《フミン》という熟語があり「陰鬱で寒冷である（陰晦寒冷）」の意味とされています。また、平安時代末期の字類抄には「幽天とは冬天」のことと書かれていることからも、この語源が正しいらしいことを推察できると思います。

結局のところ、本書では、春、夏、秋、冬の訓読としての仮名言葉の語源は、ハルは**酣緑**、ナツは**暖毒**、アキは**艾葵**、フユは**冱鬱**のこととしています。

㈥ 色彩名の語源

○イロ（色）

虹《にじ》の色は、赤、橙、黄、緑、青、藍、紫の七色とされていますが、その他にも白、黒、紺、灰、茶その他の色があります。これらの色彩は、人間の目にはそれぞれ異なって見えるので、このように区別されています。

一音節読みで、色はソォと読みます。異はイと読み「異なっている」の意味、咲はイと読み「美しい」の意味です。つまり、イロのイは異と咲との掛詞です。了はロと聴きなせるようにも読み、語尾に付く特には意味のない語気助詞です。

つまり、イロは**異了**と**咲了**との掛詞であり、意味上は**異咲了**になり、直訳すると**「異なっている美しい（もの）」**の意味になり、これがこの言葉の語源と思われます。

色《いろ》という言葉は、色彩は「それぞれが異なっているもの」との意味を表現するためにつくられたと思われます。色は異なっていてこそ初めて区別する価値のあるものです。したがって、「いろいろ」は漢字では、「色々」や「種々」と書かれます。

○アイ（藍）

藍は、本来は漢語の一音節読みや日本語の音読でラン、訓読でアオと読み「晴天の空の色」、つまり、英語でいうところのブルー（blue）、現在の日本語でいうところの「青」のことだったのです。

しかしながら、本来は広い色彩範囲の色であった青を、日本語では「晴天の空の色」と定義してしまったので、藍はその地位を追出されてしまい、行き場を失った藍には、新しいアイという読みが与えられ、新しい色彩が与えられたのです。その色彩がどのような色であるのかは必ずしも明らかではありませんが、現在では、濃い青色、つまり、「濃青色」とされているようです。

いつ頃からこういうことになったのかは分かりま

せんが、大言海によれば、江戸時代の東雅に「藍、あゐハ青ノ転語也」と書いてあります。東雅は江戸時代の享保年間の政治家であり学者でもあった新井白石の著作になる語源書で、その語源説は現在でも尊重されていることから、或いは、この頃からのことかと思われます。「転語也」の意味するところは分かりませんが、藍と青とは同類の色であるということかも知れません。

万葉集では、山藍の名称で、ただ一度だけ長歌に詠まれているとされます。

紅の　赤裳《あかも》裾引き　山藍《あゐ》もち　摺《す》れる　布《きぬ》着て
ただ独り　・・・　（万葉１７４２）

さて、語源の話に移りますと、一音節読みで盎はアンと読み、副詞で使うときは程度が甚だしいことを表現するときに、通常は「とても、非常に、著しく」などの意味で使われます。昳はイと読み、「美しい」の意味なので、アイは**盎昳**になり**「とても美しい（色）」**の意味であり、これがこの言葉の語源です。したがって、アイ（藍）と次欄で叙述するアオ（青）とは同じ意味になっています。

現在、アイ色とはどんな色とされているかを大辞典で見ると、一般的には、「濃い青色」とされています。そうしますと、青色には、濃青色、青色、淡青色の三種類があり、現在ではアイ色（藍色）とは、濃青色のことととされているようです。

アイ色（藍色）について、広辞林（第六版）には「青より濃く、紺より薄い」、広辞苑（第七版）には「青より濃く、紺よりは淡い色」と書かれています。しかしながら、「青より濃く、紺より薄い」とか「青より濃く、紺よりは淡い色」といわれても、どのような色なのか不明です。なぜならば、現在では青は「晴天の空の色」とされているので赤との関係はないのに対して、紺は青と紫との混合色とされているので赤色が混入していることになり、青と紺とは色彩が違うことになるので濃淡の比較はし難《にく》い筈だと思われるからです。紫は青色と赤色との混合色とされています。このような意味不明の説明が、色彩についての混乱を引起す原因になっています。因みに、

「藍色《あいいろ》」についての各辞典の説明は、次のようになっています。

大言海：「藍色（名）青ノ、極メテ濃キモノ」。
広辞林：「【藍色】青より濃く、紺より薄い」。
広辞苑：「【藍色】青より濃く、紺よりは薄い色」。
新明解国語辞典：「【藍色】濃く深い青色」。
日本国語大辞典：「【藍色】（名）藍で染めた色。
　その色の濃淡によって名称が違い、浅い色を縹《はなだ》、濃い色を搗《かち》という」。

なお、赤い花の咲く「紅花」のことを「クレノアイ」といい、漢字では「呉藍《くれのあい》」とも書かれますが、これは藍をアイと読むことを利用した「当て字」です。この場合のクレという音声は**酷稔**《クレン》のことで「**とても美しい**」の意味、アイという音声は**盎燚**《アンイ》のことで「**とても赤い**」の意味です。そもそもは赤と紅は同色とされています。したがって、クレノアイは「**とても美しい紅**《あか》**い**（**花**）」の意味になっています。このことについてはクレナイ欄をもご参照ください。

○アオ（青）

青という色は、漢語の本来の意味では、藍《あお》系統色を中心にして灰色から黒色までの広い範囲の色彩を意味し、その基本色は、緑、藍《あお》、黒、英語でいうところのグリーン（green）、ブルー（blue）、ブラック（black）の三色であるとされています。

青は、漢語の一音節読みではチンと読み、日本語では音読でセイ、訓読でアオと読み、現在の日本語では本来の青の意味よりも限定した意味である漢語漢字でいう藍色の意味、英語でいうところのブルーの意味になっています。したがって、現在では、藍は本来の意味を青に奪われてしまい、同類色ではありますが別色の意味になっています。

アオの本来の基本色である緑色や藍色は、春、夏、秋にわたる時期に山野に満ち溢れている色であり、繁茂した草木の美しい色でもあります。

一音節読みで、盎はアンと読み、副詞で使うときは、程度が甚だしいことを表現するときに、通常は「とても、非常に、著しく」などの意味で使われます。

娥はオと読み「美しい」の意味です。つまり、アオは**盎娥**で、**「とても美しい（色）」**の意味になり、これがこの言葉の語源です。

　色彩としてのアオという仮名言葉は、そもそもが「美しい（色）」という意味でつくられたものです。このことは、靚の字はチンと読み「美しい」の意味ですが、分解すると青見になることからも推測できます。

　枕草子の「正月一日は」（第三段）に「白馬《あをむま》みにとて、里人は車きよげにしたててみに行く」とあります。ここでは、白馬を「あをむま」と読んであり、その注釈には「もと青馬であったが延長の頃から白馬に代わり、読みだけ旧例によった」と書いてあります。

　しかしながら、読者の皆さんの中には、この注釈は可笑しいのではないかと思われる人もいるかと思います。なぜならば、本来の藍色としての青色の馬など存在しないからです。

　実は、ここでの「あお」とは、色のことではなくて、盎娥のことであって「とても美しい」の意味と思われるのです。つまり、青馬の中身は**盎娥馬**なのであり**「とても美しい馬」**の意味なのです。したがって、美しい馬であれば、白馬でも黒馬でも何色の馬でも構わずアオウマなのです。

　また、一音節読みで、盎はアンと読みそもそもは「満ち溢れる」の意味、蓊はウォンと読み「草木が茂っている」の意味です。つまり、アオとは、**盎蓊**の多少の訛り読みであり、直訳すると**「草木が繁茂している（色）」**の意味で、これもこの色彩名の語源で掛詞と思われます。蓊の字は、名前に使われることがあり、そのときは、繁や茂と同じように「しげる」と読みます。この語源が確からしいことは、草冠に青からなる「菁《せい》」という字があり「草木が繁茂している」の意味であることからも推測できます。

　以上から、アオは、**盎娥**と**盎蓊**との掛詞であり**「とても美しい、草木が繁茂している（色）」**の意味になっています。

○アカ（赤）

太陽や火は、必ずしも赤色ではありませんが、「真っ赤に燃える太陽」や「赤々と火が燃えている」などの文句があるように、赤色と認識されています。

一音節読みで、赤はチと読みます。血はシュエと読むのですが、日本語でチと読むのは、血が赤色なので赤の読みを転用したものです。また、赤はアカとも読みますが、なぜアカとも読むのでしょうか。按ずるところ、次のようなことではないかと思われます。

一音節読みで盎はアンと読み、程度が甚だしいことを表現するときに「とても、非常に、著しく」などの意味で使われます。缸はカンと読み「灯火《ともしび》」という意味です。上述したように、火は赤色と認識されていたことから、灯火は赤色と同義語と見做されたと思われるのです。そうしますと、アカとは、**盎缸**の多少の訛り読みであり、缸は灯火のこと、つまり、赤色のことになるので、直訳すると**「とても赤い（色）」**の意味であり、これがこの色彩名の語源と思われます。ということは、アカは盎缸の読みから生れた言葉ということになります。

奈良時代の万葉集に次のような歌が詠まれており、原歌では赤は「阿加」と書かれています。

・赤駒を山野に放し捕《と》りかにて多摩の
横山徒歩《かし》ゆか遣《や》らむ（万葉4417）

万葉集の歌で詠われているように奈良時代から赤の字はアカと読んだようですが、古い時代には、現在のような電灯はなかったので、常時、明かりをもたらすものといえば、太陽、月、星、火だけだったのです。中でも最も身近にあったのが上述した缸、つまり、「灯火」だったので、赤の読みの語源として使われたと思われます。

「真っ赤に燃える太陽」といった表現については上述しましたが、月や星についても「月明かり」や「星明かり」という言葉があるように、「明かり」とは「赤り」のことと考えられていたのではないかと推測されます。

○アサギ（浅葱）

さほど聞きなれているとも思えない色ですが、古く平安時代には存在した言葉です。

一音節読みで、盎はアンと読み、程度が甚だしいことを表現するときに「とても、非常に、著しく」などの意味で使われます。蒼はソンと読み、現在使われている意味での青色、英語でいうところのブルー（blue）のことです。瑰はギと読み「美しい」の意味があります。つまり、アサギ色とは、**盎蒼瑰色**の多少の訛り読みであり、直訳すると「とても青い美しい色」、表現の順序を変えていうと**「とても美しい青色」**の意味になり、これがこの言葉のそもそもの語源と思われます。

枕草子の「小白河といふ所は」（第三五段）には「二藍の指貫、直衣、浅葱の帷子《かたびら》どもぞすかし給へる」と書かれています。また、大言海によれば、鎌倉時代初期の右京大夫（建礼門院の女房）集には「十二月一日ノ暁、空ヲ見アゲタレバ、殊ニ晴レテあさぎ色ナルニ」と書かれています。後者は平仮名で書かれているので、「あさぎ色」はどのような色か分からないのですが、「空ヲ見アゲタレバ、殊ニ晴レテあさぎ色ナルニ」とあるので、ここでのアサギ色は「晴天の空の色」、つまり、「美しい青色」であることは殆んど確実と思われます。

ところが、大言海によれば、平安時代の縫殿寮式に「浅黄綾一疋」とあり、鎌倉時代の保元物語に「浅黄絲ノ鎧ニ」という記述があります。この浅黄が単なる当て字なのか、或いは、漢字字義どおりの浅い黄色、つまり、薄黄色のことなのか分からないのです。

つまり、これらの文献記述からすると、平安・鎌倉時代の「浅黄」はその音声を利用するための単なる当て字であり晴天の空の色である「美しい青色」のことなのか、或いは、「浅黄」の字義どおりの「薄い黄色」のことなのか分からないのです。

室町時代の下学集《かがくしゅう》（一四四四年刊）に「浅黄《アサキ》　細也」と書いてあります。そもそもの漢語では、細はシャンと読み「薄い黄色」のことを指します。

江戸時代になると、更に混乱することになります。

大言海によれば、江戸時代の合類節用集（元禄・一六八八～一七〇四）の服食門に「浅黄色《アサギイロ》、本字、浅葱」と書いてあります。この本では浅葱という漢字言葉について、浅黄の本字は浅葱と書いてあることから、アサギ色は「薄い黄色」のことではなくて「薄い藍色《あお》」のことと書いてあることになります。この見解だと浅黄は単なる当て字ということになります。この見解は、語源に示したようなそもそものアサギ色のことなのですが、現在の辞典では日本国語大辞典（二〇巻）に引き継がれています。

　本居宣長の随筆である「玉勝間、十」（一七九五～一八一二刊）に「古キ物ニ浅黄トアルハ、黄色ノ浅キヲ云ヘル也、然ルヲ、後ニ、浅葱色トマガヒテ、浅葱色ノコトヲモ浅黄ト書ク」と書いてあります。つまり、この本では浅黄色は薄い黄色のこと、浅葱は「薄い青色」のことで、両者は異なる色であると書いてあります。ほぼ同時代の俚言集覧の浅黄欄には「うす青ヲ、あさぎト云フニハ、浅葱ヲ用ウベシ、葱《キ》ノ葉ノ色ノ浅キ也」と書いてあります。これらの江戸時代の文献から、浅黄色と書くときは「薄黄色」のこと、浅葱色と書くときは「薄青色」のこととされるようになり、現在に至っているようです。

　本書の見解では、アサギ色は、そもそもは語源に示したような晴天の空の色である「美しい青色」のことであり、浅黄や浅葱は単なる当て字に過ぎなかったものが、江戸時代後半から浅黄色と書くときは「薄黄色」のこと、浅葱色と書くときは「薄青色」のこととされるようになったものと思っています。

　現代の諸大辞典には次のように書いてあります。

大日本国語辞典：
「浅黄（名）うすき黄色」。
「浅葱（名）うす青」。

大言海：
「浅黄‖黄色ノ、淡《ウス》キモノ」。
「浅葱‖藍色ノ、極メテ薄キモノ」。

広辞林：
「【浅黄】薄い黄色」。
「【浅葱】薄い青色」。

広辞苑：
「【浅黄】薄い黄色。後世の混同から浅葱のこと」。

「【浅葱】薄い藍《あい》色。みずいろ。うすあお」。

新明解国語辞典：

「【浅黄】淡い黄色」。

「【浅葱】緑がかった薄いあい色」。

日本国語大辞典（二〇巻）：

「【浅葱・浅黄】（薄いネギの葉の色の意。葱を黄と混同して浅黄と書く場合も多い）緑がかった薄い藍色。うすあお。しらあお」。

余談ですが、野菜のネギの話をしますと、大言海によれば、平安時代の字鏡には「葱、支《キ》」、和名抄には「葱、記《キ》」と書かれていることから、当時、葱の字はキと読まれていたようです。ここでの支と記は当て字であり、一音節読みの清音読みでキと読む瑰のことであって、瑰には「美しい」の意味があり、美には美味の意味がありますから、葱《キ》とは「美味しい（野菜）」の意味なのです。「美」の字が食物と関係して使われるときは、殆んどの場合、「美味しい」の意味であることは、漢字のイロハに属する知識です。

現在のように、ネギと呼ばれるようになったのは粘瑰だからです。一音節読みで、粘はネンと読み「粘《ねば》つく」の意味なので、ネギとは**粘瑰**の多少の訛り読みであり**「粘つく美味しい（野菜）」**の意味になり、これがネギという言葉の語源です。少しではありますが、ネギが粘つく野菜の一種であることは、ご存知のことと思います。

◯キ（黄）

植物のヒマワリは、夏季に大きな黄色い花が咲きます。漢字では、向日葵とも書きますが一字で葵とも書きます。

一音節読みで、黄はホアンと読みますが、葵はキと読みます。つまり、黄をキと読むのは、黄色い花の咲く葵の読みを転用したものであり**「黄色い（色）」**の意味になり、これがこの色彩名の語源です。

したがって、黄をキと読むことによって、葵《ひまわり》が想像され、さらに葵の持つ色彩が想像されることになっているのです。

○クレナイ（紅）

漢字では紅と書き、漢語の一音節読みではホンと読みますが、日本語の訓読ではクレナイとかベニと読みます。漢語では紅は赤のことなので、紅色とは赤色のこととされています。万葉集にはたくさん詠まれていますが、次のような歌があります。

紅《くれなゐ》の花にしあらば衣手《ころもで》に染めつけ持ちて行くべく思ほゆ　（万葉2827）

クレナイの語源の話をしますと、酷はクと読み「とても、非常に、著しく」などの意味で使われます。稔はレン、娜はナと読み共に「美しい」の意味があります。漢語辞典には「火は赤であり、赤とは火の色、即ち紅色である」と書いてあり、火の字が四個からできた燚はイと読み、形容詞では「紅《あか》い、赤い」、名詞では「紅色、赤色」の意味があるとされています。したがって、クレナイとは**酷稔娜燚**であり**「とても美しい紅い（色）」**の意味になり、これがこの色彩名の語源です。

クレナイ（紅）はクレノアイ（呉藍）の略などというのは語源説にはなり得ません。なぜならば、クレナイという言葉は何に由来しいかなる意味なのかというのが語源説というものだからであり、また、クレナイは色彩名でありクレノアイは草花名なので、草花名を略したものが色彩名になる筈がないからです。クレナイという言葉は万葉集の歌に詠まれているように奈良時代から存在したのですが、一千年以上も後世の江戸時代の和漢三才図会という本でクレナイは「呉藍《くれのあい》の略なりと言ふ」との伝聞推定式の記述があり、ほんとうかどうか分からないのに、これを信じて述べられているに過ぎないものです。

クレノアイを呉藍と書くのは、その音声を利用するための単なる「当て字」なのであり、呉から伝来したからではありません。呉から伝来したという証拠もないし、そもそも藍はランと読むのに、なぜ日本語ではアイと読むのというのが先ずは語源説として解決されるべきものです。

○クロ（黒）

一音節読みで、黒はヘイと読みます。酷はクと読み、程度が著しいことを表現するときに使われます。玈はロと読み「黒い」の意味です。

つまり、クロとは**酷玈**であり、直訳すると**「まっ黒い（色）」**の意味になり、これが色彩名としてのクロの語源です。

酷という修飾語が付いているのは、クロの言葉を二音節語にするためと、黒さを強調するための適当な字として採用されたものです。玈の偏《へん》となっている玄は、一音節読みでシュアンと読むのですが色彩としての「黒」の意味があり、漢語では、例えば、玄雲、玄髪、玄狐はそれぞれ黒雲、黒髪、黒狐のことをいいます。

日本語で、玄人をクロウト、玄兎をクロウサギと読むのも、玄に黒の意味があるからです。また、黒い翼をもったツバメのことを玄鳥とも書きます。

○コン（紺）

紺は、漢語のそもそもの意味では、「少し赤みを帯びた黒色（稍微帯紅的黒色）」のこととされています。なお、紫は、「青と赤との混合色（藍和紅合成的顔色）」とされています。

日本語では、紺は「青と紫とを混合した色」とされており、紫は「青と赤とを混合した色」とされていますから、薄められているとはいえ、紺には赤が含まれていることになります。

紺は、漢語の一音節読みではカンと読むのですが、日本語ではコンと読みます。なぜ、コンと読むのかは分かりませんが、カンの音便読みかも知れません。紺について、大辞典には次のように書かれています。

大日本国語辞典：「紺　紫と青との和合したる色」。
大言海：「紺　紫ト、青ト、和シタル色」。
広辞林：「【紺】青と紫との混合色」。
広辞苑：「【紺】青と紫との和合した色」。
新明解国語辞典：「【紺】濃い藍《アイ》色」。
日本国語大辞典（二〇巻）：「【紺】青黒く紫を含んだ色。濃い藍」。

なお、日本の大抵の辞典では、紫は「赤と青との間色」と説明してあります。日本語には、漢語には存在しない紺碧《こんぺき》という熟語があり、「紺碧の空」などと使われています。紺は「青と紫との混合色」とされ、碧は「青緑色」のことですが、紺碧とはどのような色になるのでしょうか。大辞典には、紺碧について次のように書かれています。

大日本国語辞典：「紺碧　黒ずみたる青き色」。
大言海：「紺碧　黒ズミタル、青キ色」。
広辞林：「【紺碧】やや黒味を帯びた濃い青」。
広辞苑：「【紺碧】やや黒味を帯びた青色」。
新明解国語辞典：「【紺碧】黒味を帯びた紺色」。
日本国語大辞典（二〇巻）：「【紺碧】（名）黒味がかった濃い青色」。

漢語におけるそもそもの碧は青緑色のこととされ、その熟語である碧空《へきくう》は日本語での「晴れた日の青い空」、英語でいうところの「blue sky」のこととされています。

他方、日本語においては、紺碧は説明されていますが「紺碧の空」とは、いかなる色彩の空であるかについては、いづれの大辞典においても説明されていません。それというのも、紺碧は「黒ずみたる青色」とか「黒味を帯びた青色」などと定義したので、言葉をつくったのはいいが、いったいどのような空色になるのか説明し難《にく》いからかも知れません。日本語における「紺碧の空」とは、実際の多くの使用例から推測するところでは、紺には意味はなく、漢語の碧空と同じ意味で「晴れた日の青い空」と理解した方がよいと思われます。

○シロ（白）

この色は、雪や霜、あるいは、太陽光線の色と見做され、黒の対色とされています。白は、音読でハクやビャクと読み、訓読でシロと読みます。

日本の語源本では、例えば「白」についていえば、殆んど全部が白とはどういう色彩かについての解説になっているものばかりで、本来の語源本にはなっていません。「日本語の語源」というときには、なぜ、日本語では白をシロという音声で訓読するのかということの語源でなければならないのです。

一音節読みで皙はシと読み「白い」、了はロと読み語尾に付く語気助詞です。つまり、シロは、**皙了**であり**「白い（色）」**の意味になり、これがこの言葉の語源です。

漢語で、皙人《シレン》とは白人のことです。また、日本語で、白のことを二字熟語にして白皙《はくせき》ともいい、とくに、顔や肌の色が白いことを指すときに多用されます。

○ダイダイ（橙）

この色のダイダイは、漢字で橙と書かれます。他の色彩名と比較するとやや長い名称になっています。橙色は赤色に若干の黄色を混ぜるとできる色彩であり、「ほんの少し黄色の混ざった赤色」と見做した方がよい色といえます。

一音節読みで橙はチョンと読みます。丹はダンと読み「赤い」の意味です。矣はイと読み、語尾に付ける単なる語気助詞です。つまり、ダイダイとは、**丹矣丹矣**の多少の訛り読みであり、直訳すると**「赤い（色）」**の意味になり、これがこの色彩名の語源と思われます。

登はトンと読むので、橙もトンと読むべきと思われますがチョンと読むとされます。これはチョンと読み「赤い」の意味の字である「赬」の読みと同じ読みにしてあるものと思われます。

日本におけるダイダイの実際の果実は、まったくの赤色ではなく、赤味の極めて強い赤黄色というか黄赤色というか、そのような色ですが、語源上はこのようになっています。

江戸時代の文献では、果実について「冬熟シテ黄色ニ変ジ（本草綱目啓蒙）」とあるものや「その実あからみて（和訓栞）」とあるものなどがあります。本草綱目啓蒙に「黄色」とあるのはシナの文献にそのように書いてあるからであり、和訓栞に「あからみて」とあるのは実際の日本のダイダイについていっているのです。

広辞苑（第七版）には「**だいだい**【橙】（ダイは『橙』の中国音の転訛）。中略。果実は冬に黄熟するが、翌年の夏に再び緑色にもどるので回青橙の名がある」と書いてありますが、これらの記述は誤りと思われます。なぜならば、漢語では橙はチョンと読むのであり、旁《つくり》の登の読みとしてもトンと読むのであって、その読みが転訛してダイの読みになる筈がないからです。漢和辞典には橙の読みは「だいだい」と平仮名で書いてあります。つまり、「だいだい」は仮名言葉としての日本語と書いてあるのです。

また、「果実は冬に黄熟する」とありますが、語源となった日本のダイダイとは木種が異なるのではないかと思われます。上述したように、現在の日本の橙の果実は、極めて赤味の強い赤黄色というか黄赤色というか、いわゆる橙色に熟するのです。ダイダイの果実が、夏ミカンのような黄色とされている本の記述や写真がありますが、上述したように木種が異なるのではないかと思われます。

橙は、平安時代の本草和名に「橙　阿倍多知波奈」、和名抄に「橙　阿倍太知波奈」と書いてあり、ダイダイという言葉は室町時代の「お湯殿の上の日記」に初出するとされています。名称がアベタチバナからダイダイに変わった頃に木種が変えられた可能性があります。

また、日本の本草綱目啓蒙（小野蘭山著・一八〇三年刊）には、シナの文献に「回青橙」の名称があると書いてありますが、漢籍（シナの文献）の本草綱目にも三才図会にもそのようなことは書かれておらず、シナにはそのようなことが書かれた文献は存在しないようであり、「回青」という言葉さえ存在しません。つまり、回青橙というのは、本草綱目啓蒙が「ダイダイは代代である」という語源説のために、でっち上げた名称と思われるのです。「翌年の夏に再び緑色にもどるので回青橙の名がある」などという説明は、江戸時代のまやかし説明を鵜呑みにした滅茶苦茶なことなのです。植物の果実というものは、いったん橙色に熟したものが緑色に戻ること、つまり、若返ることなどはあり得ないことです。

○ハイ（灰）

灰とは、火によって物体が燃えて滅した後の燃えかすのことをいうのですが、その色は、白色と黒色との混合色とされています。

一音節読みで、灰はフィと読みますが、日本語では少し訛ってハイと読みます。つまり、灰をハイと読むのは**「フィの訛り読み」**かも知れません。

或いは、会はフィと読み「会う、会合する、合わせる」の意味であり、会合という熟語があることからも分かるように合と同じ意味があります。つまり、灰をハイと読むのは、その色が白と黒とを合わせたものであることから、会の読みを転用したものであり、やや飛躍した感がしないでもありませんが、意訳すると「合わせた（色）」、つまり、白と黒とを**「混合した（色）」**の意味かも知れません。

○ハナダ（縹）

この色は、現在でいう青の薄いもの、つまり、**「薄い青」**や、淡青《たんせい》という熟語で示されるような**「淡い青」**のことを指します。

漢字では縹と書き、漢語では淡青のこと、英語でいうところのライトブルー（light blue）のことと されています。漢語辞典には、縹は浅青色や淡青色と書いてあります。

万葉集には、次のような長歌に一度だけ詠まれています。

われに遣《おこ》せし　水縹《みはなだ》の　絹の帯を　引帯《ひきおび》なす
韓帯《からおび》に取らし　・・・　（万葉３７９１）

この歌の頭注では、水縹は「薄い青色」のこととされていますが、上述したように、縹はそもそもが薄い青色のことなので、この歌では音声を整えるために「水」が付加されているのかも知れません。当て字で「花田」とも書かれます。

室町時代の下学集《かがくしゅう》（一四四四年刊）に「青黄《モヘキ》　縹也」と書いてありますが、これは誤解と思われます。なぜならば、縹は、漢語ではピィアオと読み青白色、つまり、英語でいうところのライトブルー（light blue）のこととされ、日本語ではハナダと読み「薄い藍《あお》色」のこととされているからです。

さて語源のことをいいますと、一音節読みで酣はハンと読み形容詞では「よい、良好な、美しい」などの意味があります。嚢はナンと読み形容詞では「弱い」の意味がありますが、ここでは、「薄い」や「淡い」に意訳できると思われます。

薘はダと読み、全称では莙薘菜（チュンダツァイ）ともいい、緑色の花の咲く草のことなので、緑色の花のことをも指します。

つまり、ハナダは**酣嚢薘**であり直訳すると「**美しい淡い緑色の花**」の意味になりますが、意訳して「緑色の花」を「青」の表現に変えると「**美しい淡い青**」の意味になり、これがこの色彩名の語源と思われます。

なぜ、このような意訳ができるかというと、古い時代における青は、現在におけるような明確な青ではなくて、緑《みどり》、藍《あお》、黒《くろ》、つまり、グリーン（green）、ブルー（blue）、ブラック（black）の三色を基本としてそれらの混色をも含めた幅の広い色を指したからです。その端的な例として、奈良に懸かる「あをによし」という枕詞は、「青丹吉」（万葉３２８）や「緑丹吉」（万葉３２３７）と書かれています。

現在でも、さほど使われる色彩名ではないので、そのことをはっきりさせるために「ハナダ色」のように色の字を付けて使われます。

○ハネズ（朱華）

万葉集でも詠われているハネズという樹木があり、現在では、赤い花の咲く庭梅のこととされ、漢字では「朱華」と書かれます。つまり、「ハネズ色」は、この樹木の花色のような**「赤色」**のことを指します。

万葉集には四歌（657、1485、2786、3074）が詠まれていますが、その一つは次のような歌になっています。

唐棣花《はねず》色の移ろひやすき情《こころ》なれば
年をそ来経《きふ》る言《こと》は絶えずて　（万葉3074）

この歌の歌意は次のようなものとされています。「ハネズ色のように変わりやすい心をお持ちなので、お言葉だけは絶えず頂きましたが、お見えになることはなく、年が経過してしまいました」。

日本書紀の天武紀十四年七月の条に「浄位より已上《かみつかた》は、並《ならび》に朱花《はねず》を着る。朱花、此れをば波泥孺《はねず》と云ふ。」と書いてあり、その注釈では「万葉に唐棣をハネズという。初夏さいて赤い花をつける。」と説明してあります。

さて、語源の話に移りますと、一音節読みで赫はホ、紅はホンと読み、形容詞では共に「赤い」の意味があります。また、捻はネン、姿はヅと読み形容詞では共に「美しい」の意味があります。

つまり、ハネヅは、**赫捻姿**または**紅捻姿**の多少の訛り読みであり、直訳すると「赤が美しい」ですが、逆にしていうと**「美しい赤」**になり、これがこの色彩名の語源と思われます。

赫捻姿または紅捻姿をそのまま読むとホネヅ（骨子）になるので、それを嫌ってハネヅに音便化した名称になっているものと推測されます。

○ミドリ（緑）

緑色は、草木の色なので、いたる所にあふれている色であり、青色と共にとても心の安らぐ美しく感じられる色です。

万葉集には、「緑」という字の入った歌は六首が詠まれており、そのうち四首は緑児三首（213・481・2925）、緑子一首（3791）の歌になっており、他の二首は次のような歌です。

浅緑染《そ》め懸《か》けたりと見るまでに春の楊《やなぎ》は
萌《も》えにけるかも　（万葉1847）

春は萌え夏は緑に紅の綵色《しみいろ》に見ゆる
秋の山かも　（万葉2177）

一音節読みで、靡はミ、都はド、麗はリと読み、いづれも「美しい」の意味があります。つまり、ミドリは、靡都麗であり**「美しい（色）」**の意味になり、これがこの色彩名の語源です。

「緑の黒髪」とは、女性の美しい黒髪のことを指すのですが、なぜ、黒髪が緑なのかと疑問を抱かれる人がいるかも知れません。しかしながら、緑の本来の意味は上述の語源のとおりであり、「緑の黒髪」とは「美しい黒髪」のことなので少しも問題はないのです。緑子《みどりご》も「美しい子」の意味であり、小さいものの場合は「美しい子」というよりも「可愛い子」というのが適当かと思われます。

○ムラサキ（紫）

紫色は、漢語辞典には「藍和紅合成的顔色」、翻訳すると「藍《あお》と紅《あか》が合成された色」と書いてあります。つまり、藍色と紅色とを混合したときにできる色とされています。漢語では、藍色とは「晴天の空の色」のような日本語での青色のことであり、紅色とは赤色のことです。

一音節読みで、穆はム、孌はラン、粲はツァン、瑰はキと読み、いづれも「美しい」の意味があります。つまり、ムラは穆孌、サキは粲瑰、ムラサキは、**穆孌粲瑰**の多少の訛り読みであり、いづれも「美しい」の意味なので、色彩を指すときは**「美しい色」**の意味になります。しかしながら、単に、美しいというだけでは、どんな色であるか分かりません。

そこで、どのような色彩であるかを具体的に想起すべき素材があります。ウマゴヤシという草は、一字で苜、二字で苜蓿と書いて、漢語の一音節読みでは苜はム、苜蓿はムシュと読み、蝶形の美しい紫色の花が咲きます。チカラシバという草は、一字で莨、二字で莨菪と書いて、莨はラン、莨菪はランタンと読み、これまた美しい紫色の花が咲きます。

つまり、苜はム、莨はランと読むので、**苜莨**はムランと読め、その多少の訛り読みがムラサキのムラになることから「紫」という色彩を心象できるようになっています。ということは、ムラサキという色彩は、**苜莨粲瑰**であり直訳では**「ウマゴヤシやチカラシバの花のような美しい(色)」**ということになり、これがこの色彩名の語源と思われます。意訳していうと**「美しい紫（色）」**ということになります。

紫は、高貴な色、つまり、天皇や皇帝の色とされているので、日本では紫宸殿《ししんでん》、シナでは紫禁城《しきんじょう》の名称にも使われています。

万葉集の歌に、皇太子時代の天武天皇が、今では天智天皇の妻となっている旧恋人の額田王《ぬかだのおほきみ》に向かって詠んだとされる、次のような有名な歌があります。

紫草《むらさき》の　にほへる妹《いも》を憎くあらば
人妻ゆゑに　われ恋ひめやも　（万葉21）

この歌の歌意は「紫草の匂うような貴方が憎いのならば、すでにあなたは人妻なのだから、私が恋するなどある筈もありません」のようなものとされています。この歌でのムラサキは草名になっています。

ムラサキ（紫草）という草は「白い花」の咲く地味で甚だ見栄えのしない草ですが、その根を布帛《ふはく》染料として使うととても美しい紫色を発色します。この草について、「群《む》れ咲く」からという語源説がありますが、この草は自然状態では群れては咲かないのでこの語源説は的外れといえます。

上述の歌において、「にほへる」というのは漢字入りでは「匂へる」と書き、どの古語辞典をみてもそもそもの意味は「美しく映える、美しく照り映える、美しく光り輝く」などの意味とされています。

そうしますと「紫草のにほへる妹」とは「紫草の匂うような貴方」であり、さらに訳すると「紫草のように美しく光り輝く貴方」と解釈されていることになります。しかしながら、ムラサキ（紫草）という草は地味で甚だ見栄えのしない草なので、「紫草のように美しく光り輝く」といわれても実態に合わないので褒められる方は少しも嬉しくないと思われることから、この歌におけるムラサキ（紫草）は草名ではなくて、「美しい」という意味のムラサキという音声を引出すための単なる当て字とも思われます。

◯モモイロ（桃色）

この色は、漢語では桃紅といい、桃色をした赤の意味です。英語ではピンク(pink)といわれる色です。

一音節読みで桃はトウと読みますが、訓読で「もも」と読むのは、果実の桃《もも》の読みからきたものと思われます。しかしながら、なぜ、桃の字を「もも」と読むのかは必ずしも明らかにされてきませんでした。

御伽噺《おとぎばなし》にでてくる桃太郎は桃から生まれますが、人間が桃から生れる筈はないので、この「もも」は「母」の意味と思われます。一音節読みで、嬤はモと読み、「母、母親」の意味であり、モモはこの字を重ねた嬤嬤のことです。漢語では、父、母、兄、姉、弟、妹などを、爸爸《パパ》、媽媽《ママ》、哥哥《ココ》、姐姐《チィエチィエ》、弟《ティ》弟《ティ》、妹妹《メイメイ》のように畳語にして呼びます。

そうしますと、モモとは嬤嬤のことで**「母」**のことなので、モモ色とは嬤嬤色であり直訳すると**「母の色」**ということになり、これがこの言葉の語源と思われます。

ということは、暖かい愛情にあふれた母親を象徴する色は桃色と考えられているようです。

㈦ 方角名の語源

○ ヒガシ（東）

緋は、漢語の一音節読みでフェイ、日本語の訓読でヒと読み「赤い」の意味であり、太陽のことを日《ひ》というのも緋の読みを転用したものです。なぜならば、太陽は「赤い火の塊《かたまり》」と考えられているからです。つまり、ヒガシのヒは緋の読みを転用した日のことと思われます。光はグァンと読み動詞では「光り輝く、光り輝いている」などの意味、晳はシと読み動詞では「光る、輝く、光って明るい、輝いて明るい」などの意味があります。したがって、ヒガシは**緋光晳**、つまり、**日光晳**の多少の訛り読みであり直訳すると**「日が光り輝いてくる（方角）」**の意味になり、これが東の語源と思われます。

○ ニシ（西）

西は東の反対の方角です。一音節読みで逆はニと読み「逆である、反対である」の意味です。東欄で示したように、晳はシと読み動詞では「光る、輝く、光って明るい、輝いて明るい」などの意味があります。息はシと読み「終息する、終わる」の意味があります。シは晳と息の掛詞の晳息であり「光り輝きが終わる」の意味と推測されます。つまり、西は意味上は**逆晳息**であり直訳すると「逆に光り輝きが終わる（方角）」、少し言葉を加えると**「逆に日の光り輝きが終わる（方角）」**の意味になり、これが西の語源と思われます。

○ ミナミ（南）

一音節読みで明はミンと読み「明るい」の意味、暖はヌアンと読み「暖かい」の意味、瀰はミと読み形容詞では「満ちている」の意味があります。つまり、南は**明暖瀰**の多少の訛り読みであり直訳すると**「明るさと温かさに満ちている（方角）」**の意味になり、これが南の語源と思われます。

○キタ（北）

寒い、冷たい、暗い、陰鬱である、などの心象のある方角です。一音節読みで鬼はキと読み形容詞では「陰険である、光がなく暗い」などの意味があります。黮はタンと読み「黒い、暗い」などの意味があります。つまり、北は**鬼黮**の多少の訛り読みであり直訳すると**「陰険な暗い（方角）」**の意味になり、これがこの言葉の語源と思われます。

なお、ヒガシ、ニシ、ミナミ、キタという言葉の語源に関する本は皆無ともいえるのですが、「日本語をさかのぼる」（大野晋著・岩波新書）という本の一六〇頁以下には、次のような記述があります。

「**東**　まず、東という語から始めることとする。インド・ヨーロッパ語族の諸言語では、東を表現するのにおよそ三種の仕方があった。その一は、東を『夜明け』『朝』『日の登る方向』として把握するものである。その二は、『前』『正面』として把握するものである。夜の暗い恐怖に満ちた時間を過ごさねばならなかった古代の生活では、朝日の登るのを待ち望む心は切実であったろう。だから、夜明け、朝、日の光の方角という語が、東という方角を示したのは自然である。中略。これらの例を見れば日本語のヒガシの命名の由来は明瞭であろう。ヒガシの古形は、ヒンガシであり、さらに古くはヒムカシで、これは『日－向カ－シ』の複合である。中略『ヒ－ムカ－シ』は『日に向く方向』つまり東の意である」。

西　西を表現する語についてはインド・ヨーロッパ諸語には次のような三種の把握の仕方がある。その一は『太陽の沈む方向』『夕方』とする把え方。その二は東を『前面』とするものの逆として、『後』と把える仕方。その三は風による名づけである。中略。日本語のニシは『去方《イニシ》』の約であろう。イニは去《イ》ヌという動詞の名詞形で、シは方向を示すので『日没の方向』の意でニシを把えた語である。

南　南をいう語についてはインド・ヨーロッパ諸語には四つの把握の仕方がある。その一は、真昼とか太陽の方向とかで南を把えるものである。中略。その二は、正面、前面の意の語を用いるもの。中略。その三は、南を右側という単語で把握するものである。中略。その四は、風の名による命名である。中略。日本語のミナミの語は奈良時代の万葉仮名で書いた正倉院文書の手紙に『美奈美』とあるが、これの語源については未詳である。

北　北という語についてインド・ヨーロッパ諸語をみると、その一は、真夜中とか、冬とかの語によるものである。中略。堅または黒に北が当っている。堅塩《キタシ》、黒塩《キタシ》とは焼塩であって、黒っぽいものであろう。また、キタを語根とするものに、キタナシ（汚）という語がある。ナシは甚だしいの意の古語であるから、キタが汚にあたる。してみると、黒・汚の意の語根キタが存在したと考えられるが、これがそのままキタ『北』の語源なのではあるまいか」。

以上の記述を簡潔にいうと、それぞれの語源は、「ヒガシ（東）は『日－向《ム》カ－シ』の省略語、ニシ（西）は『去方《イニシ》』の省略語、ミナミ（南）の日本語語源は不明、キタ（北）は『汚《キタナ》シ』の省略語ではないか」と説明してありますが、日本語はヨーロッパ語とは関係ないと思われるので、やや、首肯しにくい言説のように感じられます。

(八) 古代語の語源

○アヲニヨシ（青丹吉）

万葉集に、奈良に都があった当時のことを詠んだ、日本人なら誰もが知っている次のような歌があります。原歌ではすべて括弧内におけるような漢字で書いてあります。

（青丹吉寧楽乃京師者咲花乃薫如今盛有）

青丹吉《あをによし》寧楽《なら》の京師《みやこ》は咲く花の

薫《にほ》ふが如《ごと》くいま盛りなり（万葉328）

この歌でのナラ（寧楽）の枕詞はアヲニヨシといい、漢字で「青丹吉」と書かれています。丹はタンと読み「赤」という意味の漢字でありニと読める字ではないのに、なぜそのように読めるかというと、他の歌の中ではアヲニヨシは、安乎介余志、安乎介余之、安乎介与之などとも書かれているからです。簡体字の介は「尓」とも書きますが、繁体字では「爾」と書き呉音でニと読むとされています。

さて、青丹吉という漢字言葉の字義についていいますと、丹は赤の意味、吉は「よい、良好な、素晴らしい」などの意味ですから「青丹が素晴らしい」、つまり、**「青と赤が素晴らしい」**の意味になっています。そうすると、漢字言葉の字義としての青丹吉寧楽は**「青と赤が素晴らしい寧楽」**、逆にしていうと「寧楽は青と赤が素晴らしい」の意味になります。

現在では、ナラは奈良と書かれますので、以下そのように書きます。

この歌が詠まれた当時の奈良は、都の置かれた全盛時代だったので、平城京などの建築物が青と赤の色彩の配色された美しいものになっていたからと思われます。アヲニのニに、敢《あ》えて丹を当てたのもそのためと思われます。青丹吉という漢字言葉の字義については以上のとおりです。

青丹をアヲニと読むことについて、従来説では、一音節読みで泥はニと読むので、アヲニヨシにおけるアヲニは青泥、つまり、青土の読みの転用とされているのですが、この解釈は誤解であることに間違いないと思われます。青丹をアヲニと読めるのは、他の歌では安乎介、安遠迩、阿遠介、阿乎介なども書かれているからです。上述したように青丹の漢字字義には多少の意味があるとしても、その他の歌における漢字書きはその読みでの「アヲニ」という音声の意味を利用するための単なる当て字と思われるのです。したがって、アヲニヨシのアヲニを「青土」のこととする従来説は誤解と思われます。

そこで、「アヲニヨシ」という仮名言葉の字義についていいますと、本書では次のような意味ではないかと考えています。一音節読みで、盎はアンと読み程度が甚だしいことを表現するときに「とても、非常に、著しく」などの意味で使われます。娥はヲと読み「美しい」、寧はニンと読み「平和な」の意味があります。つまり、**アヲニ**は**盎娥寧**であり**「とても、美しく、平和な」**の意味になります。優はヨウと読み「優良な、素晴らしい」などの意味、是はシと読み「〜である」の意味です。つまり、**ヨシ**は**優是**であり**「素晴らしい」**の意味になります。

したがって、**アヲニヨシ**は**盎娥寧優是**（アン・ヲ・ニン・ヨウ・シ）の多少の訛り読みであり、直訳すると**「とても、美しく、平和な、素晴らしい」**の意味になり、これがこの仮名言葉の語源と思われます。そうすると、「あをによし奈良」は**「とても美しく平和であることが素晴らしい奈良」**の意味になります。逆にしていうと「奈良は、とても美しく平和であることが素晴らしい」の意味になります。

このような意味になることは、アヲニヨシのヨシが吉と書かれていることからも推測されます。つまり、奈良は環境が素晴らしいということではないかと思われるのです。したがって、当時の都《みやこ》の置かれた地名に付く枕詞としては、極めて適切なものになっています。

万葉集に、次のような歌が詠まれています。この歌では、アヲニヨシは「阿乎介与斯」と書いてあります。

悔《くや》しかも　かく知らませば　あをによし（阿乎介与斯）　国内《くぬち》ことごと　見せましものを
（万葉797）

この歌は、筑紫の国まではるばる付いてきてくれた大宰師大伴旅人《だざいのそち》の妻である大伴郎女が逝去したときに、筑前守に赴任していた山上憶良が旅人に代わってその悲しみを詠んだ歌とされています。この歌での「国内《くぬち》」は現代での読み方をすれば「国内《こくない》」のことで筑紫の国内のことであり、その歌意は「妻が生きているときに、筑紫国内《こくない》のあちこちを案内して見せておけばよかった」のようなものとされています。筑紫は奈良からは遠く離れた九州の地です。

ここでも筑紫国内の環境がアヲニヨシの対象とい

うことになります。つまり、筑紫国内もまた、「**とても美しく平和であることが素晴らしい（所）**」であったということです。

従来は、なぜアヲニヨシが国内《くにち》の枕詞にもなるのかについては、まったく関心が払われてきませんでしたが、国内の枕詞にもなるのはアヲニヨシの意味にあるのです。この歌では、アヲニヨシは漢字では阿乎尓与斯と書かれていますが、他の歌では、安平尓余志、安乎尓余之、安乎尓与之、安遠迩与之、阿遠尓与志と書かれたものがあります。この歌のことからも、アヲニヨシにおけるアヲニの青土説には疑問が生じるのです。

アヲニヨシという言葉の入った歌は、万葉集では二七首が詠まれています。アヲニヨシのアヲニは青土《あをに》のこととする説についていいますと、土の字をニと読むのは、一音節読みで泥《どろ》はニと読み、泥のこと、つまり、湿った土のことなのでその読みを転用したものであり、青土《あをに》、赤土《あかに》、黒土《くろに》のように読みます。

令和時代に入った現在でも「あをによし」における「あをに」は、青土《あをに》、つまり、「青色の土」のことであるとの説が通説になっているようです。しかしながら、奈良で青色の土が採れた証拠はなく、奈良と青色の土という意味での青土とはなんの関係もないらしいのです。したがって、アヲニを青色の土という意味での青土とする説では、アヲニヨシという枕詞について辻褄の合った説明はできないのです。したがって、証拠を明確にして正しく説明された学説などは存在しないように思われます。そこで、本書において、青い土という意味での青土説は、辻褄の合う納得のできそうなものなのかについて検討してみます。

先ず、秘府本萬葉集抄という本に、「奈良に顔料の青丹を産出した」と書かれていると流布されていますが、この本にはそんなことは書かれていません。この本は昭和初期の歌人・国文学者とされる佐佐木信綱（一八七二～一九六三）著の平安時代末の萬葉集抄に関する注釈書なのであり、そこには　万葉集巻一の八〇番歌である「靑丹吉《アヲニヨシ》　寧楽乃家尓者《ナラノイヘニハ》　万代尓　吾母将通《ワレモカヨハン》　忘跡念勿《ワスルトオモフナ》」の歌の後に、「アヲニヨシトハ奈良坂ニ春ハ青ナヘノアリケルヲ其ヲトリテ絵カク丹《ニ》ニツカヒケルニヨカリケリサレハカクヨメリ」と書いてあります。青ナへというのは青苗のこと、丹《ニ》というのはその音声を利用した泥《ニ》のこと、つまり、土のこととされていて、「アヲニヨシというのは、奈良坂には春になると草の青苗が生えてくるが、それを採って絵をかく土に混ぜて使うのに良かったから、このように詠んだ」と書いてあるのです。しかしながら、丹は「赤」のことであり「土」のことではないのでそもそもからこの説は可笑しいのです。この説におけるように、丹は土のことであるとしても、佐佐木信綱の単なる推量説に過ぎないのであって事実であったかどうか分からないし、事実であったとしても、単に青苗を混ぜた土に過ぎないものが、奈良の枕詞となるほどに立派で有名な顔料になったとは思われません。なぜならば、そもそも奈良時代や平安時代にそのようなことの記載された文献は存在しないようであり、古代においてそのような伝承もないようだからです。忌憚なくいうと、この説は「作り話」のように思われます。このようなことをいうことからすると、この人もアヲニヨシの意味を把握していなかったように思われます。

次に、常陸国風土記（久慈郡河内里）に記事があり、その原文では「所有土色如青紺。用畫麗之。俗云。阿乎爾。或云。加支川爾」。読み下すと「所有《も》てる土の色は青紺の如し。畫くに用いて麗《うるは》し。俗《くにひと》云ふ。阿乎爾。或いは云ふ。加支川爾《かきつに》」。

その解説書では「その土は青紺色で、これをアヲニ（青土）又はカキツニと称した」と説明されています。しかしながら、常陸でアヲニ（青土）が採れたとしても、常陸というのは現在の関東の茨城県なのであり、関西の奈良県とは関係がないことになります。

第三に、大言海によれば、養老律令の賦役令に「青土《アヲニ》、一合五尺」、その抄に「青土、石ヲ破リテ其中ヨリ取ル也、彩色に用ヰル也」と書かれています。つまり、養老律令の賦役令には「石を砕いて彩色に用いる青土を採る」と書いてあります。奈良の地でこのような石からの青土《あをに》が採れて大いに利用されたというのであれば、「アヲニヨシ奈良」は**「石からの青土が採れる素晴らしい奈良」**の意味になり、これで一件落着なのですが、奈良でこのような石からの青土が採れて大いに利用されたという事実はないようなのです。

第四に、江戸時代後半の文献である倭語類解に、アヲニは岩緑青《いわろくしょう》のことであると説明されているようです。この本の著者は朝鮮人で、日本語の意味を朝鮮語（ハングル語）で説明したものとされています。

大言海には「**あをに**（名）青土 いはろくしゃう（岩緑青）ノ古名。染料トシタリ。」と書いてあります。岩緑青は銅鉱山で副産物として採れる孔雀石といわれる石を砕いてつくる青色の顔料とされています。アヲニが岩緑青という青色顔料であり奈良から採れて大いに利用されたというのであれば、アヲニヨシ奈良は**「岩緑青という青土が採れる素晴らしい奈良」**の意味になり、これまた一件落着となります。

しかしながら、孔雀石は、銅鉱山以外の普通の地では採れないようであり、奈良には銅鉱山がないので、奈良からは採れなかったと思われます。そうすると、奈良の枕詞であるアヲニヨシにおけるアヲニが、岩緑青という青土のこととは考え難《にく》いことになります。

結局のところ、色彩土である青土《あをに》も、石から採れる岩緑青の古名である青土《あをに》も共に奈良から採れなかったとなると、青土と奈良とは関係がないことになります。さらに、アヲニヨシという枕詞も青土とは関係がないことになり、アヲニの青土説は破綻するのです。上述したように、アヲニヨシは筑紫の国内《くにち》にも懸かるという問題もあります。したがって、アヲニヨシにおけるアヲニの青土説は誤解と思われます。

「あをによし」と似たような枕詞に「あさもよし（麻裳吉・万葉５４３）」、「たまもよし（玉藻吉・万葉２２０）」、「ますがよし（眞菅吉・万葉３０８７）」、「ありねよし（在根良・万葉６２）」などがあります。

総じて、日本の国語学者の説明では、枕詞について「修辞の枕詞」などとだけ説明されていて、未だに解明できていないのかどうかは分かりませんが、その意味が説明されないのは一大欠陥であるといえます。

広辞苑（第七版）には、次のように書いてあります。「あおに【青丹】（『に』は土の意）①青黒い土。岩緑青《いわろくしょう》の古名。染料・画料として用いる。常陸風土記『あらゆる土は、色、青き紺《はなだ》のごとく、画に用ゐてうるはし。俗《くにひと》―といひ、また、かきつにといふ』②濃い青に黄を加えた染色。（桃華蘂葉）襲《かさね》の色目としては、表裏共に青丹。―・よし【青丹よし】〔枕〕（『よ』『し』はともに間投助詞）『奈良』『国内』にかかる。奈良に顔料の青丹を産出したことが秘府本万葉集抄にみえるが、事実か伝説の記録か不明。一説に、『なら』に続けたのは顔料にするために青丹を馴熟《なら》すによるという」。

この辞典に書いてあることには、次のようないくつかの疑問点があります。

第一に、アヲニヨシにおけるアヲニは青土のことであると決めつけてありますが、青土であるかどうかは分からないのです。

第二に、常陸（国）風土記にアヲニ（阿乎爾）が採れたという記事がありますが、そこで採れたとしても、常陸というのは現在の関東の茨城県なのであり、関西の奈良県とは関係のないことです。

第三に、『『よ』『し』はともに間投助詞」とありますが、これもかん違いの頓珍漢説ではないかと思われます。なぜならば、間投助詞というのは字自体には殆んどなんの意味も含まれないのに対して、枕詞とされるものはすべての字が意味のあるものと思われるからです。アヲニヨシのヨシは、上述した万葉328やその他の歌でも漢字で「吉」と書いてあるように「よい、良好な、優良な、素晴らしい」などの意味の形容詞であることに間違いないと思われるのです。

第四に、「奈良に顔料の青丹を産出したことが秘府本万葉集抄にみえるが」とありますが、上述したように、秘府本萬葉集抄にはそんなことは書かれていません。広辞苑に書いてあることは、このことに限らず、最初から疑う必要があります。

第五に、「一説に、（アヲニヨシを）『なら』に続けたのは顔料にするために青丹を馴熟《なら》すによるという」と伝聞形式で書いてありますが、どこから伝聞したのかということ、誰がそのような説を唱えているのかということ、そのことは本当なのかという疑問があります。

以上縷々《るる》叙述してきたように、アヲニの青土説は限りなく誤解に近いように思われます。

アヲニヨシは、万葉集に書かれた漢字を示すと次のようなものがあります。（全二七首）。

①青丹吉　12首
②緑丹吉　1首
③青丹余之　2首
④青丹与之　1首
⑤青丹余志　1首
⑥安乎尓余志　1首
⑦安乎尓余之　1首
⑧安乎尓与之　4首
⑨安遠迩与之　1首
⑩阿遠尓与志　2首
⑪阿乎尓与斯　1首

各漢字言葉の歌番は以下のとおりです。
①十二首（１７、２９、７９、８０、３２８、９９２、１０４６、１２１５、１６３８、１９０６、３２３６、３９７８）。②一首（３２３７）。③二首（３９１９、３９５７）。④一首（４２４５）。⑤一首（４２６６）。⑥一首（３６０２）。⑦一首（３９７３）。⑧四首（３６１２、３７２８、４１０７、４２２３）。⑨一首（４００８）。⑩二首（８０６、８０８）。⑪一首（７９７）。

○イザナギ・イザナミ（神様の名称）

古事記や日本書紀で「日本国土」をつくったとされるイザナキとイザナミという男女の神様の名前の語源を示しておきます。イザナキは、ナキが「泣き」や「亡《な》き」にも通じるのでイザナギと濁音で呼ばれることが多くなっています。したがって、本書ではイザナギと濁音で呼ぶことにします。

古事記や日本書紀に書かれていることで、イザナギは男の神様、イザナミは女の神様であり、この二柱の神様は夫婦になって、日本の国土をつくったとされていることは殆んどの人が知っていることと思います。しかしながら、イザナギとイザナミという名称がどういう意味であるのかは、今もって明らかにされていません。人の名前には何らかの意味があるのが普通なので、この男女の二柱の神様の名前にもなんらかの意味があるものと思われます。イザナギとイザナミは、古事記では伊邪那岐、伊邪那美と書かれ、日本書紀では伊弉諾、伊弉冉と書かれています。先ず、この男女の二柱の神様に関しての古事記の記述の一部について、本書著者の現代語訳を紹介します。「イザナギの命《みこと》が、イザナミの命《みこと》に『あなたの身体はどうなっているのか』とお尋ねになると『わたしの身体には足りないところが一か所あるのよ』とお答えになった。そこで、イザナギの命が『わたくしの身体には余った所が一か所あるんだよ。だから、わたくしの身体の余ったところを、あなたの足りないところに刺し込んで、国土を生み出そうと思うが、どうだろうか』とお尋ねになると、イザナミの命は『然善《しかよ》けむ』とお答えになった。つまり、『それ、いいわね』とお答えになった。

　そこで、イザナギの命が『わたくしとあなたと、この天の御柱を廻ってめぐり会い、寝所で抱き会おうではないか』といわれた。さらに『あなたは右より廻り、わたくしは左より廻ってめぐり会おう』といわれた。このようにしてめぐり会ったときに、イザナギの命は『阿那邇夜志《あなにやし》、愛袁登賣袁《えをとめを》』といわれ、イザナミの命は『阿那邇夜志《あなにやし》、愛袁登古袁《えをとこを》』といわれた。つまり、イザナギの命は『うれしいね、なんと美しい女だろう』といわれ、イザナミの命は『うれしいわ、なんと美しい男でしょう』といわれた。日本書紀にも、ほぼ同じようなことが書いてあります。実はこの話の中にこの二柱の神様の名前の秘密があるようなのです。

　先ず、古事記の伊邪那岐と伊邪那美は、共にその音声を利用するための当て字です。

　伊は一音節読みでイと読み、同じ読みの一のことです。邪はザと読み、同じ読みの匝のことで、匝には「めぐり、まわり、周《しゅう》」の意味がありますから、伊邪は一匝《いざ》であり、名詞では「一周」、動詞では「一周する」の意味になります。

　那は一音節読みでナと読み同じ読みの吶に通じていて、吶は「声をあげる」の意味があります。

瑰はキヤギ、靡はミと読み、共に「美しい」の意味です。つまり、吶瑰はナギ、吶靡はナミと読み共に「声を上げる美しい」の意味になります。

したがって、伊邪那岐は**一匝吶瑰**であり直訳すると**「一周して声を上げた美しい（男）」**、伊邪那美は**一匝吶靡**であり直訳すると**「一周して声を上げた美しい（女）」**の意味になり、これが、この二柱の神様の名前の語源です。

次に、日本書紀では、イザナギ、イザナミは、上述したように伊奘諾、伊奘冉と書かれています。日本書紀では漢字字義が少し考慮されています。イザナギ、イザナミという音声字義は上述したので、こちらでは漢字字義を詮索《せんさく》してみます。

ここでも、古事記におけると同じく伊《イ》は一《イ》のことと思われます。奘はザンと読み「大きい、壮大である」などの意味ですが、ここでは単に音声を利用するための漢字仮名であり、古事記におけると同じく匝のことと思われます。つまり、伊奘はイザと読み、古事記におけると同じく一匝《いざ》のことであり、名詞では「一周」、動詞では「一周する」の意味と思われます。

しかしながら、最後の字である諾や冉は、どう見てもナギやナミと読める字ではありませんから、この読みは古事記での読みを転用して、諾の読みはナギ、冉の読みはナミと読んだものです。したがって、字義については別途に考えなければならないということです。

一音節読みで諾はヌオと読み、その字義は「承諾する、はいと答える」の意味です。冉はランと読み字義は「柔らかな、優しい、柔美な」などの意味がありますが、ここでは単に音声を利用するための漢字仮名であり、同じ読みの然《ラン》に通じていると思われます。然は動詞では「同意する、承諾する」などの意味があります。つまり、諾と冉の字義は共に「承諾する」の意味になっているようなのです。

したがって、漢字の字義としては、伊奘諾は**一匝吶諾**であり**「一周して声を上げて承諾した（男）」**、伊奘冉は**一匝吶然**であり**「一周して声を上げて承諾した（女）」**の意味になっています。なにを承諾し合ったかというと、結婚して国生みなどをすることなどを承諾し合ったのです。

結局のところ、古事記では「一周して声を上げた美しい（男・女）」、日本書紀では漢字の意味も少し加わって「一周して声を上げて承諾した（男・女）」の意味になっています。

また、「誘う」と書いて、たぶん、多くの人が『誘《さそ》う』とお読みになるでしょう。しかしながら、「誘《いざな》う」という読み方もあるのです。この読み方は、上述のようなイザナギがイザナミを「誘った」話から、字義とは関係なくイザナギのイザの読みを利用して生まれた言葉なのです。国語界の一部では、「誘《いざな》った」ことから、イザナギとイザナミの言葉ができたと説明されていますが、これは逆だと思われます。「いざ、まいれ（さあ、かかってこい）」「いざ、行かん（さあ、行こう）」「いざ、さらば（さあ、お分かれだ）」などというときの「いざ」という言葉も同じ由来からできた言葉です。

○クカタチ（盟神探湯）

盟神探湯について、日本書紀には次のような記述があります。

応神紀九年四月の条に、「天皇、勅《みことのり》して、神祇に請《もう》して探湯《くかたち》せしむ」とあります。岩波書店の日本書紀の注には「神に誓約した上で手を熱湯などに入れ、ただれた者を邪とする一種の神判」と説明してあります。

允恭《いんぎょう》紀四年九月の条に、「盟神探湯、此をば区訶陀智と云ふ。或いは泥を釜に納《い》れて煮沸して、手を攘《かきはつ》りて湯の泥を探る。或いは斧を火の色に焼きて、掌に置く。是に、諸人、各木綿手繦《ゆふたすき》を著《し》て釜に赴《ゆ》きて探湯《くかたち》す。則ち実《まこと》を得る者は自づからに全く、実を得ざる者は皆傷《やぶ》れぬ」とあります。

継体紀二十四年九月の条に、「毛野臣、楽《この》みて誓湯《うけひゆ》置きて曰はく、『実《まこと》なる者は爛《ただ》れず。虚《いつはり》あらむ者は必ず爛れむ』といふ」とあります。誓湯とは、盟神探湯のことです。

ここには、ほんとうのことをいっている人は爛れず、偽りをいっている人は爛れると書いてあります。煮沸した湯の中に手を入れるのですから、痛いのは共通だったのでしょうが、爛れるかどうかの差があったとされています。

しかしながら、実際には、実をいおうが虚をいおうが、熱湯の中では爛れるのであって、毛野臣はこれを厳しく実行して多くの人を死に至らしめたとされ、継体紀における失政とされています。

盟神探湯という漢字言葉の意味についていうと、盟は「誓約する」という意味があるので、盟神は「神に誓約する」という意味です。探湯は直訳では「湯で探す」の意味ですが、湯は熱いものですから意訳では「熱湯で探す」の意味になります。したがって、盟神探湯は直訳では「神に誓約させて湯で探す」の意味になりますが、少し意訳すると**「神に誓約させて熱湯で偽《いつわ》りを探す」**の意味の漢字言葉になっています。

盟神探湯は、仮名言葉での訓読では「クカタチ」と読みます。クカタチという言葉の語源は、ほんとうは分かっているのかも知れませんが、日本書紀に書かれて以来、千数百年も経った今でも明らかにされていないので分からないとされています。したがって、ほんとうの語源説を述べるのは、本書が初めてといえます。

一音節読みで、滾はクンと読み「たぎる、沸き立つ、沸騰する」など、缸はカンと読み「陶器、容器、釜」などの意味があります。つまり、クカは**滾缸**の多少の訛り読みになり、**「沸騰した釜」**の意味になります。

探はタンと読み「探《さが》す、探《さぐ》る」、欺はチと読み「あざむく、いつわる、だます」などの意味です。つまり、タチは**探欺**の多少の訛り読みであり**「偽りを探す」**の意味になります。

したがって、**クカタチ**は、**滾缸探欺**の多少の訛り読みであり直訳すると**「沸騰した釜により、偽りを探す」**の意味になり、これがこの仮名言葉の語源です。

今から考えると無謀なことですが、クカタチでの虚実の判断は釜で沸かした熱湯の中に手を入れたときに、爛れるかどうか、つまり、火傷《やけど》を負うかどうかで判断されたようです。

○クニ（国）

万葉集の最初の歌に「・・・　そらみつ　大和《やまと》の国は　おしなべて　われこそ居《を》れ　・・・（万葉1）」と詠われています。

この国は、現在の国民国家におけるような外国との対比による国ではなくて、国内での地域としての国のことを指します。

一音節読みで孤はクと読み「独立した」、英語でいうところの independent の意味があります。坤はクンと読み「地、土地、大地」の意味、英語でいうところの earth の意味があります。つまり、クニにおけるクは孤と坤との掛詞と思われ、孤坤は直訳すると**「独立した土地」**の意味になります。

寧はニンと読み「平和な、平穏な、安定した」などの意味があります。泥はニと読み「泥、泥土」の意味がありますが、「土、土地」の意味にまで敷衍して解釈されています。もし、泥を「土、土地」の意味にまで敷衍するとすれば、クニのニは寧と泥との掛詞と思われ寧泥は直訳すると**「安定した土地」**の意味になります。

つまり、クニは、意味上は**孤坤・寧泥**であり直訳すると**「独立した安定した土地」**の意味になり、これがこの言葉の語源と思われます。

○シオジリ（塩尻）

平安時代の伊勢物語（九段）に、「富士の山を見れば、五月の晦日《つごもり》に、雪いと白う降れり。『時しらぬ山は富士の嶺《ね》いつとてか鹿《か》の子まだらに雪の降るらむ』その山はここに譬《たと》へば、比叡の山を二十《はたち》ばかり重ね上げたらむ程して、なりは塩尻のやうになむありける。」とあります。

ところが、塩尻とは、塩に関係したことだろうとは推測できても、なんのことだか分からなかったのです。鎌倉時代前期の藤原定家という学者に聞いたら「分からないままでいいだろう」といって教えなかったのでそのままになってしまったとされています。したがって、なんのことかについて、江戸時代になるまで、ああでもないこうでもないと、学者間で大騒ぎされてきたのです。江戸時代中期頃に天野信景《あまのさだかげ》という学者が「海民塩を焼くに砂をあつめて堆《おか》をなし畦《あぜ》を作す。潮水来りて砂畦をひたす。日々にかくして後砂をつみ山様にして日に曝す。これを塩尻という」との説を唱えて、なんのことであるかについては大体落ちついて、通説となったのです。しかしながら、なぜ、「尻」と書き「ジリ」と読むのかについては、今もって分からないとされています。

　したがって、僭越ながら、本書説をご紹介します。これを理解するためには、日本語の特徴の一つは**「日本語は当て字言語である」**ということを念頭に置かなければなりません。尻は当て字なのです。伊勢物語の「その山は」以下を少し意訳していうと「その山は、つまり、富士山は比叡山を二〇ばかり重ねた程の大きな山で、なりは、つまり、様相は塩尻のようである」と書いてあります。

　一音節読みで、積はジと読み「積む、積み上げる」の意味があります。嶺はリンと読み「山」の意味、詳しくいうと「連山」のことです。つまり、ジリは積嶺のことで、塩尻は**塩積嶺**の多少の訛り読みであり、直訳すると**「塩を積み上げた連山」**の意味になり、これがこの言葉の語源です。

　したがって、「塩尻のようになむありける」というのは**「塩を積み上げた連山のようである」**の意味になります。塩田につくられる塩尻は一つではなくたくさんあるので、同じ山でも連山の意味である嶺になっているのです。

○**シラヌヒ**（万葉集の言葉）

　万葉集の歌では三首でシラヌヒという言葉が筑紫の前で詠われており、原歌では括弧内におけるような漢字で書いてあります。

　しらぬひ（白縫）筑紫《つくし》の綿は身につけて
　今だは着ねど暖かに見ゆ　（万葉336）

大王《おほきみ》の　遠《とほ》の朝廷《みかど》と　しらぬひ（斯良農比）
筑紫の国に　泣く子なす　・・・（万葉794）
天皇《すめろき》の　遠《とほ》の朝廷《みかど》と　しらぬひ（之良奴日）
筑紫の国は　賊《あた》守る　・・・（万葉4331）

ところが、「シラヌヒ」とはいかなる意味なのか、今もって分からないとされています。本書では、シラヌヒは、国名であり、筑紫の別称であると推測しています。

古事記には、イザナギとイザナミの国生みの条に「次に筑紫島を生みき。この島もまた、身一つにして面四つあり。面毎に名あり。故、筑紫国は白日別《しらひわけ》と謂《い》ひ、豊国は豊日別と謂ひ、肥国は建日向日豊久士比泥別と謂ひ、熊曾国は建日別と謂ふ。」と書いてあります。つまり、筑紫島には筑紫国、豊国、肥国、熊曾国の四つの国があり、筑紫国は白日別というと書いてあります。

本書では、筑紫国は別称を白日別と名付けられたとしても、実際は「シラヌヒ」と呼ばれたのではないかと推測しています。万葉794と万葉4331には「遠の朝廷と　しらぬひ」と詠んでありますが、「遠の朝廷ともいうべき　しらぬひ」の省略表現であり、シラヌヒは筑紫国のこととすると、この表現は「遠の朝廷と　筑紫国」になり、更には「遠の朝廷ともいうべき　筑紫国」の意味になります。

万葉336の「しらぬひ　筑紫の綿は」という表現は、言葉を補足していうと「しらぬひ、つまり、筑紫国の綿は」という意味ではないでしょうか。本書ではそのように解釈しています。

シラヌヒの語義はというと、一音節読みで芝はシ、變はラン、穠はノンと読みいずれも「美しい」の意味があり、肥はフェイと読み「肥沃な、豊かな」などの意味があります。

したがって、シラヌヒは**芝變穠肥**の多少の訛り読みであり**「美しい豊かな（国）」**の意味になり、これがこの言葉の語源と思われます。

なお、八代海のことを別称で不知火海《しらぬひかい》といいます。いつ頃からそのように呼ばれるようになったのかは分かりません。そのように呼ばれる由来は、旧暦八月一日頃の深夜に、原因は不明とされていますが、陸地の方から見ると沖の海上が燃えているように見えるからとされています。

たぶん、肥前国風土記に「此是ハ火ノ国八代ノ郡ノ火也。但シ不レ知二火ノ主《ヌシヲ》一。」の記述があること、および、万葉集に意味不明とされる「しらぬひ」という言葉があることを知っていた人が不知火という漢字をしらぬひと読むことにしたものと思われます。

したがって、万葉集での筑紫の別称であるシラヌヒ（芝孌穠肥）と、八代海のしらぬひ（不知火）とは同音異義語といえるでしょう。

○ソラミツ（万葉集の言葉）

これは、第二一代の雄略天皇が詠んだとされる、万葉集の最初の長歌にでてくる言葉です。

そらみつ（虚見津）　大和《やまと》の国は
おしなべて　われこそ居《を》れ　・・・　（万葉1）

日本古典文學大系「萬葉集一」（岩波書店）の頭注では、「枕詞。ヤマトにかかる→捕注」と書かれています。そこで、捕注をみると次のように書いてあります。

「神武紀に、饒速日命《にぎはやひのみこと》が天の磐船に乗って大空をかけり、この国を空から見下して天降った、それによって空見つ大和と称する、という伝説が載っている。この起源説はいわゆる民間語源説として当時伝えられていたもので、本来の正しい意味をとらえているかどうか不明であるが、この他に、特に正しいと思われる説は発表されていない。柿本人麿は、この四音の枕詞を、ソラニミツと五音にして用いている」。

そこで、僭越ながら、正しいと思われる本書説を披露しますと、一音節読みで、頌はソンと読み「褒める、称える」、孌はラン、靡はミ、姿はツと読み、いづれも「美しい」の意味があります。つまり、ソラミツとは、**頌孌靡姿**の多少の訛り読みであり**「称えるべく美しい」**の意味になります。したがって、「そらみつ大和の国」は**「称えるべく美しい大和の国」**

の意味になっており、これがこの言葉の語源と思われます。

ソラニミツという五音節語は、柿本人麿の詠んだとされる万葉29に「・・・そらにみつ（空介満）大和を置きて・・・」とただ一度だけ詠まれていますが、特に漢字に精通していたとされる人麿は、四音節語を五音節語にするために、一音節読みでニと読み「美しい」の意味の「旋」を追加したものと思われます。そうしますと、ソラニミツは**頌孌旋靡姿**になり、四音節語が五音節語になっただけで、その意味はまったく同じになっています。

◯トリガナク（鶏が鳴く）

万葉集に「アヅマ」の頭に付ける「トリガナク」という枕詞が詠み込まれた歌があります。

鶏《とり》が鳴く　吾妻《あづま》の国の　御軍士《みいくさ》を
召し給ひて　・・・（万葉199）

鶏《とり》が鳴く　東《あづま》の国に　高山は
多《さは》にあれども　・・・（万葉382）

鶏《とり》が鳴く　吾妻の国に　古《いにしへ》に
ありける事と　・・・（万葉1807）

他にも、万葉1800（鳥鳴　東国能《の》）、万葉3194（鶏鳴　東方重坂乎）、万葉4094（鶏鳴東国乃《の》）、万葉4131（等里我奈久　安豆麻乎《を》佐《さ》之《し》天《て》）、万葉4331（登利我奈久　安豆麻乎《を》能《の》故《こ》波《は》）、万葉4333（等里我奈久　安豆麻乎《を》等《と》故《こ》能《の》）などがあり、全部で九首があるようです。

なぜ、トリガナクがアヅマ（吾妻・東・安豆麻）に懸かる枕詞となるのかについて、「日本語の起源」（大野晋著・岩波新書）という本の五八頁には次のように書いてあります。「万葉集では、アズマは、しばしばトリガナクという枕詞をつけて歌われている。『鶏が鳴く』というのは、これまでいろいろに解釈されてきたが、これは、アズマの言語が、鶏の鳴くように聞えるというところから起ったものに相異ない。古代の人は、自分に分からない言葉に対して、しばしば、鳥がさえずるようだとか、モズが鳴くようだとかいう比喩を用いた。トリガナクもその一種で、アズマの人々の発音は、都の人には異様に聞こえたので、そうした枕詞を作り出したものであろう」。日本古典文學大系「萬葉集」（岩波書店）の注釈でも、岩波古語辞典でも同じようなことが書いてあります。それは、その編集に同じ学者が関係しているからです。

しかしながら、やや感性に過ぎた穿《うが》った説明のように思われます。なぜならば、この枕詞での鳥というのはニワトリの雄鶏《おんどり》のことであり、夜明けの頃に日本人には「コケコッコー」と聴きなせるように鳴きます。また、モズは木のてっぺんなどに止まってキーキーキーのような鋭い声をだして鳴くのです。したがって、アズマの人々の言語が少々変わっているとしても雄鶏やモズが鳴くように聞こえる筈がないからです。上述の本で「古代の人は、自分に分からない言葉に対して、しばしば、鳥がさえずるようだとか、モズが鳴くようだとかいう比喩を用いた」ということですが、そのように比喩で用いた実例がどこにあるかを挙げて貰わないことには、ほんとうかどうかを信じることはできません。また、万葉集の歌の中で度々使われている言葉が、そのような東北の人々を軽んずることにもなりかねない後ろ向きの言葉としてつくられたとは到底思われないのです。そこで本書の考えている新説を次にご紹介します。

「鶏《とり》が鳴く東《あづま》」は、一定の長さの文句が縮められた表現と思われるのです。つまり、そもそもは「**鶏が鳴く頃に夜が明けて朝がくる方角の東**」という文句を「**鶏が鳴く東**」に縮めたものであり、これがこの枕詞の意味であり語源と思われます。

アズマという言葉の意味を考えてみると、一音節読みで盎はアンと読み程度が甚だしいことを表現するときに「とても、非常に、著しく」などの意味で使われます。姿はヅ、曼はマンと読み、形容詞で使うときは共に「美しい」の意味があります。つまり、アヅマは**盎姿曼**であり**「とても美しい（所）」**という意味の言葉なのです。したがって、アヅマの頭に付く枕詞が「鶏が鳴くように異様に聞こえるから」というのでは整合性がなくなるのです。

現在ではアヅマはアズマと書き、漢字では吾妻とも書かれますがこれは当て字です。ただ、吾妻を字義通りに直訳すると吾姿曼のことであり、「私の美しい（人）」の意味になります。つまり、ツマ（姿曼）は直訳すると「美しい（人）」という意味です。昔は、連れ合い同士で男が女のことを妻《つま》、女が男のことを夫《つま》といいました。

○トリヨロフ（万葉集の言葉）

これは、これは、第三四代の舒明《じょめい》天皇が詠んだとされる万葉集の二番目の長歌にでてくる言葉です。

大和《やまと》には　群山《むらやま》あれど　とりよろふ（取与呂布）
天の香具山　・・・　（万葉2）

日本古典文學大系の「萬葉集一」（岩波書店）の頭注では、「とりよろふ―ヨロフは都に近くある意。↓補注」と書かれています。そこで、補注をみると次のように書いてあります。

「この句他例なく、意味不明。トリは接頭語として用いられたものかと思われるが、万葉集中、トリ・・・と複合した動詞では、トリはやはり手に取るという意味が、はっきり残っているものが多い。してみるとこの場合の解釈は、このままではほとんど不可能となる。あるいは当時何か香具山に関する伝承があって、当時の人々にはすぐに理解出来ることであったかもしれない。今仮りに、ヨルを寄ると解し、ヨロフを寄ろふとする意見（春日政治博士）に従い、都に近く寄っている意と見ておく。なお考うべき言葉である」。

しかしながら、この言葉の意味はさほど難しいこととは思われません。一音節読みで、都はト、麗はリ、優はヨウ、柔はロウ、膚はフと読み、形容詞として使うときは、いづれも「美しい」の意味があります。つまり、トリヨロフは**都麗優柔膚**の多少の訛り読みであり**「美しい」**の意味になっています。従って、「とりよろふ　天の香具山」は**「美しい　天の香具山」**の意味になり、これがこの言葉の語源と思われます。

なお、この言葉の意味に相当する漢字はいくらでもあるので、もし万葉歌でなければ、例えば、万葉仮名の取与呂布ではなくて「美麗」という熟語を「とりよろふ」と訓読する、つまり、「美麗《とりよろふ》」と訓読してもよかったと思われます。

○**ナラ**（奈良）

ナラは現在の奈良県のナラのことですが、この地は元明天皇以後、七朝七五年間（元明天皇が七一〇年に奈良に遷都してから桓武天皇が七八四年に京都の長岡京へ遷都するまで）のわが国の帝都として栄えた所です。七九四年には京都の平安京へ再遷都します。

漢字では通常は**奈良**と書きますが、その字義については、奈は一音節読みでナと読む娜のことであり「美しい」の意味、良は「よい、良好な」の意味ですから直訳では「美しい良い（所）」の意味になっています。平城とも書きますが、直訳では「平和な宮城《みやこ》（の所）」の意味のようです。

ナラという仮名言葉については、古くは那良や那羅などとも書かれてその音声が利用されています。**ナラ**という仮名言葉の意味についていいますと、一音節読みで娜はナと読み「美しい」の意味、壌はランと読み「土、土壌、土地」などの意味があります。つまり、ナラは**娜壌**であり直訳すると**「美しい土地」**の意味になり、これがこの言葉の語源であることは間違いないと思われます。

巷《ちまた》の語源説としては、日本書紀の崇神紀十年の条に「則ち精兵を率して、進みて那羅山に登りて軍す。時に官軍屯聚《いは》みて草木を蹢跙《ふみなら》す。因りて其の山を号《なづ》けて那羅山と曰ふ。蹢跙、此をば布瀰那羅須《ふみならす》と云ふ」の記事があることから、ナラは「跙《なら》す（那羅す）」から来たとしているものがあります。ここでの「屯聚」は「大勢《おおぜい》の軍隊が駐屯すること」ですが、「草木を蹢跙《ふみなら》す」とは「草木をどうすること」なのでしょうか。岩波文庫の日本書紀の注には「蹢は、たたずむ・たちもとおる意、跙は、行きなやむ意」と書いてありますが、蹢跙がいかなる意味かは書いてありません。現在では「ふみならす」は「踏み平《なら》す」や「踏み均《なら》す」と書き「踏んで平坦にする」の意味で使われます。それにしても、山地をいくら踏み均しても平地にはならず、奈良山にしても平地にはなっていません。また、首都の名称が山の名称から来たというのは納得しにくいことのように思われます。

また、十五世紀からのハングル朝鮮語の「国」という意味のナラ（나라）から来たという説もありますが、この説は一層納得しがたいものです。なぜならば、朝鮮には現在まで残された古代文献は存在しないので古代朝鮮語にナラという言葉があったかどうかは不明であるし、そのことよりも古代日本人の関心はシナ文化に向けられていたのであり、朝鮮文化などはまったく眼中になかったからです。ただ、朝鮮は漢字文化圏でありその影響を受けているので、後世のハングル朝鮮語におけるナラは、語源上は、日本語のナラと似たものになっているかも知れません。

○ハニワ（埴輪）

ハニワは、漢字では埴輪と書きます。漢語辞典によれば、一音節読みで「埴」はチと読み黄粘土のこととされています。したがって、漢字の埴輪を直訳すると「黄粘土の輪」の意味になっています。

日本書紀の垂仁紀三二年の条に、次のように書かれています。「能見宿禰《すくね》、進みて曰《まう》さく、『夫《そ》れ君王の陵墓に、生人《いきたるひと》を埋み立つるは、是不良《これさがな》し。豈後葉《あにのちのよ》に伝ふること得む。・・・』。中略。自ら土部《はじべたち》等を領《つか》ひて、埴《はにつち》を取りて人・馬及び種種の物の形を造《つく》りて、天皇に献《たてまつ》りて曰《まう》さく、『今より以後、是の土物《はに》を以て生人に更易《か》へて、陵墓に樹《た》てて、後葉《のちのよ》の法則とせむ』とまうす。中略。仍《よ》りて是の土物《はに》を号《なづ》けて埴輪《はにわ》と謂《い》ふ。亦は立物《たてもの》と名《なづ》く」。

一音節読みで、凡はハンと読み「人」の意味があり、泥はニと読み「泥《どろ》」の意味です。したがって、ハニは凡泥であり、人泥、つまり、泥人形の意味になります。丸はワンと読みますが、輪は丸いものなのでその多少の訛り読みを転用して訓読でワと読みます。つまり、埴輪とは**凡泥輪**であり、直訳すると**「泥人形の輪」**の意味になり、これがこの言葉の語源です。

なぜ輪なのかというと、そもそもは、原則として、陵墓の周りに輪状をなして立てる意図でつくられたものだったからと思われます。

日本書紀（岩波文庫）の注釈には「ハニワは、輪のように立てるので、輪《ワ》に注目してハニワといい、立てる点に注目してタテモノという」と書いてあります。埴輪は、そもそもは生きたまま犠牲となる人々を哀れんで、代わりにつくることになったものなので、人間以外の種種《いろいろ》なものがつくられたとしても、人間に関係した意味になっています。

○**フトマニ**（太占）

古代における卜占《ぼくせん》の一種で、鹿の肩骨を焼いたときに、それが裂けてできた模様によって「吉凶を占う」とされています。

古事記では、イザナギとイザナミの国生みの下りに「布斗麻邇」、垂仁天皇の本牟智和気《ほむちわけ》王の下りに「布斗摩邇」とでており、岩波文庫の古事記では、共に「太占《ふとまに》」と書替え振仮名して読んであります。

日本書紀では、同じイザナギとイザナミの国生みの下りに、「太占《ふとまに》を以《も》て卜合《うら》ふ。中略。太占、此をば布刀磨爾《ふとまに》と云ふ」と振仮名して読んであります。

一音節読みで、符はフと読み「前兆、予兆」、つまり、英語でいうところのomenの意味があります。読はトと読み「読む、読み取る」の意味です。満はマンと読み「満たす」、寧はニンと読み「平和な、平穏な」などの意味です。

つまり、フトマニは、**符読満寧**の多少の訛り読みであり直訳すると**「前兆を読み取って、平和で満たすための（占い）」**の意味になり、これがこの言葉の語源と思われます。

吉凶を占う目的は、そもそもは凶事を避け吉事を行うためのものであることから、このような意味になっているもののようです。

○マツシダス（万葉集の言葉）

万葉集の歌はすべて漢字で書かれています。ご存知のように万葉集のもともとの原典は残されておらず、写本の原典があるだけです。次のような歌が詠まれています。

和我世古平《わがせこを》　夜麻登敝夜利弖《やまとへやりて》　麻都之太須《マツシダス》
安思我良夜麻乃《あしがらやまの》　須疑乃《すぎの》木能末可
（万葉３３６３）

日本古典文學大系「萬葉集三」（岩波書店）では、この歌は次のように読み下されています。

わが背子を大和へ遣《や》りてまつしだす
足柄山の杉の木《こ》の間か　（万葉３３６３）

その頭注では次のように説明してあります。「まつしだす――古来難解、諸説がある。原文、都之は都々の誤で、待ちつつ立つ意か。〔大意〕わが背子を大和へ遣って待ちつつ立つ足柄山の杉の木の間よ、ああ」。

しかしながら、そのような大意では、なんのことかさっぱり分からないのであり、「都之は都々の誤り」というのも不可解であるうえに、「まつしだす」が古来難解といっても「能末可」を「のみか（能未可）」と読み、この歌が詠まれたときの状況を推測すれば、その意味は簡単ではないかと思われます。

つまり、もともとの原典は手書きであったと思われるので、末と未の字は似ていることからどちらか見分けが付きにくいように書かれていたのかどうかは分かりませんが、転写の際に「まつしだす」の意味が不明であったこともあって未ではなく末の字と見做してしまったものと思われます。ほんとうは、「木能末可（木の間か）」ではなくて、「木能未可（木《き》のみか）」だったと思われるのです。万葉仮名では末はマ、未はミと読むとされています。

一音節読みで、満はマンと読み副詞では「満足に、十分に、完全に」などの意味があります。伺はツと読み「伺い見る」、視はシと読み「じっと見る」、眈はタンと読み「睨み見る」、覩はスと読み「覗き見る」の意味であり、細かい意味は少々異なっても「見る」の意味の字が四つ重なったものになっています。つまり、**マツシダス**とは**満伺視眈覩**の多少の訛り読みであり、直訳すると**「満足に見る、十分に見る、完全に見る」**などの意味になり、これがこの言葉の語源です。

したがって、先ず、この歌は読み方を変えるべきであり「わが背子を大和へ遣《や》りてまつしだす足柄山の杉の木のみか」と読み、その歌意は**「私の夫を大和へ出したのだが、夫を満足に見れるのは、足柄山の杉の木のみではなかろうか」**と解釈すべきものです。高い山の上に生える高い杉だからこそ見えるのではないかという歌意なのです。

○マホロバ・マホラマ（記紀の言葉）

日本の古代に、日本の国を褒め称える言葉として、マホロバ、マホラマ、および、マホラという言葉があります。

古事記では、倭建命《やまとたけるのみこと》の薨去《こうきょ》の条に、この命《みこと》が詠んだとされる次のような歌があり、原文では括弧内におけるように、漢字だけで書かれています。

倭は　国のまほろば　たたなづく　青垣
山隠《ごも》れる　倭しうるはし
（夜麻登波　久爾能麻本呂婆　多多那豆久　阿袁加岐　夜麻碁母礼流　夜麻登志宇流波斯）
（歌番三一）

日本書紀では、景行紀十七年三月の条で、倭建命をこき使った景行天皇の歌として次のような歌が挙げられています。

倭は　国のまほらま　畳《たたな》づく
青垣　山籠《こも》れる　倭し麗し
（夜摩苔波　区珥能摩倍邏摩、多々儺豆久、
阿烏伽枳、夜摩許莽例屢、夜摩苔之于屢破試）

万葉集の長歌に、マホラ（麻保良）という言葉の入った、次のような歌が詠まれています。

聞《きこ》し食《お》す　国のまほらぞ　かにかくに　欲しき
まにまに　然《しか》にはあらじか　（万葉８００）
（企許斯遠周　久尒能麻保良叙　可尒迦久尒
保志伎麻尒麻尒　斯可尒波阿羅慈迦）

古事記のマホロバ（麻本呂婆）についていうと、一音節読みで、各漢字は次のような意味があります。

蛮はマンと読み「とても、非常に」。
和はホと読み「平和な」。
栄はロンと読み「栄える、栄えた」。
棒はバンと読み「良い、素晴しい」。

つまり、**マホロバ**は**蛮和栄棒**の多少の訛り読みであり、直訳すると**「とても、平和な、栄える、素晴しい（所）」**の意味になり、これがこの言葉の語源と思われます。倭建命は、大和王権に服従しない全国の荒ぶる相手を征伐して回っていたので、大和はそのようなところに見えたのでしょう。

日本書紀のマホラマ（摩倍邏摩）についていうと、一音節読みで、マとホはマホロバの項で上述したとおりです。

穣はランと読み「豊穣な、豊かな」。
曼はマンと読み「美しい」。

の意味があります。つまり、**マホラマ**は**蛮和穣曼**の多少の訛り読みであり、直訳するとは**「とても、平和な、豊かな、美しい（所）」**の意味になり、これがこの言葉の語源と思われます。

万葉集のマホラ（麻保良）についていうと、マホラは**蛮和穣**であり、**「とても、平和な、豊かな（所）」**

の意味と思われます。

古事記（岩波文庫）の解説には、マホロバについて、「もっともすぐれた国、書紀にはマホラマとある。ロバはラマの転音であろう。マは接頭語、ホは秀、ラマは確実性をあらわす接尾語。」と説明してあります。

日本書紀（岩波文庫）の解説には、マホラマについて、「倭は最もすぐれた国。マ（真）ホ（秀）ラ（状態を示す接尾辞）マ（場）。」と説明してあります。

日本古典文學大系「萬葉集二」（岩波書店）の解説には、マホラについて、「国のまほらぞ―国のすぐれた処である。マホラのマは美称の接頭語。ホは傑出、突出したもの、ところ。ラはイヅラ（何方）・コチラ（此方）などのラと同義。漠然と場所を示す接尾語。」と説明してあります。

ただ、上代では「秀《ひい》でる」の意味で秀をホと読んだ確かな実例はないようです。

○ミソギ（禊）

ミソギは漢字で「禊」と書きます。そもそもは、古代中国で春秋の両季において「水辺で挙行した宗教的祭礼」とされています。これが日本に導入されて「水で身を清める宗教的儀式」となったのです。

古事記には、イザナギが、死んだ妻のイザナミを慕って黄泉国まで追慕して行ったのに、黄泉国ではイザナミが蛆《うじ》となっている醜態を盗み見て驚いて逃げ帰ったときのこととして、次のような記述があります。

「伊邪那伎大神詔《の》りたまひしく、『吾は穢《きたな》き国に到りてありけり。故、吾は御身の禊《みそぎ》為《せ》む』とのりたまひて禊祓《はら》ひたまひき」。

一音節読みで、瀰はミと読み「水」、溲はソウと読み「洗う」、瑰はギと読み「美しい」の意味があります。つまり、ミソギとは、**瀰溲瑰**の多少の訛り読みであり、直訳すると**「水で洗って美しくする」**の意味になり、これがこの言葉の語源です。表現を変えると、「身を清める」の意味になります。

最近では、社会的に高い立場にある人が、不祥事に関係したときに一定の責任をとることをも指すようになっています。例えば、日本のある総理大臣は、女との不倫情事がばれて「禊をする」として、政党の代表を辞めて四国へのお遍路をしたことがあります。

◯モガリ（殯）

大言海には、殯《もがり》について、「天皇崩御《ホウギョ》アリテ、暫《シバ》シ霊柩《レイキュウ》ニ収メ置キ奉ルコト」と説明してあります。霊柩とは「死体を入れた棺桶《かんおけ》」のことです。

日本書紀の孝徳紀大化二年三月の甲甲《きのえさるのひ》の条に「凡王《オヨソオホキミ》 以下、庶民ニ至ルマデ、殯ヲ営ムヲ得ズ（不得営殯）」と書かれています。ここでの王とは、天皇の子供のことを指します。

一音節読みで、没はモと読み「死ぬ」の意味ですが、この言葉では敷衍して「死体」の意味になっています。棺はカンと読み「ひつぎ、棺桶」の意味、理はリと読み「管理する」の意味があります。つまり、モガリは**没棺理**であり直訳すると**「死体と棺桶を管理する（こと）」**の意味になり、これがこの言葉の語源です。

◯ヤスミシシ（万葉集の言葉）

この言葉は、最初にでてくるのは万葉集の三番目の長歌であり、以降、万葉歌においてたびたびでてくる言葉です。

やすみしし（八隅知之）　我大王《おほきみ》の　朝《あした》には
とり撫《な》でたまひ　夕《ゆふべ》には　い倚《よ》り立たしし
・・・　（万葉3）

「やすみしし」という言葉について、日本古典文學大系「萬葉集一」（岩波書店）の頭注では「枕詞。ワガオホキミ・ワゴオホキミにかかる。↓補注」とあり、その補注をみると、「やすみしし」について次のように書いてあります。

「用字法を見ると、『八隅知之』『安見知之』『安美知之』などがある。これによって、八方を統べ治めるの意があると見る説と、安らかに見そなわす意と見る説が分れる。八方を統べ治めるという考えは、極めて中国的な発想法であると考えられるので、本来、行われていたヤスミシシに対して、中国の影響をうけるようになってから八隅知之という文字が用いられるようになったものかもしれない」。

古語辞典によれば、「見そなわす」とは「見る」の尊敬語とされています。しかしながら、この補注の説明では、ヤスミシシはいかなる理由で「八方を統べ治めるの意」や「安らかに見そなわす意」に解釈できるのか少しも明らかではありません。この言葉は、我大王にかかる修飾語なので、そう難しく考えなくても、単純に我大王を褒め称える言葉と理解した方がよいと思われます。そこで、本書では、次のような新説を披露します。

一音節読みで、雅はヤ、淑はス、靡はミと読み、いづれも「美しい」の意味があります。煕と晰は、共にシと読み、共に「光り輝く」の意味です。したがって、ヤスミシシとは、**雅淑靡煕晰**であり直訳すると**「美しく光り輝く」**の意味になります。そうしますと、「やすみしし　我大王」とは**「美しく光り輝く　我大王」**の意味になり、これがこの言葉の語源と思われます。

○ヤブサメ（流鏑馬）

日本書紀の天武紀九年九月の条に「『馬的射《うまゆみい》』させたまふ」とあり、これは後世の「流鏑馬」になったのではないかとされています。ブリタニカ国際大百科事典によれば、平安時代の新猿楽記（一〇五七）に流鏑馬の名称が初出しているとされます。大言海によれば、平安時代の中右記（一〇七八～一一三八）に「今日御覧流鏑馬、武者十二人」、今鏡（一一七〇）に「鳥羽ニテ、白河ノ院ノ、やぶさめトイフコト御覧ジケルニ」とあることが紹介されています。

ヤブサメは、疾走する馬上から矢で的を射る技で、平家や源氏などの武士階級が台頭してきた平安時代末頃からだんだん行われるようになり、鎌倉時代以降に盛んに行われるようになった武士階級の行事の一つです。現在でも続いており、神社の祭礼の際などに行われています。漢字では、「流鏑馬」と書かれます。

流鏑馬という漢字言葉の意味を考えてみますと、一音節読みで流はリュウと読みますが劉に通じていて、劉には「殺す」の意味があります。鏑《かぶら》は矢の一種で鏑矢といいます。流鏑馬は、字の順序どおりで直訳すると「殺す、鏑矢で、馬から」の意味になります。順序を変えていうと**「馬上から鏑矢で射殺す（こと）」**の意味になっているようです。

ヤブサメという仮名言葉の語源の意味を考えてみますと、一音節読みで、揚はヤンと読み「称揚する」の意味があります。武はブと読み「武芸、武道」の意味、賛はサンと読み「賞賛する、褒め称える」の意味があります。勉はミィエンと読み「勉める、励む」の意味ですが、この言葉においては武芸についてそうであるということです。

つまり、ヤブサメは、**揚武賛勉**の多少の訛り読みであり、直訳すると**「武芸を称揚し、励むことを賞賛する（行事）」**の意味になり、これがこの言葉の語源と思われます。少し意訳すると「武芸を称揚し、武芸に励むことを賞賛する（行事）」になります。

四　日本語について

㈠原日本語は古代日本語になったか

日本語の起源や由来に関して、学問的に解決すべき最大の問題の一つは**「音声言葉であった原日本語は、文字言葉としての古代日本語になったか」**ということです。この問題が解決されないから、「日本語の起源」とか「日本語の由来」とか、殆ど「遊び」としか思えない無用の研究が継続されるのです。

日本の多くの言語・国語学者の著書を見ると、原日本語は古代日本語になっていると見做しているようですが、古来そのことを証明した人は誰もいないことからも、ほんとうかどうか疑われます。本書では、漢字が伝来する前の**音声言葉**を**「原日本語」**、漢字が伝来してから以降の**文字言葉**を**「古代日本語」**と称することにしています。古代日本語は、古事記、日本書紀、万葉集などに記載された古い大和言葉、つまり、古い時代につくられたと思われる日本語のことを指します。

太古の日本民族も音声言葉をもっていたことは間違いありません。現在のどんな未開民族にも、文字はなくても音声言葉はあるからです。

日本語は北方のウラル・アルタイ語系統の言語であるとか、南方のマライ・ポリネシア語系統の言語であるとかその他の様々な説が探求され云々されますが、もしそうであるとしてもそれは音声言葉であった原日本語についての話であり、原日本語が古代日本語になっていなければ、古事記、日本書紀、万葉集などに残された古代から現代まで連綿と続く日本語とはなんの関係もないことになり探求しても殆ど価値はないといえます。したがって、本書では、北方からきたとか南方からきたとかよりも先に、原日本語は古代日本語になったのかどうかを探求すべきだと思っています。しかしながら、日本の言語・国語界ではそのことは探求されずに、原日本語が古代日本語になっているのは当然のこととされているようです。

本書では**「原日本語は古代日本語になっていない」**と考えています。**「古代日本語は、漢字導入後に漢字からつくられた」**のです。

なぜならば、第一に、原日本語が古代日本語になったことを証明した人はおらず、証明されてはいないからです。原日本語のような音声言葉は、話された途端に消失してしまい、なにも残っていないので証明しようがないのです。

第二に、殆んどすべての仮名言葉、つまり、日本語は漢字からその意味を解読できるようだからです。もし、古代日本語が原日本語からきたものならば、漢字とは関係ない筈ですから、漢字からその意味を解読できるとは思われません。

にもかかわらず、日本の言語・国語界では、まったく反対のことをいう学者がいます。この人たちの言説によって、言語・国語界の研究は束縛されているのです。例えば、東京帝国大学文学部教授であった高名な日本の言語・国語学者である橋本進吉（一八八二〜一九四五）著の「国語學概論」（橋本進吉著・岩波書店・橋本進吉博士著作集刊行委員会　昭和二十一年十二月第一刷）という本があり、その一一五頁以下には、次のように書いてあります。「しかるに、漢字漢文に熟するにつれて、その訳語や訳し方が次第に一定し、一々の漢字や句法に、きまつた日本語の単語や句法が常に用ゐられるやうになると、漢字と日本語との間に密接な関係が生じて、遂に漢字が日本語を表はすやうになり、漢字を直接に日本語で読み、日本語を書く爲に漢字を用ゐるやうになつたものと思はれる（例えば『人』の字は、初はジン又はニンとのみ読み、又ジン、ニンといふ支那語を表はす爲にのみ用ゐられたが、『人』の訳語として、いつもヒトといふ日本語が用ゐられると、遂に『人』を直接にヒトと読み、又ヒトといふ語を示す爲に『人』の字を用ゐるやうになつた）。かやうに漢字の訳語としてきまつた日本語を、その字の訓といふ。かやうにして、日本では、漢字は単に漢文漢語に用ゐられるばかりでなく、純粋の日本語を表はす爲にも用ゐられる」。

この本における「決まつた日本語」とは、明確に書くことは避けてあるけれども「音声言葉であった原日本語」ということです。この部分を分かり易くいえば「漢語漢字に習熟するにつれて、導入した漢字を音声言葉であった日本語で読み、日本に存在した音声言葉を漢字で書くようになった」と書いてあるのです。ということは、巧妙ないい回しで「音声言葉であった原日本語は文字化された」と書いてあることになります。また、漢語から導入した「人」という漢字に、原日本語に音声言葉として存在した「ヒト」という言葉を当てて訓読したと書いてあります。しかしながら、本気でいっているのか故意でいっているのかは分かりませんが、この言説が誤解であることは間違いないと思われます。ほんとうは逆であって、「人」という字に対して「ヒト」という言葉が新たにつくられて、「人」を「ヒト」と読むことにしたのです。

「ヒト」の語源についていいますと、一音節読みで斐はフェイと読み「優れている」こと、特に、思考能力や言語能力に優れていることを意味します。動はトンと読み名詞では「動物」の意味があります。つまり、ヒトは**斐動**の多少の訛り読みであり、直訳すると**「優れた動物」**の意味になり、これがヒトという言葉の語源と思われます。

なお、橋本進吉という人は「上代特殊仮名遣」として漢字仮名のキ・ヒ・ミ・ケ・ヘ・メ・コ・ソ・ト・ノ・モ・ロ・ヨの十三音に甲類と乙類の音があることの再発見者として有名ですが、文字は異なって書かれているとしても本当に異なる甲類と乙類とがあり発音上どのように異なったのかという問題と、現実にそのことが古代日本語の研究にどの様にどの程度の貢献をしているのかという問題があるのです。

橋本進吉博士の教え子の学者が書いた「日本語をさかのぼる」（東京大学文学部国文科卒・学習院大学文学部教授大野晋（一九一九～二〇〇八）著・岩波新書）という本の十九頁には、「ヤマトコトバの意味を鮮明に受け取るためには、われわれはひとまず漢字を離れなければならない。ことにヤマトコトバの根源を知ろうとする際には、漢字に頼って考えてはならないのである。中略。さて、語の意味を知るには、ともかく数多くの用例を持つことが必要である。それは現代の例だけでなく、さかのぼって、古代にまでそれを求め、個々の例を、文脈に従ってこまかく解釈しなくてはならない」。

しかしながら、拙著の「人体語源と新音義説」の十五頁以下に述べたごとく、それでは正しい語源に基づく「正しい意味」はでてこない場合が極めて多いのです。この人は、数年間ベストセラーの仲間入りをしたとされる「日本語の起源」という本を書いていますが、いろいろ下拵えをしてある点では良本といえても、結論をいえば、日本語の起源、つまり、日本語の正体をまやかすために書かれたものではないかと疑われます。

第三に、原日本語のような音声言葉は、語彙数、つまり、言葉の数は非常に少なかったと思われるのであり、語彙数の上で漢語から導入した文字言葉に対応できたのかという問題もあります。例えば、音声言葉だけのアイヌ語の語彙数は最大五〇〇〜六〇〇語程度ではなかったかとされています。

おおよそ日本の古墳時代（日本の古墳時代は三世紀中頃から六世紀末頃までの約三五〇年間）に相当するシナの六朝時代（二二二〜五八九年）には、シナの漢字は字数だけで一万八千字程度あったのではないか（『二重言語国家・日本』石川九楊著十九頁）とされているので、語彙数は更にたくさんあったのです。当時の音声言葉だけであった日本語の語彙数が対応できたとは到底思われません。

また、「古典対照語い表」（宮島達夫編）によれば、万葉集における「異なり語彙《ごい》数」は六五〇五語とされているので、当時の音声言葉と釣合いがとれていないように思えるのです。

以上のようなことから、古代日本語は新たにつくられた言葉である可能性が高いのであり、このことは間違いないと思われます。つまり、音声言葉であった原日本語は、文字言葉である古代日本語にはなっていないのです。

(二) 古墳時代は日本語作成の全盛時代

日本人は、シナの歴史書に記録が残されていることから、遅くとも紀元一世紀頃には漢字の存在を知っていたと思われます。シナの歴史書には、次のような記録が残されていることは広く知られていることです。

①西暦57年、倭の奴国王、後漢に遣使、光武帝これに印綬を授ける。(後漢書)。
②西暦107年、倭国王師升ら、後漢の安帝に朝貢する(後漢書)。
③西暦239年、卑弥呼、難升米らを魏に派遣し、明帝から親魏倭王に任ぜられ、金印紫綬を与えられる。(三国志・魏志倭人伝)。

紀元一世紀は日本の弥生時代の後半に相当するとされ、卑弥呼の頃は弥生時代の末期頃とされて、次の古墳時代につながります。

シナでは、殷—周—春秋戦国—秦—前漢—新を経た後の、後漢(八～二二〇)の滅亡から隋(五八九～六一八)によって統一されるまでの約四〇〇年間を、南方王朝の六代をとって六朝時代(呉・東晋・宋・齊・梁・陳)といいますが、この時代を更に順番に(i)三国時代(魏・呉・蜀)、(ii)晋《しん》時代(西晋・東晋)、(iii)五胡十六国時代(ほぼ東晋時代と同時代)、(iv)南北朝時代(南朝の宋・齊・梁・陳、北朝の北魏)の四時代に区分します。

日本の古墳時代は、シナでは魏・呉・蜀の三国時代(二二〇～二八〇)中頃から、その後の晋《しん》時代(二六五～四二〇)、南北朝時代(四二〇～五八九)を経て、隋(五八九～六一八)までのおおよそ三五〇年間に相当します。

日本の古墳時代は三世紀中頃か六世紀末頃までの約三五〇年間程度とされますが、この時代の天皇は、第十五代の応神から第三二代の崇峻(五九二年に謀殺される)あたりまでとされています。

シナの六朝時代の四番目に当る南北朝時代の宋(四二〇～四七九)の正史である宋書には、倭の五王(讃・珍・済・興・武)が朝貢したことが記録されており、遣宋使は十回程度にも及んだとされていますが、この五王は、応神、仁徳の後の「履中《りちゅう》、反正《はんぜい》、允恭《いんぎょう》、安康《あんこう》、雄略《ゆうりゃく》」あたりの天皇ではないかとされ、この時代は日本の古墳時代に含まれます。紀元一世紀以降も日本はシナとの交流を続けていたのです。

その朝貢の目的は封冊体制下での日本側からの官位の要求が記載されていますが、文化の導入、特には漢字文化の導入のこともあったのではないかと推測されます。

日本の歴史書である古事記（七一二）や日本書紀（七二〇）には、紀元一世紀の遺後漢使のこと、更に三世紀の遺魏使のことも五世紀の遺宋使のことも記録されていませんが、これらはシナの封冊体制下での官位の要求のことであるため敢えて記載されなかったのではないかとの見解もあります。日本書紀には遺呉使をだして呉（二二二〜二八〇）とは交流があったことが、次のように記録されています。

・応神紀三十七年二月条に、「阿知使主《あちのおみ》・都加使主《つかのおみ》を呉に遣《つかは》して、縫工女《きぬぬひめ》を求めしむ」。
・同四十一年二月条に、「阿知使主等、呉より筑紫に至る」。
・仁徳紀五十八年十月条に、「呉国・高麗国、並に朝貢る《みつきたてまつ》」。
・雄略紀六年四月条に、「呉国、使を遣《まだ》して貢献《ものたてまつ》る」。
・同八年二月条に、「身狭村主青・檜隈民使博徳《はかとこ》をして呉国に使《つかは》しむ」。
・同十二年夏の条に、「身狭村主青と檜隈民使博徳とを、呉に出使《つかは》す」。
・同十四年春の条に、「呉国の使と共に、（中略）、衣縫の兄媛・弟媛を将《ゐ》て、住吉津に泊る」
・同年夏の条に、「天皇、(中略)、呉人に饗《あへ》たまふ」。

しかしながら、応神、仁徳は三世紀後半から四世紀にかけての天皇、雄略は五世紀後半頃の天皇とされているので、年代が合わないことから、この呉とはシナ王朝の意味であり、遺宋使のことと重複しているのではないかとされています。

日本では、文字のある最も古い遺物としては、シナで前漢という王朝の後に極めて短期間誕生した紀元一世紀の「新」という王朝（八〜二三）の王莽《おうもう》の発行した「貨泉」という銅貨が一〇数枚発見されており、また、後漢書に記載された遣後漢使の記述に相応する福岡県から出土した「漢委奴国王」印などがあります。

文になっているものは、古墳時代のものには古墳から象嵌《ぞうがん》銘文のある刀剣が発見されています。著名なものでは、熊本県玉名郡の江田船山古墳（銀象嵌・漢字七五字）、埼玉県行田市の稲荷山古墳（金象嵌・漢字一一五字）などがありますが、古墳時代の初期（三世紀中頃）、中期、末期（六世紀末頃）のどの時期のものかなどは分からないとされています。また、多くの装飾古墳が発見されていますがその装飾模様の中に文字が書かれたものはないようです。これらの象嵌銘文が漢字で書かれていることは、漢字の意味が理解されてきたことを示していると思われます。

紀元一世紀から古墳時代までについて、以上述べてきたもの以外にこれといった資料も存在しないので、言葉、つまり、言語についてはどのようになっていたのかまったく分からないのです。たぶん、漢字は導入され続けていたと思われますが、古代日本語とどのように関わっていたのか等の経過は分からないのです。既に、紙はシナの後漢時代の二世紀初頭の一〇五年には蔡倫により発明されており、シナでは紙文献が存在しているのに、シナとの交流があったにもかかわらず、日本書紀によれば日本には「紙の製法」は西暦六一〇年まで伝わったとされず、紙文献の遺稿も一切ないのはなぜなのか謎とされています。

にもかかわらず、本書では、漢字の訓読に使われる日本の仮名言葉は漢字の導入後に漢字から徐々につくられ続けて、それは古墳時代に最も盛んになったと思っています。つまり、**「古墳時代は日本語作成の全盛時代」**と推測しています。それは、次のような理由によります。

①古事記や日本書紀によれば、応神天皇の時代に日本からの賢人要請により古事記では百済の和邇吉師《わにきし》、日本書紀では百済の王仁《わに》という人物が日本に派遣され論語十巻と千字文一巻、併せて十一巻を伝えたと書かれています。応神天皇

は日本の古墳時代の初期頃の天皇です。この記事は、日本国が漢字から言葉をつくるのに人材と資料を必要としていたことを示すのではないかと思われること。

②本書では、古代日本語、つまり、大和言葉は漢字からできていると推測しているので、漢字の導入以降どこかの時代に作成されたに違いなく、それは天皇記・国記が書かれたとされる飛鳥時代に近い古墳時代に最も盛んに行われたと見做すのが適当であること。

③古事記や日本書紀での神代時代の記述に言葉をつくっているらしい記述があること。これは、古墳時代に言葉がつくられていたことに引続いて、飛鳥時代にも奈良時代にも言葉がつくり続けられていたことを示すのではないかと推測されること。

④古墳時代に相当する時代にシナの呉や宋にたびたび朝貢しているのは、言葉をつくるのに漢字の知識が必要であったことも一因であるかも知れないこと。

⑤純粋な日本語とされる仮名言葉は、一義的には漢字に対する説明言葉、或いは、解釈言葉なので、言葉をつくる前に各漢字とその字義を確かめておく必要もあって朝貢を続けたと思われること。

⑥王権が確立して、仁徳天皇陵とされる前方後円墳その他の多くの古墳がつくられた時期であり、文化的にも言葉の充実が企画されたと思われること。

⑦シナに遣隋使を派遣したり、国内では法華経を講義したり十七条憲法などをつくった聖徳太子が活躍した飛鳥時代に最も近い時代であること。

日本人は遅くとも紀元一世紀頃には漢字に接して文字言葉の存在を知ったと思われますが、当時、日本には文字はなかったので、それまでの日本語は**音声言葉**だったのです。漢字を導入しても当初は刀剣の象嵌銘文なども漢語漢文を真似て書いてその発音をそのまま真似て読んでいたと思われます。そのうちに自分たちの言葉を**文字言葉**にしたいという欲求がでてきて、文字を新たにつくるか漢字をそのまま使用するかが課題となり後者にすることにしたのですが、日本語としては各々の漢字をどのような音声で読むかということが課題になったと思われます。そして、万葉仮名におけるような日本語としての読み方がつくられたのです。次に、日本語は音声言葉であった原日本語を単に文字化したものにするか、漢語漢字を素材として新たにつくる言葉にするかということが課題になったと思われます。そして後者にすることになったのです。その他、次に示すような、新たに日本語をつくるについてのおおまかな基本原則が立てられて文字言葉がつくられ続け、その作成は古墳時代に入ってから盛んになり次代の飛鳥時代に近づくにつれて加速したと思われます。古墳時代に次ぐ飛鳥時代（五九三〜七〇九）は、ほぼ七世紀頃から始まります。

i 文字としては漢語漢字を導入して日本語として使用すること。

ii 漢字の音声だけを利用するために漢字に日本語としての音声を付けること。日本語としての音声を付けた漢字を仮名といいます。典型的なものは、万葉仮名におけるような一字一音の漢字の読み方です。

iii 漢語漢字を素材として、つまり、漢語漢字の音声と意味を利用して日本語をつくること。

iv 漢語漢字からつくられた日本語の音声は仮名で表現すること。これを仮名言葉といいます。仮名とは、そもそもは「音声だけを利用する漢字」のことをいいます。

v 仮名言葉の意味は、その語源は必ずしも知る必要はないが、知りたければその音声から漢語漢字を推定して行うこと。

vi 各々《おのおの》の言葉をつくる対象は、先ずは漢語漢字の意味に対してのものにすること。したがって、日本語としての仮名言葉は、漢語漢字の意味に対する説明言葉、或いは、解釈言葉になっています。日本語としての仮名言葉で漢字を読むことを訓読といいます。

vii 漢字言葉は、漢語漢字の音声のままで、或いは、それに準じて読むこともあること。これは、漢字の音読といいます。

本書では、紀元一世紀から七世紀頃までの七〇〇年間は、漢字を導入して文字言葉としての日本語がつくられ続け、特に「古墳時代は日本語作成の全盛期だった」と推測していますが、遺跡上の証拠や文献上の証拠などはなにもありません。

証拠がないということの原因の一つは、まだ日本に紙のない当初は、新たにつくられた言葉は原日本語と同じように音声言葉だったからと思われます。

つまり、漢字からつくられた日本語も、古事記、日本書紀、万葉集にあるような古代日本語として文字化されるまでは原日本語と同じように音声言葉だったのです。日本ではいつ頃から紙がつくられるようになったかは分かりませんが、日本書紀によれば、推古紀十八年（西暦六一〇年）に、高麗の曇徴《どんちょう》という僧侶が、日本に紙墨を伝えたという記事があり、この時に「紙の製法」が伝えられたとされています。

古代から今日まで連綿と続く日本語は、音声言葉であった原日本語が文字化されたものなのか、或いは、漢字から新たにつくられたものなのかは明確には分からないのですが、日本語の仮名言葉の意味が漢語漢字の音声と意味から解けるようなので、本書では後者であることに間違いないと思っています。

しかしながら、漢字から新たに言葉がつくられたとしても、それまで存在した音声言葉としての原日本語は一体どうなったのかという疑問があります。本書のような、古代日本語は漢字からつくられたという立場からすると、原日本語と新たにつくられた言葉との音声言葉同志での置換が徐々に行われ、古墳時代に盛んになり、飛鳥時代に近い頃には急速に進められていたと考えざるを得ません。次の飛鳥時代になるとそれまでの音声言葉であった原日本語は、新たにつくられた文字言葉である古代日本語に置換されてしまっていたと思われるのです。そのことは、古代日本語から現在に連綿と続く日本語の語源と意味が漢字から読み解くことができることからも判断できると思われます。なぜ置換されたかというと次にようなことだと思われます。

㈠古代日本人にとって、文化・文明の産物である漢字は驚嘆すべき極めて有用と思われるものであったこと。

㈡文字を素材とすると、音声と意味が明確な言葉を豊富につくり易く理解され易いこと。

㈢それまでの言葉とは異なり、文字による音声と意味に基づいて新しい言葉をつくり続けることが企画されたこと。

㈣今後も言葉をつくり続けることを考慮すると、音声言葉である原日本語と文字からつくられた、或いは、これからつくる文字言葉とが混在するよりも、後者に統一した方がよいと判断されたこと。

しかしながら、日本の言語・国語界の学説は、古代日本語は音声言葉であった原日本語が文字化されたものとされており、次のように書かれた本があります。

「国語学」（東京大学教授・築島裕著・東京大学出版会）の一八七頁には、「漢語・外来語の渡来する以前から既に日本に存在した語、又はそれから転化・派生した語を総称して『和語』又は『やまとことば』という。」とあります。つまり、この本では、大和言葉は音声言葉であった原日本語が文字化されたものと書いてあります。しかしながら、この言説はなんらかの方法で証明するか、証明できなければ明言することは避けるべきであったと思われます。なぜならば、このことを証明した人は誰もいないからです。

橋本進吉博士の後をついで東京大学文学部教授となった時枝誠記《もとき》博士（一九〇〇〜一九六七）の「国語学史」（時枝誠記著・岩波書店）の七三頁には次のように書いてあります。

「漢字漢語の輸入とそれに伴ふ学習に就いて注意すべきことは、漢字漢語はその当初専《もっぱ》ら外国語として学習され又研究されたのであるが、国語が漢字によつて記載され、国語が多くの漢語をその語彙として受入れるに及んでは、漢字漢語の研究は、同時に又国語の研究を意味することになつたことである。解釈に伴ふ語学及び表現に伴ふ語学が、たとへ純粋の大和言葉を研究の対象として居つても、猶《なほ》それは特殊の階級、特殊の教養人の為のものであるに過ぎなかった。然るに漢字漢語の研究は、対象そのものは起源的には我が国固有のものではないが、既にそれが社会の広い範囲の使用する処となつた場合には、漢字漢語の研究は、即ち最も一般的な国語研究を意味することとなるのである。近世の国語研究はその対象を純然たる固有の国語の上にとり、漢意を排斥する立前から、寧《むし》ろその研究を拒む様に見えたのは当然の帰結とはいふものの、国語研究といふことを主体として考へるならば偏狭と云はなければならない。将来の国語研究は、漢字漢語の輸入混淆といふことを国語の現実の事実として、これを科学的に考察することを怠つてはならないのである。」と述べてありますが、この言説は現在でも殆んど無視されているように思われます。日本の言語・国語界には、当然のこととして、国語から漢意を排斥する立前があるようです。

　頭脳明晰と思われるこの人たちが大和言葉は漢字からつくられていることを知らない筈はないと思われるのであり、日本国民に向かっては、大和言葉は漢字からできているという真実を秘匿《ひとく》して、日本民族が漢字を導入する前の太古の昔から持っていた音声言葉を文字化したものであるかの如き言説を敢えて行い、その説を定着させるために努めているものと思われます。江戸時代の国学者である本居宣長などの国粋主義の主張から一歩も脱し切れていないのです。なぜならば、日本の広辞林や広辞苑程度の中型漢語辞典には一万三千字程度の漢字が収録されていますが、そのうち五千字程度の音声と意味を認識しておれば、大抵の日本語の仮名言葉の語源と意味は自《おの》ずから浮かんでくる筈だからです。

　最近、パソコンに「東京大学文学部国文科はなにをするところですか」という質問が書き込んであり吃驚《びっくり》しました。受験生からというよりも一般の人からの率直な質問のような印象を受けたからです。

㈢ 日本語作成の継続

日本人は少なくとも紀元一世紀頃に漢字の存在を知って以降、日本に漢字を導入し始め、その内に導入した漢語漢字から日本語としての新しい言葉をつくり始めて、古墳時代はその最盛期であったと思われますが、次の飛鳥時代以降も継続してつくられていたと思われます。

古代日本語が、まとまった形で大量に記載されているのは、飛鳥時代に次ぐ奈良時代に書かれた古事記（七一二）、日本書紀（七二〇）、万葉集（七六〇頃）の三書ですが、いづれもすべて漢字で書かれています。

本書では、記紀（古事記と日本書紀のこと）や万葉集に記載された殆んどすべての大和言葉、つまり、古代日本語は、紀元一世紀頃に漢字が導入されて以来、七世紀頃までのおよそ七〇〇年間もの長きにわたって漢字からつくられ続けてきたものの累積であると思っています。その作成は主に古墳時代に行われ、更に飛鳥時代、奈良時代、平安時代にも続けられていたと思われます。

シナとの外交関係のことで、日本の文献に表われるのは、日本書紀での遣呉使のことに次いで西暦六〇七年の遣隋使の記録です。この年は飛鳥時代（五九三～七〇九）に属します。

日本書紀には推古紀十五年（西暦六〇七年）の条に「秋七月の戊申《つちのえさる》の朔《ついたち》 庚戌《かのえいぬ》に、大礼小野臣妹子大唐に遣す。」と記載されています。ここでの大唐とは隋のことです。隋書倭国伝によれば、小野妹子は有名な「日出処天子致書日没処天子無恙」と書かれた国書を持参しています。訓読では「日出処の天子、書を日没処の天子に致す、恙《つつが》なきや」と読み下されていますが、問題はこの読みが原日本語での読みなのか古代日本語での読みなのかということです。この読みは明らかに後者であり、ここでは「日《ひ》」の読みと「恙《つつが》」の読みの語源を示したいと思いますが、日《ひ》の読みの語源については本書の「自然物象名の語源」欄で示しているので、「つつが」という言葉の語源だけに言及しておきます。

「つつが」という言葉は平安時代の文献に表われて

おり、大言海によれば宇津保物語（蔵開下）に「大将、イササカノ足手ノ恙モアラバ」、源氏物語（匂宮）に「我ガ身ニつつがアル心地スルモ」とでています。

恙の字は、漢語の一音節読みでヤンと読み「病気」の意味があり、日本語では「ツツガ虫（恙虫）」や「ツツガ虫病（恙虫病）」などと使われています。この虫に刺されると、リンパ腺が腫れ全身に発疹するなどの症状が出て、現在では抗生物質が開発されていますが、以前は致命的となることもある病気でした。一音節読みで刺はツと読み「刺す」、剚はツと読み「突き刺す」、尬はガと読み「処理困難な、始末に負えない、困った」などの意味があります。つまり、ツツガは**刺剚尬**であり直訳すると**「刺す困った」**の意味になり、これがこの言葉の語源です。したがって、ツツガ虫（恙虫）というのは直訳すると「刺す困った虫」という意味です。

「恙《つつが》なきや」というときは、漢字の意味での直訳では「病気にはなっていないでしょうね」ということですが、日本語のツツガという意味では「困ったことにはなっていないでしょうね」ということになります。日本語では、「病気」という意味の恙という漢字を「困ったこと」という意味の「ツツガ」と読むことにしたのです。

ツツガという言葉は原日本語が文字化されたものではなく漢字から新たにつくられた古代日本語であることは確かのようですが、飛鳥時代における言葉の作り方も古墳時代における言葉の作り方と同じだったと思われます。

奈良時代に書かれた記紀や万葉集に使われている古代の大和言葉、つまり、古代日本語は、漢字が導入された頃から徐々につくられ始めたものの累積と思われますが、記紀の記述をみると、それらが編纂されている最中にも漢字による仮名言葉、つまり、大和言葉が継続して新たにつくられていたらしいことが記述されています。

古事記の冒頭部分には、高天原につき「訓高下天云阿麻」、読み下すと「高の下の天を訓《よ》みて阿麻《あま》と云ふ」と書いてあります。つまり、このときに天の字を「アマ」と読む大和言葉が公式につくられたのです。

また、天之常立神につき「訓常云登許、訓立云多知」、読み下すと「常を訓《よ》みで登許《とこ》と云い、立を訓みて多知《たち》と云ふ」と書いてあります。つまり、このときに常の字をトコ、立の字をタチと読む大和言葉がつくられたのです。以下同じように大和言葉がつくられていたことが記されています。アマ（天）の語源については、本書の「自然物象名の語源」欄をご参照ください。

古事記本文の冒頭部分には、次のような有名な文章もあります。原文では「国稚如浮脂而、久羅下那州多陀用弊流之時、如葦牙因萌騰之物而成神名、宇摩志阿斯訶備比古遅神」と書かれています。

古事記（岩波文庫）では、次のように翻訳して読み下してあります。「国稚《わか》く浮きし脂《あぶら》の如くして、海月《くらげ》なす漂へる時、葦牙《あしかび》の如く萌え騰《あが》る物によりて成れる神の名は、宇摩志阿斯訶備比古遅《あしかびひこじの》神」。

この文章において、例えば、「わかい（稚）」「あぶら（脂）」「くらげ（海月）」「ただよふ（漂）」「あし（葦）」「かび（牙）」「あがる（騰）」などの言葉は、本書では、すべて漢字から新たにつくられた仮名言葉、つまり、大和言葉と思っています。

これらのすべての言葉の語源を示すことはできますが、ここでは**「ただよふ」**という言葉の語源のみを示しておきます。一音節読みで、淌はタン、蕩はダン、漾はヤンと読み、いずれも「漂う」の意味があります。つまり、「ただよう」は**淌蕩漾**の多少の訛り読みであり、これがこの言葉の語源と思われます。日本語では、漾はヨウと読みます。漢語では蕩漾（ダンヤン）、漂蕩（ピァオタン）、揺漾（ヨウヤン）などの熟語があり、いずれも「漂う」の意味で使われます。このように、日本語は漢字からできているのです。

日本書紀に目を向けると、巻第一の神代上の冒頭部分に「至貴曰尊。自餘曰命。並訓美挙等也」、読み下すと「貴に至りては尊と曰《い》ひ、餘よりは命といふ。並びて美挙等《みこと》と訓《よ》む也《なり》」と書いてあります。つまり、このときに、尊と命の字をミコトと読む大和言葉が公式につくられ、尊と命では上下の差があるとされたのです。また、「可美、此云于麻時」、読み下すと「可美、此をば于麻時《うまし》と云ふ」とあります。

また、「少女、此云烏等咩」、読み下すと「少女、此をば烏等咩《をとめ》と云ふ」とあります。また、「日本、此云耶麻騰」、読み下すと「日本、此をば耶麻騰《やまと》と云ふ」とあります。つまり、ここでミコト、ウマシ、ヲトメ、ヤマトなどの言葉がつくられたと思われます。

これらのすべての言葉の語源を示すことはできますが、ここでは尊や命を美挙等《みこと》と読むことの語源のみを示しておきます。先ず、漢語では美はメイと読むのを日本語ではミと読むことに改変したのです。同じように挙はチュと読むのをコ、等はトンと読むのをトと読むことに改変したのです。このような読み方をする漢字を万葉仮名といいます。

尊や命を美挙等と読むのは訓読というものです。訓と読とは、ほぼ同じ意味ですが、訓には日本語での「説明読み」、或いは、「解釈読み」という意味があります。つまり、訓読される言葉には日本語としての意味が含まれているのです。

そこで、ミコトとはいかなる意味かというと、漢語の一音節読みで、靡はミと読み「美しい」、咢はコと読み「よい、良好な、美しい」、都はトと読み形容詞で使うときは「美しい」の意味があります。つまり、**ミコト**とは、**靡咢都**であり直訳すると「**美しい（人）**」の意味になっています。美には「素晴らしい」の意味もあるので、**「素晴しい（人）」**の意味にも解釈できます。そして、漢語音読の靡咢都を、日本語音読の漢字、つまり、漢字仮名で美挙等と表記してミコトと読む言葉をつくり、貴や命の字をミコトと読むことにしたのです。上述したように、貴や命を日本語で読むことを訓読といいます。因《ちな》みに、漢語では、貴はクゥイ、命はミンと読みます。

なお、漢語では、訓はシュン、読はトゥと読みますが、日本語では訓と読を共に「よむ」と読むのは、同じ意味の「詠」の読みを転用してあるのです。漢語の一音節読みでは、詠はヨンと読みます。このような音読の転用は、特に、漢字言葉の動詞言葉の読みに多用されています。以上のように、新しくつくる言葉はなにを根拠にしてつくられたかというと、漢語漢字を素材として、その音声と意味を利用してつくられたのです。

古事記は奈良時代初期の西暦七一二年に編纂され

たとされていますが、稗田阿礼《ひえだのあれ》が暗誦したことを太安万侶《おおのやすまろ》が記録したものとされています。その序の中に次のような気になる記述があります。原文では「然、上古之時、言意並朴、敷文構句、於字即難。已因訓述者、詞不逮心。全以音連者、事趣更長。是以今、或一句之中、交用音訓、或一事之内、全以訓録。」と書かれています。

古事記（岩波文庫）では、次のように読み下してあります。「然れども、上古の時、言意《ことばこころ》並びに朴《すなほ》にして、文を敷き句を構ふること、字におきてすなはち難《かた》し。已《すで》に訓によりて述べたるは、詞《ことば》心に逮《およ》ばず、全く音をもちて連ねたるは、事の趣更に長し。ここをもちて今、或は一句の中に、音訓を交へ用ゐ、或は一事の内に、全く訓をもちて録《しる》しぬ」。

率直にいって、ここにはなんと書いてあるのか、現代の私達には正確には分かりにくい記述になっています。特に、分からないのは「已に訓によりて述べたるは、詞心に逮ばず、全く音をもちて連ねたるは、事の趣更に長し」という記述です。江戸時代の国学者である本居宣長の著書である古事記伝には「已ハ盡《コトゴトク》の意なり、因ㇾ訓述とハ、漢字の訓を取用ひて古語を記せるをいふ、謂ゆる眞名なり、詞ハ其因ㇾ訓述たる文なり、心ハ古語の意なり」とあり、これもなんと書いてあるのかよく分かりませんが、この記述を踏まえていいますと、ここでの「詞」というのは「因ㇾ訓述たる文なり」というのですから、「訓読する漢字」のことを指すものと思われます。ここでの漢字とは真名のことで、真名とは本来の漢字、つまり、音声と意味の双方を利用する漢字のことをいいます。したがって、「詞心に逮ばず」とは「訓読する漢字が心で捕《と》らえられない」、つまり、「訓読する漢字を思いつかない」、「訓読する漢字が浮かんでこない」、「訓読する漢字が心象できない」などの意味ではないかと思われます。逮は逮捕《たいほ》という熟語で使われる字で、逮と捕とは同じ意味の字で「捕《と》らえる、捕《つか》まえる」などの意味があります。

国文学者の武田祐吉博士訳の「現代語譯古事記」には、この記述について次のように説明してあり、数ある学者の語釈の中ではこれが最も分かりやすい解釈ではないかと思われます。古事記は漢字だけで書かれていますから、「訓によりて述べる」ということは「漢字を訓読して述べる」、つまり、「漢字を日本語で読んで述べる」ということです。訓読というのは漢字を日本語で読むことをいいます。

「しかしながら古代にありましては、言葉も内容も共に素朴でありまして、文章に作り、句を組織しようと致しましても、文字に書き現わすことが困難であります。文字を訓で讀むように書けば、その言葉が思いつきませんでしょうし、そうかと言つて字音で讀むように書けばたいへん長くなります。そこで今、一句の中に音讀訓讀の文字を交えて使い、時によつては一つの事を記すのに全く訓讀の文字ばかりで書きもしました。言葉やわけのわかりにくいのは註を加えてはつきりさせ、意味のとり易いのは別に註を加えません」。

結局のところ、「已に訓によりて述べたるは、詞心に逮ばず、全く音をもちて連ねたるは、事の趣更に長し」というのは、具体的にいうと、例えば「日本語で『ただよふ』といっても『漂ふ』という訓読する漢字が浮かんでこないし、だからといって『ただよふ(多陀用布)』と仮名で書けば表現が長くなる」の意味と思われます。

訓読は日本語での漢字の「説明読み」、或いは、「解釈読み」ともいうべきものですから、訓読では「詞心に逮ばず」、つまり、「その漢字を思いつかない」というのは可笑しいことになります。なぜならば、もし、その日本語が音声言葉であった原日本語を文字化したものならば、古くから存在した言葉ですから、「詞心に逮ばず」などということはあり難《にく》いことになるからです。

例えば、ヤマという言葉が原日本語であるならば、山という漢字を目にしてどのようなものを指すかを知ったならばヤマは山と書くこと、また、カワという言葉が原日本語であるならば、川や河という漢字を目にしてどのようなものを指すかを知ったならばカワは川や河と書くことは、直ちに思いつくことであり「詞心に逮ばず」などということはあり難いことと思われるのです。なぜならば、使い慣れてきた言葉だからです。

なぜ、「詞心に逮ばず」なのかというと、ヤマやカワという言葉は、音声言葉であった原日本語を文字化したものではなく、漢字から新たにつくられた文字言葉だからと思われるのです。新たにつくられた文字言葉なので、古くから慣れ親しんできた音声言葉ではないので、直ぐには「詞心に逮ばず」なのです。つまり、古事記の「詞心に逮ばず」という記述には、新たにつくられたそのような仮名言葉がたくさんあるということを書いてあるのではないかと思われます。古事記序のこの記述は、仮名言葉が漢字からつくられていたことを示しているようなのです。ヤマとカワの語源については本書の「自然物象名の語源」欄をご参照ください。

日本語が漢字からできていることは、次のようなことからも判断できると思われます。

①音声言葉であった原日本語が、文字言葉の古代日本語になったとされる言葉は一語も指摘されていないこと。もし、そのような言葉が指摘されれば、比較的容易にそうであるかどうかは判断できると思われます。なぜならば、原日本語が古代日本語になったものならば、漢字からは説明も解釈もできないからです。

②殆んどすべての古代日本語は、漢字の音声と意味から説明、或いは、解釈できるようであること。本書著者のものだけでも**「新音義説」**に基づいた一連の動物名の語源である「魚名源、鳥名源、獣名源、蟲名源」、加えて「草木名の語源」、「人体語源と新音義説」、それに本書「自然物象名の語源」などの本があります。

日本書紀には次のような記述があります。

・推古紀十二年（西暦六〇四年）には、聖徳太子が十七条憲法をつくったとされその条文はすべて日本書紀に記載されています。

・推古紀十四年（西暦六〇六年）には、聖徳太子が法華経を講義したとされていますが太子の直筆とされる法華義疏《ほっけぎしょ》が天皇家の御物として現存しているとされます。

・推古紀十五年（西暦六〇七年）には、小野臣妹子を大唐（隋のこと）に派遣したことが記されています。

・推古紀十八年（西暦六一〇年）には、高麗の曇徴《どんちょう》という僧侶が「日本で紙墨を作る」という記事があり、紙の製法を伝えたものとされています。紙の製法はシナの後漢時代の西暦一〇五年に蔡倫《さいりん》という人が発明したとされているので、日本への紙の伝来は五〇〇年以上も後世になりますが、使者を派遣するなどして交流していたし、聖徳太子の十七条憲法や法華義疏、小野臣妹子の隋への国書も紙に書かれたと思われるのでもっと早くに紙の存在は知られており、その製法も伝来していたと思われます。日本書紀（岩波文庫）の注では「日本における紙の製造に関する文献上の初見。ただ日本はこれまで長期にわたり中国文明の技術を採用していたので、これより先、既にその製法は伝わっていたであろう」と書いてあります。聖徳太子は六二二年四月に五二才で薨去したとされています。

・推古紀二八年（西暦六二〇年）には、「皇太子・嶋大臣、共に議りて、天皇記及び国記、臣連伴造国造百八十部幷て公民等の本記を録す」とあり、皇極紀四年（西暦六四五年）六月の大化改新とも称される政変である乙巳《いっし》の変の際には蘇我蝦夷《そがのえみし》が「天皇記・国記・珍宝を焼く」と書いてあるので、飛鳥時代には歴史書を書くまでに漢字からつくられた言葉は蓄積されており、上述したように西暦六一〇年には紙の製法が伝えられたとされるので、紙に書かれるようになったと思われます。

古代文献である古事記（七一二）、日本書紀（七二〇）、万葉集（七六〇頃）等は八世紀に編纂されたとされています。この三つの文献はすべて漢字で書かれていますが、現代の解説書では、これらの漢字の殆んどすべてを、たぶん、そのように読まれたであろうということで仮名言葉で読んであります。日本では、漢語漢字の語彙を導入して、その語彙に対して日本語としての仮名言葉をつくり、導入した漢字を仮名言葉で読むことにしたのです。漢字を仮名言葉で読むこと、つまり、漢字を日本語で読むことを漢字の訓読といいます。

漢語漢字を素材として新たにつくられた言葉は仮

名言葉であり、「純粋な日本語」「真正な日本語」「そもそもの日本語」、或いは、和語や大和言葉と称される日本語です。

「日本語をさかのぼる」（大野晋著・岩波新書）の一二〇頁には、「古典対照語い表」（宮島達夫編）から引用して万葉集（七六〇年頃編纂）における「異なり語彙《ごい》数」は六五〇五語と書いてあり、相当多数の語彙になります。古事記や日本書紀の歌謡と万葉集の歌はすべて漢字で書かれており、その漢字には真名と仮名とがありますが、現代の解説書では真名は殆んどが仮名言葉で読むとされて、仮名言葉、つまり、日本語で読んでであります。真名とは音声と意味の双方を利用する漢字、仮名とは音声だけを利用する漢字のことです。この仮名言葉は何世紀にもわたって漢語漢字を素材としてつくられたものですが、漢語漢字を素材として新たに言葉をつくることはさほど難しいことではありません。

例えば、万葉集の歌（万葉１４２４）でも詠まれている草の一種である**スミレ**という日本語の作成についていうと、菫という漢字は漢語の一音節読みではチンと読みますが、日本語の訓読ではスミレと読みます。漢語の一音節読みで素はスと読み「素朴な、可憐な」、靡はミ、麗はリ、姸はイェンと読みいづれも「美しい」の意味があります。麗姸の一気読みを一字にしたものは稔であり、稔はレンと読み、やはり、「美しい」の意味です。つまり、スミレとは、**素靡稔**の多少の訛り読みであり、直訳すると「素朴で美しい」ですが、美しいのは花のことと思われるので、花を指すときは**「素朴で美しい（花）」**、草を指すときは**「素朴で美しい花の咲く（草）」**の意味になり、これがこの草名の語源です。

そして、この語源となる漢語漢字の音声と意味こそがすなわち大和言葉なのです。ここでは、菫という漢字を、日本語としての見解で「素朴で美しい（花）」、或いは、「素朴で美しい花の咲く（草）」と見做して、素靡稔という他の漢語漢字で説明、或いは、解釈してあるのです。

このように、三音節の仮名言葉をつくるには利用したい漢語漢字を三個並べて、その音声と意味を利用すればよいのです。一般的に、個々の日本語、つまり、個々の仮名言葉は、日本語としての見解で説明、或いは、解釈した或る漢字の意味を、他の漢語漢字で説明、或いは、解釈したものになっています。

日本人に漢字の存在が知られたのは、シナの史書に記録されたよりも古い時期からと思われますが、たとえ紀元一世紀頃から日本に導入され始めたとしても、万葉集の編纂が大伴家持の手によって完成したとされる八世紀半ば頃までのおおよそ七〇〇年間において、記紀や万葉集に記載されているような夥《おびただ》しい数の言葉は、だれがつくったかというと、当初は日本に帰化したシナ人に依頼して、或いは、日本人と帰化したシナ人とが協力して、或いは、優れた日本人学者がつくったと推測されます。

古代において、日本に帰化したのは殆んどが朝鮮人だと思っている人が多いようですが、当時において日本に帰化したのはシナ人の方が多かったようなのです。例えば、八一五年に編纂された新撰姓氏録《しんせんしょうじろく》によれば、当時の近畿およびその周辺地域の有力帰化人の本籍は、中国籍の方が朝鮮籍よりもはるかに多かったことが記録されています。日本書紀を読むと、当時、日本に多数の朝鮮の文化人が渡来していますが、それは、朝鮮文化を伝えるためではなくて、朝鮮人ではあってもシナ文化に通暁《つうぎょう》した文化人であり、シナ文化を伝えるための人たちだったのです。当時、朝鮮との交流を通じてもたらされた文化は、朝鮮文化ではなくてシナ文化だったのであり、その重要な文化財の一つが漢字であり、また漢字で書かれた漢籍や仏典などだったのです。

日本語としての言葉は、漢字からつくられたのです。詳しくいうと、漢語漢字の音声と意味を利用してつくられたのです。日本語を漢字からつくるに際して、先ず、漢字の日本式音読が決定されたと思われます。これが万葉集で使われている漢字仮名、つまり、万葉仮名であり、その字数は日本古典文學大系「萬葉集一」(岩波書店)の三一頁では九七三字があると書いてあり、上述したように「古典対照語い表」によれば、万葉集での異なり語彙数は六五〇五語とされています。ある時期から、漢語から導入した漢字言葉は新たにつくられた仮名言葉で読まれ、仮名言葉は万葉仮名を使って書き表わしたのですが、その仮名言葉としての日本語は、ある漢字や事柄の意味を、他の漢字の音声と意味で説明、或いは、解釈することによってつくられています。したがって、日本語は説明言葉、或いは解釈言葉といえるものになっているのです。

例えば、漢語から導入された「水」という漢字言葉は、日本語としてつくられた「ミヅ」という仮名言葉で読まれたのです。その語源については、本書本文の「自然物象名の語源」欄をご参照ください。

㈣ 新しい言葉の語源の数例

言葉の作成は、当然のことながら古い時代だけでなく江戸時代でも現代でも行われ、日本語は漢字からつくられ続けているのです。

比較的に新しいと思われる言葉はたくさんあるのですが、代表的なものとして「心中《しんじゅう》」「猫も杓子《しゃくし》も」「滅茶苦茶《めちゃくちゃ》」「ちゃんちゃら可笑しい」「いんちき」の五語について、それらの語源を示しておきます。

i 心中《しんじゅう》

「漢字と日本人」（高島俊男著・文芸春秋）という本の一〇九頁には、「江戸時代以前の和製漢語のもう一つの特徴は、漢字の意味からことばの意味が出てこないことである。・・・。例えば『心中』は心の中ではなくて複数自殺である。『無茶』はお茶がないことではなくてデタラメである。『家老』は家の老人ではなくて一国一城の宰相である。・・・」と書いてあります。

これらの言葉における漢字は「当て字」です。例えば「心中」の語源と意味は次のようなものです。

この言葉は、シンチュウと読むと「心の中」のことであり「心中を察する」とか「心中穏やかでない」などと使われます。ところが、江戸時代からのようですが、シンジュウと読むと、恋仲同士であったり、夫婦であったり、親子であったりといろいろですが、複数人の計画死、つまり、「複数人の自殺」という意味になるのです。曾根崎心中や心中天網島という近松門左衛門の人形浄瑠璃もありますが、近松がつくった言葉かどうかは分かりません。どうして読みを変えただけでこういう意味になるのか、まったく不可解のように思えます。

一音節読みで、尋はシンと読みます。漢語では「尋死」はシンスと読み計画死、つまり、自殺の意味の熟語です。他方、中はチョンと読み、まったく同じ読みの終に通じていて「死ぬ」の意味があり、「ご臨終です」などと使われます。日本語では終はジュウと読みます。

結局のところ、心中は尋死《シンス》における死を終に置替えた**尋終**《シンジュウ》のことで、計画死、つまり、**「自殺」**のことになるのです。心中は音読を利用するための単なる当て字だということです。

ii　猫も杓子《しゃくし》も

大正時代の大日本国語辞典には「(諺) **猫も杓子も**　何もかも。一休咄《ばなし》『生まれては死ぬるなりけりおしなべて釈迦も達磨も猫も杓子も』。蕪村句集『爺も婆も猫も杓子も踊りかな』」と書いてあります。一休和尚は室町時代の人ですが、一休咄は著者不明で江戸時代に書かれたようです。

広辞林（第六版）には「**猫も杓子も**　だれもかれも」、広辞苑(第七版)には「**猫も杓子も**　どんな人も。誰も彼も。どいつもこいつも。」と書いてあります。

この文句における杓子は、カエルの幼生である「オタマ杓子」のことです。しかしながら、「猫も杓子も」が、なぜ人間の「誰も彼も」の意味になるのでしょうか。実は、猫と杓子はその音声を利用するためだけの単なる「当て字」なのです。

一音声読みで**佞**はニンと読み「賢い」の意味があります、つまりネコは**佞子**であり**「賢い人」**の意味になっています。他方、傻はシャと読み読み「愚か」の意味、酷はクと読み程度が甚だしいことを示すときに「とても、非常に、著しく」などの意味で使われます。つまり、シャクシは**傻酷子**であり**「とても愚かな人」**の意味になります。

結局のところ、「猫も杓子も」というのは「佞子も傻酷子も」であり直訳では**「賢い人もとても愚か**

な人も」の意味になっており、これがこの言葉の語源です。ただ、日本人は、神経が細かく図太くないので「どんな人も。誰も彼も。どいつもこいつも。」などという温和な意味に説明してあるのです。

iii 無茶苦茶《むちゃくちゃ》

ムチャクチャという言葉は、江戸時代にできたもののようです。漢字で「無茶苦茶」などと書かれますが、チャ（茶）とはいったいどんな茶のことでしょうか。

「ムチャクチャなことをいう」、「ムチャクチャな行動」などといいますが、最近では「ムチャクチャ旨い」などとも使われています。結論から先にいうと、茶という漢字は、音読を利用するための単なる「当て字」です。

ムチャについては、一音節読みで、無はムと読み「〜でない」の意味です。常はチャンと読み「常軌、常態、普通」の意味です。つまり、ムチャを無茶と書くのは当て字で、ほんとうは**無常**のことであり**「常軌ではない、常態ではない、普通ではない」**の意味です。

クチャについては、一音節読みで、酷はクと読み、程度が甚だしいことを表現するときに「とても、非常に、著しく、ひどく、まったく」などの意味で使われます。猖はチャンと読み「狂った、狂気の、無謀な」などの意味があります。クチャにおいても苦茶は当て字で、ほんとうは**酷猖**のことであり**「ひどく狂った、ひどく無謀な」**などの意味です。

したがって、ムチャクチャとは、**無常酷猖**の多少の訛り読みであり、直訳すると**「常軌でない、ひどく狂った」**の意味になり、これがこの言葉の語源です。

似たような言葉に、メチャクチャ（目茶苦茶、滅茶苦茶）、メチャメチャ（目茶目茶、滅茶滅茶、目茶滅茶）などがあり、同じような意味の言葉として使われています。漢字では括弧内におけるように書かれますがすべて「当て字」です。これらの言葉を意味が通るように説明すると次のようになります。

メチャにおけるメは、一音節読みでメイと読む没のことで無と同じ意味なので、メチャクチャの語源は没常酷猖になり、ムチャクチャ（無常酷猖）と同じ意味になります。また、メチャメチャの語源は畳語の没常没常で「常軌ではない、常態ではない、普通ではない」の意味になっています。

一般的なことをいうと、日本語について、漢字以外に語源を求める語源由来説がありますが、こういうのは最初から検討にも値しないものといえます。

ⅳ　ちゃんちゃら可笑《おか》しい

この言葉は、明治時代の帝国大辞典（明治二九年刊）に初出するところからすると、この頃につくられたものと思われます。この言葉は「チャンチャラ」の意味が分かっていないと、使うのに少々気が引ける言葉です。チャンチャラとは、一体なんのことでしょうか。

一音節読みで、講はチャンと読み「云う、話す」、差はチャと読み「間違える、間違っている」という意味があります。了はラと読み、語尾に付ける語気助詞です。

つまり、チャンチャラとは、**講差了**であり、直訳すると「間違ったことを云う、云ってることは間違い」という意味の文句です。したがって、**「チャンチャラ可笑しい」**とは、直訳では「間違ったことを云って、可笑しい」とか「云ってることは間違っていて、可笑しい」という意味になります。一つの表現で代表していうと**「云ってることは、間違っていて、可笑しいよ」**という意味になっており、これがこの言葉の語源です。このような意味なので、そもそもは相手の発言や或る言説などに対して使う言葉です。

漢語では、「見る」ことを看（カン）、「聞く」ことを聴（ティン）、「云う」ことを説（シュオ）といいますので、看差了はカンチャラと読み「見違える」、聴差了はティンチャラと読み「聞き違える」、説差了はシュオチャラと読み「云い間違える」ことであり、それらを表現するときに常用されます。

大辞典には、「笑止千万である」「とても滑稽である」などと説明してありますが、それは「可笑しい」

に対応するのであって、チャンチャラに対応するものではありません。にもかかわらず、語源が押さえられておらず、チャンチャラとは「千万」や「とても」の意味と解釈され使われています。

V いんちき

語源がどうしても分からないとされる言葉の一つにインチキがあります。その語源は今もって明らかになっていません。この言葉は新しくつくられたと思われるもので、大日本国語辞典（大正四～六年刊）に「**いんちき**（名）詐欺賭博を行ふ人」と初出しますが大言海（昭和七～九年刊）には記載されていません。日本語の言葉は、一体誰がつくっているのでしょうか。

言語・国語学者を含めいろんな人が、ポルトガル語、スペイン語、オランダ語、英語、フランス語、ドイツ語その他いろいろな外国語で探しても分からないようなのです。

本書著者が学生の頃、専門外の学者の間でも話題になっていた言葉らしく、東大のある理系の教授が学生に向かって、この言葉の語源を教えてくれたら一〇万円あげるといっておられたほどです。つまり、その意味は分かっていても、その語源はどんな大辞典で探しても明らかではないのです。

広辞苑の編者である新村出著の国語学叢録（昭和十八年刊）という本に「インチキという隠語」の欄があり、次のように書かれています。

「近年広く使われる流行語にインチキという卑俗語がある。この一二年おどろくべき速さをもって普及していったスラングであるが元来は賭博仲間の隠語であり術語であったのである。土岐善麿氏の『インチキ語原考』などという面白い研究もあらわれており、人がしばしば話題にのぼせて興味がる語であって、私もあちらこちらでその語原を問われて弁じたこともあつたけれども、真の語原、究極の語原はまだ判明しない代物である。インチキは、明治二十四年初刊の『言海』などにはまだ登録を見ず、大正四年十月初刊の『大日本国語辞典』に至って、初めて国語の辞書に登録されたのであるが、それには『詐欺・賭博を行う人』という意味に解されねばならぬ。中略。恐らくは最初から卑俗な下卑た仲間から起つた隠語であるだけに、一たびこのキイを失ひ、ヒントを忘れてしまった以上、語原をはっきり捉へることは不可能であるといってもよい程である。中略。真の究極語源はもはやキイを失ってわからなくなり、語源学者の努力もその探求が甚だ困難である」。

　しかしながら、その語源を明らかにすることは、本書著者からすれば、さほど困難なことではなく、むしろたやすいことといえます。そこで、本邦初めてかも知れないその語源説を披露しておきます。

　一音節読みで隠はインと読み「隠す、隠蔽する」という意味ですが、「隠蔽し瞞《だま》す」という意味の隠瞞（インマン）や隠飾（インシ）という熟語で使われています。

　欺はチと読み、漢語辞典をみると「欺騙」の意味と書いてあります。つまり、「あざむき（欺き）、だまし（騙し）」の意味と書いてあります。日本語では詐欺《さぎ》という熟語があり、漢語では欺詐、欺瞞、欺騙などの熟語で使われています。

　詭はキと読み、漢語辞典をみると「欺詐」の意味と書いてあります。つまり、「あざむき（欺き）、いつわり（詐り）」の意味と書いてあります。日漢共に詭弁《きべん》という熟語で使われています。

　結局のところ、インチキは**隠欺詭**であり直訳すると**「隠蔽しての、あざむき、だまし、いつわり」**の意味になり、これがこの言葉の語源です。動詞語にすると「隠蔽して、あざむく、だます、いつわる」の意味になります。

　なお、詭は同じ読みの鬼にその意味も転用されて、漢語の普通話では、アザムキ、ダマシ、イツワリ等をすることを做鬼（ツォキ）、搗鬼（トォキ）、弄鬼（ノンキ）などといい、すべて鬼の字が使われています。したがって、語源は**隠欺鬼**とすることもできます。

　インチキは、表現が異なるだけで**「アザムキ、ダマシ、イツワリ」**など、更には**「ゴマカシ、マヤカシ、イカサマ」**などと同じ意味の言葉なのです。したがって、インチキの意味を他の言葉でいいたいのであれば、これらの中のどれか一つ、例えば四音節語で似た音声の「イカサマ」を選べばよいことになります。

㈤ 純粋な日本語は仮名言葉

i 真名と仮名

日本語には**漢字言葉**と**仮名言葉**とがあります。仮名言葉とは、平仮名や片仮名で書かれた言葉のことではなくて、「音声だけを利用する文字で書かれた言葉」のことをいいます。なぜならば、仮名とは表音文字という意味だからです。仮はシナの六書（象形・指示・会意・形声・転注・仮借《かしゃく》）における仮借のことで「借りる」という意味です。何を借りるかというと、漢字のもつ二つの機能である音声と意味のうちの音声を借りるのです。名には文字という意味があります。したがって、**仮名**とは「音声を借りる文字」、つまり、**「表音文字」**のことになります。

奈良時代に編纂された万葉集は、すべて漢字で書かれていますが、その漢字には**真名**《まな》と**仮名**《かな》とがあります。真名とはそもそもの漢字のもつ**「音声と意味の双方を利用する漢字」**のこと、仮名とは**「音声だけを利用する漢字」**のことを指します。例えば、万葉集での額田王が詠んだのではないかとされる七番目の歌は、「秋の野のみ草刈り葺《ふ》き宿れりし宇治の都の假廬《かりいほ》し思ほゆ」と読み下されていますが、原歌は「金野乃　美草苅葺　屋杼令里之　兎道乃宮子能借五百磯所念」となっています。この原歌において、明らかに、野、草、苅、葺、念などは真名であり、屋、杼、令、里、之、兎、道、宮、子、能、借、五、百、磯、所などは仮名になっています。

仮名は原則としては漢字を音読するときの音声を利用する「音仮名」ですが、漢字を訓読するときの音声を利用する「訓仮名」が少しあります。例えば、上述の歌では宮《みや》、借《かり》などであり、有名なものでは「鴨《かも》」、「鶴鴨《つるかも》」、「夏樫《なつかし》」などがあります。しかしながら、訓仮名の出現によって、言葉の意味が混乱する事態が生じるようになりました。例えば、色彩名のアサギは、本来は晴天の空の色である「美しい青色」のことなのですが、平安・鎌倉時代から漢字で浅葱の他に浅黄とも書かれたことから、どんな色だか分からなくなってしまい、現在では浅黄色と書くときは「薄い黄色」のこと、浅葱色と書くときは「薄い青色」のこととされています。（色彩名の語源欄参照）。

仮名には**漢字仮名**、**平仮名**、**片仮名**の三種類があります。漢字仮名は、万葉集の歌の中で多く使われている音声を利用するための漢字で**万葉仮名**と称されています。現在では、当て字として使われる漢字が漢字仮名ですが、当て字として使われる漢字仮名の多くは訓仮名になっています。

平仮名と片仮名は、平安時代に漢字からつくられた表音文字です。漢字は字画が多く煩雑なので平易にして平仮名と片仮名がつくられたのです。本書では、**平仮名**と**片仮名**を**「日本文字」**と称することにしています。つまり、日本文字とは平仮名と片仮名のことです。

万葉集で使われている仮名は「万葉仮名」といいます。現在の言語・国語界では、万葉集などで使われている仮名は漢字仮名という意味で**「真仮名」**というとされていますが、この言葉は後述するように江戸時代につくられたと思われるもので自己矛盾する言葉であり、**誤解言葉**と思われるもので使うべきではありません。

なぜならば､真は「ほんとうの」という意味であり、漢語由来のほんとうの漢字は「音声と意味の双方の機能を利用する」ので、真は「音声と意味の双方を利用する」の意味と理解すべきものです。そうすると真仮名は「音声と意味の双方を利用する仮名」の意味になりますが、仮名は「音声だけを利用する漢字」の意味ですから、真仮名は直訳すると「音声と意味の双方を利用する、音声だけを利用する漢字」という意味になり､自己矛盾する言葉になるのです。したがって、真仮名ではなく「漢字仮名」と称する方がよいといえます。

平安時代になると、漢字を平易にしてつくられた平仮名と片仮名が加わって、仮名には漢字仮名、平仮名、片仮名の三種類があることになります。

日本語には､漢字言葉と仮名言葉とがありますが、

殆んどの漢字言葉は日本語としての仮名言葉で訓読されます。「純粋な日本語」や「真正な日本語」や「そもそもの日本語」と称される言葉、つまり、大和言葉は仮名言葉なので、**「仮名《かな》」**という言葉は日本語においては非常に大切です。したがって、仮名について、本書見解を以下に少し述べておきます。

「仮名」という名称が文献上で初めて見えるのは、平安時代の一〇世紀後半に著《あら》わされた宇津保物語（国譲上）とされ、原本はなく写本がいくつかあるとされますが、その一つには次のように書かれています。

「かかる程に、『右大将殿より』とて手本四巻、色々の色紙に書きて、花の枝に付けて、孫王の君の許に御文してあり。中略。見給へば、黄ばみたる色紙に書きて、山吹に付けたるは真の手《しのて》、春の字、青き色紙に書きて松に付けたるは草《さう》にて、夏の字、赤き色紙に書きて卯の花に付けたるは仮名、はじめには男手にもあらず女手にもあらず、あめつちぞ。

その次に男手、離《はな》ち書きに書きて、同じ文字を様々に変えて書けり。

我が書きて春に伝ふる水茎もすみかはりてや見えんとすらむ

女手にて

まだ知らぬ道にぞ惑ふうとからじ千鳥の跡もとまらざりけり

さし次に

飛ぶ鳥に跡ある物と知らすれば雲路は深くふみ通ひなむ

次に片仮名

いにしへも今行く先も路々《みちみち》に思ふ心を忘るなよ君

葦手

底清くすむとも見えて行く水の袖にも目にもたたずもあるかな

といと大きに書きて一巻にしたり」。

また、宇津保物語（上・菊の宴）には、「なほ廻《めぐ》らし文して奥に草仮名かきつけて遣《つか》はさばすまはじ」と書かれています。

「真の手《しのて》」というのは「音声と意味の双方を利用する、原則として、楷書体の漢字」のことです。それを草書体で書いたものを「草《さう》」といいます。「真の手」は少し後世からは「真名《まな》」といい、枕草子、紫式部日記、源氏物語などにでています。

枕草子の「雨のうちはへ降るころ」の段に「いみじう、『真名も仮名もあしう書くを、人のわらひなどすれば、隠してなんある』といふもをかし」、紫式部日記に「清少納言こそ、さかしだち真名書きちらして侍る」、源氏物語（葵）に「草にも、真名にも、さまざま珍しきさまに書きまぜ給へり」とでています。

仮名については、奈良時代（万葉集編纂の時代）には音声のみを利用する、原則として楷書体の漢字だけでしたが、平安時代になると「男手」、「男手にもあらず女手にもあらず」、「女手」の三種類になっています。男手は「音声のみを利用する楷書体の漢字」のこと、男手にも女手にもあらずはそれを崩して草書体にしたもので「草仮名《さうがな》」ともいわれるもの、女手は更に崩して平易にした「平仮名」のことです。「あめつち」というのは、手習いに使われたとされる「天地の詞《あめつちことば》」における「天地」の読みを女手（平仮名）で書いたものです。

草書について留意すべきことは、真名の草書体を「草《さう》」、仮名の草書体を「草仮名《さうがな》」と明確に区別されていたことです。

結局のところ、奈良時代にはまだ真名や仮名の言葉はなく、もちろん万葉仮名という言葉もなく、漢字の書体は真名と仮名とを含めて楷書体だけだったのです。行書体というのは楷書体を少し崩したものなので、当時の漢字の書体にはそれを含む場合もあったようです。

繰返しますと、平安時代初期までは「真の手《して》」と称したものは平安時代中期以降になると「真名《まな》」と称するようになったようです。真名は「音声と意味の双方を利用する漢字」のことですが、そもそもは楷書体の漢字でありその草書体を「草《さう》」といいました。仮名は「音声だけを利用する漢字」のことですが、その楷書体を「男手」、その草書体を「草仮名」、それを更に崩したものを「女手」といいました。つまり、女手は「音声だけを利用する極端な崩し字」のことで今にいう「平仮名」のことです。

仮名は、奈良時代までは万葉仮名と称する漢字仮名だけだったのですが、平安時代以降は漢字を平易にした平仮名と片仮名がつくられて、漢字仮名、平仮名、片仮名の三種類になっています。

そもそも仮名というのは「音声だけを利用する字」という意味です。したがって、「漢字を『本字』というのに対して、仮名は『仮りそめの字』という意味」とするのは本質から逸《そ》れた説明であり適当ではないというよりも、極言するならば誤り説明といっても過言ではありません。

世界大百科事典(第2版)には真名について、「〈真字〉とも書き、日本で仮名(仮字)に対して漢字をさす。〈本字《ほんじ》〉というに近い。仮名が発生する以前は、漢字が唯一の社会通用の文字であったので、特に真名(真字)の称を必要としなかった。」と書いてありますが、この説明は誤りです。なぜならば、そもそもは仮名も漢字であり、純粋な日本語は仮名言葉なので、日本語にとっては仮名こそが本字というべきものだからです。また、万葉集はすべて漢字で書かれていますが、真名と仮名とが混在して書かれていることから判断できるように真名と仮名の区別は、漢字が導入された当初から必要だったのであり、当初は真名は「真の手」と称されたのです。日本の国語界は専門家の集まりなのに実に誤り説明が多くまったく遺憾なことです。

宇津保物語にあるように、「仮名」や「片仮名」という言葉は平安時代からありましたが、**「かな」**(小松茂美・岩波新書)という本の六五頁には、『平仮名』という言葉はポルトガル人のキリシタン宣教師であるジョアン・ロドリゲス著の『日本大文典』(一六〇四～一六〇八)に初出する」と書いてあります。つまり、それまでは「女手」と称していたのです。

上述してきたように、そもそもは、真名は「音声と意味の双方を利用する楷書体の漢字」のこと、仮名は「音声だけを利用する字」のことだったのですが、平仮名と片仮名がつくられてからは、仮名は「音声だけを利用する字」の意味になっています。仮名には漢字仮名、平仮名、片仮名の三種類があることになったのです。しかしながら、徐々に漢字仮名の存在が薄れて、現在ではもっぱら平仮名と片仮名を指すようになっています。現在の漢字仮名は、当て字として使われる漢字ですが、訓仮名が多くなっています。上述したように、本書では、**「平仮名」**と**「片仮名」**を**「日本文字」**ということにしています。

ii 真仮名《まがな》

真仮名という言葉があり、現在の国語界で使われています。**「かな」**（小松茂美著・岩波新書）という本の三五頁には、「一字一音表記の方法が、（中略）、『万葉集』では、もっとも頻繁に使用され、しかも種類が多く変化に富んでいるところから、後世、これらの文字を呼んで〝万葉がな〟と名づけている。これは平安時代になると〝真がな〟といわれるもの」と書いてありますが、平安時代には「真がな」という言葉があったとは思われず江戸時代に初めてつくられた言葉のようです。

江戸時代に、真名や仮名の意味が正しく理解されていないために、平安時代以降存在しなかった意味不明の「真仮名（真仮字）」という言葉がつくられたのです。

江戸時代の俚言集覧（福山藩の漢学者太田全斎著・二十六巻。十八世紀末頃）には、次のように書いてあります。「真仮字とは今いふ万葉仮字にて、真字にて書たるをいふなり。片仮字、平仮字に対へて真仮字といふなり。此真仮字といふ名目は後に出来たる名目にて、古へは但《ただ》仮字といひし也」。

この本（俚言集覧）では仮名は仮字と書いてありますが、名には字という意味があるので仮名と仮字は同じ意味になるのです。

そもそもは、真名（真字）は「音声と意味の双方を利用する漢字」のこと、仮名（仮字）は「音声だけを利用する漢字」のことであることをしっかりと理解していないと、この本の説明が可笑しいことに気付くことはできません。

この本の前半では、真仮字は万葉仮字のことで真字で書いたものとされていますが、万葉仮字は仮字で書いたものであり真字で書いたものではありません。この本の説明は、最初からでたらめで、まったくの誤解と思われます。

後半では真仮字について、「古へは但仮字といひし也」と書いてあります。ということは、前半では「真仮字は真字で書いたもの」とされているので「古へは真字は仮字といった」と書いてあることになり、まさにでたらめな記述といえます。どうして、このようなでたらめな言説になるかというと、真字を「単なる漢字」のことと解釈してあるからです。

平仮字、片仮字に対応する仮名としての漢字は漢字仮名というべきものです。つまり、万葉仮名は真名ではなく漢字仮名なのです。したがって、現在の国語界におけるような「真名とは漢字のことをいう」という説明は誤解説明というべきものです。真名とは、何回もいうように、「音声と意味の双方を利用する漢字」のことです。したがって、**「真仮名（真仮字）という意味不明の言葉は使うべきではない」**といえます。

漢字には、現在でも、真名と仮名の二種類の区別があることを知っておくべきであり、真名は「単なる漢字」のこととする現在の国語界の解釈は誤解であることに間違いないと思われます。広辞苑（第七版）には「**まな**【真名・真字】仮名に対して漢字の称」、「**まがな**【真仮名・真仮字】すなわち万葉仮名」と書いてありますが、真名は「仮名に対して漢字の称」などとは、そもそもの仮名は漢字であることも理解していないものであり、さらに俚言集覧の記述を丸呑みしたもので、いずれの説明も、でたらめで、まったくの誤解説明と見做すべきものです。つまり、このような誤解の出発点は、「真名は平仮名や片仮名に対する言葉で『単なる漢字』のこと」と誤り解釈することにあります。今でも、平仮名や片仮名に対応する漢字には、真名（＝音声と意味の双方を利用する漢字）と仮名（＝漢字仮名＝音声だけを利用する漢字）との双方があるのです。

iii 仮名言葉の本質

漢語漢字は、原則として、一字の読みは一通りであり、一字に意味、つまり、義があります。したがって、そもそもは原則としては一字一音一義の言語といえます。ただし、現在では必ずしも義は一義でなく複数の意味があるものもたくさんあります。

日本の国語界では、「純粋な日本語」や「真正な日本語」や「そもそもの日本語」などとされ和語や大和言葉とも称される日本語は、仮名言葉であり多音節語とされていて、その一塊の多音節語の中に意味があるとされています。しかしながら、日本語においてもそれぞれの一音に意味があるのです。つまり、日本語においても一字一音一義なのです。なぜならば、多音節語におけるそれぞれの一音は漢語漢字一字からきているので、自動的にその漢語漢字の意味、つまり、義も付随してくるからです。

したがって、日本語における多音節語の音声と意味は、その多音節語を構成するその各漢語漢字の音声と意味を結合したものになっています。

日本の著名な言語・国語学者で東京大学教授であった学者の国語学概論（橋本進吉著・岩波書店）の「単語とその構成」の条には「単語は、『やま』『かは』のやうに意味と形の上から見て、それ以上分割出来ない」と書いてあります。本気でいっているのかどうかは分かりませんが、忌憚なくいえばこのような言説は誤りです。にもかかわらず、このような言説が影響して、日本語の語源とそれに基づく正しい意味の追求は今でも停止状態にあるのです。

㈥ 日本語の特徴

本書では日本語の特徴は次のようなものと考えています。

①日本語には**漢字**及びそれを平易にした**平仮名、片仮名の三文字があること**。仮名には、万葉仮名と称する漢字仮名もあるので、漢字仮名、平仮名、片仮名の三種類があることになります。現在では、漢字仮名は「当て字」として使われています。

②日本語の漢字には**真名《まな》と仮名《かな》とがあること**。そもそもは、真名は「音声と意味の双方を利用す

る漢字」のこと、仮名は「音声のみを利用する漢字」のことをいいます。漢字を平易にした平仮名と片仮名ができてからは、仮名は、もっぱら、漢字仮名を除いた平仮名と片仮名のことを指す人もいます。なお、現在でもそもそもの真名と仮名の区別は存在しており、現在では漢字仮名は「当て字」に使われる漢字になっています。

③漢字の読みには**音読と訓読があること**。音読は漢語読みに準じて読むこと、訓読は日本語で読むことです。例えば、泥沼を「でいしょう」と読むのは音読であり、「どろぬま」と読むのは訓読です。

④日本語は、どこかの国やどこかの民族の言語を導入したものではなく**日本国で日本人によってつくられた言語であること**。おそらく、紀元以降の長期間にわたって、漢語漢字を素材としてその音声と意味を利用してつくられ続けてきたものの累積なのです。

⑤純粋な日本語としての**仮名言葉は**、**漢語漢字を素材として**、**その音声と意味を利用してつくられていること**。仮名言葉は、「純粋な日本語」や「真正な日本語」や「そもそもの日本語」、或いは、和語や大和言葉と称されています。

⑥日本語としての**仮名言葉は**、一義的には、漢語漢字に対して、二義的には漢語漢字にない事物に対して、その**説明言葉**、或いは、**解釈言葉**としてつくられていること。

⑦日本語の漢字言葉のかなりの部分は、**当て字になっていること**。つまり、日本語の特徴の一つは**「日本語は当て字言語」**であることです。これは、漢字熟語に適当な言葉がない場合があることと、語源を明らかにせずに日本語をつくるためだったと思われます。

⑧世界に類を見ない唯一ともいえる**最大特徴は、すべての言葉について語源と意味が明らかにできる可能性があること**。したがって、その気になれば、すべての言葉について語源と意味が明らかにできるのです。将来、そのことを達成して歴史に残る大学者と称される勇気ある人が出現するかも知れません。

㈦ 漢語漢字の発音は不変

日本語の語源を探求するに際して、古くからの日本語の音声と意味を、現代の漢語漢字の音声と意味で探求できるのかという問題があります。

漢字の音声は、日本では呉音、漢音、唐音と変化したとされていますが、口語《こうご》での発音はいざ知らず、文語《ぶんご》での発音はそれほど変化していないのではないかと思われます。なぜならば、シナの隋（五八九〜六一八）時代には「切韻」という漢字の韻書（発音書）ができており、その後も唐（六一八〜九〇七）時代には字を追加等して「唐韻」が書かれ、北宋（九六〇〜一一二六）時代の十一世紀初頭に「広韻」が書かれてこれらは後世まで用いられ、その後の各時代にも同様本が書かれて引継がれているので、漢語漢字の音声、つまり、漢語漢字の発音は文語ではそんなにころころ変わっていないのではないかと思われるのです。

㈧ 漢字の訓読は日本語で読むこと

日本語では漢字の読みには音読と訓読とがありますが、音読は漢語漢字の読みに準じて読むこと、訓読は日本語で読むことです。

漢語では一字一音といわれて、一つの漢字は一音節で読まれます。漢語の韻書である「切韻」、「唐韻」や「広韻」その他の韻書でもすべてそのようになっています。

日本の言語・国語界ではどういうことになっているかというと、例えば、「国語学概説・改訂版」（京都大学文学部文学科卒・東京教育大学文学部教授・佐伯梅友著・秀英出版）の一六二頁には、「古代中国語からの移入とされるものには、ウマ（馬）・ウメ（梅）・エ（絵）・サガ（性）・ゼニ（銭）・ヤナギ（柳）などがある。」と書いてあります。しかしながら、これらの言葉が「古代中国語からの移入語」などとは、最初に誰がいいだしたのでしょうか。たぶん、この言説は誤解でしょう。これらは、すべて日本語としての漢字の訓読なのです。馬・梅・絵・性・

銭・柳などの漢字は中国語からの移入であることは明らかですが、ウマ・ウメ・エ・サガ・ゼニ・ヤナギなどの仮名言葉は、中国語からの移入ではなく日本語としてつくられたものです。エ（絵）については本書冒頭の「日本語は漢字からつくられている」欄で述べましたが、これらの言葉は二音節語以上であることからみても、純粋な日本語としてつくられた大和言葉であることに間違いありません。

例えば、**ヤナギ**の語源についていいますと、一音節読みで、漾はヤンと読み「揺れる、揺れ動く」の意味、娜はナ、瑰はギと読み、共に「美しい」の意味があります。つまり、**ヤナギ**とは、**漾娜瑰**の多少の訛り読みであり、直訳すると「揺れる美しい（木）」の意味ですが、主語を入れて少し意訳すると**「枝葉が揺れる美しい（木）」**の意味になり、これがこの木名の語源です（拙著『草木名の語源』参照）。

また、「漢字と日本人」（東京大学文学部中国文学科卒・高島俊男著・文藝春秋）の六三頁には「世の中の様相のことを『世の相《さが》』というが、こういうのはほとんど和語あつかいである。呉音以前の音はたいていこの『さが』のように完全に日本語にとけこんでしまっている。馬《うま》、梅《うめ》、銭《ぜに》、竹《たけ》のように。」と書いてあります。

これらの音声言葉であるウマ・ウメ・ゼニ・タケは、すべて二音節語なので、そもそもから和語としてつくられた大和言葉であって、呉音以前の古代中国語ではありません。

タケの語源についていいますと、漢語の一音節読みで端はタンと読み「直立する」の意味があり、しかも、その直立の仕方は「不歪不彎的直立」つまり、「歪みも曲がりもせずに直立する」の意味とされています。亘はケンと読み「延伸する、延びる、伸びる」の意味があります。つまり、**タケ**とは、**端亘**の多少の訛り読みであり、直訳すると**「直立して伸びている（植物）」**の意味であり、これがこの植物名の語源です。（拙著『草木名の語源』参照）。

㈨ 大和言葉に外来語は少ない

日本語には、近世になってから以降のヨーロッパ系統の言葉は別として、漢語から導入した漢字言葉とそれを利用してつくられた仮名言葉、つまり、大和言葉以外には、外国語由来の言葉は殆んど存在しないといえるのではないかと思われます。

　大和言葉、つまり、日本語が漢字からできていることは秘匿されていると思われるのです。こんなことをしても、学問の停滞を招くだけでなんの利益もありません。日本の言語・国語界では、暗黙の諒解事項として大和言葉が漢字からできていることを公言することが認められていないようであるため、大和言葉の真実、つまり、語源が分からずに、高名な学者によってさえも、例えば、哺乳動物のトナカイという名称は日本語であるにもかかわらずアイヌ語とされて、最近では英語名称のカリブー（Caribou）と呼ばれたりしています。同じく、アザラシ、トド、ラッコなども、日本語であるにもかかわらずアイヌ語とされています。アシカ、オットセイ、セイウチは何語だか分からないとされていますが、そもそもからすべて日本語であることは間違いありません。（拙著『獣名源』参照）。

　また、独身者を指す**「チョンガー」**という日本語は、ウライ・アルタイ語系統の言語とされる朝鮮語からきたとされています。しかし、この言葉も純然たる日本語としてつくられた言葉であることに間違いないと思われます。一音節読みで惸はチョンと読み「男性の独り者」のこと、鰥はガンと読み「妻に死なれて再婚していない男性、または、老いて妻のない男性」のことをいいます。つまり、チョンガーは語尾を長く引いて読むことによる**惸鰥**の訛り読みからきたものであり**「独身男性」**のことを指し、これが日本語としてのこの言葉の語源と思われます。

　なお、漢語には、このような二字熟語は存在しません。日本語では、漢字で書くとすれば**「独男《ちょんがー》」**とでも書くべきものです。

　大辞典では、例えば、大言海には「**チョンガア**（名）童蒙（朝鮮語）」、広辞苑（第七版）には「**チョンガー**【総角】朝鮮語 chonggak の転」と書いてあります。

しかしながら、上述したような語源のちゃんとした日本語としてつくられた言葉を、なぜ、朝鮮語にしなければならないのかという疑問があります。

たしかに、韓日辞典（民衆書林）によれば、朝鮮語には総角（chonggag）という言葉があり、標準的には語尾の「g」を読まず「チョンガッ」というようであり、その意味は「未婚の青年」のことと書いてあります。

漢語における総角は、そもそもは幼少男子の髪の結い方に過ぎないのであって、日本語では訓読で総角《あげまき》と読まれているもので、人のことではなく、ましてや青年男子のことでもないのです。総角は幼少男子の髪型なので、それを結っているような男性は普通には独身であり、朝鮮語においても当て字であったと思われます。

結局のところ、日本語のチョンガーは、朝鮮語のチョンガッと似たような音声であることから、同じ語源である可能性はあるとしても、朝鮮語の転ではなくて、上述のような語源をもつ日本語としてつくられた可能性の極めて高い言葉であり、本書の見解としては漢語漢字を素材として日本語としてつくられた言葉と断言してもよいと思っています。

日本の言語・国語界には、日本語としての言葉の殆んどは日本語としてつくられたものとの意識が薄くその語源を探求することもせず、日本語の言葉は外部からきたとの意識が極めて強いことは実に嘆かわしいことです。

㈩ 語源説の「萌芽と現在」

国語学史（東京大学教授・時枝誠記《もとき》著・岩波書店）の九六頁には「仙覚の萬葉集註釋に見ても、仙覚は萬葉の語を語義の本源を示すものであると解し、その本源の意味を解する為に、語をそれを構成する各々の音に分解し、各音の意味を決定し、その結合によつて全体の語の意味を理解しようとした」と書いてあります。

この仙覚《せんがく》の方法はまったく正鵠を得たもので、「音義説の萌芽」とされています。それは、つまり、「語源説の萌芽」でもあります。ただ、「各音の意味」が何から生じてくるかを述べていないという不満がない訳ではありません。それは、本書が主張しているように**「漢語漢字の音声と意味から生じてくる」**のです（**新音義説**）。この仙覚の方法は、日本語の語源とそれから生れる意味を理解するために最も正しい方法ですが、なぜか以降の時代で殆ど無視され、江戸時代にも現在でも無視されて続けているといえます。

記紀や万葉集にでてくる漢字で書かれた仮名言葉は、歴史上、初めてのまとまった数ででてくる文字言葉としての日本語ですが、日本語の本源となる言葉であり、その各音声と意味は漢語漢字の音声とその意味からでてくるのです。つまり、万葉集にでてくる**「仮名言葉は漢語漢字を素材としてその音声と意味を利用してつくられている」**のであり、音声言葉であった原日本語が、漢字導入後に文字化されたものではありません。

仙覚は鎌倉時代の天台宗の僧侶ですが、万葉集の歌を読み解いて「萬葉集註釈」（通称は「仙覚抄」）という文献を残しており、語義の解釈では仮名一文字ごとに意味がある、つまり、今にいう「音義説」を唱えています。しかしながら、音義の根拠になるものがなにかについては言及しておらず、大和言葉の由来、つまり、大和言葉は原日本語が文字化されたものなのかなど、大和言葉の由来についてもなんら言及していません。例えば、「ヤマ（山）はヤとマに分解でき、ヤは『高い』マは『誉める』の意で、まとめると『本当に高いもの』の意味、ハマ（浜）はハとマに分解でき、ハは『白い』マは『回る』の意で、まとめると『白波の回る処』の意味になる」といった具合です。しかしながら、ヤ、マ、ハについて、そのような意味はどこからでて来るのかについては書いてありません。ヤマとハマの語源は、本書の「自然物象名の語源」欄をご参照ください。

鎌倉時代から室町時代を経て江戸時代に続きますが、江戸時代は一六〇三年に始まって一八六八年の明治維新まで二六五年間鎖国をして天下太平の世が続きました。北九州の黒田藩の藩士であった貝原益軒（一六三〇～一七一四）は「日本釈名」、江戸幕府の幕臣で学者でもあった新井白石（一六五七〜一七二五）は「東雅」という語源書を著《あらわ》しましたが、大和言葉の由来についてはなんら言及していません。

江戸時代中期頃には国学が生まれ、万葉集などの古書を研究して「歌意考」、「萬葉考」などを著した賀茂真淵（一六九七〜一七六九）や同じく古書を研究して「古事記伝」、「玉勝間」などを著した本居宣長（一七三〇〜一八〇一）も「大和言葉」の由来についてはなんら言及しておらず、ほかの学者も言及していないようです。国学は自国を愛する余りと思われますが、国粋的な傾向のある学問です。国粋主義とは、簡単にいうと「自国が一番優れている」という思想です。本居宣長は、シナから漢字が渡来したことによって、「からごころ」が伝えられ、日本古来の「やまとごころ」が傷つけられたとしています。江戸時代の学者たちは、「やまと言葉」はどこに由来すると考えていたのでしょうか。

明治時代になると、東アジアや東南アジアなどの近隣諸国との言語関係が云々されるようになり、江戸時代の国学の流れを汲む北方のウラル・アルタイ語説や南方のマライ・ポリネシア語説などがいろいろと探求されて現在に至っていますが、現在までのところ、まったく成果を挙げるに至っていないといっても過言ではないように思われます。これらの説について注目しておくべきことは、日本語がいづれかの民族の言語と関係があるとしても、それは音声言葉であった原日本語についての話だということです。したがって、いづれかの民族の言語と関係があるとしても、音声言葉であった原日本語が文字言葉である古代日本語になっていなければ、そのような探求はなんの意味もないことになります。しかしながら、原日本語は音声言葉なので話された途端に消失してしまっているので古代日本語になっているかどうかは証明しようがないのです。にもかかわらず、近隣諸国との言語関係が探求されているのは、次のようなことではないかと思われます。

近隣諸国との言語関係が探求されているのは音声言葉であった原日本語との関係についてなのですが、近隣諸国のある言語と現代まで連綿と継続する古代日本語とを比較して、両者が深い関係にあると証明できれば、そのある言語と原日本語は関係があることになり、引いては、原日本語は文字化されて古代日本語になっていると見做すことかできるという論理になるのです。しかしながら、もしそうだとしても、解決しなければならない、もう一つの問題があります。古代日本語が、漢字が導入される前の原日本語からきたものならば、漢字とは関係がないので、漢字からその意味を解明することはできない筈なのに古代日本語の意味は漢字から解明できるようなのです。ということは、日本語の語源は分かっているということです。にもかかわらず、漢字を通じての日本語の語源は探求されずに、著名な学者によって次のようなことが云々されています。

日本で数年間ベストセラーになったとされる「日本語の起源」（大野晋著・岩波新書・一九五七年第一刷発行）という本の末尾には、「ここにいくつか見たように、いろいろな方法が新しい工夫によって、創り出され、新しい成果をもたらしつつある。これからも、事態をいっそう明らかにするような研究がぞくぞくとつづくであろう。私がこれまでお話ししたところは、まだ憶測の域を脱しないところも多いけれども、日本語の成立史のあらすじは、次第に明らかになって来た。探索はつづいている。日本語の起源の研究も、ようやく黎明《れいめい》を迎えたということができるのである。」とありますが、この記述は怪しいといいえます。なぜならば、この本の著者は日本語のインド南部タミル語由来説を唱えた学者ですが、そもそも「日本語の起源」という本の結論である、日本語は①マライ・ポリネシアなどの南方の言葉と、②南方の言葉が北方のウラル・アルタイ語の影響を受けて変容した言葉との混合言語であるらしいという言説自体が殆んど信用に値するとは思えないものであり、この本が書かれた一九五七年から二〇二三年の今年まで六六年が経過し、明治初年の一八六八年からだと二〇二三年の今年まで一五五年が経過していますが、日本語が近隣諸国のある言語と関係があるだろうという見解は何ら進歩も解決もされておらず、これといった新説は何もでていません。この問題は未だになんら解明されているとはいえず解決の萌芽もないのです。

本書の見解としては、「日本語の起源」という観点からすれば、この学者の主張するような漢字以外に起源を求めるような探求方法では、今後何十年、何百年、或いは、何千年探求しても未来永劫に日本語の起源は解明できないと思われます。なぜならば、日本語の起源は、漢字導入後に漢字からつくられたもの、つまり、大和言葉は漢字からつくられていることに間違いないと思われるからです。しかしながら、日本語の起源や由来を曖昧にし続けるためには、しかるべき人たちはこのような探索をいつまでも続けなければならないということです。

少し空白があるので余談をしますと、日本語には漢字言葉と仮名言葉とがあります。

漢字言葉は、表意文字とされる漢字、つまり、真《ま》名《な》で書かれる言葉のことです。真名とは、漢字本来の音声と意味の双方を利用する漢字のことであり、通常、その読みには音読と訓読とがあります。

漢字仮名を使って「当て字」で書かれる言葉は、漢字が使われている点では漢字言葉といえますが、その漢字は仮名としての漢字である点では仮名言葉といえます。

仮名言葉は、表音文字とされる仮名で書かれる言葉のことです。仮名とは、その読みの音声を利用する文字のことです。仮名には漢字仮名、平仮名、片仮名の三文字があるのですが、漢字仮名は古くは仮名とだけいい代表的なものに万葉仮名があり、現在では「当て字」として使われています。平仮名や片仮名は漢字を簡潔にしてつくられたものです。

仮名言葉は、「純粋な日本語」や「真正な日本語」や「そもそもの日本語」、或いは、和語や大和言葉と称され、漢字を日本語で読む、つまり、漢字を訓読するときの言葉として多用されています。

現代の日本語は「漢字仮名交じり文」が基本とされており、漢字言葉と仮名言葉とが交じったものになっています。

＊＊＊＊＊＊＊＊＊＊＊＊＊＊＊＊＊＊＊

末　言

最後に、日本語の言葉について、気になっていることはいろいろあるのですが、相当以前から、特に気になっていることが二つあります。それは、「『借用語』という言葉」と「語尾に『ナイ』の付いた言葉」についてのことです。したがって、それらの言葉のことについて少し言及させて頂きます。

i「借用語」という言葉

日本の言語・国語界では、現在も、日本語の起源について研究されているようで、今だに北方のウラル・アルタイ語系統の言語だとか、南方のマライ・ポリネシア語系統の言語だとかその他の様々な説が云々されていますが、日本語が漢字からつくられていることは殆んど自明のことなのです。なぜならば、日本語の音声を聞けばそのことが簡単に分かるからです。例えば、飯を「めし」と読むのは「美食」のことで「美味しい食べ物」の意味なのです。一音節読みで、美はメイ、食はシと読みます。また、嘘を「うそ」と読むのは「誤説」の多少の訛り読みのことで「誤った言い草」の意味なのです。一音節読みで、誤はウと読み「誤り、間違い」、説はシュオと読み「説くこと、云うこと、言い草」などの意味です。

にもかかわらず、日本語の起源や由来につての研究発表の際に不可解なことがあります。それは、「借用語」という言葉が使われて、「漢字と日本語の関係」の研究を始めから排除しようとされることです。つまり、忌憚《きたん》なくいえば隠蔽されることです。日本語には漢字言葉がたくさんありますが、それらは殆んどすべてが漢語からの「借用語」とされてそもそもの日本語とは関係ないとされるのです。一例を挙げるならば、次のようなものがあります。

「日本語の起源」（大野晋著・岩波新書・一九七七年第24刷）という本の八〇頁には、「どんな言語を親戚というか」という題目の下に次のように書いてあります。

「**文字や単語では系統は決められない**　日本人は、自分の言語を書くのに漢字を使う。漢字はシナ人がシナ語を書くために作り出した文字である。だから、日本人とシナ人とを、よく、同文同種といったものである。同じ文字を使う同じ人種の人間という意味である。しかし、同じ文字を使いさえすれば、人種が同じと言えないように、同じ文字を使っても言語が親戚の関係にあるとは言えない。中略。どんな文字を使っていようと、文字は言語の親戚関係には直接には関係ないものである。

　では、同じ単語を使っていれば、それは親戚関係にあると言えるだろうか。例えば、日本語の中には、非常に多くのシナ語起源の単語が使われている。現在の日本語の中から、シナ語起源の単語を取り去ってしまったならば、とうてい学問の話はできなくなってしまうほどである。ここで問題にしている『日本語』とか、『問題』とかいうのも、シナ語を組合せたものと言えるだろう。単語をたくさん借り入れて使っている場合には、二つの言語集団の間に、文化的な関係が濃いという証拠にはなる。しかし、こんなにもシナ語を多く取込んでいても、これで日本語はシナ語と親戚関係にあるかと言えば、これだけでは日本語とシナ語が親戚だとは言わない。中略。シナ語の単語は、奈良時代ごろから日本語の中に多く入って来たというにすぎない。こうした単語は『借用語』といって言語の系統の問題とは切り離さなければならない」。

　しかしながら、本気でいっているのかは分かりませんが、このような見解には疑問があります。本書では、このような見解は詭弁《きべん》であり、更に「言語の系統の問題とは切り離さなければならない」というような見解は、日本語の起源の問題を解決するどころか逆に混迷させる原因になっているのです。なぜならば、日本語が漢字からつくられていることは殆んど間違いないからです。

　シナ語の単語は漢字言葉ですが、日本に導入されたものには音読《おんどく》と訓読《くんどく》があります。漢字言葉は音読されるときは借用語といえますが、訓読されるときは借用語ではありません。なぜならば、**訓読とは「漢字を日本語で読むこと」**だからです。例えば、「心」の字を「シン」と読むときは「心《シン》」は音声も含めて借用語といえますが、「こころ」と読むときは「心」という漢字はともかく少なくとも「こころ」という音声は日本語です。また、「泥沼」という漢字言葉を「デイショウ」と読むときは「泥沼《デイショウ》」は音声も含めて借用語といえますが、「どろぬま」と読むときは泥沼という漢字はともかく少なくとも「どろぬま」という音声は日本語です。したがって、心《シン》と心《こころ》や泥沼《デイショウ》と泥沼《どろぬま》を共に借用語とするのは適当でないというよりも誤りといえるのであり、心《こころ》や泥沼《どろぬま》のように、訓読する漢字言葉は、もはや、借用語というべきではないと思われるのです。つまり、**「漢字言葉における漢字は借用語であっても、それを訓読するときの仮名言葉は純然たる日本語なので、全体として借用語というべきではない」**ということです。

　日本語の起源の問題は、心や泥沼という漢字言葉を、「こころ」や「どろぬま」と訓読するときの仮名言葉、つまり、**「日本語としての仮名言葉が、漢字といかなる関係にあるか」**ということを追及することなのです。したがって、漢字とそれを訓読するときの仮名言葉との関係は十分どころか徹底的に研究する必要があります。結論としては、仮名言葉は漢字からつくられているということです。

ii 「肯定のナイ」の存在

「ナイ」という言葉には、**「否定のナイ」**と**「肯定のナイ」**とがあります。

　ところが、日本の国語界ではこのことが必ずしも明確に認識されていないようで、学校教育でも明確に教えられないので、多くの日本語が国民には正しく理解されていないことに繋がっているように思われます。

　そもそも、「ナイ」という言葉については、筆者の見解では、大別すると、次の四通りがあります。

（一）物事の「有無」の場合。

否定のナイで、名詞語の下に付きますが**「動詞」**と見做すべきものです。なぜならば、対語なのに「有り」が動詞で「無い」が他の品詞では釣合が取れないからです。漢語では有無における「有」と「無」は共に動詞とされています。

例：家がない。金がない。効果がない。
　威厳がない。神も仏もない。

(二) 動詞語の下に付く場合。
否定のナイで**「助動詞」**と見做した方がよいと思われます。なぜならば、動詞語の下に付くからです。

例：為《し》ない。見ない。行かない。立たない。飲まない。

　為たくない。見たくない。行きたくない。

　立ちたくない。飲みたくない。

(三) 形容詞語の下に付く場合。
否定のナイで**「形容詞」**と見做した方がよいと思われます。なぜならば、形容詞語の下に付くからです。

例：白くない。黒くない。良くない。悪くない。

　美しくない。新しくない。

　白くはない。黒くはない。良くはない。悪くはない。美しくはない。新しくはない。

(四) **「〜である、〜です」**の意味の場合。
唯一の**「肯定のナイ」**で、漢字の**「乃《ナイ》」**の読みから来た**「状態動詞」**で、英語でいうところの「be 動詞」のことです。一音節読みで、乃はナイと読みます。

漢語では「失敗乃《ナイ》成功之母（失敗は成功の母である）」とか「水滸乃《ナイ》一大奇書（水滸は一大奇書である）」のように使われています。乃は、**「乃至《ないし》」**と二字にしても同じ意味で使われます。

日本語では、このナイは単独でも使われますが、名詞のみならず動詞語や形容詞語の語尾においても使われ、次のようなものがあります。


i「はい」という意味での「ない」。

ii「そうですね」という意味での「そうだない」。

iii「命令」の「行きなさい」という意味での「もう行かないか」。

iv 「義務」の意味での「しなければならない」。
v 「必然」の意味での「そう来なくてはならない」。
vi 「期待」の意味での「手伝ってくれないか」。
vii 「提案」の意味での「食べない？」（尻上りに表現する）。
viii 「肯定」の意味での「良かったない」。

これらと類似の意味での状態動詞語としてつくられたと思われる言葉には、後述するような多くの大切なものがあります。

この「ナイ」や「ナイシ」の存在が日本の国語界では必ずしも明確には認識されていないようで、それが使われた言葉は日本語にはたくさん存在するにもかかわらず、それらの言葉の意味が正しく理解されていないという甚だ困ったことになっています。

例えば、「漢字の過去と未来」（藤堂明保著・岩波新書）という本の一四二頁には、次のように書いてあります。

「『碌』というのは『史記』に『九卿は、碌々としてその養を奉ずるのみ』とある言い方に由来する。本来は『石コロのようにゴロゴロとしているだけで役にたたぬ』の意味であろうが、日本語に借用されてからは、『碌でなし』とか『碌にやくだたぬ』のように、さらに打ち消しのコトバを伴って使われている」。

この言説には、「なし」を打消しの「無し」と理解するという大変な誤解があります。

「碌でなし」は「碌的乃至」のことであり、碌は「凡庸無能」の意味、「なし」は「乃至」のことで「〜である。〜です。」の意味なのです。

したがって、「碌でなし（碌的乃至）」というのは「凡庸無能である」の意味、「碌にやくだたぬ」というのは「凡庸無能でやくだたぬ」の意味なのです。この文句においては「碌でやくだたぬ」というのが正しい文句です。

しかしながら、「碌でなし」をさらに打ち消すと「凡庸無能でない」、つまり、「非凡有能である」の意味になり、「碌にやくだたぬ」をさらに打ち消すと「凡庸無能でやくだたぬことはない」、つまり、「非凡有能で役立つ」の意味になってしまうのです。

このように、高名な学者でさえも「肯定のない」の存在を必ずしも認識していないようなのです。
したがって、大切なことは、先ずはこのナイの使われた言葉を洗いだすこと、次にこの動詞語としての**「肯定のナイ」の存在を学校教育でも明確に教えるべき**だということです。
なぜならば、日本語には「肯定のナイ」と思われる重要な言葉がたくさんあるからです。例えば、目についたものだけでも、次のような言葉と推測され、この他にもあると思われます。

アッケナイ。アドケナイ。エゲツナイ。オッカナイ。オボツカナイ。カタジケナイ。ギコチナイ。クダラナイ。クッタクナイ。シガナイ。ジョサイナイ。セワシナイ。セツナイ。タワイナイ。ダラシナイ。ツマラナイ。ツレナイ。トテツモナイ。トホウモナイ。トンデモナイ。ナニゲナイ。ニベモナイ。ハカナイ。ハシタナイ。フガイナイ。マンザラデモナイ。ミットモナイ。メッソウモナイ。モッタイナイ。ヤルセナイ。ヤンゴトナイ。

以上、本書全般の記述において、直截に指摘しないことには読者の皆様に分かりにくいこともあると思い、他書のことなどについて具体的に記述したことにより批判めいた言説と思えるところもあって、読みづらい聞きづらいところも生じていると思いますが、一応は学問上のことなので、平にご容赦頂きたく宜しくお願い申上げます。本書をお読み頂いてほんとうに有難うございました。

（完）

参考文献

＊主な参考文献（多出するもの）

（平安時代まで）

古事記（稗田阿礼誦・太安万侶記）
日本書紀
記紀（古事記と日本書紀）
万葉集
古今集（最初の勅撰和歌集）
古今和歌六帖（私撰和歌集）
拾遺集（第三番目の勅撰和歌集）
大鏡
字鏡（昌住著）
和名抄（源順著）
名義抄
字類抄
源氏物語（紫式部著）
枕草子（清少納言著）
宇津保物語
伊勢物語
説文（漢籍）

（鎌倉時代～室町時代）

新古今集（第八番目の勅撰和歌集）
方丈記（鴨長明著）
下学集（東麓破衲著）

（江戸時代）

日本釈名（貝原益軒著）
東雅（新井白石著）
書言字考節用集（槇島昭武著）
和漢三才図会（寺島良安著）
箋注和名抄（狩谷棭斎著）

（明治時代～大正時代）

日本大辞書（山田美妙著）
日本大辞林（物集高見著）
帝国大辞典（藤井乙男・草野清民共著）
日本新辞林（林甕臣・棚橋一郎共著）
ことばの泉（落合直文著）
大日本国語辞典（上田万年・松井簡治共著）
辞林（金沢庄三郎著）

（昭和時代以降～現在）

大言海（大槻文彦著）
広辞林（金沢庄三郎著）
広辞苑（新村出編）
新明解国語辞典（三省堂）
日本国語大辞典（小学館）
大辞林（三省堂）
大辞泉（小学館）
漢語辞典（現代漢語詞典他）
漢和辞典（新版漢語林他）
日本古典文學大系「萬葉集」（岩波書店）
言葉の今昔（新村出著）
国語学概論（橋本進吉著）
日本語の起源（大野晋著）
日本語をさかのぼる（大野晋著）
草木名の語源（江副水城著）

＊その他参考文献（時代不問）

〔あ行〕

〔か行〕

〔さ行〕

索引（文献は除く）

＊主な一般事項（多出するもの）

＊その他一般事項（あいうえお順）

〈あ行〉

＊人名（江戸時代まで）

〈著者紹介〉

江副 水城（えぞえ みずき）

1938年熊本県八代市生まれ。
東京大学法学部卒、上場企業（旭化成）に勤務後退職。
趣味は麻雀愛好、動植物観察、言語研究。
著　書：『魚名源』（2009年5月）発行所 株式会社パレード、発売所 株式会社星雲社
『鳥名源』（2010年6月）発行所 株式会社パレード、発売所 株式会社星雲社
『獣名源』（2012年10月）発行所 株式会社パレード、発売所 株式会社星雲社
『蟲名源』（2014年2月）発行所 株式会社パレード、発売所 株式会社星雲社
『草木名の語源』（2018年7月）株式会社鳥影社
『人体語源と新音義説』（2020年5月）株式会社鳥影社

日本語は漢字からつくられている
自然物象名の語源

定価（本体2400円+税）

乱丁・落丁はお取り替えします。

2023年9月13日初版第1刷印刷
2023年9月18日初版第1刷発行
著　者　江副 水城
発行者　百瀬 精一
発行所　鳥影社 (www.choeisha.com)
〒160-0023 東京都新宿区西新宿3-5-12トーカン新宿7F
電話 03-5948-6470, FAX 0120-586-771
〒392-0012 長野県諏訪市四賀229-1(本社・編集室)
電話 0266-53-2903, FAX 0266-58-6771
印刷・製本　シナノ印刷

ISBN978-4-86782-038-4 C0080

江副水城 著　好評発売中

人体語源と新音義説

人体語一五〇個以上収録
本邦初の本格的人体語源書
人体の各部位、関連語の語源を一五九個、それに附随する一般語二四個を収録。既存の辞書、辞典に掲載されている学説を根本から検証し、真の語源を披露する。
本書の後半では本邦初の新音義説を披露。

二四〇〇円＋税

草木名の語源

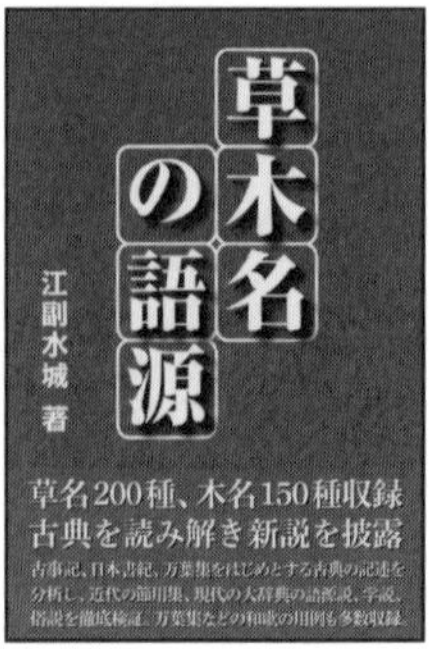

草名二〇〇種、木名一五〇種収録
修飾名を含め合計一〇〇〇種以上収録
古典を読み解き新説を披露。
古事記、日本書紀、万葉集をはじめとする古典の記述を分析し、近代の節用集、現代の大辞典の語源説、学説、俗説を徹底検証。万葉集などの和歌の用例も多数収録。六二八頁。

三八〇〇円＋税

鳥影社